国家出版基金资助项目
“十二五”国家重点图书出版规划项目

艽野东南的民族丛书

何国强 主编

青藏高原东部的丧葬制度研究

叶远飘◎著

中山大学出版社
·广州·

图书在版编目（CIP）数据

青藏高原东部的丧葬制度研究/叶远飘著．—广州：中山大学出版社，2013.12
（艽野东南的民族丛书/何国强主编）
ISBN 978－7－306－04699－4

Ⅰ．①青…　Ⅱ．①叶…　Ⅲ．①青藏高原—葬俗—研究　Ⅳ．①K892.22

中国版本图书馆CIP数据核字（2013）第216488号

出 版 人：徐　劲
策划编辑：嵇春霞　周建华
责任编辑：嵇春霞
封面设计：林绵华　曹巩华
责任校对：廖泽恩
责任技编：何雅涛
出版发行：中山大学出版社
电　　话：编辑部 020－84111996，84113349，84111997，84110779
　　　　　发行部 020－84111998，84111981，84111160
地　　址：广州市新港西路135号
邮　　编：510275　　传　真：020－84036565
网　　址：http：//www.zsup.com.cn　　E-mail：zdcbs@mail.sysu.edu.cn
印 刷 者：广州中大印刷有限公司
规　　格：787mm×1092mm　1/16　18.25印张　347千字
版次印次：2013年12月第1版　2013年12月第1次印刷
印　　数：1～2000册　　定　价：46.00元

总 序

黄淑娉

青藏高原古称“艽野”[1]，“喜马拉雅”与“横断”两条山脉在东南交汇，形成北半球地表褶皱最明显而紧密的区域——纵横千里，层峦叠嶂，忽而峡谷幽深、激流汹涌，忽而悬崖突兀、雪峰傲立。雄奇的景观掩饰着严酷的自然。适宜耕种的土地集中在河谷，陡峭的高坡土层稀疏、岩石裸露、杂草丛生，经常发生泥石流。山川、植被、动物、村庄依季节交替呈现出各种姿态：旱季，尘土飞扬、风霜严寒、万物萧条；雨季，四野青翠、鸟语花香、人畜徜徉于云端。

艽野东南素有“民族摇篮”之称。在北纬25°～38°、东经90°～104°的广袤区域，由东至西，有金沙江、澜沧江、怒江、独龙江和雅鲁藏布江，史前时代的汉羌之争，造成部分羌人融为汉族，部分羌人西迁。[2] 西迁的羌人一部分沿着江河古道北上甘青，另一部分南下川滇，到达今川、滇、藏交界区，更有一些部落进入了东南亚。他们南北行走的整套路线分布的区域到公元前4世纪业已形成民族走廊。《史记》记载了张骞出使大夏（今阿富汗）见到四川特产的见闻[3]，那是公元前2世纪发生的事情。又过了两个世纪，最后一批迁徙者

---

① 《诗经·小雅·小明》曰：“明明上天，照临下土。我征徂西，至于艽野。二月初吉，载离寒暑。心之忧矣，其毒大苦！……”大意为周天子令诸侯征伐氐羌系部落，西行到青藏高原，将士思乡，无心恋战，企图班师回朝的情景。《说文解字》解“艽”，一为“远荒”；一为草本植物，如“秦艽”——兰花形，生长于黄土高原与青藏高原接壤地带、海拔3 000米的荒野，愈往西愈密。故“艽野”指今青藏高原东部，即今川、青、滇、藏四个省（自治区）相交界的区域。

② 如（南北朝）范晔《后汉书·卷八十七·西羌传第七十七》（景印文渊阁四库全书本第252～253册）有“秦献公初立，欲复穆公之迹，兵临渭首，灭狄獂戎。忍季父卬畏秦之威，将其种人附落而南，出赐支河曲西数千里，与众羌绝远，不复交通”的记载，说战国初期（公元前475年）以“昂”为首的一支羌人迫于族群竞争的压力，由今甘陕地区向西南徙迁至玉树地区。

③ 汉朝的四川特产远播大夏绝不可能走西域丝绸之路，那样将徒增路程，最有可能的是走西南丝绸之路，起点为成都，终点为印度甚至波斯（今伊朗），中间点为夜郎（今贵州）、滇（今昆明）、南诏（今大理）、缅甸。这说明中西交通很早就贯通了。

沿着民族走廊进入东南亚。东晋、十六国时期（317—420 年），鲜卑族从大兴安岭西迁，抵达青海湖与当地羌人杂处，出现西羌、吐谷浑、白兰、党项、附国、吐蕃、姜人等古代部族，也有南迁的情况出现。各民族部落在南迁路中定居、联姻、繁衍，发生贸易、战争和宗教行为，经过千百年的基因采借与文化交汇，演变出藏族、门巴族、珞巴族、纳西族、傈僳族、怒族、独龙族、景颇（克钦）族、克伦族、骠族、缅族、掸族等境内外民族。① 元明以降，封建国家的势力先后侵及这片土地。目前，一块归中国，一块归印度，一块归缅甸。《艽野东南的民族丛书》就揭示了中国西南川、滇、藏和川、青、藏接壤地带极具内涵的民族文化。这些民族是藏族、纳西族、怒族、独龙族和傈僳族。这些民族人们的体质特征与三支种群有关：①蒙古北亚人，特征是高身材、中头型、高鼻型、前额平坦、黑眼珠，男人高大英俊，女人身材颀长；②蒙古南亚人，特征是身材略矮、低头型、前额微窄、褐色眼珠、低鼻型；③“藏彝走廊”型，介于前两者之间，又自成一类，其特征是中身材、中头型、中鼻型，孩子的眼珠较黑，成人的眼珠泛褐。具体来说，怒族和独龙族人带有蒙古南亚人的体质特征，藏族、纳西族和傈僳族人带有“藏彝走廊”型的体质特征。由于藏族人的来源复杂，内部族群众多，有的体质特征偏向蒙古北亚人。例如，三岩藏族人的体质特征与塔吉克族、维吾尔族、锡伯族、哈萨克族、蒙古族等北方民族关系密切些，跟藏彝类型的藏族关系疏远些。② 无论体质特征如何，这 5 个民族的人民都有率真淳厚、健谈好客、谦让刚毅、吃苦耐劳的一面。人们因地制宜谋取生活资料，建造房屋，修建梯田，引水渡槽，高山放牧；人们也抽烟喝酒、唱歌跳舞，知足常乐。

新中国成立后，党和政府组织集中进行民族识别（1953—1956 年）和少数民族语言与社会历史调查（1956—1958 年）。根据 20 世纪 80 年代出版的《民族问题五种丛书》的描述，当时藏族、纳西族、怒族、独龙族和傈僳族等民族已出现社会分化：有的社会结构呈尖锥形，如藏族的农奴制、纳西族的土司制；有的社会结构呈钝锥形，如保留着原始公社残余的怒族和独龙族。民族文化的保持与传承是通过社会结构来实现的。独龙江两岸的村落出现了头人、大小巫师（南木萨、龙萨）、工匠、平民、家奴。前三种人基本上是富裕的族人，他们拥有土地，蓄养奴隶，并未完全脱离劳动。奴隶来自债务和买卖，成为家庭的一员，由主人安排婚姻，给予经济开支。奴隶在公共场合（如祭礼、

① 参见（五代）刘昫《旧唐书》卷 197 列传第 147（景印文渊阁四库全书本第 268 ～ 271 册，台湾商务印书馆 1983 年版）和（宋）欧阳修《新唐书》卷 222 上列传第 147 上下（景印文渊阁四库全书本第 272 ～ 276 册，台湾商务印书馆 1983 年版）关于南蛮、西南蛮和骠国的描述。

② 参见何国强、杨晓芹、王天玉等《三岩藏族的体质特征研究》，载《人类学学报》2009 年第 4 期，第 408 ～ 417 页。

公议、公断等）与平民有身份界限。劳动过程中主仆地位不同，主人为奴隶提供生产资料（如土地、牲畜、农具、种子），并占有全部收获物。人们在社会结构中各居其位，各层次的差别不大，在血缘、地缘基础上发生的共济、共庆、换工等集体行为维持着内部平等，原始宗教和基督教起到恐吓叛逆者、安抚民众、制止反抗的作用。旧的社会结构被打碎以后，新的社会结构逐步建立，其所传承的文化与过去有着质的不同。

17 世纪，西方人陆续进入喜马拉雅东部山区与横断山脉南部的多条河谷。早期的传教士、探险家带着猎奇的眼光看待这里的风土人情。19 世纪伊始，民族学家、地理学家、行政人员、桥梁工程师开始进入这片地域上无人知晓、地图上一片空白的沃野。到 20 世纪 40 年代末的 150 年间，他们记录了大量宝贵的材料。英国、美国、印度三国学者的成绩尤为突出，如果只见他们为殖民政府服务的一面而不见其科学记述的一面是不公平的。在此，我愿意借鉴沙钦·罗伊的书单①，肯定 J. 马肯齐、J. 布特勒、G. W. 贝雷斯福德、A. F. 查特尔、P. C. 巴利、B. C. 戈海尔、M. D. 普格②等人的工作；我还要提到 F. M. 贝利、F. K. 沃德、维雷尔·埃尔温、P. N. S. 古塔、马骏达、N. 罗伊、B. C. 古哈和 S. 罗伊等人的努力，特别是约瑟夫·洛克、克里斯托夫·冯·菲尤勒－海门道夫和埃得蒙·利奇的奉献。

洛克于 1922 年到达中国西南边陲，在川、青、甘、滇接壤地带考察，为美国农业部、国家地理协会和哈佛大学收集植物和飞禽标本，在丽江度过了 27 年。随着时间的推移，洛克的研究兴趣转移到纳西族的文化上。他的《纳西英语百科词典》收入了东巴教及濒于消亡的古纳西语，他撰写的《中国西南古纳西王国》叙述了当时甘青交界处、滇西北、川西南和西藏纳西族居住区域的地理、历史、物产和文化。1992 年，迈克尔·阿里斯在纽约出版了《喇嘛、土司和强盗》，以图文并茂的形式回顾了洛克在川、滇、藏的田野研究经历。③

第二次世界大战期间，利奇在克钦山区打游击。那个地区为中国的滇、藏和印度的阿萨姆邦三面环绕，有号称“野人山”的莽莽丛林。利奇广泛地接

---

① 参见（印）沙钦·罗伊《珞巴族阿迪人的文化》，李坚尚、丛晓明译，西藏人民出版社 1991 年版，第 297～302 页。

② 他们的代表作分别为《孟加拉东北极边地区山区部落记事》（1836 年版）、《阿萨姆山区部落概述》（1847 年伦敦版）、《阿萨姆东北边境记》（1881 年西隆版、1906 年重印）、《阿波尔的吊桥》（载《皇家工程师》1912 年第 16 卷）、《阿萨姆山区部落的头饰》（载《皇家孟加拉亚细亚学会会刊》1929 年总字第 25 卷）、《阿波尔人的农业组织》（载《人类学系调查报告》1954 年第 3 卷第 2 册）、《东北边境特区的娱乐活动》（1958 年版）等，这里仅仅提到很少的一部分。

③ 参见 Michael Aris *et al*. *Lamas*, *Princes*, *and Brigands*: *Joseph Rock's Photographs of the Tibetan Borderlands of China*. China House Gallery, China Institute in America, 1992.

触克钦人，于1954年出版《上缅甸诸政治体系》，提出社会转变的动力学模型。几乎在同一时期，克里斯托夫·冯·菲尤勒－海门道夫在印度调查了10年，期间以特派员的身份在阿萨姆地区工作两年。他和妻子贝蒂·勃纳多在调查阿帕塔尼人①的间隙中，专程到麦克马洪线以南的斯皮峡谷，那里距离西藏的瓦弄咫尺之遥。因物资供应不足，1944年4月2日夫妇俩开始撤退，准备翌年再进行调查，后因印度政府决定推迟这项计划，最终未能进入西藏察隅地区。海门道夫基于田野调查的12本书②对于青藏高原的研究极具参考价值。

20世纪50年代以后的民族学家，无论是美国人、英国人、法国人、印度人，还是中国人，都是在利用前人收集的原始资料、绘制的地图、提炼的概念、阐述的命题和他们的民族识别、文化分类的成果，并汲取他们务实与求真的精神力量。

中国学者对青藏高原东南部的民族调查可追溯到抗日战争时期，左仁极、羊泽、朱刚夫、李式金、李中定、陶云逵、黄举安（以姓氏笔画为序）等人曾赴三江（金沙江、澜沧江、怒江）并流地区，调查成果虽然一鳞半爪，但科学精神不可低估。李霖灿、方国瑜、杨仲鸿对纳西语的研究尤其值得一提。新中国成立后的几十年间，我的同仁，如王辅仁、王晓义、孙宏开、刘龙初、刘芳贤、宋恩常、宋兆麟、吴从众、李坚尚、杨毓襄、张江华、姚兆麟、龚佩华、谭克让、蔡家骐、欧阳觉亚（以姓氏笔画为序）等，跋涉于川、青、滇、藏交界区的山水之间，也提出批判地学习和吸收西方人类学的任务。③ 1979年，西藏社会科学院资料情报研究所在北京成立，后迁至拉萨，组织翻译了一批文献，吴泽霖、费孝通都身体力行地做过译介工作。④ 由于各种原因，我们的研究起步较晚，田野研究缺乏长期性、系统性，理论方法上也有故步自封的表现，偏重于社会经济形态的素材，而较容易忽视社会组织、风俗制度与意识形态的素材。

---

① 中国民族学界有一种观点，认为阿帕塔尼人与珞巴族人同源，阿帕塔尼是珞巴族的组成部分。珞巴族包含20多个部落，如尼升、巴依、玛雅、纳、崩尼等，其经济形态与独龙族完全相同。

② 它们是《赤裸的那加人：阿萨姆邦的猎头部落的战争与和平》（1939年第1版、1968年第2版、1976年第3版）、《苏班西尼地区的民族学注释》（1947年版）、《喜马拉雅山区未开化的民族》（1955年版）、《阿帕塔尼人和他们的邻族：喜马拉雅山东部的一个原始社会》（1962年版，有中译本）、《尼泊尔的夏尔巴人：信佛的高地居民》（1964年版）、《尼泊尔、印度和锡兰的社会等级制度和血缘关系：对印度教与佛教相接触地区的人类学研究》（1966年版）、《尼泊尔人类学述略》（1974年版）、《喜马拉雅山区的贸易者：尼泊尔高地的生活》（1975年版，前三章半有中译本）、《喜马拉雅山地部落：从牲畜交换到现金交易》（1980年版）、《阿鲁纳恰尔邦的山地人》（1982年版）、《西藏文明的复兴》（1990年版）和《在印度部落中生活：一位人类学家的自传》（1990年版中译本）。

③ 参见林耀华《序》，见黄淑娉、龚佩华《文化人类学理论方法研究》，广东高等教育出版社2004年版。

④ 参见《费孝通译文集·前言》（上册），群言出版社2002年版，第2页。

改革开放以来，国内强调“补课”，出版了不少社会文化人类学（民族学）的理论著述，这是可喜可贺的。最近十几年，获得高级职称的中青年学者也越来越多。但是，不可否认，一些民族学工作者欠缺实地调查的经历，学界对田野调查的要求放松，对边陲少数民族的研究远远不够，市面上田野研究的著述稀少。有人说，目前田野工作的条件（如交通、通讯、住宿、饮食、医疗、安全、语言沟通、调查工具和手段等）较之20世纪五六十年代不知改善了多少，可如今的实地调查与书斋研究的比例较之于过去不知减少了多少。[①] 本人深有同感。我虽然退休多年，但也知道一点外面的情况。现在科研的资助力度每年都在增大，下达的课题也在增多，出版界欣欣向荣，民族类的期刊、书籍相当多；但是，深入扎实的调查研究没有跟上来。由于辛勤收集第一手资料和认真提炼、精巧构思并以朴实平正的笔调叙述的作品不太为社会所赏识和鼓励，因此田野作品越来越少。这种情况与历史的发展很不合拍。就青藏高原东南部而言，随着旅游的开发，三江并流自然景观被列入《世界遗产名录》，社会对非物质文化的保护意识被带动起来了，国内外迫切需要了解这一区域的民族现状，抢救、整理和保存当地的原生态文化迫在眉睫。但经常到农牧区做调查的人不多。原因何在？这恐怕与投入和产出的衡量标准有关。譬如，有些环境陌生而艰苦，原创性作品生产周期长，即使出得来，社会反应也需要一定时间，不如“跟风”成效快。“不可否认，学界急功近利的浮躁之风，评判成果室内室外一刀切的做法，都是使田野调查边缘化的原因。”[②] 我认为，端正调查之风、调整激励机制势在必行，否则民族学研究将难以为继，更谈不上以良好的姿态服务于社会。

西北川、青、藏交界区，以及西南边陲川、滇、藏接壤地区，民族学资源异常丰富，吸引着以何国强教授为首的研究团队不畏艰苦、锲而不舍地调研。这套由7部专著组成的丛书即有选择性地介绍了那里的民族文化。分册和作者名依次为《青藏高原的婚姻和土地：引入兄弟共妻制的分析》（坚赞才旦、许韶明）、《碧罗雪山两麓人民的生计模式》（李何春、李亚锋）、《整体稀缺与文化适应：三岩的帕措、红教和民俗》（许韶明、坚赞才旦）、《独龙江文化史纲：俅人及其邻族的社会变迁研究》（张劲夫、罗波）、《青藏高原东部的丧葬制度研究》（叶远飘）、《妇女何在？三江并流诸峡谷区的性别政治》（王天玉）、《滇藏澜沧江谷地的教派冲突》（王晓、高薇茗、魏乐平）。翻开细细品

① 参见郝时远主编《田野调查实录：民族调查回忆·前言》，社会科学文献出版社1999年版，第3页。

② 英国皇家人类学会编订：《人类学的询问与记录·序言》，周云水、许韶明、谭青松等译，国际炎黄文化出版社2009年版，第13～14页。

味，看得出作者们长期研究的积累。主编何国强教授是我的学生，也是这个研究团队的组织者。他17年来坚持探索汉藏区域文化，主张多学科相结合，调查素材、史志和理论三点互补，中外资料融会贯通，以及汉族区域和少数民族区域的文化现象互为衬托的研究思路。自1996年夏天至今，他已11次踏上青藏高原。担任博士生导师以后，他努力寻求基金会的支持①，推动每一届研究生到青藏高原东部和东南部选题作论文，秉承老一辈民族学家研究西南民族的传统，深入偏远的高山峡谷。据我所知，另外10位中青年作者在跟随他学习期间，除极少数人之外，皆有1年左右的调查经历，目前分别在高校或科研部门工作。他们的成果与书斋式的研究不同，每一本书都充满鲜活的材料，讲理论、重实际，穿插纵横（时空）比较和跨文化研究（类型）比较，散发着田野的芬芳。

调查员根据已有的知识草拟提纲，到当地观察、询问和感受，苦学语言，一丝不苟地记录，孜孜不倦地追寻文化变迁的足迹，修正调查提纲和理论预设。他们入乡随俗、遵循当地礼节，与村民建立互信，由此获得可信的感知材料。但这套丛书不是田野材料的机械堆砌，而是在科学方法和理论模块引导下的分析、综合与描述，不仅揭示了该地区存在的一些问题——如风俗制度的动力和机制、传统生计的命运、社会转型时期妇女的角色变迁等——而且对这些问题做出了切合实际的解答。

这套丛书坚持了民族学研究偏远之地的优良传统，同时强调多维视角，突出科研的前沿性、创新性及应用性，对于边疆少数民族的研究具有弥足珍贵的作用，同时给东南亚乃至世界的民族学提供了参考价值；在抢救和整理濒临绝境的原生态文化方面，体现了学术研究在增进国民福祉及促进社会和谐过程中的作用，在为西部开发提供决策依据并带动民族文化的保护性研究等方面均有不可忽视的意义。

这套丛书还凸显了“好料做好菜”的诀窍。前期4个课题资助，10余年田野调查取得的第一手资料绝不会自动转化为社会公认的产品，需要紧扣“民族特色”提炼选题，科学搭配，形成整体效应。编者先是将婚姻与丧葬制度、血缘组织、传统生计、本地宗教和外来宗教（东巴教、藏传佛教和天主教）的碰撞、妇女地位、先进民族的帮助与后进民族的发展等选题集合在一个总题目下共同反映特定区域的文化，“好菜”就做了一半；继而在中山大学

---

① 本研究相关课题获得4次资助，即“青藏高原的兄弟共妻制研究：以卫藏和康的五个社区为例”（香港中山大学高等学术研究基金，2004—2005年）、“青藏高原东部三江并流地区民族文化的历史人类学研究”（教育部人文社会科学基金，2006—2008年）、“三江并流峡谷的民族文化和社会结构变迁研究”（国家社会科学基金，2007—2009年）、“川青滇藏交界区民族文化多样性的动力学研究”（国家社会科学基金，2012—2014年）。

出版社的鼎力协助下申请国家出版基金资助项目，争取新的资源来整合后续工作。这样，整道“菜”就做好了。以上两点在何国强教授与中山大学出版社的通力合作中可见端倪，同时专家的支持[①]也相当重要。在这个基础上，各分册的作者和责任编辑保持良好的互动，认真审稿，精益求精地修改文本、补充资料、优化结构，本着为人民高度负责的精神对待自己的职业。凡此皆说明学术界与出版界的精诚合作对于完成科研成果转换的重要作用。

① 这套丛书于2011年入选“十二五”国家重点图书出版规划项目，2012年入选国家出版基金资助项目。两次申报工作，均得到四川省社会科学院任新建研究员和中国人民大学胡鸿保教授的极力推荐。

前　言

本书关注的是金沙江峡谷藏族的丧葬文化。笔者在长达800公里的金沙江峡谷分别选择了青海省玉树藏族自治州（简称“玉树州”）巴塘乡、四川省甘孜藏族自治州（简称“甘孜州”）白玉山岩乡与西藏自治区贡觉县三岩区（这两个地方合并称为“三岩”）及云南省迪庆藏族自治州（简称“迪庆州”）德钦县羊拉乡作为田野点进行为期一年的田野调查工作，通过对当地人处理尸体的方式进行“深描”，探讨隐藏在尸体处理背后的“地方性知识”。

全书围绕着三个问题展开：第一，金沙江峡谷的丧葬文化是如何产生的，其历时性表现是怎样的？第二，峡谷内各文化层之间的丧葬文化因子是如何结合的，结合以后形成的丧葬文化模式分别是什么样的？第三，峡谷内各个田野点的丧葬文化模式存在哪些差异，其原因何在？这三个问题呈现了层层递进的逻辑关系，前两个问题是第三个问题的基础，第三个问题是前两个问题的结果。

在研究方法上，本书主要采用人类学的田野调查方法，通过在田野调查中收集当地的传说与歌谣、采访宗教人士与深悉“地方性知识”的老年人，记录当地的种种丧葬仪式，辅之以人类学的整体观和比较法对以上提出的三个问题进行研究。

在研究视角上，本书梳理了自20世纪20年代以来学术界对藏族文化的研究视角，尝试以宗教信仰为主体、以生计模式和社会结构为两翼对丧葬文化模式进行建构，通过描述峡谷内的宗教信仰、生计模式与社会结构这三个变量的发展过程，建构每个田野点的丧葬文化模式。

在叙述结构上，本书围绕“死亡”与“重生”这对概念展开，从主位角度出发，将丧葬文化表达为生者出于对死者灵魂的依恋与恐惧的双重心理，在一定信仰观念的支配下，利用自然环境对死者的尸体进行特殊处理以安顿死者灵魂的行为。

关于本书提出的第一个问题，笔者指出，金沙江峡谷多种丧葬文化来自民族迁徙的遗存，它在历时性方面表现为四个阶段。第一阶段是史前时代，来自西北氐羌族系的祖先、来自北方草原游牧族系的祖先和西藏土著族系的祖先纷纷涌入金沙江峡谷，给峡谷带来了食尸葬、野葬以及居室葬、岩洞葬和瓮棺葬。从死亡观方面看，它表明了金沙江峡谷居民的灵魂观念经历了一个从无到有又从人鬼共居到人鬼分离的步骤。第二阶段是文字时代到7世纪左右，以白狼和磨些（也称“摩些”、“么些”）为代表的西北氐羌族系、以鲜卑和蒙古为代表的北方族系和以雅隆为代表的土著继续涌入金沙江峡谷，为峡谷带来了石棺葬、土葬、火葬与树葬。这些民族皆持原始的萨满教，大多有南迁的经历，因此在死亡观方面表现了魂归北方的愿望。第三阶段是从7世纪到12世纪左右，随着吐蕃东进，峡谷内的原始萨满信仰逐渐过渡到充满等级森严观念的苯教信仰。具有等级森严观念的苯教为峡谷内的各种葬式烙上了等级的印记，使土葬演变成一种上等的葬式，而水葬则成为一种下等的葬式。在苯教信仰的支配下，这个阶段人们的死亡观都指向灵魂复活，把活生生的现实世界原封不动地投射到死亡观念当中。第四阶段是从12世纪起到现在，藏传佛教传入金沙江峡谷，使峡谷内原本受苯教支配的丧葬文化转为受以藏传佛教为主导的复合信仰的支配。一方面，藏传佛教各教派尽可能推行印度佛教倡导的火葬、水葬以及野葬（天葬）三大葬式；另一方面，各教派又根据自身所处的社会环境有选择性地对原来的葬式进行改造，峡谷内各地自然环境、社会环境不尽相同，葬式的表现亦是如此。这个时段内，峡谷内的藏族群众基于复合信仰而产生的死亡观丰富多彩，各式各异。从大的方面来说，佛教所谓的六道轮回、投胎、转世等思想是峡谷内老百姓普遍的信仰，但是在投胎、转世方面，三个田野点的老百姓又表现了许多差别。

在第二个问题上，笔者认为，丧葬事实上是一种文化特质，它把自然环境、社会结构与宗教信仰等诸多要素有机结合在一起，在动态层面相互发生作用。金沙江峡谷丧葬文化的时间区分是空间区分的基础，空间区分是时间区分的结果。换言之，峡谷丧葬文化的空间区分基本上是基于时间区分的第四个阶段成长起来的：①在金沙江峡谷的入口，天葬最为流行，其他葬式仅为辅助，各葬式之间体现了森严的等级结构，其送魂仪式主要体现了人们对灵魂进入三善趣的追求——人们多在天上、人间与地下的轮回空间观念中追求降生于人间，我们暂且称之为以天葬为主的等级丧葬文化模式。②在金沙江峡谷的中端，多种葬式并行不悖，送魂仪式缤纷多彩，人们在各种宗教信仰之间对死亡进行随意解释，因此那里的藏族群众大多只接受苯教灵魂复活观念与佛教的三善趣观念，而对佛教所谓的三恶趣给予排斥，我们暂且称之为多种葬式并行不悖的复合葬文化模式。③在金沙江峡谷的出口，葬式稀少，人们可选择的葬式也相对较少，土火二次葬一枝独秀。人们在死亡观方面表现得相对豁达，最接近印度式佛教徒的死亡观，同时带有儒家文化的色彩，我们可以称之为“含括”孝道的六道轮回土火二次葬文化模式。

至于第三个问题，笔者相信，长达800公里的金沙江峡谷在葬式方面大体呈现了“两头少、中间多”的状态。而以丧葬文化的中轴——死亡观而言，整条峡谷存在着三种丧葬文化模式，三种不同的丧葬文化模式事实上是三地复合信仰不同的表现。峡谷入口是弥漫着等级意味的天葬文化，这种丧葬文化从根本上说是佛教信仰“含括”苯教信仰造成的；峡谷中端的复合葬文化模式在宗教信仰方面表现的则是佛“含括”苯或苯“含括”佛的复合宗教信仰；峡谷出口的土火二次葬文化模式在宗教信仰上的表现是佛教信仰“含括”儒学思想的复合信仰。

金沙江峡谷的丧葬文化模式之差异可以分别从当地的地理环境、社会整合方式以及藏传佛教对其他宗教的整合手段来分析。从地理环境上看，金沙江入口地处高原，那里的藏族群众过着一种纯粹的游牧生活，其社会整合是基于地缘基础上形成的机械团结，藏传佛教噶举派“含括”苯教，因此人们的死亡观相应表现了“含括”苯教等级观的佛教轮回观；金沙江峡谷的中端三岩地处山坝，交通闭塞，口袋形的地势使当地藏族群众无法与外界进行有效互动，葬式文化易入不易出，那里的藏族群众过着半牧半农的生活，其社会整合是基于父系血缘组织——帕措而形成的离散状态，藏传佛教宁玛派组织相对涣散，采纳了许多苯教的修持，藏传佛教信仰与苯教发生交融，使三岩藏族群众的死亡观更复杂，表现出插花地式的状态；金沙江峡谷出口地处河谷，交通方便，其与茶马古道的中转站奔子栏接壤，那里的藏族群众与外文化互动频繁，藏传佛教格鲁派以佛学正统自居，为维护佛学的光辉对苯教与巫术采取压制的策略，但它在发展过程中依靠的是清王朝的武装力量，无形中也吸纳了一定的儒学思想，因此其六道轮回死亡观渗透了一种孝道。

目录

附图表目录

导 论

第一节 艽野东面的民族学奇观

一、金沙江峡谷的丧葬类型

"面艽野兮悲桥梓，溯急流兮苦碛沙"，这是南朝谢灵运在《撰征赋》中写下的诗句。其中的"艽野"一词系指今天的青藏高原东部，在他的眼里，那里充满了悲凉之景。青藏高原位于东经74°～104°、北纬25°～40°之间，西起帕米尔高原、东及横断山、北界昆仑山、南抵喜马拉雅山，整片地域海拔4 000米以上，因此被冠以"世界屋脊"的称号。由于海拔高、空气稀薄，不利于人类生活和工农业生产，长期以来被视为不毛之地。殊不知，这里一直存在着丰富的民族学资源。

2006年，民族学家何国强先生在考察这一带的地方文化时发现这里存在着众多的民族学奇观，其中最独特的是青藏高原东面南北纵贯800公里、东西横亘50公里的金沙江大峡谷里同时存在十几种丧葬类型，它们分别是岩洞葬、居室葬、瓮棺葬、石棺葬、树葬、地架葬、土葬、水土葬、火葬、水葬、塔葬、地葬、天葬以及复合葬。引起他最大兴趣的是，金沙江峡谷为什么会有那么多种丧葬类型，它们是怎么来的？这些丧葬类型的背后又隐藏着哪些文化逻辑或者意义结构？为此，何国强先生委托笔者对以上两个问题展开研究。

金沙江峡谷，地处青藏高原东缘，起点位于川、青、藏的交界区，终点位于川、滇、藏的交界区。金沙江由北向南蜿蜒而流，峡谷两岸均是崇山峻岭。在江的左岸从北到南依次是雀儿山、沙鲁里山和中甸雪山，右岸则依次是达马拉山、宁静山、芒康山和云岭诸山。这些山海拔至少在4 000米以上，连一些飞鸟都难以逾越（笔者后来进入峡谷调查，因为道路从高山蜿蜒而下，当地人称陆地交通事故为“空难”，这也足于证明其地理环境的险要），两山之间的峡谷宽约80米，狭窄处仅20米，坡度一般在35度以上，不少地方甚至达到80度以上，悬崖峭壁的特征非常明显。

图0-1为金沙江峡谷俯瞰。

图0-1　金沙江峡谷俯瞰

面对这样封闭的地理环境，笔者认为，要搞清楚峡谷内丧葬模式的来源及其背后的意义就必须用全局的眼光看问题。即在讨论峡谷的丧葬类型时，应该抛弃传统上以某个田野点的丧葬类型作为例子去探讨整条峡谷的丧葬类型的做法。也就是说，我们不能仅仅关注一个田野点，更不能只专注于某个田野点的丧葬类型而忽视与峡谷内其他田野点的对比。因为整条峡谷内部存在着众多的天然通道，这些通道长期以来为峡谷内的居民提供了交流的可能，这些交流所导致的文化借鉴是理所当然的。因此，从这个意义上说，我们应把选择的田野点置于整条大峡谷的一个环去考虑，用流动的眼光考察丧葬文化的形成与发展。换句话说，探讨丧葬文化在峡谷里的传播顺序及差异，要求我们尽可能多地选择田野点去调查研究，至少要关注到峡谷的入口和出口的丧葬文化。

二、研究丧葬文化的意义

提起丧葬，人们很自然会联想到死亡。确实，从医学的角度来看，丧葬只不过是人类个体生命终结时所实行的一项活动而已。但是，由于人类社会运作在文化的逻辑结构之中，在这个意义上讨论丧葬便远远超越了生与死的界限。换句话说，丧葬不再单纯是生命之终结，更重要的是一个民族表达本民族文化的重要手段。因此，我们应该着手研究丧葬，因为研究丧葬至少在学术价值、资料价值和应用价值三个方面有其重要的意义。

首先，学术上的价值大致可以从以下三个方面阐述：第一，这项研究有利于我们深刻地理解民族的文化内涵。由于丧葬涉及灵魂与信仰的问题，不易发生变化，是一个民族最深层、最难以被其他因素改变的风俗，因此，研究丧葬文化最能透视一个民族的精神世界。第二，这项研究对于我们理解青藏高原甚至世界民族的丧葬文化也是非常有意义的。如果我们能够分清金沙江峡谷的丧葬类型，在某种意义上也就等于摸清了青藏高原的丧葬类型，进而与世界各民族的丧葬类型进行对比，即可最大限度地从整体上了解世界各民族的各种丧葬类型。换言之，本研究不是孤立谈某种丧葬类型，而是通过谈某种丧葬类型逐渐实现由点到线、由线到面，再由面到体的阶梯性研究。所谓点的研究，指的是某个田野点的个案研究；所谓线的研究，指的是同一种丧葬类型在不同点的表现的研究；所谓面的研究，指的是不同丧葬类型在多个点的表现的研究；所谓体的研究，指的是各种丧葬类型在全世界的表现的研究。第三，这项研究有助于拓宽人类学研究的领域，推动人类学学科往纵深方向发展。众所周知，自然科学与人文科学等不少学科都涉及对死亡的研究，但是研究方法和意义不同。医学领域所谓的死亡忽视了个体的情感和社会的文化；哲学研究死亡主要是空洞的冥想；心理学学科对死亡的研究主要将其控制在可操作的实验室内，以自然科学的手段进行试验。人类学是一门人文社会科学，重在寻求文化的意义解释，从这一点出发，它具有与其他学科不同的价值。与人类学有密切关系的民俗学在研究丧葬方面有突出的成绩，不过，民俗学的研究只是将各种丧葬视为风俗加以考察而已。自传入中国以来，人类学与民俗学开展了各种合作。民国时期，以任乃强、谢国安、李安宅为代表的学者率先运用人类学的方法对康区风俗进行考察，更是奠定了藏文化研究的坚实基础。

其次，从民族学的资料价值上看，研究丧葬对于保存民族文化资料具有不可估量的作用。随着时代的前进，文化变迁在所难免，但文化变迁并不意味着民族传统文化一定要退出历史舞台。然而遗憾的是，在现实世界中，这种现象似乎已经成为一股潮流。例如，在金沙江峡谷一隅——云南德钦县的羊拉乡曾经有三省（自治区）结合部藏族聚居区优势互补的羊拉弦子文化。早在民国初期，羊拉弦子在奔子栏石议王氏“神翁”管辖下便名扬康巴藏族聚居区。然而，2011 年笔者进入羊拉调查的时候，再也听不到羊拉弦子了，正所谓“逝者如斯，不舍昼夜”，丧葬文化又何尝不是这样？如果不加紧对这些文化进行研究和整理，其最终会沉没在历史的汪洋中，留给我们无限的空白和遗憾。

最后，从应用价值出发，研究丧葬可以为相关部门指导地方移风易俗提供智力支持。随着市场经济之风不断吹向全国各地，所谓的“现代文明”也随之而来。在这股热潮的倡导下，许多传统民族文化被贴上“原始”、“落后”甚至“愚昧”的标签。笔者在前往调查点的途中就看见一些乡镇挂出“移风易俗”、“丧事从简”和“文明火葬”等横幅，似乎换风俗就像换衣服一样简单。殊不知，缺乏对民族传统的理解，以所谓的“现代文明”取而代之将会给社会带来安全隐患。笔者在考察中途经云南大理州某县就发生这样的事情：某工程队因为修路遇到村民的先坟阻挡，以所谓“土葬浪费土地资源”为理由强迫村民挖坟火化，结果引起村民的强烈反抗，双方大打出手，险些闹出人命。

第二节　丧葬习俗与人类学

一、藏族丧葬文化研究视角

在20世纪80年代中期，民俗学界受杨宽先生所著的《中国古代陵寝制度史研究》一书的影响，“催生了有关丧葬文化研究，并最终在20世纪90年代迎来了作为民俗学或民俗史意义上的丧葬文化研究的一个高潮”①。受这股热潮的驱动，一些学者开始关注少数民族，特别是藏族的丧葬文化研究，大批学术成果陆续涌现出来。现代人类学常常强调以问题意识切入研究。因此，笔者试图按学术界对藏族聚居区丧葬研究路径分类概述，以明确本研究的视角。

（一）研究现状

1. 作为奇风异俗的尸体处理记录

对藏族丧葬风俗做较早记录的是19世纪末一些游客发表的调查报告，如梅心如的《西康》、英国人麦克唐纳的《旅藏二十年》、柏尔的《西藏志》、李梦皋的《拉萨厅志》、黄沛翘的《西藏图考》、刘赞延的《察隅县志》、朱增鋆的《道孚风俗记略》等。麦克唐纳在《旅藏二十年》中写道：“喇嘛教葬礼四种方法，为天地火水。因教徒颇信天地间有风火水土四种原质，人一死后，其尸体必归于一原质，所以有此四种方法，天葬（即风）者，极普通，将尸体剖开，捣碎其骨，供给猫头鹰和乌鸦为食料；火葬者，将尸焚化；水葬者，以尸身解剖，投入湖河；土葬者甚少，因地寒冻，不易挖掘也。”② 20世纪50年代，中央民族事务委员会发起在全国范围内开展少数民族社会历史调查。由于当时的调查受政治意识形态影响，重心集中于藏族聚居区的经济与政治，有关藏族丧葬类型的记录虽然有所涉及，但大多比较简单。20世纪80年

---

① 转引自陈华文《关注人类的最终归处——以20年来丧葬文化研究著作为例》，载《民俗研究》2004年第1期。

② （英）麦克唐纳：《旅藏二十年》，孙梅生等译，商务印书馆1936年版，第304页。

代学科建设恢复，学术界重新燃起了对藏族群众处理尸体方式的兴趣。许光世与蔡晋成的《西藏新志》、黄奋生的《西藏情况》、李安陆的《西藏风俗记》和蔡景峰的《天葬》等作品对藏族群众的死亡、奔丧、入殓到出殡等整个过程都进行了较为详细的记录。仁真洛色则通过田野作业披露藏族群众形形色色的三次葬和二次葬。他指出，同样是一种葬法，葬仪有可能不同："例如同样是土葬，有的地方要裸葬，有的地方要棺葬，有的地方埋一段时间后要挖起来火化，等等。"①

这些记录仅仅关注到丧葬文化中的尸体处理现象，但很少对其背后的文化逻辑进行探讨，不过，这些宝贵的材料成为今日学术界深入研究丧葬文化的基础则是不争的事实。

2. 藏族丧葬与政治关系研究

宗教学、历史学与考古学在研究藏族丧葬时大多倾向探讨各种丧葬类型与政治阶级分层的关系。

宗教学者朵藏加等根据历史文献《西藏王臣记》的记录推断藏族的天葬是神权与王权合二为一的结果，土葬则是神权与王权分离的结果。② 霍巍在《西藏高原史前时期墓葬的考古发现与研究》一文中认为，藏族"土葬……开始出现专为随葬入墓而制作的冥器，在遗址灰坑中还有可能与杀祭有关的人头和人骨架……它已经预示着阶级的产生和阶级的对立"③。欧熙文在《古藏王墓——兼谈西藏的丧葬制度》一文中认为，西藏在12世纪之前主要实行的是土葬，而"西藏把尸体喂鹫起源于佛教传入西藏以后的12世纪帕当巴桑杰时代"④。由于天葬是高僧推动的，因此得到当时统治阶级的大力支持，它与当时的政教合一制度不无关系。边巴次仁认同这种说法，并从阶级层面解释了当时天葬取代土葬的原因。他认为，那是因为天葬"比起苯教的活人殉葬、杀牲祭祀方式要仁慈进步得多，且不致因祭祀中大量牲畜被杀而影响其生活资源"⑤。洛桑扎西在《藏族曾普遍实行过火葬》一文中从阶级斗争分析了土葬衰落的原因："公元869年吐蕃爆发了席卷全境的平民和奴隶大起义，愤怒的民众怀着政治和经济的双重目的，一举将西藏境内的大中型墓葬，几乎毁绝殆尽。这场急风暴雨般的盗墓毁尸运动，促使灵魂观念极深的古代先民以此为鉴，从而鄙弃了这种葬俗。"⑥ 朵藏才旦、格桑本认为藏族火葬更多代表着一

---

① 仁真洛色：《甘孜藏区丧葬习俗的地方性与民族性》，载《中国藏学》1990年第1期。

② 参见朵藏加、德吉卓玛《藏族天葬起源窥探》，见西藏网。

③ 霍巍：《西藏高原史前时期墓葬的考古发现与研究》，载《中国藏学》1994年第4期。

④ 欧熙文：《古藏王墓——兼谈西藏的丧葬制度》，载《西藏历史研究》1978年第4期。

⑤ 边巴次仁：《浅谈藏族丧葬文化》，载《西藏研究》2010年第6期。

⑥ 洛桑扎西：《藏族曾普遍实行过火葬》，载《西藏研究》1997年第2期。

种社会地位、权利和名望："藏传佛教佛僧大德们仿效佛祖及印度火化的丧俗，纷纷执意火化，把火葬清高化、神秘化，成为表现一种社会等级的葬俗，随之又有附庸风雅、自视高贵的王公贵族、土官头人大批加入火葬之列，有意无意地排斥了平民阶层，使火葬变成了统治阶层的丧俗，成为上层人士的专利，平民只能望而却步，不敢加入。在有的地方，平民若实行火葬，则受到社会的非议和打击。"① 对于喇嘛来说，火葬之上还有塔葬，它不适用于一般的喇嘛，只是高僧和活佛的专利品，这一切与政教合一的政治制度密切相关。赤烈曲扎在研究水葬时谈到："水葬大部分是乞丐及鳏、寡、孤、独等经济地位十分低下的人使用的葬法。"②

事实上，就藏族的丧葬文化而言，葬式与政治阶级存在密切关系是不言而喻的，但总的来说，学术界对这方面的研究还比较薄弱，大多数学者只关注到金字塔社会中顶层阶级与底层阶级的葬式，对处于这两层中间的阶层的丧葬文化却视而不见。

3. 藏族丧葬与地理关系研究

受环境决定论的影响，一些学者将藏族聚居区的地理生态环境视为各种丧葬类型产生的物质基础，主张从地理环境入手研究丧葬文化。从事这方面研究的学者很多，他们的观点大体一致：一方面，他们倾向于地理环境从根本上决定了藏族的丧葬类型；另一方面，他们反过来论证藏族的丧葬类型对生态环境起保护作用。

在藏族群众将天葬作为主要丧葬类型的这个问题上，英国学者查尔斯·柏尔的解释就是："处置尸体最普通的方法，即裂尸于藏野，以飨兀鹰，其原因为土葬则地冻难挖，火葬则乏柴薪，水葬则污及饮水，故拉萨四周之平原以及边旁之山谷，有数地，即划出专作鸟葬之用。"③ 这与罗开玉关于藏族群众史前大规模存在的石棺葬的解释——"实行石棺葬、石室葬、大石墓、石棚葬的地区，当然首先得具有相当多又便于开采的石料"④ ——有异曲同工之处。丹珠昂奔在《藏族文化发展史》一书中也认为，亡人采用什么样的葬式不可能超越现实的生态环境，就算是喇嘛也不例外。他说："在缺乏燃料的地方，火化是不易办到的，就是高等喇嘛，也不一定火葬。"⑤ 边巴琼达在解释天葬的成因时认为，天葬仪式主要靠秃鹫这种灵鸟完成，而秃鹫只能生活在高海拔

---

① 朵藏才旦、格桑本：《天葬——藏族丧葬文化》，甘肃民族出版社2000年版，第74页。
② 赤列曲扎：《西藏风土志》，西藏人民出版社1982年版，第171页。
③ （英）查尔斯·柏尔：《西藏志》，董之学、傅勤家译，商务印书馆1940年版，第376页。
④ 罗开玉：《丧葬与中国文化》，三环出版社1990年版，第74页。
⑤ 丹珠昂奔：《藏族文化发展史》，甘肃教育出版社2001年版，第742页。

的地方，这也注定了海拔低的地方不能实行天葬。[①] 然而，笔者在田野点却发现，有秃鹫的地方藏族群众不一定实施天葬，而在一些海拔低、没有天葬台的村落，有些藏族群众就算翻山越岭也要把亡人送到几十公里远的地方实行天葬。例如，云南德钦县羊拉乡的乡长立青农布家住在佛山乡，2008 年他的岳父死亡，由于当地没有秃鹫，他们又不愿意对岳父采用别的丧葬方式，所以他不惜重金雇车将岳父的尸体送到千里之外的西藏芒康县实行天葬。

我们不能否认环境在解释文化发生学方面的可取之处，但就环境对丧葬的影响而言，绝无可能上升到决定的高度。因此，将丧葬成因完全归结于环境必然得不到科学的解释。诚如仁真洛色所说："一些靠近江边的地方，比如雅砻江边的雅江属普巴绒绝少水葬，但一江之隔的理塘属普巴绒却盛行水葬。"[②] 很显然，这种现象是不能用地理环境来解释的。

4. 藏族丧葬与宗教信仰关系研究

英国人类学家马林诺夫斯基（Malinowqki，又译"马凌诺斯基"）认为："在人类所有的事件中，死亡扰乱了人类的理性，使人类越发恐惧，这是宗教信仰的主要来源。"[③] 藏族群众的宗教信仰一直以来都是学术界研究藏族文化时最关注的因素，丧葬亦是如此。在这个层面上，学术界对天葬起源的争议非常激烈。

以王尧为代表的学者持"佛教教义"说。他们认为，天葬不是藏族土生土长的丧葬类型，而是由印度传入西藏的，其核心内容是"布施"，这是一种舍己利他的思想，它与佛教教义中"舍身饲虎"、"割肉贸鸽"的佛经故事密切相关。[④] 但是，佛教教义说不能够回答的问题是：为什么信仰佛教的僧侣和喇嘛死的时候不实施天葬。与佛教教义说不同，霍巍认为天葬来源于中亚（伊朗），是中亚拜火教向西藏传播的结果。[⑤] 然而，拜火教教义说也不能完全令人信服，其疑问在于藏族群众认为天葬的尸体是"干净"的，这一点与视尸体为不干净的拜火教理念恰恰相反。汤惠生根据青海化隆雄先乡上半主洼发现的卡约文化和西藏昌都贡觉的香贝石棺墓中大量存在剔尸、曝尸、割肢的现象提出苯教教义说。他认为，这种先把人割肢然后埋葬的形式属于典型的二次葬，其目的是为了"再生"，这符合苯教关于人的生命在骨骼里、凭借骨骼可

---

① 参见边巴琼达《浅析西藏天葬习俗的成因及文化含义》，载《西藏研究》2005 年第 1 期。

② 仁真洛色：《甘孜藏区丧葬漫谈》，载《康定民族师范高等专科学校学报》1990 年第 1 期。

③ B. Malinowski. "The role of magic and religion". In W. Lessa and E. Vogt（eds.）. *Reader in Comparative Religion*. Row, Peterson Co, 1962: 86 – 99.

④ 参见王尧《喇嘛教对藏族文化的影响》，载《青海民族学院学报》（社会科学版）1979 年第 Z1 期。

⑤ 参见童恩正《西藏考古综述》，载《文物》1985 年第 3 期。

以再生的教义。[①]李家平则认为，天葬最初起源于藏族的图腾崇拜，这是来自人类不分种族从氏族时期就有的愿死者灵魂升天的共同心理的表现。[②] 熊坤新等则综合上述几位学者的观点，提出了“天葬是经历过原始天葬到人为天葬的阶段，经历过图腾崇拜的时代，然后受到苯教影响，继而才是受到佛教影响”[③] 的观点。

尽管学术界对天葬的起源研究没有达成统一的结论，但对于目前藏族的天葬主要受佛教教义支配与影响已经达成了共识。至于土葬，学术界则没有太大的争论，即都承认土葬的起源受苯教影响。这正如挪威学者帕·克瓦尔耐所说：“完全是因为辛和苯波精通丧葬仪式才把他们从象雄和勃律（吉尔吉特）请到西藏来……止贡赞普……死后尸体留在了地上。从象雄召来了苯波，让他们修建陵墓并第一个举行相应的葬仪。”[④]

（二）成果与不足

综合以上的论述，可以归纳出以下三点：第一，就研究学科来看，对藏族丧葬研究的领域涉及民俗学、宗教学、历史学、考古学和地理学等众多学科，民俗学与考古学在这方面的研究成果比较突出。比较有代表性的专著有霍巍的《西藏古代墓制度史》（四川人民出版社 1995 年版）、尕藏才旦与格桑本的《天葬——藏族丧葬文化》（甘肃民族出版社 2005 年版）和冯智的《慈悲与纪念——雪域丧葬面面观》（青海人民出版社 1998 年版）。霍巍的《西藏古代墓制度史》是一部将考古资料和历史文献结合的作品，书中系统、全面而且有条理地介绍了藏族的丧葬制度史，在丧葬制度史研究方面是不可多得的著作。冯智的《慈悲与纪念——雪域丧葬面面观》则围绕着藏族的死亡现象展开，对藏族的几种丧葬方式进行描述，揭示了藏族思想中“灵魂不灭”的传统观念，对研究藏族的丧葬文化也颇有学术价值。除了以上专著以外，赤列曲扎的《西藏风土志》（西藏人民出版社 1982 年版）、才让的《藏族民俗汇编》（甘肃民族出版社 1998 年版）、陈立明与曹晓燕的《西藏民俗文化》（中国藏学出版社 2003 年版）部分章节和内容也涉及了葬俗方面的讨论。第二，就研究角度来看，笔者有必要指出，以上四种研究角度并不是孤立的，之所以分开叙述，完全是明确本书的研究角度所需。例如，焦治平与陈昌文的研究就结合了

---

① 参见汤惠生《藏族天葬和断身仪轨源流考》，载《中国藏学》2001 年第 1 期。

② 参见李家平《昌都“锅庄”浅析》，见《西藏民族民间音乐舞蹈文集》（油印本），西藏自治区民族艺术研究所 2004 年。

③ 熊坤新、陶晓辉：《天葬起源之探索》，载《西藏研究》1988 年第 3 期。

④ （挪威）帕·克瓦尔耐：《西藏苯教徒的丧葬仪式》，褚俊杰译，见《国外藏学研究译文集》（第五集），西藏人民出版社 1989 年版。

宗教信仰和地理环境两者对丧葬的影响。他们认为："地理环境在很大程度上抵消了宗教的决定性影响，特别是苯教所推崇的土葬和佛教所推崇的火葬的影响，宗教反过来削弱了地理环境对葬俗的限制和束缚。"① 华锐·东智也指出，藏族的丧葬除了受地理环境和宗教信仰因素影响外，还受社会形态因素影响。② 星全成总结得更为全面。他说："葬式的差异与一定的地理环境密切相关"、"丧葬仪礼受经济条件的限制"、"丧葬被烙上明显的等级印迹"与"宗教对藏族丧葬的影响十分深刻"。③ 第三，就研究的结论来看，虽然学者们的观点有冲突，但也达成了一定的共识，即都承认目前的藏族丧葬文化受地理环境的影响和佛教教义的支配。有了这个共识，我们就可以在这个基础上讨论问题。

以上三点成果必将成为今后一段时间内学术界持续研究的参照。但这些研究成果也显示了三个不足的地方：第一，民俗学与考古学对藏族丧葬的研究热衷于追求各种葬式的起源，对葬式背后所隐藏的文化意义关注不够，忽视了主位的解释。第二，目前学术界将研究焦点集中于探讨各种丧葬类型的起源，恰恰说明它忽视了建立于现实调查基础之上的研究。翻阅浩如烟海的各种关于藏族丧葬的学术著作，几乎还没有发现任何关于藏族丧葬研究的民族志出版，这对于以研究民族文化为己任的民族学来说显然是一大遗憾。笔者认为，基于田野调查所写的民族志作品对于深入推动藏族丧葬文化的研究是至关重要的，因为丧葬文化毕竟活生生地存在于现实的文化之中。第三，虽然学术界已经笼统提出了藏族丧葬文化受佛教教义的影响，但是几乎所有的研究者都回避了藏传佛教不同教派在死亡观方面表现的差异，这是否等于默认藏传佛教不同教派具有相同的死亡观呢？笔者将沿着这一思路展开深入的研究，力图在这方面有所突破。

简而言之，学术界有关丧葬研究的大多数作品只是停留在一种静态的描述当中，缺乏动态跟踪，表层建构多于深层分析，因此构建丧葬文化理论还有待后辈学者的推动。人类学学科能否在藏族的丧葬文化研究上有所作为呢？要回答这个问题，我们必须回到人类学对葬礼的讨论中去。

二、人类学视野下的葬礼研究

人类学自诞生以来，虽然对死亡的话题进行回避，但是人类学家十分关注

---

① 参见焦治平、陈昌文《论地理和宗教在藏族丧葬风俗中的作用》，载《西藏研究》2003 年第 3 期。

② 参见华锐·东智《华锐藏区的丧葬习俗浅论》，载《中国藏学》2008 年第 2 期。

③ 星全成：《民主改革前藏族丧葬制度》，载《青海民族学院学报》（社会科学版）1997 年第 1 期。

人类社会的葬礼。概括地说，人类学对葬礼的研究主要呈现了四种路径或者说四种倾向。

第一种研究路径秉承哲学的研究路线，将葬礼视为死亡与复活的枢纽，探讨原始人举办的各种葬礼中反映的生与死之间的关系。该派的研究者众多，但以弗雷泽（Sir James George Frazer）和马林诺夫斯基最具代表性，二者在研究葬礼时都注意到了原始人大面积存在灵魂观念。弗雷泽在闻名于世的《金枝》（*Golden Bough*）里谈到，那些盛行图腾崇拜的未开化民族普遍存在把已到青春期的孩子打晕又使他苏醒的仪式。他认为，这是因为原始人无法区别昏迷与死亡，遂将二者画上等号。原始人确信把人打晕（即"死亡"）以后，孩子的灵魂会从身体出来进入图腾的身体，而图腾的灵魂也在这期间与孩子的灵魂发生交换。[①] 在弗雷泽看来，原始人已经能够从自然界冬去春来、昼夜交替的现象中悟出死而复生的道理。简·哈里森在《西密斯女神》（*Themis*）中认为，这里的操作方法就是巫术，原始人确信能通过神秘的巫术将灵魂转移到一个新的生命中。[②] 马林诺夫斯基虽然反对弗雷泽的进化论，但他并不否认未开化民族有灵魂存在的观念。在论文《死亡之灵》（*Baloma: the Spirits of Dead*）中，马氏讨论了特罗布里恩群岛岛民的信仰：每一个世系群都有一个固定存储灵魂的地方，当一个世系群的成员死亡以后，他的灵魂就走向一个叫图马的地方，那是一个死亡之岛，这个灵魂将会在那里定居下来，与之前死去的那些亲人的灵魂一起长期生活。如果这个灵魂想回到它之前生活的世界，它必须想方设法进入其世系群的女成员的子宫里面。[③] 马林诺夫斯基还注意到了人们对灵魂怀有深深的恐惧。他说："在人类所有的事件中，死亡扰乱了人类的理性，使人类越发恐惧，这是宗教信仰的主要来源。"[④] 概而言之，弗雷泽和马林诺夫斯基都相信，原始人是有灵魂观念的。在原始人看来，生命是肉体与精神相结合的客观存在，而死亡则是灵魂与肉体分离的过程，未开化民族举办葬礼的目的无非是给死者的灵魂一种安慰，以避免人类的正常生活受到威胁。

第二种研究路径是象征主义的研究。该派的研究与前一派的研究颇有相似之处，它同样是将葬礼视为生与死之间的桥梁，不过该派更注重的是葬礼之中所体现的象征关系，将目光聚焦于人们在举办葬礼时体现的对重生的象征概念。巴霍芬（Johann Jakob Bachofen）和利奇（Edmund Leach）是这一派突出

---

① 参见（英）J. G. 弗雷泽《金枝》，徐育新、张泽石、汪培基译，大众文艺出版社 1998 年版。

② 参见 J. Harrison. *Themis*. Cambridge University Press, 1912.

③ 参见 B. Malinowski. "Baloma, the Spirits of Dead". In *Magic, Science and Religion*. Faber and West, 1948.

④ B. Malinowski. "The role of Magic and Religion". In W. Lessa and E. Vogt (eds.). *Reader in Comparative Religion*. Row, Peterson Co, 1962: 86-99.

的代表。1859 年，巴霍芬在《神话、宗教与母权》① 一书里曾对罗马人丧葬仪式与坟墓旁边经常出现一些涂着半白半黑颜色的鸡蛋进行研究。他认为，半白半黑颜色的鸡蛋象征了白天与黑夜、生命与死亡。他说："作为一个整体，自然界具备生命与死亡的两面性而大放异彩，这就是为什么生命的象征如此频繁地出现在坟墓中。"② 利奇从人为世界的象征秩序出发研究死亡，并认为死亡、葬礼是人类人为划分时间和空间的重要标志。"当我们谈到可测量的时间时，似乎认为时间是一个具体的可以测量的东西，事实上，我们只是通过创造社会生活的一些界限来创造时间而已。"③ 为了创造这些界限，人类把葬礼看成神圣的、庄严的场合。因此，当人们谈到死亡的时候，往往会将它与生存视为类似于昼夜交替一般的孪生兄弟。该派的另外两位学者亨廷顿（Huntington）与梅特卡夫（Metcalf）分别在非洲马达加斯加岛与婆罗洲（Borneo）研究葬礼时，也经常发现性与生育能力的生命价值经常支配着整个丧葬仪式。

第三种研究路径是把葬礼看成社会的反常现象，主张从社会结构入手讨论个人死亡与社会秩序的关系。该派研究早期由涂尔干（Durkheim）、阿尔弗雷德·拉德克利夫·布朗（Alfred R. Brown）和罗伯特·赫兹（Robert Hertz）等人倡导，后期由维克多·特纳（Victor W. Turner）和范·盖内普（Arnold Van Gennep）等人继承。涂尔干创造了"社会事实"这一概念以后，在其名著《自杀论》中就提出把死亡视为"集体意识"来理解的观点。作为涂尔干的学生，罗伯特·赫兹进一步指出"亡人并不仅仅是生物的个体，而且还是基于生物个体之上的社会存在"，"人的死亡会导致社会进入失秩状态"，④ 所以一个人死亡以后采用的丧葬方式，死者的亲朋在这期间所表现的情感更多来源于社会的"集体意识"而非灵魂信仰。赫兹还讨论了印度尼西亚和马来西亚普遍存在的二次葬。他说，首次葬通过对尸体的暂时性处理体现了社会的分裂，第二次葬则体现了人们对"社会意识"的重构。从以上论述可以窥见，涂尔干等人的研究非常注重死亡对于创造社会共同体的意义。范·盖内普和维克多·特纳在后期开展的仪式研究中将各种仪式（包括葬礼）看成人们表达情感、强调群体意识的场合，事实上正是继承了早期涂尔干的研究路径。总的来说，二者认为仪式与社会结构之间存在一种功能关系，仪式总会反映社会结构，而

---

① 《神话、宗教与母权》于 1967 年由 E. Mannheim 翻译成英文在英国伦敦出版，此处引的是英文版。

② J. J. Bachofen. *Myth*, *Religion and Mother Right*. Routledge and Kegan Paunl, 1967: 39.

③ E. R. Leach. "Two essays concerning the symbolic representation of time". In *Rethinging Anthropology*. Athlone Press, 1961: 135.

④ R. Hertz. "A contribution to the study of the collective representation of death". In *Death and the Right Hand*. Cohen West, 1960: 77.

葬礼呈现的是一种“反结构”现象。因为在葬礼中，任何阶级、身份、地位都统统消失，这时的人无高低贵贱观念，社会的异质性此时得以暂时消弭。仪式结束以后，社会又恢复常态，葬礼强化了社会既定的秩序。所以，仪式体现的是结构—反结构—结构的过程。①

第四种研究路径倾向将葬礼当作一种人们理解世界的文本来解读，从而对其进行“深描”，格尔茨（Clifford Geertz）是这一派最负盛名的旗手。在爪哇进行田野调查期间，参加了十几场葬礼的格尔茨发现爪哇的葬礼非常平静，没有悲痛也没有哭泣。在这些葬礼中，眼泪得不到认可，当然也得不到人们的鼓励。生与死是绝对被严格区分的，人们所要做的事就是尽自己的努力平静地生活下去。一个在葬礼上号啕大哭的人甚至会引起其他人的恐慌，被其他人阻止。格尔茨认为，这样的葬礼缺乏“对恐惧、沮丧、道德下降的离心力起抗衡的作用”②。在解释原因的时候，格尔茨认为，“迅速的社会变迁已经使爪哇人的社会发生分裂，这反映在文化瓦解之中，文化的衰败已经导致了社会的分崩离析；失去了强有力的民间传统，个人之间的道德联系也就削弱了”③。在格尔茨看来，文化是由符号体系组成的，而符号所体现的就是意义，而人便是挂在这些意义之网上的动物。因此，在理解丧葬仪式的时候应该将其当作当地人理解和解释世界的一种方式，或者当作一种文本进行解读，从中发掘“地方性知识”。

笔者相信，以上几种研究视角并不是矛盾的。譬如，以利奇和弗雷泽的研究来说，两者的研究路径虽然不同，但实质都指向了死者与生者之间的关系；只不过前者把人们关注来世的目光拉回到了现世，后者恰好相反，他把现世的生活移植到来世。这几种方法体现了人类学在研究葬礼时所具有的与其他学科不同的视角。然而，将这些视角运用于田野研究时却不能生搬硬套，必须与当地的特殊地理与人文环境相结合。尤其对于研究作为民族走廊的金沙江峡谷来说更是如此。因为“民族走廊的特殊含义在于，某一或某些民族长期迁移的路线必须在特定的自然地理的走廊环境中”④。民族走廊的文化具有多样性，在民族走廊里面，各民族长此以往沿着此环境迁徙，必然会形成你中有我、我中有你的格局。这一事实间接表明了每个民族的风俗有可能存在相互影响、相互借鉴的现象，而作为一种风俗的丧葬文化也不例外。换言之，我们在研究这

---

① 参见（英）维克多·特纳《仪式过程：结构与反结构》，黄剑波、柳博赟译，中国人民大学出版社 2006 年版。

② （美）克利福德·格尔茨：《文化的解释》，韩莉译，译林出版社 1999 年版，第 197 页。

③ 同上。

④ 李绍明：《“藏彝走廊”研究与民族走廊学说》，见石硕主编《藏学学刊》第 2 辑，四川人民出版社 2005 年版，第 6 页。

一区域的丧葬文化时应该关注“历史形成的民族地区”和“各个民族在历史上是怎样运动的”。①

第三节 丧葬文化模式的建构

一、金沙江峡谷与川、青、滇、藏交界区

（一）田野点的选择

笔者在金沙江峡谷选择了川、青、藏交界处的青海玉树巴塘乡，川藏交界的三岩，川、滇、藏交界的羊拉乡作为田野调查点。（见图0－2）

图0－2　田野点地理位置示意

至于选择依据，大体可以从以下的阐述中得以说明。

首先，本书是多点民族志的调查，从整条峡谷的环境出发，分别在峡谷的一头一尾和中间进行调查有利于从整体上将整条峡谷的文化串联起来进行考虑，并从整体上理解整条峡谷的文化。人类学是通过建构他者来理解自我的，多点调查、多点连接以及相互印证、相互比较可以增加民族志叙述的生动性。这正如制作电影时切换镜头一般，连续切换便能实现完整的画面。

其次，田野点涉及川、青、滇、藏四个省（自治区）的藏族。其中，巴

① 参见石硕《藏彝走廊的历史文化特点》，载《西南民族大学学报》2007年第1期。

塘乡属于青海的玉树县，三岩属于四川的白玉县和西藏的贡觉县，羊拉乡则属于云南的德钦县，这样便于笔者考查国家行政力量在地区推行移风易俗的影响力。不过笔者同时强调，考查国家行政力量对这些田野点在移风易俗方面的影响不等于笔者在研究中采用行政的边界对民族文化进行划分。

最后，多点的选择也是为了类型比较的需要。20 世纪 90 年代费孝通先生在回应英国人类学家利奇关于“江村不能够代表整个中国”的质疑时曾做过精辟的解释：“如果我们用比较方法把中国农村的各种类型一个一个地描述出来，那就不需要把千千万万个农村一一地加以观察而接近于了解中国所有的农村了。”① 虽然费先生最初提出类型比较法不是用来研究丧葬的，但是这种研究方法同样适用于笔者的研究。

需要指出的是，在民族走廊的研究中，无论选择哪个田野点，都不能仅仅将目光局限在这个田野点上，而必须将一个田野点看成许多网格之中的一个结，关注这个结在整张网里面与其他结的相互关系。为此，笔者的研究力图引用“围棋式串联”② 的方法，将川、青、滇、藏交界区的田野点作为缩影，关注区域的族群流动所带来的文化沉淀及其所生产的复合文化，描绘更大范围内的历史变迁所导致的文化变迁。

笔者在田野调查期间主要做了以下几项工作：

一是收集传说与歌谣。在田野调查期间有意识地收集了当地的历史传说与丧葬歌谣。传说大多与宗教有关，一些甚至已经形成文字被记载下来，但更多的传说仅在民间以口头的形式流传。为了增加民族志的叙事力度，笔者在行文中将有选择性地使用这些传说。传说在一定程度上可以反映历史，也可以增加民族志描述的厚度。丧葬歌谣活生生地体现在每一场丧葬仪式中，它更能体现一个民族的死亡观，对于解释峡谷内各种丧葬类型的来源及其文化逻辑无疑具有重要意义。

二是做丧葬史的访谈。在田野调查期间，笔者有意识找那些上了年纪的老年人进行深度访谈。这些老年人社会阅历丰富，他们对自己祖辈所实行的丧葬还有着一些模糊的记忆。通过回忆，他们向笔者详述了已经远去的地方史甚至是生态与宗教的变迁。这些口述，一方面对于弥补历史的缺失大有裨益；另一方面，也为笔者的民族志描述增添了色彩，使笔者的文本叙述更加生动形象。

三是记录丧葬仪式。送魂仪式是一个民族死亡观的核心体现。笔者在田野调查期间一共参加了 6 场丧葬仪式，并对丧葬仪式的每个关键环节进行了记

---

① 费孝通：《人的研究在中国》，见《费孝通文集》12 卷，群言出版社 1990 年版，第 47 页。

② 参见费孝通《关于我国民族识别问题》，载《中国社会科学》1980 年第 1 期，第 343 ~ 345 页。

录。然后，通过每天与藏族群众一起转经、拜佛、烧香等，尽可能走遍每一处森林、牧场与河流，获得相关资料，将这些资料整合，然后进行综合研究。

（二）调查方法与写作资料

“任何一门学问，都应以绝对坦诚和毫无保留的方式披露其科学研究的结论。”① 因此，科学的调查方法既要基于材料的真实性，也要本着对文本负责的态度。本书在收集田野资料与分析资料期间主要使用了以下几种方法。

一是文献查阅与田野调查。对于人类学工作者来说，“可以把田野调查比作一扇狭小的窗户，人类学工作者离这扇窗户比较远，他就只能看见窗外的一点亮光，但当他向窗户走近些时，他所看到的窗外景象就越来越多；直到最后，当他贴近窗户时，他能够透过这个狭小的窗户看到整个世界”②。科学的结论应来源于田野，但在进行田野工作之前还要进行文献查阅，这两方面是相辅相成的。文献查阅是田野调查的基础，田野调查是文献查阅的检验。笔者在进入田野调查之前就已经开始对金沙江峡谷的相关资料进行查阅，这些文献主要包括前人关于这一区域的研究成果、民族调查材料、地方志与民族史。通过查阅文献，形成问题意识，再带着问题意识深入田野进行调查。这是一种很好的方式，它能使笔者在有限的时间内快速锁定调查目标，最大限度地避免调查内容的遗漏。譬如，在进羊拉乡调查之前，笔者就从一份民族调查材料中了解到纳西族在过去普遍盛行火葬，在进入田野以后，笔者了解到羊拉乡曾经受纳西族的统治，便带着这个问题让村民追忆这种葬式，以此还原了羊拉乡历史上的火葬。

二是访谈方法与绘图统计。田野调查当中死亡事件发生具有偶然性和不确定性，因此仅仅通过参与观察是不能够从根本上对死亡文化进行整体描述的，这要求笔者必须借助访谈和统计的方法才能更好地对当地的丧葬文化展开研究。访谈分为非结构性访谈和结构性访谈。非结构性的访谈主要通过召开座谈会。这些座谈会不一定在会议室，可以在田边、庄稼地、牧场，也可以在乡村任何一条小道上。笔者提供必要的香烟、酒、牛肉和食品，让村民们无拘无束地畅谈，自己则在一旁做好记录。当然，非结构性的访谈不等于漫无目的地聊天，当村民的话题扯远的时候，笔者经常在旁边有意识地将话题拉回到死亡、丧葬和信仰的讨论中来。访谈结束以后，通过整理记录，就可以筛选出有效的

① （英）马凌诺斯基：《西太平洋的航海者》，梁永佳、李绍明译，华夏出版社 2002 年版，第 2 页。

② 何国强：《围屋里的宗族社会——广东客家族群生计模式研究》，广西民族出版社 2002 年版，第 10 页。

信息。结构性的访谈使调查焦点更集中，围绕丧葬的话题，通过事先设计好的问题向当地人请教，大大提高了田野调查的效率。需要指出的是，限于语言沟通的障碍，笔者获得的访谈资料都是翻译而成的。因此，这些经过翻译的资料有可能与报道人①所表达的本意存在偏差，而纠正这种偏差的最好方法是长时间与报道人一起生活，努力学习他们的语言，和他们同吃同住同劳动。笔者坚信，这就是人类学学科永葆活力的方法。

除了访谈以外，绘图也是必不可少的。本书的绘图主要是绘制乡村各种文化事项的分布图，包括葬礼的场面、尸体的处理场景、坟场和棺材等，帮助读者建立直观印象。笔者也对社会学的统计分析法进行了一定借鉴，并有意识地将这些方法融入人类学的调查当中。统计包括收集死亡人数，也包括收集各种丧葬类型的方式，获得真正意义上的“地方性知识”。需要说明的是，绘图和统计只是本研究的辅助手段，但将多种手段结合起来有助于对材料进行立体的解读。研究方法是中性的，这就要求笔者站在主位与客位的立场上对资料进行解读，既要能走进去，也要能走出来，这一点自不待言。

三是整体观与比较法。整体观是人类学研究方法的一大利器。人类学的整体观将文化视为一个整体，其中各要素之间存在有机的联系，不可分割，在这个系统中，文化的每一个要素所扮演的角色都不同。因此，研究文化就是研究这种文化的每个要素所扮演的角色及不同要素之间的互动关系。从这个视角出发，将丧葬视为一个体系，或者说一个“文化丛”。对这个文化丛的研究必然要涉及诸如生态环境、宗教信仰与社会结构等方面的因素，并将这些因素进行综合考虑。至于类型比较，在选点时笔者已经阐述，在此不再重复。不过，需要指出的是，本书所用的比较法不仅包括类型比较法，还包括文化比较法。文化比较法可以有效地避免文化中心主义的偏见。这里所说的文化比较法包括三个方面的含义：其一是指同一种丧葬类型在不同生态环境和宗教影响下的比较；其二是指在不同的丧葬类型之间相互比较；其三是指在大致相同的生态环境和宗教等因素影响下同一种丧葬类型的比较。文化比较不仅能够有效地揭示不同生态、不同宗教影响下的丧葬之共性，也能够有效地解释在相同的生态环境下受同一种宗教影响下的丧葬类型之差异。

从大的方面来说，本研究的资料来源可以分为两大类：大部分资料来源于笔者田野调查，这些资料是支撑本研究的主要材料；除此之外，笔者在写作中还参考了部分文献资料。这些文献资料主要分为四类。

一是古籍文献类。主要包括西北、西南少数民族一些古籍文献中对各种丧

---

① 报道人：在实地调查中，一些了解与懂得地方社会历史与宗教知识的人，或者生活经历丰富的人成为访谈对象，笔者称之为“报道人”。另外，出于尊重报道人的隐私，书中的报道人都使用化名。

葬制度的记录。比如《蛮书》、《大唐西域记》、《宋史》、《隋书》、《后汉书》、《南史》以及《北史》中对康区少数民族丧葬风俗的记录。

二是地方志书类。主要有《玉树县志稿》，这是笔者调查玉树巴塘乡的丧葬文化时主要参考的地方志。此外，其他地方志如《石渠县志》、《昌都县志》和《江达县志》亦在参考范围之内；位于德钦的羊拉乡素有“鸡鸣三省”的美誉，除了参考《德钦县志》以外，还必须参考《得荣县志》、《巴塘县志》与《芒康县志》；《白玉县志》和《贡觉县志》是笔者研究三岩丧葬文化时参考的最重要的地方志。另外，玉树县政府、白玉县政府、贡觉县政府与德钦县政府档案馆的一些档案、工作报告等也为笔者从宏观上把握地方的历史文化提供了指南。

三是20世纪50年代前学者的调查报告。这类调查报告非常多，最著名的是周希武的《玉树调查记》①。这部书分别从玉树的部落、山脉、水道、地形、政治、宗教、风俗、实业、掌故、考证几个方面进行全面系统的介绍，是20世纪上半叶对玉树最早最全面的研究著作，参考价值颇大。除了《玉树调查记》以外，清末民初还有大量关于康藏风土人情的调查报告②，这些都是笔者在写作过程中参阅的重要资料。

四是20世纪50年代的少数民族调查资料。20世纪50年代，中央民族事务委员会在全国范围内开展全国性的民族识别调查和少数民族语言、少数民族社会历史调查。这期间出版的一批颇具学术价值的参考资料③也在参考范围之内。迄今为止，这批资料在保存民族文化方面具有无可替代的价值。

图0－3为本研究的技术流程。

---

① 周希武:《玉树调查记》，吴均校释，青海人民出版社1986年版。

② 这批调查报告包括方范九的《青海玉树二十五族分区调查》（《新青海》1933年第1卷第3期）和《青海玉树二十五族之过去与现在》（《新亚细亚》1935年第9卷第1期），佚名的《青海玉树二十五族与环海八族》（《蒙藏月报》1934年第1卷第4期）、《青藏川边境番民之状况》（《西北研究》1931年第3期）和《青海各县番族之调查》（《新青海》1934年第2卷第10期），倪云杰的《玉树二十五族之现状》（《边疆通讯》1943年第1卷第3期），黄举安的《玉树二十五族巡礼记》（《蒙藏月报》1940年第12卷第1～3期），倪锴的《玉树二十五族》（《边疆通讯》1943年第1卷第3期），吴均的《玉树区藏族部落之变迁》（《西北世纪》1949年第4卷第6、7期），俊逸的《玉树二十五族略》（《西北世纪》1949年第4卷第1期），潘荣中的《玉树概况》（《蒙藏月报》1938年12月到1939年5月第9卷第3～6期、第10卷第1～3期刊），李得贤的《青海风俗杂记》（《文史杂志》1941年第1卷第10期），李式金的《玉树民俗》（《西北学术》1943年第1、2期），文郁的《玉树风土纪略》（《海泽》1934年第2期），边铎的《青海玉树与西藏》（《开发西北》1934年第1卷第4期），张文群的《玉树扎武家跑马会》（《边疆通讯》1948年第5卷第10、11期），李式金的《云南阿墩子——一个汉藏贸易要地》（《东方杂志》1944年第40卷第16期），等等。

③ 这批资料有《玉树区社会情况》（1951年）、《玉树地区旧刑罚制度》（1954年）、《民主改革前青海藏族牧区社会性质的几个问题》（1959年）、《玉树藏族自治州概况》（1985年）、《青海省藏族蒙古族社会历史调查》（1985年）。

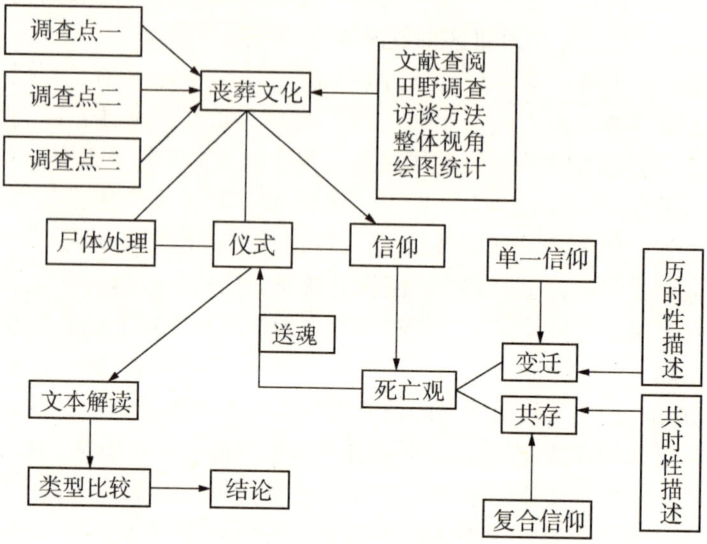

图 0－3　本研究的技术流程

二、建构丧葬文化模式的途径

（一）本书的论证逻辑

如果将文化比作一个完整的生命个体，那么物质文化大体相当于这个个体的骨骼，而制度文化则是这个个体的肉，精神文化便是这个个体的血液。最能够彻底理解一个人的方法不是关注其骨骼，而应该关注其血液。因此，要预测一种文化的变迁和趋势，就应该将目光集中于精神文化，这正如医院通过检测个体的血液就能够清楚其是否患病或者将来是否患病一样。在文化的三分法之下，可以把整个丧葬过程中的尸体处理视为物质文化，尸体处理之后隐藏着不可见的精神文化——信仰，信仰中体现的中轴就是死亡观，能够把尸体处理与死亡观连接起来的就是仪式，即制度文化。

具体到丧葬这个问题，笔者认为，能够最彻底理解丧葬文化的途径不是关注尸体处理，而是关注尸体处理背后所体现的死亡观。因此，笔者试图将各种丧葬类型当作物质外壳，抓住外壳之下的信仰中轴——魂归故里，对送魂仪式进行"深描"。这也是沿袭格尔茨理解世界文本的方法。

图 0－4 为本研究的主要内容。

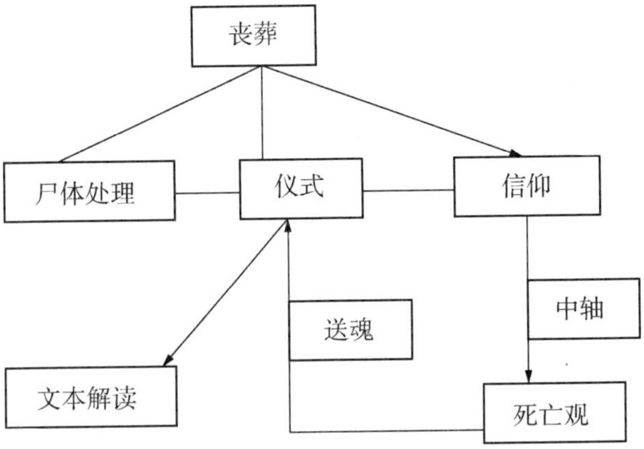

图0－4　本研究的主要内容

遵循导论所提出的问题意识，本研究力图揭示以下三个问题：第一，历史上这条峡谷在丧葬文化方面显示出多少文化层，每一文化层的丧葬文化有什么特点？第二，各文化层之间的丧葬文化因子是如何结合的，结合形成的丧葬文化模式分别是什么样的？第三，峡谷内各个田野点的丧葬文化存在哪些差异，其原因何在？需要指出的是，这三个问题呈现的逻辑关系并非是并列的，而是层层递进的。在逻辑上，前两个问题是第三个问题的基础。

从文献综述出发，笔者将目前学术界对藏族丧葬的三种视角——即地理生态、政治结构与宗教信仰三方面糅合起来解决以上三个问题。

地理生态是一种自然变量，它接近于"一种缓慢流逝、有时接近于静止的时间"[①]，相当于法国历史学者费尔南·布罗代尔所谓的"长时段"[②]。但是，关注地理环境与丧葬之间的关系时不能见物不见人。对于丧葬来说，生者给死者实施哪一种葬式不仅取决于当地是否有石头、土地、森林以及水流，更重要的是取决于生者的行为，而这些行为无疑受潜意识的指导。换句话说，即便地理环境对葬式形成影响，但它无法从根本上影响葬式，它必须通过人的行为这一中介才得以实现。因此，用生计模式这一概念来取代自然环境对葬式的影响无疑更符合事实本身。所谓生计模式，指的是生活在一个特定自然区域的

---

① 赖建诚：《布罗代尔的史学思想解析》，浙江大学出版社2004年版，第3页。

② 法国历史学家费尔南·布罗代尔认为，历史可以分为长时段、中时段与短时段。长时段的历史指的是长期不变或者变化缓慢，在历史上经常发生作用的因素，譬如说地理、气候、生态环境等；中时段的历史研究对象是周期性的局势变化；短时段的历史指的是突发事件。最终主导历史发展方向的是长时段。（参见（法）费尔南·布罗代尔《菲利普二世时代的地中海和地中海世界》，唐家龙、曾培耿等译，商务印书馆1996年版。）

人群根据其依存的自然条件，采取与这种自然条件相适应的行为去索取生活资料的过程。具体到本研究来说，笔者将从峡谷内各田野点的自然环境出发寻求人们的生计模式，继而探讨与这种生计模式相对应的丧葬文化。

至于政治阶级与葬式的联系，我们应该超越以往只关注奴隶主与奴隶的葬式区别的研究。事实上，"阶级"① 这一概念带有你死我活之斗争的含义。即便是早期的吐蕃社会存在阶级对立，但是对立之间的阶级仍然存在相互依靠的关系。这一论点在农民研究专家詹姆斯·C. 斯科特的论述中有清晰的体现："农民自身对剥削有一种基于其生存伦理上的感受，这是一种关于何谓公正的道德观念……地主与农民的关系实际上是一种以保护人—被保护人形式出现的互惠关系。"② 从这个角度上说，在吐蕃早期发生的土葬墓中，那些现象就不再是"残忍"的，而是基于奴隶认可的"公正"的基础上发生的，这种葬法对奴隶阶级来说在某种意义上有可能是光荣的。因此，笔者建议使用"社会结构"这一概念代替阶级开展对丧葬文化的研究。所谓社会结构，即英国社会人类学家拉德克利夫·布朗所谓的"那些在人群中所发现的协作方式……一个社会结构，既会在群体之间的相互关系中表现出来，也会在个人之间的相互关系中表现出来"③。简而言之，它指的是人与人之间的关系。需要指出的是，鉴于本书研究的是丧葬文化，因此笔者在借用"社会结构"这一概念时不仅涉及生人与生人之间的关系，还包括生人与死人、死人与死人之间的关系，而丧葬文化在某种程度上便是现实社会结构的反映。使用这一概念时还应注意，社会结构这个概念显得相对静态一些，但是地处藏彝走廊西缘的金沙江峡谷历史上频繁发生民族迁徙与军事冲突，它的社会结构不是一成不变的，因此笔者拟采用"中间场"这一概念分析其过程。"中间场"这一概念见于美国人类学家理查德·怀特于 1991 年所出版的 *The Middle Ground*：*Indians*, *Empires*, *and Republics in the Great Lakes Region*, 1650—1815 一书中。这位学者在研究被欧洲人征服以后的印第安人与欧洲人的关系时发现，更多时候它表现的并不是所谓的征服与被征服的关系，而总是在某个框架中进行调试。"显然，太湖流域已经成为改变两者关系的'中间场'，它显示出了一种关系的结构。"④ 在理查德·怀特看来，"中间场"就是使各种事物关系发生改变的特定

① 《列宁选集》（第 2 卷），人民出版社 1995 年版，第 426 页。

② 詹姆斯·C. 斯科特：《农民的道义经济学：东南亚的反叛与生存》，程立显、刘建等译，译林出版社 2001 年版，第 52～56 页。

③ （英）A. R. 拉德克利夫·布朗：《原始社会的结构和功能》，潘蛟、王贤海、刘文远等译，潘蛟校，中央民族大学出版社 1999 年版，第 212～215 页。

④ Richard White. *The Middle Ground*：*Indians*, *Empires*, *and Republics in the Great Lakes Region*, 1650—1815. Cambridge University Press, 1991.

空间。诚然，作为民族走廊的金沙江峡谷同样有“中间场”的功能。

转向宗教信仰与丧葬文化的联系。毫无疑问，宗教信仰是丧葬文化的核心，因为它集中体现了人们对死亡的认识——即死亡观的问题。就藏族的实际情况而言，我们一定要跳出传统的刻板印象，不能认为藏传佛教传入以后就全面取代了原始的宗教信仰。宗教信仰作为一种无形的、隐藏在物质文化之后的不可视的精神文化，是生活在不同时期的族系所秉持的。从考古学的文化层概念来看，原则上，这些宗教信仰应该呈现了“老的在下，新的在上”的叠压关系。但是别忘了，层与层之间可以呈现打破与共存的关系，也就是说各宗教信仰呈现的先后顺序不代表它们之间是取代关系。因此，笔者提出以“复合信仰”这一概念取代宗教信仰进行研究，这样既否定了藏族丧葬受单一信仰的支配，又能从根本上回答不同的藏传佛教教派对丧葬的影响。复合信仰是相对于单一信仰而言的，它并非指多个单一信仰的相加或者简单组合，而是指多种信仰经过彼此的调试与整合后形成一种以某种信仰为主导、将其他信仰“含括”在其之下的一种新型的信仰。复合信仰时常会体现人们的文化价值观念，因为一种新的宗教信仰在植入某个人群的头脑时总会跟随这个人群本身所具有的文化价值观进行调整以组成新的价值观，但新的价值观并不是随意组成的，它的排列也会根据一定的等级原则进行。这个原则便是法国人类学家路易·杜蒙提出的“阶序”，即“一个整体的各个要素依照其与整体的关系来排列等级所使用的原则”①。因此，“阶序”与简单的等级不相同，它是具备“含括”对立面的等级。

我们常常惊叹于自然界五彩缤纷的现象，但是在自然科学看来，自然界的事物只不过是一种外在表现形式而已，真正构成自然物的是化学反应的最小粒子——原子。笔者想强调的是，文化也同样如此，各式各异的文化现象也同样存在稳定的文化因子。于是，在建构丧葬文化模式时我们可以借用水的化学分子式。众所周知，一个水分子是由一个氧原子与两个氢原子所组成的，笔者在此将地理生态条件、社会结构条件与复合信仰视为丧葬文化模式的最小因子。其中，地理生态条件主要影响丧葬文化中的尸体处理方式，社会结构影响丧葬仪式中生人与死人、生人与生人以及死人与死人之间的关系，而宗教信仰影响的则是人们的死亡观念。这三种要素结合在一起被视为丧葬文化，而峡谷内各田野点的丧葬文化模式之差异取决于这三个变量的异构。“异构”这个概念是政治学家克拉姆雷用于分析国家形成的辩证法及其结构时所使用的。它指相关

---

① （法）路易·杜蒙：《阶序人：卡斯特体系及其衍生现象》，王志明译，远流出版事业股份有限公司1992年版，第136页。

要素没有排位时，或者它们可能按照许多不同的方法排位时彼此之间的关系。[①] 本书借用异构这一概念，指地理生态条件、社会结构与宗教信仰依据许多方式进行排列并结合在一起体现一套丧葬文化模式。这里的丧葬文化模式，指的是影响丧葬文化表现的地理生态、社会结构与复合信仰三要素之间的稳定关系。

图0－5是本研究的论证逻辑结构。

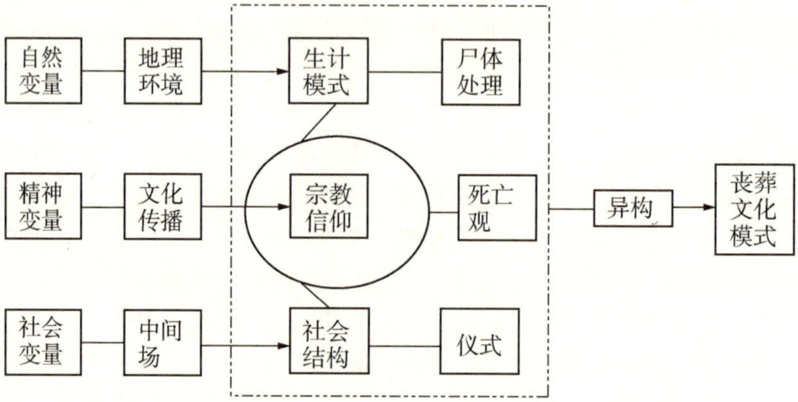

图0－5　本研究的论证逻辑结构

在整个论述过程中，笔者将围绕“死亡”与“重生”这对概念展开。本书研究的是死亡，但不是就死亡本身谈死亡，而是讨论死亡对生命的意义。笔者认为，丧葬是生者出于对死者灵魂的依恋与恐惧的双重心理，在一定信仰观念的支配下，利用自然环境对死者的尸体进行特殊处理以安顿死者灵魂的行为。对于有血有肉的个体生命来说，死亡是其旅程的终点。但是，从主位的角度出发，生命不仅是有血有肉的客观存在，还是有灵魂的客观存在。在肉体旅程结束以后，生命的灵魂还处于不灭状态。本研究所谓的灵魂是从主位的角度出发，通过当地人对死亡观念的理解对灵魂做出界定：它指当地人从主观理解到的一种能够主导生命再生的客观存在。与个体死亡以后实现重生的同时，由个体组成的社会结构也在不断进行重组，这也是一个重生的过程。所以，本书所谓的重生不单指个体生命的再生，同时也意味着社会结构的重组。需要指出的是，不管是个体生命的再生，还是社会结构的重组，本书都将之置于主位对灵魂观念的理解之下进行讨论。

① 参见（美）托马斯·C. 帕特森《马克思的幽灵——和考古学家会话》，何国强译，社会科学文献出版社2011年版，第264页。

（二）本书的框架安排

本书共由八个部分组成。除了导论，正文由七章组成。

第一章为"'中间场'：流动的历史"。本章将着重介绍川、青、滇、藏交界区的生态环境、历史过程、民族迁徙与族群交往。本书讨论的是川、青、滇、藏交界区的丧葬文化，但这并不意味这片交界区在历史上是孤立和静止的。其实，正如王明柯所指的："在中国西南边境的汉、藏之间，或汉与非汉之间，有一个漂移、模糊的族群边缘。"① 如同族群边缘一样，这个交界地带随着政权的更替与族群交往也在不断地发生变化，我们需要在更大的历史背景中讨论民族的迁徙与交往，以理清金沙江峡谷丧葬文化的源头。

第二章为"文化底层之死：从永生到复活"。由于历史上的民族迁徙给金沙江峡谷带来了诸多的丧葬文化因子，并因时间的先后顺序形成了文化层，因此本章将对文化层进行剥离，重点讨论文化层之底的丧葬文化。从金沙江峡谷民族的历史形成推断，这条峡谷先后经历了巫术与原始宗教信仰时代、苯教信仰时代、藏传佛教信仰时代和儒教信仰时代。但本章只描述苯教信仰时代之前的丧葬文化，原因在于在佛教传入峡谷之前，整条峡谷所体现的丧葬文化大体一致。但是佛教传入以后，其在峡谷各地与苯教的融合度不一样，它们所创造的丧葬文化也不尽相同。

第三章为"天葬文化模式：弥漫着等级的轮回"。笔者以青海玉树巴塘乡为田野点，描述一个高原牧区的丧葬文化。玉树巴塘乡位于金沙江峡谷的入口。公元12世纪始，这里的老百姓逐渐从苯教信仰的怀抱中走出来，接受藏传佛教信仰。在这个过程中，藏传佛教萨迦派、噶举派与苯教势力相互角逐。这一场冲突最终以噶举派的白教信仰"含括"其他信仰落下帷幕，一种新型的复合信仰产生了，它与高海拔的牧业生态和弥漫着等级色彩的社会结构相结合，造就了金沙江峡谷上游特有的天葬文化模式。

第四章为"复合葬文化模式：拒斥三恶趣的重生"。本章描述半牧半农区——川藏三岩的丧葬文化。本章意在川、青、滇、藏四省（自治区）各选择一个调查点进行调查，但是四川的山岩与西藏的三岩无论在地理上还是在历史上均为一个统一概念——三岩。② 如果将两个调查点分开独立成章，将会割裂其历史与文化，因此笔者把两个点合并成章，这既照顾了三岩的历史，也符合

---

① 王明柯：《羌在汉藏之间——川西羌族的历史人类学研究》，中华书局2008年版，第11页。

② 事实上，金沙江东岸的山岩乡与金沙江西岸的三岩区本属一体，只因1932年民国政府与西藏噶厦政府签订《岗拖和约》时以金沙江为界，江东岸的山岩划归四川省白玉县管理，将西岸的三岩划归西藏贡觉县管理，才出现跨越两省（自治区）的文化统一体。

目前的实际。三岩的社会结构以“帕措”父系社会为基础，这种社会结构适合藏传佛教宁玛派的传播。历史上的宁玛派势力较小，为了生存，曾经模仿不少苯教的修持，它与苯教发生兼容以后，在半牧半农的生态环境下创造了金沙江峡谷中端的复合葬文化模式。

第五章为“土火二次葬文化模式：在孝道中实现转世”。本章描述一个河谷农业区——云南羊拉乡的丧葬文化。云南羊拉乡地处金沙江河谷，在行政划分上属于云南省德钦县。在佛教信仰方面，当地民众接受的是藏传佛教格鲁派。格鲁派是藏传佛教里面成立最晚的派别，以佛家正统自居，在传入滇西北的过程中先后消灭了藏传佛教噶举派与原始苯教，成为当地的主流信仰；但在这个过程中，伴随着中央王朝的权力下移，不可避免地渗入了一些儒学思想，它与农业社会的生态环境相结合，造就了金沙江峡谷的土火二次葬文化模式。

由于第三章、第四章、第五章是本书的核心，因此在篇幅方面略比其他章节长一些。

第六章为“魂归故里：实现永生的手段”。本章首先比较三个田野点的丧葬文化，找出其共性与差异，并分析这些差异形成的原因；其次从时间和空间上对金沙江峡谷上、中、下三段的丧葬做文化区的划分，最大限度地从“地方性知识”理解金沙江峡谷的丧葬文化模式。

在第七章，笔者将讨论“死亡、个体意识与社会结构”的关系，并做一些结论性的总结，将本书的研究成果放在学术的大视野里与学术界展开对话。

第一章 “中间场”：流动的历史

按照人类学的行文，本章重点介绍区域背景。然而，在撰写这一章时，笔者陷入了一种困境：笔者所研究的区域边界在历史上随着朝代的更替一直处于不断的变动中，这样的田野地点与传统上的人类学田野地点不同，它并不是一个稳定的村庄或者一个固定的社区，也自然无法静态地展示其方方面面；然而，如果不对自己所研究的区域进行背景交代，又容易被读者误以为这个区域是一片孤岛，使一切观点陷入“只见树木，不见森林”的危险。

于是，笔者决定从历史入手，对这条峡谷进行总体性的描述。在这方面，法国历史学家者费尔南·布罗代尔关于“长时段”的史学理论给予了笔者很大的启发。布罗代尔主张，要正确理解历史就应该跳出过去只关注历史事件的研究方法，转而注重从中时段与长时段入手，尤其要注重对长时段历史的研究。① 因此，在写作这一章的历史时，笔者试图打破朝代的概念，从人们的意志不知不觉受其影响和为其左右的经常性力量——地理环境出发，以更广阔的视野关注历史长河中的民族在金沙江峡谷的流动，借以探索峡谷丧葬文化形成的基础。

第一节 地理、生态与文明

一、青藏高原的地理走势

金沙江峡谷是青藏高原向东南延伸的一条线，研究金沙江峡谷的文化，我们必须把视野扩大到更大范围的青藏高原的地理环境。

青藏高原位于东经 74°～104°、北纬 25°～40°之间，它西起帕米尔高原、

---

① 参见（法）费尔南·布罗代尔《历史和社会科学：长时段》，见蔡少卿《再现过去：社会史的理论视野》，浙江人民出版社 1988 年版，第 57 页。

东及横断山、北界昆仑山、南抵喜马拉雅山，该地域海拔 4 000 米以上，因此被冠以“世界屋脊”的称号。但是，据地质学家考证，距今 1 亿 8000 万年前，这里却是一片汪洋大海。由于强烈的地壳运动持续发生，“沧海”演化成“桑田”。在距今约 3 000 万年前，印度次大陆板块从赤道附近向北漂移并与欧亚大陆发生强烈的碰撞，导致岩层叠加增厚。在青藏高原形成以后的漫长岁月中，受冰川的重力作用，南面的印度洋板块持续俯冲，使得北面突起的地层高度趋于明显，区内丘状高原面和山顶面向西北方向隆起，导致西突东倾、北高南低的青藏高原最终形成。

这时，青藏高原南部横卧着海拔 5 000 米以上的喜马拉雅山脉，天然阻隔了西藏文明与印度文明的接触；而北部则耸立着海拔 6 000 米的昆仑山脉，同样阻断了西藏文明与更北的中亚文明的大规模接触。然而，青藏高原的东南部却是一望无际的川西高原和滇西北高原。这种由西向东倾斜并与我国相邻地区处在同一个地理单元的地形构造，对于吐蕃时期西藏文明的东向发展起到了关键性的作用。① 吐蕃人沿西突东倾、北高南低的青藏高原地理走势不断向外扩张，不但奠定了青藏高原的民族格局，同时对中国的政治格局产生了深远的影响。

青藏高原的东面就是金沙江峡谷，假如从更大的地理环境来分析，这条峡谷仅仅是青藏高原向东南端延伸的一条曲线，在自然地理方面具备与青藏高原大致相同的环境，这实际上意味着整条峡谷与青藏高原具备同质的文明。

由金沙江峡谷再往东，海拔瞬间下降至 1 200 米以下。因此，东面的中原文明与金沙江峡谷并不属于同一阶梯当中。换言之，在很长一段时期内，中原文明是无法深入此地的，因为从中原入藏，越往西海拔越高，仅从人类的自身条件来考虑，首先就过不了生理方面的难关。人类的体质与其生存的环境存在密切的关系，平原地区的人来到高原地区身体容易产生不适应。从中原入藏，到达川藏、滇藏与青藏之界，随着海拔的升高，紫外线趋于强烈，空气趋于稀薄，含氧量逐渐降低，平原地区的大多数人到这些高海拔地带将会快速发生医学意义上的“高原反应”。古书对这种现象不乏记载，如《汉书·西域传》中记载公元前 1 世纪末杜钦从皮山至县（悬）度交通状况就说：“起皮山南，……又历大头痛、小头痛之山，赤土、身热之阪，令人身热无色，头痛呕吐，驴畜尽然。……二千余里乃到县度。”② 虽然古人可能不清楚这是高原反应，但早就已经注意到了海拔高引起身体不适，甚至连牲畜也不能幸免这一现象，因此将这些山称为“大头痛山”和“小头痛山”，想必“大头痛山”比“小

---

① 参见石硕《西藏文明东向发展史》，四川人民出版社 1994 年版，第 18 页。

② （东汉）班固：《汉书》卷 96。

头痛山”海拔更高。笔者在田野调查中也体会过这种感受：2012 年 8 月，笔者在玉树巴塘乡调查期间，曾经随当地牧民到山上放牧，攀上海拔4 500米的垭口，就出现了耳鸣、胸闷、气短的状况，整个头像要裂开一样，只好快速按原路返回，才使身体免于继续承受这些不适。

至于金沙江峡谷自身内部地理走势也同样呈现北高南低的格局，这条河流沿深切断裂层平行发育，两岸陡峭耸立，每往南流 1 公里海拔相应下降 1 米，形成了典型的“V”形深切峡谷。

就峡谷本身的文化来源而言，考察文化传播的轨迹是至关重要的。拉策尔认为：“一切的民族连同自然民族都有其历史性，有必要研究他们的遭遇，这些遭遇大部分是迁徙的结果。民族及文化在迁徙时互相接触、互相影响；其相互影响的程度，往往出乎我们的意料。”① 如果深入峡谷内部去考察，我们完全可以相信这一条峡谷自古以来就是天然的民族通道，这条通道在历史上一直扮演着民族交往与文化融合的重要角色，不断发生的民族迁徙与流动，导致了文化传播和移动。确实，峡谷内文化的传播出人意料。笔者在云南德钦县的羊拉乡进行田野调查的时候，就听许多人说他们的祖先是从青海徒步而来的。这种说法在今天可能令人难以想象，但他们的说法并非毫无根据。据《青海省·文物志》记载：“卡则遗址中的红色陶器与四川西部地区青铜时代的陶器近似，黑色双耳陶壶类似卡约文化晚期的双大耳罐，与四川西部及云南西南部青铜时代同类器物的差别也不大。”② 而《云南省志·文物志》对滇西北青铜文化的分析也认为：“滇西北地区的青铜文化，同我国川、甘、青的青铜文化，既有联系又有区别，都是战国至秦汉之际的墓葬，属于同一系统。”③ 这表明，在远古时期，该地区的人群与云南西北部的人群的确已经有了某种联系。因此，理解这些文化传播与移动的途径与方向是极其重要的，其中一个决定性的因素就是水流。考古学家张光直认为：“考古遗址总是沿河岸分布，亦在于跨地区的联系，常被清晰地沿河流的方向而探寻出。”④ 人类早期沿江河迁徙是因为在茫茫山区或者草原里，江河是辨别方向的主要途径之一，并且在迁徙的过程中能够很好地解决人与牲畜必要的饮水问题。换句话说，金沙江由北往南流而不是由南往北流，这在客观上便影响了这条峡谷的民族迁徙，导致历史上的民族由北往南迁，而不是由南往北迁。

综上所述，如果我们把位于青藏高原东缘的金沙江峡谷当作青藏高原向东

① 转引自《云五社会科学大辞典（第十册）人类学》，台湾商务印书馆 1971 年版，第 37 页。

② 青海省地方志编纂委员会：《青海省志（六十九）文物志》，青海人民出版社 2001 年版，第 59 页。

③ 云南省地方志编纂委员会：《云南省志·文物志》，云南人民出版社 2004 年版，第 97 页。

④ （美）张光直：《古代中国考古学》，印群译，辽宁教育出版社 2002 年版，第 440 页。

延伸的终极目标，那么这种西突东倾、北高南低的地理走向从根本上决定了金沙江峡谷文明的形成方式。即在日后的历史发展过程中，这条峡谷主要接受来自其北部及西部的文明，而不是接受（或者很少接受）来自其东部或者南部的文明。

二、金沙江峡谷的文明起源

金沙江峡谷大约位于东经97° 50′～98° 15′与北纬28°30′～33°25′之间，是藏彝走廊的西缘。峡谷所在的地理位置在行政划分上涉及今天4个省（自治区）的11个县，分别是青海省玉树县，四川省的石渠县、德格县、白玉县、巴塘县、乡城县、得荣县，西藏自治区的江达县、贡觉县、芒康县和云南省的德钦县，面积约5万平方公里，人口约25万。

历史上最早关于金沙江的文献是战国时代的《禹贡》，其时将之称为黑水；继而又有绳水与泸水之说；唐以后，“金沙江”这一说法正式出现。明末清初历史地理学家顾祖禹在《读史方舆纪要》中指出：“其江夹岸皆石，江中沙土黄色，故名。”

顾祖禹所言不虚，金沙江峡谷的确盛产黄泥。由于受古冰川的侵蚀，峡谷内的土壤层已经十分脆弱，山崩、滑坡和泥石流频频发生。笔者在云南羊拉乡调查期间，当地的宣传材料就写道：“1969年6月29日，羊拉乡茂顶村格亚顶村民小组北面支斯山山体崩塌，塌方约600万立方米，堵塞金沙江水14个小时，惊动党中央国务院领导。”[①] 类似的堵流事件在历史上也屡见不鲜：1880年巧家县石膏地垮山，崩塌体堵塞金沙江造成断流；1935年会理县鲁车山崩，金沙江中形成高50米的堤坝，江水断流三日，可涉足而过；1965年禄劝县普福山崩，崩塌体达4.5亿立方米。金沙江两岸滑坡更为普遍，据统计，巧家县大于30万立方米的滑坡体有52处，老河口至巧家60公里河段内有40多条泥石流沟。[②] 毫无疑问，生态之脆弱、生存环境之恶劣已经成为今日金沙江峡谷一带最显著的特点之一。

然而，史前时代的金沙江，甚至整个青藏高原的自然生态环境与今天的情况有很大的差别。西藏科学考察队曾在1966年和1968年两次对位于珠穆朗玛峰附近的古植物学进行研究，证明该地区气候从上新世晚期以来，总的趋向是由温暖湿润变为寒冷干燥，植被则由亚热带森林变为草甸。[③] 这说明上新世晚

---

① 云南省德钦县羊拉乡政府对外宣传材料。

② 引自互联网百度百科（http：//baike. baidu. com/view/24233. htm）。

③ 参见徐仁《珠穆朗玛峰地区第四纪古植物学的研究》，见《珠穆朗玛峰地区科学考察报告：第四纪地质》，科学出版社1976年版。

期以前，由于受印度洋暖流的影响，整个地区水草丰美、植物繁茂、动物成群。考古学者童恩正就此推论这一带有可能是人类起源的摇篮：

> 在一千万年以前，喜马拉雅山高度不大，气候屏障作用不显，所以南北坡都受到印度洋暖湿季候风的滋润，遍布茂盛的亚热带常绿阔叶林，成为森林古猿及其以后的腊玛古猿理想的生息之所。①

民族学者任乃强认为，史前的青藏高原遍布黄金，天然成为古人捕猎的工具。另外，那里还盛产大量的盐，古人类偶尔吃了加入盐的食物以后感觉味道更鲜美，于是开始在那里栖息繁衍。②

如果任乃强的推论属实，那么，金沙江峡谷无疑是首当其选的。首先，就黄金来说，比起在其他地方，金沙江峡谷更容易获得，事实上，“金沙江”也因其盛产黄金而闻名。《新唐书·党项传》载：“多弥……号难磨，滨犁牛河，土多黄金。”多弥在通天河一带，正是今天的玉树地区。至于盐，中国科学院青藏高原综合科学考察队的一份调查报告指出：“藏北……以盐湖为主，约占区内湖泊总数的70%。大多数是卤水盐湖，有的湖水矿化度高达300克/升以上。”③ 值得一提的是，目前金沙江峡谷发现的珍贵自然药材有200多种，包括抗风湿的小秦艽、麻花艽、块根老鹳草、青藏龙牛儿苗、贯众、荨麻、羌活、骨碎补、兰花飞燕草、白兰翠雀、美丽毛茛、密花角蒿、丛生角蒿、大花角蒿、山野豌豆以及驱虫的鹤虱、狼毒、供蒿、臭蒿、大籽蒿等。④ 毫无疑问，这些中药材大面积生长于峡谷内，它们疗效好，为早期人类在峡谷内的生活生产提供了有力的保障。在1965年，我国考古工作者在云南省北部、金沙江的支流龙川流域海拔1 100米的盆地上发现了生活在距今170万年前的元谋人。⑤ 一些考古成果显示，云南元谋人的建筑具备川藏地区藏族民房的雏形。⑥ 因此，金沙江峡谷具有悠久的史前文明，这是毋庸置疑的。

进入新石器时代以后，青藏高原东部的考古成果日益丰富起来，其中位于西藏昌都地区澜沧江和卡若河交汇处出土的卡若遗址⑦取得了举世瞩目的成

---

① 童恩正：《南方文明》，重庆出版社1998年版，第8页。

② 参见任乃强《羌族源流探索》，重庆出版社1984年版，第12～15页。

③ 中国科学院青藏高原综合科学考察队：《西藏河流与湖泊》，科学出版社1984年版，第120页。

④ 参见《称多县志》电子版。

⑤ 参见李普《用古地磁方法对元谋人化石年代的初步研究》，载《中国科学》1976年第6期。

⑥ 参见格勒《甘孜藏族自治州史话》，四川民族出版社1984年版，第13页。

⑦ 参见童恩正、冷建《西藏昌都卡若新石器时代遗址的发掘及其相关问题》，载《民族研究》1983年第1期。

就。石硕认为，卡若文化是在继承西藏土著文化的基础上大量吸收来自西北氐羌文化而形成的，除此之外，卡若文化还极有可能含有北方草原游牧文化的因素。[①] 值得注意的是，与卡若遗址有类似因素的文化遗址也一度出现在四川雅砻江流域、大渡河流域。[②] 从横向上看，如果曲贡文化沿西藏东北传送到澜沧江，再从澜沧江到达雅砻江，那么不可能不经过夹在澜沧江和雅砻江之间的金沙江；从纵向上看，如果西北的氐羌系统和北方草原的游牧文化到达澜沧江和雅砻江，则必然是沿横断山脉江河行走。“他们进入横断山脉以后，一部分沿澜沧江和怒江而上，入藏东河谷，逐渐与当地从事狩猎和原始农耕的土著居民融合，其他的大部分散居在横断山脉地区，成为当地的土著。”[③]

因此，史前的金沙江峡谷并非是一片荒无人烟的地方，与横断山脉的众多南北走向的江河峡谷一样，早在史前时代，就有来自西面的西藏高原土著、来自西北的氐羌系统与来自北方草原的游牧群体在这里生活。毫无疑问，这些人群在涌入金沙江峡谷的同时，也带进来他们自身独特的文化。

第二节　历史、民族与人文

一、历史过程与民族迁徙

进入文字时代以后，历史对活动在金沙江峡谷一带的民族的记录逐渐多了起来。这些民族虽然成分复杂，但是总的来说分为三大族系，他们分别是以白狼、磨些为代表的西北氐羌族系，以鲜卑、蒙古为代表的北方草原游牧族系以及以雅隆人为代表的土著族系。这三大族系在历史的进程中如金沙江的河水一般，一波又一波涌入峡谷。

（一）西北氐羌族系

1. 白狼南迁

大约在相当于我国中原地区的春秋时代，金沙江峡谷大面积出现了一种被称为“石棺葬”的文化。石棺葬，又称石棺墓、石板墓，是一种古老的埋葬习俗。其特点主要表现为：墓室是长方形的，埋葬尸体时坟底无任何装饰，但

---

① 参见石硕《西藏文明东向发展史》，四川人民出版社 1994 年版，第 22 ～ 37 页。

② 参见童恩正、冷建《西藏昌都卡若新石器时代遗址的发掘及其相关问题》，载《民族研究》1983 年第 1 期。

③ 石硕：《西藏文明东向发展史》，四川人民出版社 1994 年版，第 30 页。

坟墓土坑的四周用大小不等的石块堆砌围起，坟顶盖以大石板封顶，死者葬于墓室之中，并有大小不等的陪葬品（比如石器、陶器等），有的石棺葬在地面不留任何标记，有的在上面加封土包。虽然石棺葬在我国各地区普遍存在，但是青藏高原藏彝走廊地区的石棺葬文化具备明显的地域特征：在各地石棺葬随葬器物中，皆以大双耳罐、单耳罐、小平底罐等陶器为其最具代表性的典型器物[①]，其时间年代为“春秋战国一直到两汉晚期”[②]。由于彩陶，特别是双耳罐陶器文化被学术界普遍认为是起源于甘青地区氐羌系统的原始文化，因而学术界将此视为“自春秋战国时代开始，居住在我国西北地区的氐羌民族从黄河上游南下，进入青藏高原”[③] 的直接证据。这些氐羌民族还沿金沙江一路南迁，直达云南西北部。目前，考古学界沿金沙江由北至南在四川德格莱格与白玉县城、巴塘扎金顶[④]、西藏贡觉县城北[⑤]、云南德钦的奔子栏[⑥]等地发现类似的石棺葬便是最充足的证明。

“白狼”，在唐代以后的文献记为“白兰”[⑦]，结合历史文献对金沙江峡谷的记录，留下这批石棺葬的人群无疑就是“白狼”。任乃强指出，“他们的主要根据地在今天四川的石渠县；后来，他们又往南迁徙到白玉和巴塘等地”[⑧]。《新唐书·党项传》记载“白兰羌……胜兵万人”，以游牧民族军民 1∶5 的比例计算，白狼人口在 5 万左右。

2. 磨些北扩

从族源上看，磨些人也是古羌人的一支。早在汉代，他们的祖先就自西北沿金沙江一路南行，来到了丽江一带与当地土著融合。公元 1382 年，明朝皇帝领兵征云南，磨些酋长阿甲阿德向明朝表忠，被朱元璋赐“木”姓，成为雄踞一方的木氏土司。明朝平定云南以后，为了稳住北面的蒙古和西面的吐蕃，决定采用“以夷防夷”的策略，支持丽江的木氏土司攻打吐蕃，正中木氏扩张势力的意图。1442 年，木氏兵犯康区。据清人余庆远的《维西见闻录》载：“木氏以巨碓曳以击碉，碉悉崩，遂取个要地……自奔子栏以北皆降。于

---

① 参见石硕《藏彝走廊地区石棺葬所属人群探讨》，载《康定民族师范高等专科学校学报》2005 年第 1 期。

② 童恩正：《近年来中国西南民族地区战国秦汉时代的考古发现及其研究》，载《考古学报》1980 年第 4 期。

③ 同上。

④ 参见陈卫东《2005 年度康巴地区考古调查简报》，载《四川文物》2005 年第 6 期。

⑤ 参见郭周虎《西藏贡觉县发现的石板墓》，载《文博》1992 年 6 月。

⑥ 参见《德钦县境内发现石棺墓》，载《迪庆日报》2011 年 12 月 27 日第 2 版。

⑦ 参见周伟洲《唐代吐蕃与近代西藏史论稿》，中国藏学出版社 2006 年版，第 33 页。

⑧ （清）任乃强：《四川上古史新探》，四川人民出版社 1986 年版，第 28～30 页。

是，自维西及中甸、巴塘、理塘，木氏皆有之。"[①] 木氏占领滇西北与康南的广大地区以后，开始大量向这些地方移民屯垦，木氏到底向滇西北和康南带去多少移民？据1954年的民族识别调查，有5 000户以上，[②] 如果按每户5人计算，那么人数应在25 000人以上。

（二）北方草原游牧族系

1. 鲜卑内迁

鲜卑属东胡支系，世居于幽都之北。西晋永嘉年间（307—312年），鲜卑族慕容氏首领涉归去世，他的次子吐谷浑率"户七百……遂西附阴山，后假道上陇"[③]。如果按平均每户5人来计算，这批西迁的鲜卑族人口应为3 500人左右。"遂西附阴山，后假道上陇"表明这批鲜卑人早先活动的范围是甘肃临夏一带。此后，吐谷浑不断向四周扩展，先后控制了青海与甘肃的南部以及四川西北部。到了东晋咸和五年（330年），吐谷浑的孙子吐延建立了政权，建国号为"吐谷浑"，"其界东至叠川（甘肃迭布）、西邻于阗（今新疆于田）、北接高昌（今新疆吐鲁番）、南界昴城、龙固（今四川阿坝、松潘），其地域号称东西三千里，南北千余里"。[④] 公元329年，吐延为昂城（今四川省阿坝境）羌酋姜聪所刺，临终时嘱咐子孙"速保白兰"。由此可见，吐谷浑曾一度占领白兰。换言之，他们一度到达过金沙江峡谷。

2. 蒙古南征

隋唐以后，大大小小的封建势力割据一方，客观上阻隔了西南与北方草原游牧民族的联系，但这种局面很快在13世纪初发生改变。成吉思汗在1245年"取道蕃部、径取南诏"[⑤]；紧接着，忽必烈于1253年南征大理。明朝正德九年（1514年），蒙古人南下青海直取乌斯藏。万历元年（ 1573年），土默特蒙古首领俺答率军沿金沙江南下攻打理塘。明朝末年，固始汗率领卫拉特蒙古四部之一的蒙古和硕特部袭击白利土司，夺取多康六岗。1664年，和硕特部以武力手段支持藏传佛教格鲁派势力南扩，并为此扫除了滇西北阻碍格鲁派南下的木氏土司势力，占据整个康区。[⑥]

---

① （清）余庆远：《维西见闻录》，载于希贤、沙露茵《云南古代游记选》，云南人民出版社1988年版，第123页。（又，《维西见闻录》也称《维西见闻纪》。）

② 参见格勒《甘孜藏族自治州史话》，四川民族出版社1984年版，第114页。

③ （唐）李延寿：《北史》卷96，中华书局1974年版。

④ 同上。

⑤ 李曾伯：《可斋杂稿·帅广条陈五事奏》，见《景印文渊阁四库全书》第1197册，台湾商务印书馆1983年版，第361页。

⑥ 参见赵心愚《和硕特部南征康区及其对川滇边藏区的影响》，载《云南民族学院学报》2002年第3期。

在蒙古军队里面，除了蒙古人以外，也有大量的撒里畏兀人和契丹人。蒙古军队每占领一个地方，就会派出数量相当多的蒙古族人出任各级地方官吏，在南征的时候，随军征战的许多蒙古将士皆长期留守一地，有的甚至与异族通婚，在当地落籍，逐渐被同化。[①] 因此，蒙古南征的过程也给金沙江峡谷带来了北方草原游牧民族的文化。

（三）土著族系：吐蕃东进

据考古学对在西藏山南地区雅隆河谷一带出土的曲贡文化的研究成果表明，这一带生活的雅隆人是西藏高原的土著。[②] 7 世纪以后，雅隆部落在首领松赞干布的带领下先后兼并其东北面的苏毗以及北面羊同[③]，在此基础上建立吐蕃政权。公元 656 年，吐蕃政权消灭白兰，全面取得对金沙江峡谷的统治权。

吐蕃“出师必发豪家，皆以奴从，平居散处耕牧。及恐热乱，无所归，共相啸合数千人，以嗢末自号”[④]。因此，吐蕃东进的过程就是向金沙江峡谷移民的过程。据《吐蕃大事纪年》记载，公元 654 年至 655 年，吐蕃军事大臣禄东赞完成并实施了“大料兵”，即“国家”总动员法，因此，吐蕃势力推及金沙江一带的时候至少包含雅隆人、苏毗和羊同人。《新唐书·西域传》记载“苏毗……有户三万”，《唐会要》记载“羊同……胜兵八九万”（换成户应为 6 万户），吐蕃军事大臣禄东赞制定的大料兵的制度是“率三户出一卒”。据此，至少 6 万苏毗人、2 万羊同人随征至金沙江峡谷。

可以肯定的是，在南迁的西北氐羌民族、北方草原游牧民族与东扩的吐蕃土著民族三大系统里面，迁往金沙江峡谷人数最多的就是吐蕃。因此，7 世纪以后，金沙江峡谷的民族格局发生了重大变化：各部落全面实现“蕃化”，这一格局一直持续至今。

二、峡谷内外的交通要道

文化传播轨道与交通要道密切相关，因为文化是没有脚的，承载着文化传播的必定是人类的迁徙，而人类迁徙必然与交通要道息息相关。因此，讨论金沙江峡谷的文化传播之前应搞清楚这条峡谷的交通要道。

由于水流是维持生物生存最重要的资源，因此早期人类沿江河迁徙，长达

① 参见李宗放《明代四川蒙古族历史和演变略论》，载《西南民族大学学报》2004 年第 4 期。
② 参见石硕《西藏文明东向发展史》，四川人民出版社 1994 年版，第 24 ～ 25 页。
③ 参见周伟洲《唐代吐蕃与近代西藏史论稿》，中国藏学出版社 2006 年版，第 11 页。
④ （后晋）刘昫：《旧唐书》卷 196，中华书局 1975 年版。

800 公里的金沙江峡谷便是民族迁徙的纵向通道，这种流动事实上正无意识地受到地理环境的左右。

除了纵向的通道以外，金沙江峡谷还存在许许多多的横向通道——两岸山峰之间那些大大小小数不清的雪山垭口。那些雪山垭口是连接峡谷内外的重要交通枢纽，而这些交通枢纽在更大范围内与金沙江峡谷的上、中、下三大通道相互连接，构成一个庞大的交通网，使文化交流与传播成为可能。

图 1－1 为金沙江峡谷内外交通要道。

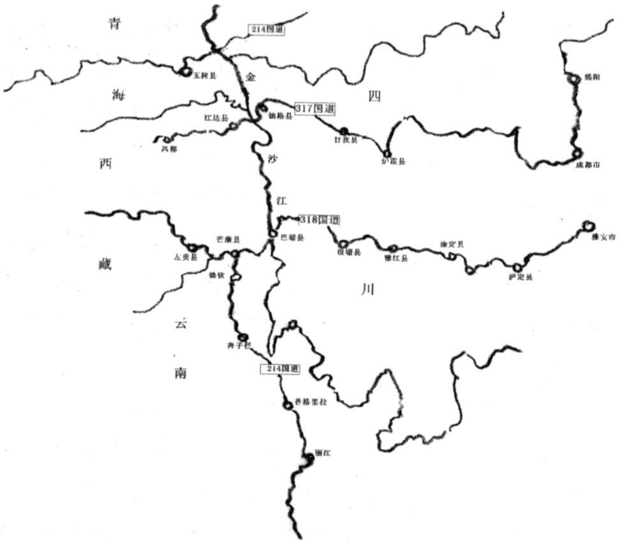

图 1－1　金沙江峡谷内外交通要道

首先，我们来看峡谷北面最重要的一条通道——唐蕃古道。这条古道大体相当于今天 214 国道的北线，其起点是唐朝都城长安（今西安），经青海的西宁后沿花石峡翻过巴颜喀拉山向南折入玉树，然后取道唐古拉山口南入昌都，直通拉萨。明清以前，这条古道是民族之间进行贸易的重要交通要道。据史料记载，吐蕃与唐朝的民间丝绸贸易兴旺，其中不少克什米尔商人便穿梭于唐蕃古道做丝绸的转口贸易，而波斯人、尼泊尔人、拉达克人也通过这条道路与吐蕃、中原进行以胭脂红为主的各种染料物品的贸易。[①] 此外，突厥人专程为玉石行走于唐蕃古道上。[②] 而天竺人为了盐同样频繁出现在这条古道上。《隋书·女国传》曰"女国，在葱岭之南……尤多盐，恒将盐向天竺兴贩，其利

① 参见陈英庆、高淑芬《西藏通史》，中州古籍出版社 2002 年版，第 101 页。

② 参见达仓宋巴·班觉桑布《汉藏史集》，陈英庆译，西藏人民出版社 1986 年版，第 205 页。

数倍”即是明证。

除了北面的唐蕃古道以外，川西也存在两条通往吐蕃的交通要道，即和川路与灵关路。《太平寰宇记》对这两条路进行以下描述：“和川路在（严道）县（雅安）界，西去吐蕃大渡河五日程。从大渡河西至吐蕃松城四日程，羌蛮混杂，连山接野，鸟路沿空，不知里数。”① 从史料对和川路的描述来看，这条路大致相当于今天的317国道。至于灵关路，《太平寰宇记》载：“灵关路在（芦山）县界，去蕃八日程。从界去吐蕃野城三日程。其险也，以绳为桥，其外不知里数。”② 从地图上看，这条路大致相当于后来茶马古道的南线，也就是今天的318国道。其具体行程为雅安—康定—理塘—巴塘—芒康经左贡抵昌都再转入卫藏。当然，这条路在康定也可以往北走道孚—德格—石渠然后进入青海玉树巴塘乡，再往西北到结古镇，转道南下昌都，进入卫藏。川藏古道最重要的贸易商品是麝香，由于这种物品多出产于四川黎州洪源郡、茂州通化郡、冀州临冀郡、松州交川郡等地，因此商人多取道川藏将商品贩卖到吐蕃。③ 宋代以后，川藏道又成为茶马古道的主干道，四川雅安地区生产的茶叶源源不断地由此道运抵吐蕃，明清达到巅峰。清代以后，川藏道南线成为主要的官道，承担着中央王朝与地方进行政治互动的使命。

至于滇西北通往吐蕃的道路，大体相当于今天的214国道南线。历史上，吐蕃与南昭政权的战争与贸易基本都沿着这条线进行，其中奔子栏或者德钦是必经之路。滇藏线是吐蕃与南诏、大理政权进行经济、军事等互动的重要交通枢纽，同时也是后来茶马古道南部的主要交通要道。《蛮书》卷二说：“大羊多从西羌、铁桥接吐蕃界，三千二千口将来贸易。”此处的铁桥，即今天云南的丽江塔城地区，可见当时贸易的规模之大。民国以后，“云南对康藏一带的贸易……三分之二以上都往康藏一带销售，普思延边的产茶区域，常见康藏及中甸阿墩子的商人，往来如织，每年的贸易总额不下数百万元之巨”④。在此过程中，“西藏向内地输出沙金、钻石、珍珠、珊瑚、少量麝香、羊毛制品、羊绒、孟加拉水獭皮，内地向西藏输出金、银线所织锦缎、普通丝绸、黑茶、烟草、银条、朱砂、水银、瓷器、喇叭与铃钹等乐器、皮类和干果等”⑤。当时，在茶马古道行走的商人不仅局限于藏族与汉族，还包括大批的白族、纳西族等。例如，笔者在德钦的羊拉乡进行田野调查期间，多次听藏族群众说起木

① （北宋）乐史：《太平寰宇记》卷77，文海出版社1979年版。

② 同上。

③ 参见张云《唐代吐蕃史与西北民族史研究》，中国藏学出版社2002年版，第152～153页。

④ 王图瑞：《云南西北边地状况纪略》，载《云南边地问题研究》，云南省立昆华民众教育馆1933年版，第25页。

⑤ （英）塞缪尔·特纳：《西藏扎什伦布寺访问记》，西藏人民出版社2004年版，第268页。

天王到西藏寻找母亲，顺便给大家送茶叶的故事。

从以上的描述可知，众多交通要道相互连接，连成了一个庞大的网络，它使川、青、滇、藏交界区变得四通八达，将西藏东部、滇西北、青海东南与川西部紧紧连成了一片。归纳以上这些交通路线，我们大体上可以找出几个重要的中转站：青海玉树的结古镇——唐蕃古道或者是西山路的第二走法皆经过此地；云南的德钦与奔子栏——只要由滇入藏，不管走哪条线都必须经过德钦或奔子栏；西藏方面最重要的中转站是昌都，无论是从青海、四川还是从云南入藏，都必须经过昌都。中转站不仅是贸易的中转站，同时还承担着文化传播的功能。换言之，只要清楚本书所调查的三个田野点与这些中转站之间的联系，就自然清楚其文化接触与传播的途径。然而，需要指出的是，这些交通要道对每个田野点的影响程度是不同的。

玉树巴塘乡西临结古镇，而且结古镇对它影响巨大。据说，文成公主当年进藏期间，停留在玉树结古镇的时间最长，她在这里将纺织和针线技术传给当地的藏族群众。巴塘乡目前就流传着许多关于文成公主的传说，其中距离巴塘乡 25 公里处的贝纳沟就建有著名的文成公主庙，里面供奉着文成公主的铜像，一年四季香火不断。再看三岩，它的地理位置在四川的白玉县和西藏的贡觉县之间，虽然从地图上看，317 国道与 318 国道对四川省的白玉县与西藏的贡觉县形成一个椭圆形的包围圈，不过这些通道对被大山阻隔的三岩来说影响有限。至于羊拉，它与外界联系的交通要道主要是向南走到奔子栏，约 4 小时的车程，再从奔子栏向西进入德钦或向东进入香格里拉。所以，奔子栏文化对羊拉的影响是巨大的。

交通要道与商业贸易相伴相生，而商业贸易与文化交流如影相随。在商贸过程中，来自五湖四海的各民族互通有无，相互学习，相互交流，使得毗邻地区的文化因“中间场”作用引发变迁，朝多元方向迈进。具体到金沙江峡谷而言，四通八达的交通网络使作为贸易中转站的金沙江峡谷渗透了印度文化、波斯文化、突厥文化以及汉文化因子，它们在一定程度上使这条峡谷的藏文化呈现了多元色彩。

第三节　金沙江峡谷的丧葬文化丛

长达 800 公里的金沙江峡谷，群峰耸立、河流交错。据不完全统计，这里至少出现过 14 种丧葬类型，如岩洞葬、居室葬、瓮棺葬、石棺葬、火葬、土葬、水土葬、地架葬、树葬、天葬、地葬、塔葬、水葬与复合葬等，几乎囊括了青藏高原地区的所有葬式。

毫无疑问，金沙江峡谷丧葬文化的形成与历史上各民族的活动是分不开的。可以认为，这些丧葬文化事实上就是民族迁徙所造成的文化堆积之表现。在史前时代，三大族系的族群从西北、北方与东面向峡谷汇聚。进入文字时代以后，这三大族系发生分化，演变为以白狼、磨些为代表的西北氐羌系统，以鲜卑、蒙古为代表的北方游牧民族系统和以雅隆为代表的土著民族系统。他们都为峡谷带来了式样各异的丧葬文化。值得注意的是，三大族群系统的文化各异，时空的跨度也很大，因此同一系统的民族文化也未必相同。比如，白狼人与磨些人，前者是汉代的一个民族，后者则是明代的一个民族，虽然他们都来源于古羌人，但是明代的磨些人所实行的丧葬与汉代的白狼人所实行的丧葬是不一样的。从历史的发展过程来说，峡谷内的各种葬式一直为峡谷内外的民族共同使用，然而随着商品化、现代化思想的涌入，它们对这些地方的丧葬文化造成了巨大的冲击。在峡谷外部，新丧葬习俗的到来，很快就把原本的丧葬习俗掩盖。但是，峡谷内毕竟地理环境闭塞，对外文化的冲击形成了一定的抵抗，就算新的葬俗传入，也不是大规模地传入，表层的葬俗是无法迅速覆盖底层的葬俗的。不仅如此，表层的葬俗与底层的葬俗还通过“中间场”的作用发生结合，叠压的文化层之间就呈现了打破与共存的现象，造就了青藏高原东部独特的民族学景观。

诚然，要很好地理解这种奇观，可以从其外在和内在表现形式两方面进行考察。

一、丧葬文化丛的外在表现

丧葬文化丛的外在表现形式主要体现在人们用何种手段处理尸体，它与峡谷的生态环境密切相关。

峡谷内存在大量的石英岩，这些岩石大多形成于第三纪火山迸发时期，久经地热作用而迸发出来的石块表面光滑、质地坚硬，目前仍然是峡谷内的人们建房的理想材料。因此，这些石块是早期峡谷内的石棺葬、岩洞葬得以产生的物质基础。在峡谷的下游——川、滇、藏交界地带，有大量的夹沙泥土分布于金沙江两岸，这些泥土是制作陶瓮的上好原料。那里原始的制陶技术还一直保留至今，从根本上决定了瓮棺葬在峡谷下游比上游普遍。火葬离不开大量的森林与木材，在这方面峡谷各地的情况不同。总的来说，峡谷上游的高原牧区没有原始森林，缺乏充足的燃料，人们在日常生活中主要使用牛粪作燃料，这决定了火葬不流行；但是，在金沙江峡谷的中游却有大片的原始森林，木材取之不尽、用之不竭，这些木材不仅能够完全满足人们日常生火、建房之用，还在某种程度上为火葬在民间的流行奠定了较强的基础。同时，大量树林的成长也是当地树葬形成的基本条件。水葬首先要有水，长达800公里的金沙江有众多数不清的支流，为整条峡谷的水葬文化成为特色提供了必要的物质基础。土葬在整条峡谷都是处理尸体的一种传统方式，在考虑这种丧葬方式的物质基础时应该从历史气候方面着手。不过，需要注意的是，气候也一直处于变动之中，不同历史时期的气候不同，导致土葬的流行程度不同。天葬是藏族群众实行的一种独特的丧葬形式，从地理环境上看，整条金沙江峡谷都有足够的海拔高度让天葬流行。比如，玉树的巴塘乡平均海拔4 900米，金沙江的中游平均海拔3 900米、下游平均海拔3 100米，这种高度足以为秃鹫的生存提供必要的基础，而秃鹫正是天葬中不可缺少的助手。在高原牧区，狼狗等食肉动物的大量繁衍也是地葬在历史上存在的基础，因为它们是地葬必不可少的帮手。

但我们还需要注意到，历史在前进，峡谷各地的自然环境也在变化，譬如一些地区在几个世纪以前可能有众多河流，但是随着时间的推移和自然气候的改变，河流可能会干涸，水葬也可能因此消失。这意味着峡谷内的每种葬式不是一成不变的，这是在研究过程中必须考虑到的问题。

二、丧葬文化丛的内在表现

除了外在的表现形式以外，丧葬文化丛还有内在的表现形式。由于支撑丧葬文化的核心是死亡观，这提醒我们要注意各宗教信仰关于死亡的说法，这便是丧葬文化丛内在的表现形式。譬如，在史前时代，人类的宗教信仰观念产生之前，有一个人鬼共居到人鬼分离的过程，这些死亡观还渗透到居室葬、瓮棺葬当中。进入文字时代以后，从在金沙江峡谷活动的民族来看，白狼、鲜卑等民族信仰的主要是原始萨满教，这是峡谷内石棺葬、火葬、树葬得以产生的根源。至于吐蕃人，他们最早信仰的是苯教，苯教支持土葬，使土葬在峡谷内经久不衰，甚至一度成为峡谷内等级最高的丧葬方式。当然，混合了巫术的苯教也不排斥原始萨满时代产生的那些葬式。后来，佛教兴起，快速被吐蕃人、磨些人、蒙古人接受，使塔葬、天葬、水葬、火葬等佛教所倡导的葬式在峡谷内流行起来。

（1）岩洞葬。岩洞葬主要分布于金沙江峡谷局部地区，葬式规模不大。一般仅针对夭折的孩子，在下葬的时候以毛毯裹尸，将其放入一个比较隐蔽的岩洞里面。岩洞葬有可能是早期居民居住环境的反映。虽然目前考古学的证据还不足以支持史前时代的人们普遍住在岩洞中的假说，但是部分人曾在那些地方居住过是毫无疑问的。据藏文《贤者喜宴》记载，在小邦时代，西藏地区的人们就“惟依坚硬岩石而居”。在金沙江三岩以南150公里、西藏昌都出土的卡若遗址的建筑中，早晚期的人们就分别以半地穴窖藏和石头砌成的房屋为住居。①

（2）居室葬。居室葬自北而南沿着金沙江峡谷两岸分布，是一种比较特殊的丧葬类型。主要针对的对象是超过80岁的老年人。这种将死去的人掩埋在家中的做法无疑是史前时代丧葬的一大特征，是人们在观念上秉承人鬼同居思想的体现。

（3）瓮棺葬。瓮棺葬布满整条金沙江峡谷。峡谷内大部分的瓮棺葬仅针对夭折的3岁以下的孩子，所在的位置都是被人们视为“不干净”的地方；数年后，人们还要把它们移出。这种现象表明了峡谷内的老百姓在观念上经历过一个从人鬼同居到人鬼分离的过程。

（4）石棺葬。石棺葬布满整条金沙江峡谷，棺内一般有随葬品。遗留的骨架显示，死者下葬时仰身直立，与今天峡谷内老百姓所采用的屈肢蹲坐方式存在明显的区别。很明显，这是历史遗留下来的丧葬方式。在金沙江中游的三岩，大多数老百姓认为石棺葬是汉族人的坟墓，在金沙江的下游羊拉，当地老百姓却说石棺葬是纳西族的坟墓。峡谷内所有老百姓都认为石棺葬不是他们祖先的葬式。这种情况表明，在当地老百姓的记忆中，峡谷内曾经有异族大举迁入。

（5）树葬。树葬分布在金沙江峡谷的局部地区，既有针对孩子的树葬，也有针对成年人的树葬。历史上的金沙江峡谷还存在与树葬类似的一种丧葬方式——地架葬。地架葬在葬死者时棺材不触地，放在用几根木头搭起来的架子上。树葬的整个下葬程序与妇女的生育象征紧紧联系在一起，显示当地人对繁衍的渴望。

（6）土葬。金沙江峡谷的土葬比较复杂。峡谷各地的土葬规模大小不一。一些村落非常流行，坟场的类型从孩子到老年人皆存在，功能各不相同，显示了土葬的辉煌。一些村落没有专门的坟场，人死以后多在自家的土地实行土葬。一些地方的居民把土葬视为一种下等的丧葬方式；而一些地方恰恰相反，将土葬视为传统的丧葬方式。这说明，支持土葬的宗教信仰和反对土葬的宗教信仰的冲突是多么激烈！与土葬并存的还有一种水土葬，同样是掩埋尸体，但是掩埋点选在小溪的浅滩处。

（7）火葬。这是峡谷内一种传统的丧葬方式，其起源应该与羌人有关。但佛教传入以后，火葬的内涵就发生了变化，佛教的外衣逐渐覆盖了原始的萨满信仰。火葬在峡谷内普遍存在，尤其是那些森林资源集中的村落比较盛行。但整条峡谷遵守一条定律：万物生长到秋天落叶的日子里不能火葬。

（8）水葬。金沙江峡谷的水葬主要在那些靠近河流的村落中，这种葬式

① 参见江道元《西藏卡若文化的居住建筑初探》，载《西藏研究》1982年第3期。

的起源与苯教信仰有关。在苯教看来，水下有龙神，凶恶之极，因此把尸体扔进水里被视为一种惩罚死者的丧葬方式。但佛教传入峡谷以后，水葬的内涵相应发生了一定程度的改变，不少村落的居民将它视为好的葬式。峡谷内的水葬主要有两种形式，一种是整具尸体抛入河中，另一种是先对尸体肢解后再抛入河中。两种水葬方式的不同可能与藏传佛教教派的主张有关。从田野考察的情况来看，后一种类型呈现逐年递减的情况。

（9）塔葬。金沙江峡谷的塔葬只针对藏传佛教中那些有名望的大喇嘛，其他人不能随意实行塔葬。塔葬有两种形式：第一种是对喇嘛的法体进行防腐，制作成干尸后实行肉身塔葬；第二种是将法体火葬以后，捡其舍利子装入专门的盒子里，然后把它们供奉在塔中。安置舍利子的塔有木塔，也有金塔。由于塔葬是佛教专有的葬式，从中可以看出藏传佛教强大的统治力量。

（10）地葬。金沙江峡谷的地葬主要存在于高原牧区一些偏远的地方。地葬时，人们以白布裹尸，然后以刀裂肉而喂狼狗的方式对尸体进行处理。地葬与原始的野葬一脉相承，佛教传入以后，它又开始披上佛教的外衣大行其道，从中可以看出其“轮回”的观念仍为主流。

（11）天葬。天葬是金沙江峡谷居民主要的丧葬习俗。天葬时由喇嘛念经召唤秃鹫，由僧徒念经帮助死者超度。一些地方的天葬有专门的天葬师帮助肢解尸体，一些地方的天葬则是由死者的亲戚帮忙肢解。它同样是佛教传入峡谷以后与当地原生的宗教信仰结合后才出现的葬式。

（12）复合葬。金沙江峡谷的复合葬形式多种多样。有土葬后再挖出尸体进行火葬的；也有火葬后再把骨头捡起来实行土葬，或者把骨灰捡起来放到岩洞中去实行岩洞葬的；还有先火葬后把骨灰撒到金沙江中实行水葬的。复合葬大面积存在说明峡谷内不同宗教信仰之间的斗争谁也不能永久取得支配地位。

峡谷内多种丧葬并存，相同的葬式背后可能体现了人们不同的死亡观，不同的葬式背后也可能体现了人们相同的死亡观。这些死亡观有原始萨满教关于灵魂永生的信念，有苯教关于灵魂复活的信仰，也有佛教中关于轮回、转世、投胎的信念。各种信仰相互斗争、融合发展成了复合信仰以后，在复合信仰的主导下，每种葬式又与当地的社会结构结合起来，成为人们表达身份、等级的文化符号，或者成为社会控制的手段。每种丧葬的变迁、消失乃至复燃，其背后皆隐藏着某种逻辑结构的变化，即人们为什么选择这种葬式而不是别的葬式，为什么对某一特定的人群之死，或者说对某一特定死因的死者选择某一特定的葬式而不是其他葬式。因此，这种逻辑结构还透露出生人与生人、生人与死人，甚至死人与死人之间的关系，它们彼此协调，构成了一个完整的有机系统。

第二章　文化底层之死：从永生到复活

虽然死亡现象与丧葬习俗存在密切的关系，但是丧葬发展成为一种制度，其时间明显要落后于死亡。有考古学家推测，人类最早处理尸体的方式可能是把尸体吃掉，这一结论至少已经被我国辽宁锦西沙锅屯洞穴遗存证实，《隋书·东夷列传·流求国》中的"其死者气将绝，举至庭，亲宾哭泣相吊……邑里共食之"亦同指这一现象。

由于死亡是一种生理现象，而丧葬习俗主要受人类精神观念支配，因此丧葬习俗的产生应该是在人类有了"灵魂的观念"以后才发展起来的。根据考古的发现，人类的灵魂观念最迟在 18 000 年前的山顶洞人时代就已经产生了。[①] 对此，英国人类学家泰勒从进化论的角度进行了解释。他说：

> 处于低级文化阶段上的能独立思考的人……大概首先就自己做出了显而易见的推论，每个人都有生命，也有幽灵……两者跟肉体是可以离开的；生命可以离开它出走而使它失去感觉或死亡；幽灵则向人表明远离肉体。[②]

当人类有了"灵魂不灭"的观念以后，面对一具呼唤了千万次却再也醒不过来的尸体时，便发展了一套与之相适应的丧葬制度。那么，金沙江峡谷最早的丧葬制度是怎么样的？这些制度又经历了什么样的变化呢？本章笔者拟以田野调查收集到的资料结合考古学已有的成果，复原金沙江峡谷的丧葬史。

---

① 参见裴文中《旧石器时代之艺术》，商务印书馆 2000 年版，第 108 页。

② （英）泰勒：《原始文化》，蔡江浓译，浙江人民出版社 1988 年版，第 416 页。

第一节　史前丧葬文化：从人鬼同居到人鬼分离

一、居室葬：人鬼同居时代的再现

居室葬，也称壁葬或者墙葬。我国文献对居室葬最早的记载见《山海经·海内西经》。其曰："使人上郡发盘石，石室中得一人，跣裸披发，反缚械一足。"可见，居室葬指的是把尸体以屈肢方式安葬在室内的一种葬式。居室葬目前在金沙江峡谷有零星发现，以峡谷中部的三岩最为集中，向南延伸至四川巴塘县的地巫乡和中咱乡，向北延伸至四川省的德格、甘孜、雅江、扎巴等地，这些地方的居室葬针对的对象都是当地 80 岁以上去世的长者。[①] 分析峡谷内的居室葬，必须从当地老百姓的空间等级观念入手。

（一）房屋构造与空间观念

人类最早的住所是什么样的？来自考古学的研究成果证明："更多现代原始部落则比较喜欢风篱——这是温暖气候条件下最原始的'房屋'。风篱的建造非常简单，将树干或树枝插在地上，排成一道竖直的墙或半圆形的围墙，在围墙上盖上枝、叶、树皮或野草之类的东西，就成了一个可以挡风遮雨的简陋住所……风篱是最早的人类居所，或许可以视为两种基本的房屋类型——圆形房屋和方形房屋——的雏形。"[②] 毫无疑问，金沙江峡谷内的房屋建造与风篱有着一脉相承的关系。

1. 作为生活与生产的房屋

以三岩建房为例：在建房之前首先挖 2～3 米深的地基，起墙之前先用几根木头搭好房屋的框架——与建风篱前将树干插在地上类似，然后用混以杂草和石灰调和、黏性很强的沙石泥冲墙，冲好的墙一般厚 2 米以上，经过 7 天左右自然晾干后坚硬无比。房屋的结构搭好以后，将直径约 0.3 米的圆木竖在屋檐的 4 个角落和房子的中部（中部的圆木直径达 0.5 米以上）作为房子的支撑，然后开始铺屋顶，屋顶全部使用木料。峡谷内的森林资源十分丰富，当地生长的一种巨柏树的直径通常在 2 米左右，高达十几米。老百姓通常在冬天趁着树木还没有吸水的时候，到山上将巨柏树砍伐回来，再加工形成规则的大小

---

① 参见丹珠昂奔、周润年《藏族大辞典》，甘肃人民出版社 2003 年版。

② （德）利普斯：《事物的起源》，李敏译，陕西师范大学出版社 2008 年版，第 23 页。

相同的长木条，然后把这些木条铺到屋顶上，接着在木条的面上再铺一层混凝土即可。建造房屋的时候先造第一层，然后依次往上增高，直到盖完第三层才封顶。有些人家还在第三层的楼顶上搭半间阁子，用于存储食物。

现在，我们来考察房屋的内部结构。每家虽大小不一，但具有共同点：第一层主要用来圈养牛、羊和猪等牲畜。一些家庭的房子没有第一层，通常挖一个深度约为 2.5 米的半地下室充当。半地下室由隔板隔开，一边用来存储供给家畜食用的玉米和猪草，另一边就是猪、牛、羊生活的地方。第二层的高度为 5～7 米，空间比第一层大，主要由卧室和客厅两部分组成。卧室由木板隔开，是人们休息的场所；客厅有火塘，火塘正面有佛龛，旁边摆放着佛；火塘的四周围绕着藏式方桌，这里是人们做饭、吃饭的地方，也是会客的地方，同时还是娱乐的地方。第三层的高度为 4 米左右，一般被设置成经堂，门的正中供奉着佛像，门口有转经筒，墙壁挂满了经幡、唐卡等绘画装饰品，这里是重要的宗教场所，凡是家里需要举行宗教活动都会集中在这个地方。第三层楼顶一般设一小槽或玛尼堆，专门用来烧香。同时，三楼楼顶还是一个工作场，人们通常在那里脱包谷粒以及晒青稞、杂豆等。一些家庭在楼顶上还要再盖半间阁子，以储存粮草和食物。

马斯洛认为，人类第一需求是生存。受自然资源的限制，金沙江峡谷的老百姓也以生存为第一要务，如何以最少的劳动力换取最大的生活资源是人们关心的问题，因此三岩人的房屋并不仅仅是生活的场所，而是将生活与生产巧妙地结合在一起。其建造过程中处处体现了一种实用的特征，它的每一层都不能少，因为每一层所对应的功能都不同。

具体来说，一楼最主要的功能是生产。猪、牛、羊是每个家庭不可或缺的：当地的农业生产主要靠的就是牛；而猪则成为老百姓一年摄取营养物质的主要来源，一般情况下，人们一年至少要杀 3 头猪；羊不但可以提供营养物质，还是家庭重要的经济收入。与一楼的生产功能不同，二楼、三楼是一个消费区。如果再细分的话，二楼主要体现在物质消费方面，而三楼则是精神消费的场所。三楼的楼顶（相当于四楼）又把生产与消费有机结合起来。需要指出的是，一楼的生产与三楼楼顶的生产是完全不同的，这并不是说其生产种类不同，而是生产结果的可预知性有区别。在一楼饲养的猪、牛、羊，其成长不具备可预知的特征。例如，人们没有办法预知这些家禽患病或死亡。笔者在田野调查中遇见过多起禽畜纠纷事件：别人家的鸡飞进猪圈被猪吃了，最后只能以赔钱的方式把问题解决了。相比较而言，老百姓在三楼楼顶基本上进行的是生产的最后一道工序，其必然产出可食用的粮食。因此，三楼楼顶既可烧香拜佛又可作为生产的场所不是没有道理的。这种结合的逻辑在于，三楼所生产的粮食与佛在同一个空间上，它们已经得到了佛与神的认可。

2. “家”里与“家”外

这种逻辑的进一步延伸便是三岩人“家”的概念。在路上，如果你问一个三岩人某人的家在什么地方，他会为你指具体的方向，这时候他所说的“家”指的是整栋房子。但是，如果一个三岩人邀请你到他家去做客，这时候的“家”指的就是二楼与三楼了，此时一楼被排斥在“家”的这个概念之外。所以，客人是绝对不能闯入主人的牛圈然后才上二楼的，否则会被认为带着晦气进屋。这是因为三岩峡谷处于生存资源环境极其缺乏的环境中，所以生活与生产的场所在当地人的概念中被分得很清楚。从这个意义上说，一楼与野外的草场、田地等似乎没有太大的区别，因为它们的功能是相同的，都是生产的场所。生产场所是人们衣食来源之地，但也同时意味着这些地方是危险的，或者是不干净的。这种观念是人类在长期与自然斗争的过程中形成的——早期人类在生产过程中人身安全得不到保证，如狩猎时经常被猎物咬伤，生产往往与死亡相伴。能够对三岩人（整条峡谷）有关“家在二楼或三楼”这些观念提供证据支持的例子还有妇女的分娩。据乡卫生部门工作人员反映，他们到三岩的农村去普及生育知识时普遍感到比较费劲。因为依照三岩农村的传统，妇女生孩子都要到牛圈去。在三岩的老百姓看来，妇女分娩也许是一生中最肮脏的时刻，比如产妇的血水通常被视为晦气。老百姓不愿意妇女在“家”里生孩子，他们担心那样会激怒“家”里的神灵，这些神灵会把厄运降到这个新生婴儿和其母亲的身上，或者给这一家人日后带来各种各样的麻烦。

事实上，妇女在牛圈分娩的这种观念同样可以和动物的饲养相互印证。这种生产与动物的饲养之隐喻并没有太大的区别，这里体现的逻辑仍然是婴儿成长的不可预见性。正因为如此，生下来的婴儿要尽快找活佛念经，或者找阿尼跳神。只有这样，他的成长才算是得到某种神灵的保佑，就像那些在三楼楼顶晒的玉米一般。毫无疑问，一楼是危险的、肮脏的、不洁的，除非与生产发生关系，否则人们很少光顾那些地方。以老百姓一天的活动所涉及的场所来看，人们只有在每天早、中、晚给猪喂食时才到一楼。如果家里没有猪只有牛的话，每年夏季当这些牛都被赶往高山的牧场上，人们更不可能到一楼去。换句话说，一楼在此时就形同虚设了。

在“家里”与“家外”、“污”与“洁”、“安全”与“危险”的二元对立观念中，三岩人的居室葬也表现出人与“善鬼”同居、与“恶鬼”分离的特点。

（二）尸体处理的程序

考古学发现居室葬的形式主要有四种：一是在住屋内挖墓穴埋葬死者；二是利用住屋内已有的窖穴、灶坑等空间埋葬死者；三是将死者摆放在住屋的居住面上直接埋葬；四是在屋内选择特定空间保存死者全部或局部尸骨。[①] 金沙江峡谷地区的居室葬接近第四种，是当地丧葬的一大特色。其程序主要由殓尸和下葬两大部分组成。

殓尸仪式通常是从理发开始的。当一个人断气以后，由死者最亲近的人为其理发，使用的工具是长约 10 厘米的剪刀。如果死者的头发过长，通常用藏刀割断一截即可。这项活动与三岩人对灵魂的认识有关，三岩人对灵魂的认识基本上还停留在物质性的灵魂观方面。在三岩的"地方性知识"体系中，人们认为 80 岁老年人的灵魂像头发一样有韧性，永远不会腐烂；另一方面，这类人的灵魂像头发一样细，极易受到伤害，所以要小心翼翼地保护。由于死者的灵魂很多时候会停留在头发中，所以理下的头发不能乱丢，亲属应用一个羊皮制成的袋子将其小心翼翼装起来，到下葬的时候与尸体一起埋掉。理发仪式结束以后就要对尸体进行捆绑了。在三岩人看来，这种尸体与其他死因的尸体的殓尸程序不同，一个最明显的区别就是不能为这些尸体净身；因为三岩人认为这些灵魂不喜欢沾水，净身会让灵魂感到不舒服，它将很快带着原有的"灵气"离开尸体，那样尸体就成为一具毫无意义的臭皮囊，日后无法变成神，也就失去了保护子孙的功能。捆绑尸体时，死者家属先从死者生前穿的藏袍上取下一根长腰带，将腰带打结，制一个活套，套入死者的颈部后用力拉紧，然后将死者的两只手抱住腿部，将腰带缠绕死者的两腿和两手并用力向上拉，以使手和腿尽量靠近脖子。最后把尸体装入一个白色编织袋，面朝北放在二楼室内的某个角落一段时间。在这段时间内，家属会用一张长宽各约 2 米的红色毛毡盖在编织袋外层。在藏族群众看来，此时这张毛毡已经不是普通的毛毡，他们将它称为"戎"。但是，在汉语里面，我们很难找到一个与"戎"相对应的词。根据报道人的解释，"戎"有一种"灵气"，或者说是一种"福气"。在当地人的观念中，这种"气"不是每个死者都有的，譬如那些自杀、夭折的死者就没有这种"气"。因此，这张有了"灵气"的毛毡不与死者一起下葬，而是被家属妥善保存着，在日后留给家里人披身，据说这样能够祛病驱鬼并保证事事顺利。

下葬的时候，将尸体呈蹲坐的状态，身体向前倾，双脚靠拢并齐放入木箱当中，再以死者的衣服填满空隙，然后向木箱的周围撒盐、灶灰和麦秸以吸干水分。为了保证死者在死后能继续像生前一样生活，死者生前穿的衣服和戴的贵重首饰也经常跟随他一起下葬，特别是死者生前经常穿的衣服一定不能丢掉，而是与尸体一起放到木箱中。从现实的功能来看，这样能够填塞木箱的空间；而从死亡观念来看，这是亲属为了保证死者阴间正常生活所必须做的。尸

① 参见杨虎、刘国祥《兴隆洼文化居室葬俗及相关问题探讨》，载《考古》1997 年第 1 期。

体放置的地点很有讲究，三岩人向世人展现了空间的等级观念——他们一律把这些尸体安葬在三楼经堂的一个角落或者三楼的楼顶上。至于为什么选择这样的位置，许多报道人的解释是，三楼是“家”的神圣位置，所有善良的神灵包括佛都在里面，在那里安葬尸体可以让整个家庭兴旺。安葬尸体的时候，首先在墙壁上挖一个长宽各约 1 米、厚度约 0.7 米的凹槽，将装有尸体的尸箱放入凹槽，贴紧壁面，然后调以黄泥、灶灰敷实即可。

三岩的居室葬是一种长期的葬法，尸体放在室内的时间可以长达 80 年以上。不过，由于当地生存条件比较恶劣，人的寿命普遍不长，能够得到这种待遇的死者并不多。换句话说，居室葬并不普遍。

（三）居室葬：人鬼同居的思维反映

据考古学的发掘表明，居室葬是人类最古老的葬俗。[①] 换言之，居室葬是人类有了灵魂观念以后实行的第一种葬俗，如在距今 8 000 年前的兴隆洼遗址中就存在居室葬。其特征之一为每栋房屋通常只有一个葬点。这说明当时人们尚未把这一葬法作为埋葬氏族大多数成员的方式，而是将其作为掩埋少数人物——身份特殊、地位较高，或死因较为特别的氏族成员——的方式；居室葬绝非偶然，也不是简单行为所致，应具有较强的目的性和特殊用意。[②] 考古学发现的情况与今天金沙江峡谷的情况类似，因此，就这种葬式发生的时间来看，它可能也是金沙江峡谷最早的一种丧葬类型。

鉴于整条金沙江峡谷存在居室葬，我们有理由相信，这种葬式可能是史前时代由西北沿横断山脉迁徙的人群留下来的，这些人群从大的族系来说，或许就是后来史书所称的“氐羌”。证据有二：其一，居室葬在停尸阶段让死者面北，很可能暗藏南迁的隐喻；其二，在后来羌人中也一度表达出类似的死亡观念。例如，史书就有羌人“年八十以上死者，以为令终，亲戚不哭”[③] 的记载。在历史上，金沙江峡谷战祸连连，残酷的生活环境与有限的生活资源使羌人的平均寿命不高，不由自主地对 80 岁以上死亡的老者产生崇拜，认为他们冥冥之中得到天神的护佑。

就居室葬所表达的基本内涵来看，其人鬼共居的现象是峡谷内的人类早期观念上人神（鬼）不分的反映。事实上，我们今日在峡谷内看到的居室葬已经随历史的变迁承受了多重文化因子的冲击，但是其最初含义，即峡谷内早期存在的人鬼共居的观念仍得到完整的体现。原始人从自身的呼吸、睡眠和病痛

---

① 参见陈星灿《史前居室葬俗的研究》，载《华夏考古》1989 年第 2 期。

② 参见刘国祥《兴隆洼文化居室葬俗再认识》，载《华夏考古》2003 年第 1 期。

③ （唐）李延寿：《北史》卷 96，中华书局 1974 年版。

之中普遍感觉到人有两个实体，即躯体和灵体。人在睡眠或者生病的时候是灵体暂时离开躯体所致，当灵体永远离开人的躯体，则意味着人死亡。但是，人死亡以后，灵体仍然继续在生前活动过的地方生活，与亲属们共居于一个空间。这寄托着子孙后代对长辈的思念，此即居室葬的最初含义。

在人类鬼魂观念启蒙的童年时期，至少在相当长的一段时期（从考古学对居室葬的挖掘情况来看，这个时期至少持续到新石器时代）里人与鬼是同处于一个空间的。关于这一点，不仅在众多考古成果中得到证明，后世的许多文献对此也有充分反映。以藏族群众崇拜的神山——冈底斯山为例，民间传说那里就有登天或下界的天梯。[①]《西藏王臣记》在叙述吐蕃的聂赤赞普时说："聂赤赞普……下降天梯而步行到泽当四门平原……用手指着天示意……他是从天界惩罚下来的。"[②] 也就是说，在早期人类的思想观念中，天和地还没有像后来那样分得那么明显。这些都表明了远古时代藏族的宇宙观和思维方式，他们长时期过着人鬼共居的生活。

人鬼共居的观念后来受善恶二元论的影响发展出了善鬼与恶鬼。善鬼一般指自己的祖先，他不仅不会害自己的子孙，相反，还能够给子孙带来种种幸福。与此相对应的是，恶鬼给家人带来危害，此即居室葬表达的二元对立观念。下葬期间对位置的选择就是最好的证明：居室葬的位置以三楼或者三楼楼顶为佳，并绝对性地把一楼的牛圈排除在外。这种安排的理由在于：一楼是"家"外，那里充满了危险，为避免先人的灵魂受扰，不宜安葬尸体；二楼以上是"家"，适宜安葬尸体，但是人们一般不把尸体安葬在那个地方，因为那里有火塘，一年四季人们都在那里生火做饭，也算是一个劳动的场所。尸体是神圣的，应该把他们安葬在休息的场所，所以三楼成为安葬尸体的最佳位置。把尸体安葬在三楼的"家"里是希望祖先享清福，不用再到"家"外去饲养牛羊。另外，三楼有佛、有神，是神圣的空间，把祖先葬在三楼表示与佛或者与神同在；久而久之，这具尸体也会因此变成神或者佛，其神力会随着时间的流逝而递增，这样子孙又可以在其庇护下茁壮成长。

人鬼共居的观念最迟至旧石器时代晚期、新石器时代早期才消失。从目前考古的成果来看，居室葬这种葬俗"以旧石器时代为最多，其次是中石器时代和新石器时代早期，距今 8 000 ～ 9 000 年以前。在西亚和欧洲，前陶新石器阶段以后居室葬即不再流行"[③]，取而代之的则是瓮棺葬。

---

① 参见冯学红、东·华尔丹《藏族苯教文化中的冈底斯神山解读》，载《中国边疆史地研究》2008 年第 4 期。

② 第五世达赖喇嘛：《西藏王臣记》，刘立千译，民族出版社 1982 年版，第 14 页。

③ 陈星灿：《史前居室葬俗的研究》，载《华夏考古》1989 年第 2 期。

二、瓮棺葬：人鬼脱离观念的重塑

瓮棺，也称为“瓦棺”，《礼记·檀弓》就有“周人……以有虞氏之瓦棺葬无服之殇”之说。瓮棺葬是一种以陶容器为殓葬棺具的丧葬形式，这些陶容器主要包括瓮、罐、缸、瓶、盆等。考古发现，瓮棺葬是史前金沙江峡谷非常普遍的一种葬式。在玉树县通天河两岸出土的卡则遗址中，最引人注目的是双大耳罐陶器、石板墓葬以及装有儿童尸骨的瓮棺。① 除了玉树发现瓮棺葬以外，云南省德钦县的永芝、纳古②遗址中也发现瓮棺葬，这说明金沙江的瓮棺葬具有悠久的历史，田野调查发现，峡谷下游（出口）还保留着古老的制陶技术。

（一）峡谷出口的制陶术

云南省德钦县的羊拉乡政府所在地甲功村以南约 10 公里处一个叫“里卡通”的地方有许多窑洞，那里保存着古老的制陶技术。

制作陶器的程序如下：首先是选泥土，泥土的好坏直接影响陶器的质量。人们大多到金沙江岸边挑选大缸泥做原料，因为这种泥的黏性比较好，不需要加入其他黏料。先用拖拉机把泥土运回来，然后对泥土进行加工。其加工的方法是，先用牛或者拖拉机把泥土碾烂，然后加入细沙、灶灰和草屑与黏土调和；再将碾烂的泥土进行陈腐，大约需要 7 天，以增强泥土的黏性。其次是泥土的成型。如果是制作小型的陶器如碗，一般采用捏塑的方法，即把泥磨成圆形以后放入一个成型的碗，用双手沿着碗的边缘捏黏土，从外往里挤压，使这块黏土的中心变厚而边缘部分变薄，成为碗状。大型陶器采用泥条盘筑法。先用木板拍打泥土，然后用双手搓成泥团，再将泥团拉长，摆上模具，根据模具器型的大小用泥条围着它进行折叠，最后用木板拍打泥土成型。成型以后进行的工序便是修饰与绘图，图案大多是“六字真言”。绘制好以后就可以放到窑里焙烧了，一件陶器要烧 5 小时左右，烧出来的陶器坚硬结实，人们把它们放到阴凉处待温度降低以后放到水里浸 24 小时以后便可使用。

从制陶的整个过程来看，其技术似乎还停留在比较原始的阶段，如当地没有轮制法。众所周知，轮制法在新石器时代的大汶口文化晚期和龙山文化时已经大范围使用，但是笔者在羊拉乡并未发现。当地一名老百姓告诉笔者，制陶技术在很早的时候就有，四川巴塘县的中心绒乡、地巫乡的制陶技术都是从羊拉这边传过去的。笔者在田野调查中还发现，更古老的制陶技术在羊拉普通老

---

① 参见青海省地方志编纂委员会《青海省志·文物志》，青海人民出版社 2001 年版，第 59 页。

② 同上书，第 97 页。

百姓家也有发现。譬如，当地妇女几乎人人都会编竹篮，有时候她们会在编好的竹篮外形上涂灰泥或者黏土，然后放到火边去烤，使其变硬，这些裹了泥土的“竹篮”就可以用来装水。这些方法与制陶的泥条盘筑法有些类似，后者是否是受其影响而发明来的我们无从得知。但是，有一点是相当肯定的，即当地的瓮棺葬所用的陶器是由当地所产的，这一发现对于我们理解瓮棺葬在峡谷内的传播无疑具有重要意义。

图 2－1 为日常生活中使用的陶碗与陶罐。

图 2－1　日常生活中使用的陶碗与陶罐

（二）瓮棺葬葬具与观念的传播

制陶技术在地处川、滇、藏交界区的羊拉乡一带有所保留，而在川、青、藏交界区一带的玉树巴塘没有保留，这与两地的经济生产方式密切相关。“制陶术和织机一样，在农业文明出现之前是不可能出现在人类生活中的。”① 由于环境变化，目前玉树巴塘乡已经是一个纯牧业区，因此制陶术没有保留下来是理所当然的；而羊拉的环境不同，那里是一个河谷农业区，人们过的是稳定的农居生活，这种稳定的农居生活无疑为陶器的传承提供了土壤。

由于羊拉存在制陶技术，不难推测瓮棺葬曾普遍流行，因为瓮棺葬所用的葬具是夹沙陶罐，与当地人平常生活所用的器皿相差无几。这种陶高 0.5 米左右，开口直径 0.3 米左右，由中间向底部逐渐变小，藏族群众经常用它们来存储酒、包谷和青稞等食物。

在羊拉乡，瓮棺葬一般针对 3 岁左右夭折的小孩，在很多情况下是难产而亡的。整个程序大致如下：3 岁以下的小孩夭折，家里人首先用浸泡香柏叶的水给他擦拭全身，然后将孩子的尸体卷成在母胎的状态，最后外加毛毯或者布料将尸体包裹起来，包裹好的尸体被放入一个粗大的陶瓮或者陶罐里面等待下葬。喇嘛算出日子以后就下葬，下葬时不需要放任何随葬品，但是要往罐中撒盐、灶灰和麦秸，主要是防止尸体腐烂；尸体装入陶罐以后须盖紧盖口，然后

---

① （德）利普斯：《事物的起源》，李敏译，陕西师范大学出版社 2008 年版，第 120 页。

用黄泥和石灰抹住，密封起来，使气体不外泄。瓮棺安放的位置很有讲究，大体来说主要有三个位置可供选择：其一，埋在房屋的附近。其二，放在一楼的牛圈里。这种情况经常采用悬挂的方式，即把瓮棺悬挂在屋子的柱子上。据报道人说，悬挂的目的主要有两个，既能避免瓮棺碰到地面，又能避免牛圈里的牛羊对瓮棺造成破坏，其“保护”的色彩很浓重。田野调查中发现当地老百姓为了防止动物破坏瓮棺，甚至每天外出时都要特意把牛圈的门给锁上。其三，放在一楼与二楼楼梯拐角处，直接放置便可。但是，在当地人的观念中，瓮棺一般不能接触泥土。据说，如果尸体的灵魂接触到泥土就会停留在那个地方，甚至永远不走了，久而久之，就给家人带来不幸。因此，人们经常在瓮棺之下放着一块木板垫底。在羊拉村，笔者发现有的瓮棺甚至被挂在二楼的屋檐下。

瓮棺葬在当地不是一种长久的葬法，只是一种过渡的葬式而已。实行瓮棺葬过了一段时间以后，家里人就会请喇嘛来打卦，看什么时候方便，找个吉日把尸体拿出去水葬。但是，用陶罐装起来的时候可以不讲究日子和时间。当然，如果能够请到喇嘛，他们经常会打卦告诉老百姓放在哪个位置好一些；不过这种情况并不常见，尤其是在羊拉乡，去一趟乡政府要过河，很多情况下不能及时找到喇嘛。因此，尸体放在家里的时候不请喇嘛也可以，但是如果要移到外面的话就一定要请喇嘛算卦。

顺着金沙江往北走，到了金沙江峡谷中部的三岩，同样可以发现瓮棺葬，其所针对的对象与羊拉乡类似——3岁以下夭折的孩子。从葬式与瓮棺所在的位置来看，两地也没有太大的区别。值得注意的是，笔者在三岩峡谷内并未发现任何制陶技术，当地老百姓告诉我们，人们使用瓮棺葬的陶罐大多要到昌都一带去买。由于陶罐数量有限，于是三岩的瓮棺葬似乎出现了一定程度的“变异”。这种“变异”主要表现在葬具上。例如，在三岩的雄松乡，3岁以下的小孩夭折，人们大多用木箱代替瓮棺作为殓尸的工具。严格意义上说，这种情况不是考古学定义上的“瓮棺”。但是，从调查的情况来看，这些装尸体的木箱所放的位置主要是一楼的牛圈或者一楼与二楼的楼梯拐角处。它们与羊拉乡的瓮棺葬有一个共同的特征，即尸体的位置不能超过二楼。据当地的老百姓解释，这是担心尸体亵渎二楼的灶神和家神。在这里，瓮棺葬体现的基本观念并没有改变，变的只是葬具而已。

童恩正在论述我国半月形文化传播带的文化传播规律时认为，这一系列的传播既有民族的直接迁徙、融合和交往，也有间接的观念的传播。[①] 这一论点

---

① 参见童恩正《试论我国从东北至西南的边地半月形文化传播带》，见《南方文明》，重庆出版社1998年版，第558～603页。

符合瓮棺葬在峡谷内的传播状况。

大体来说，羊拉乡的瓮棺葬还停留在比较原始的阶段，葬具基本上是陶罐，这与当地盛产陶器不无联系。金沙江地势北高南低，农业发展呈现由北到南逐渐增强的趋势，因此陶瓮在峡谷内并没有大规模传播，但是瓮棺葬的基本观念在峡谷内是存在传播关系的。证据有二：其一，瓮棺葬主要针对的对象是3岁以下的孩子，这些瓮棺葬没有任何随葬品。毫无疑问，这里主要表达了年龄的等级结构。其二，各地瓮棺葬放置的位置和形式虽不相同，但它们又普遍遵守着一条规定：尸体不能越过二楼。因此，史前时代的瓮棺葬随着沿横断山脉南下迁徙的民族传播，历经环境的变迁，目前在金沙江峡谷呈现了由北至南渐强的格局。

（三）瓮棺葬：人鬼生活空间的分离

据考古学的成果，瓮棺葬是我国新石器时代遗址中发现的主要葬俗，始见于新石器时代的中期。目前，我国考古学界发现含有瓮棺葬的史前文化遗址已达80多个，发现有瓮棺葬近1 100座，在大部分出土的新石器时代遗址中，都有针对儿童实行的瓮棺葬。其基本特征如下：一般来说，人们利用自己日常使用的陶器装殓孩子的尸体。他们往往在用作瓮棺的陶器上钻个小孔，有的放入少许随葬品。一般多埋于居住区的附近，墓只挖出比瓮棺大的坑穴，或横放，或竖置，按照本氏族的埋葬习俗来确定瓮棺的方向。①

关于小孩的瓮棺葬，很多学者注意到了它与灵魂崇拜之间的密切关系，比如认为瓮棺底部的小孔可作为死者灵魂出入的通道。② 也有学者注意到了它所反映的社会结构和人们的来世观念。譬如，将瓮棺葬埋在生活区的附近，是出于先民对孩子的珍爱，认为孩子还小，需要照顾。同时，受来世观念的支配，他们认为儿童在经过一个时期的睡眠以后会苏醒过来，重新回到母亲的怀抱当中。③ 这些研究成果固然有道理，但是很多学者似乎忽视了一点，即为什么瓮棺葬要埋在生活区的附近，而不是埋在生活区里面呢？按照上述学者的逻辑，埋在生活区里面不是更利于父母“照顾”他们吗？如果我们将旧石器时代的墓葬和新石器时代的墓葬对比，以下的解释似乎更接近问题的本质：它反映了人类丧葬观念从人鬼共居到人鬼分离的历程，它表明旧石器时代到新石器时代人类关于灵魂观念的变化发生了质的飞跃。从考古的成果来看，旧石器时代以

---

① 参见许宏《略论我国史前时期瓮棺葬》，载《考古》1989年第4期。

② 参见宋兆麟《云南永宁纳西族的葬俗——兼谈对仰韶文化葬俗的看法》，载《考古》1964年第4期。

③ 参见许宏《略论我国史前时期瓮棺葬》，载《考古》1989年第4期。

居室葬为主，而新石器时代以后居室葬却消失得一干二净，这不是没有理由的。在新石器时代，不仅孩子的瓮棺葬没有安排在生活区，对本氏族成员的安葬也与生活区隔开了，这表明人鬼在空间上出现了分离。理解这一点并不难，今天葬族民间还流传着类似的神话。据说，吐蕃早期社会的天赤七王都是从天上下来管理人间的，而且他们还可以顺利地返回天空，因为他们的头顶上有一根登天之绳。到了止贡赞普的时候，这根绳却被割断了，从此赞普就不能再返回天空，而永远留在陆地上。[①] 赞普头顶上的登天之绳被割断，隐喻了人鬼（神）开始分离，居住在不同的空间。

众所周知，原始先民的思维大多表现为一种“相似律”。当鬼魂形象在人类的观念中出现以后，由于人鬼共居，鬼魂在陆地上到处游荡，并能直接控制人类、影响生产，人类的恐惧愈发强烈，为了保护自己，必须要为鬼魂安排另一个空间，以便将人和鬼隔离开来。峡谷内的房屋构造反映的就是这种观念。当地的老百姓将一楼与二楼、三楼进行严格的区分，并绝对禁止瓮棺安葬在二楼以上的位置，就是因为二楼已经是生活区了，一楼是生活区的附近；把瓮棺葬在一楼所表达的观念就是因为一楼是危险的、污秽的，是鬼待的地方，而鬼是不能够和人一起生活的。这种原始的观念在苯教信仰的等级观念传入以后得到了进一步加强，佛教传入以后也没有改变，其理由在于佛教认为孩子的死亡是一种不好的死亡，将其死因斥为前世作恶所致。

人鬼从同居到分离的观念在当地方言中也有所表现，譬如峡谷内的居民将死者埋入野外的坟场用一个专门的词语进行表达，藏语发音为“度垒”，但是居室葬的行为就不能叫“度垒”了。当地人解释，因为室内是人们生活的地方，在地域上，它与“度垒”应该严格区分。

金沙江峡谷这两种葬俗在其他地区已经非常少见了，但是它绝不是孤立出现的。假如我们能够根据考古学已有的成果，将这两种葬俗综合考虑，可得出这样的结论：在人类鬼魂观念形成以后，他们大凡经历了一个从人鬼同居到人鬼分离的过程。这种丧葬因子在随后的历史发展中随着民族文化的互动又不断发生变化，从而呈现出新的面孔。

---

① 参见第五世达赖喇嘛《西藏王臣记》，刘立千译，民族出版社 1982 年版，第 14 页。

第二节 萨满时代的丧葬文化：生命永生

一、萨满信仰：三位一体的灵魂观

英国功能主义大师马林诺夫斯基认为，“前于有灵观的宗教”乃以马纳为要素，不以有灵观为要素；而与科学相异的巫术也以马纳为要素。[①] 这是对隋唐之前在金沙江峡谷一带生活的各民族信仰的一种最好的概括。大量的文献表明，羌胡是非常崇尚巫术的民族。例如，在十六国初年，羌人与吐谷浑发生斗争，羌酋姜聪杀害吐谷浑王吐延成功。吐谷浑王的儿子叶延也认为羌人使用了巫术，他每日扎草用箭射，中则欢喜，不中则哭泣。[②] 羌胡不仅在战争中使用巫术，在日常生活中也大量使用巫术。

巫术是人类幻想依靠实施一定的法术对超自然力量加以操纵以达到一定目的的行为，本质是一种萨满式的信仰。

研究萨满信仰的大多数学者认为，萨满教的灵魂观表现了三位一体的形式。在萨满信仰看来，人有三个灵魂，即命魂、浮魂和真魂。所谓命魂，与生命息息相关，是人的生命得以存在的基础，人一旦死亡，命魂将离开人的身体，在大地游荡。所谓浮魂，指的是一种意念，或者知觉。它可以随时离开人的身体，和天地之间的神、鬼发生联系，特别是人在睡觉的时候，浮魂经常要到很远的地方去活动，如果浮魂离开人的身体太久不回来，这个人就会生病，或者精神错乱、目光呆滞。这时候，必须请萨满把这个魂招回来，萨满作法所招的魂，指的就是浮魂。而真魂具有永生的特征，在某种情况下，还有转生的能力。[③]

丧葬固然是一种可以传承的风俗，但是继承这种风俗的人接受了萨满信仰以后就要考虑死者灵魂的着落了。由于真魂是永生的，所以丧葬主要是为了安顿好命魂与浮魂，而命魂又是最根本的，它的存在与否又影响浮魂的归处。因此，萨满将命魂看得格外重要。那么，命魂在哪里呢？与原始朴素的死亡观相对应，萨满信仰视命魂依附于石头、骨骼等坚硬的物体上。正如拉法格所指：

---

① 参见（英）马林诺夫斯基《巫术 科学 宗教与神话》，李安宅译，中国民间文艺出版社1986年版，第5页。

② 参见马长寿《氐与羌》，上海人民出版社1984年版，第213页。

③ 参见郭淑云《原始活态文化——萨满教透视》，上海人民出版社2001年版；乌丙安《神秘的萨满世界》，上海三联书店1989年版，第6页。

"灵魂的每一部分是居住在躯体的相应的器官内。"① 这些器官便是人的牙齿、毛发和骨骼。因为与肉体比较，人身体上的牙齿、毛发与骨骼不容易腐烂，灵魂在这些地方就意味着具备永生的能力。例如，金沙江的鲜卑人在占卜时就是使用羊骨做道具的，《燕北杂记》说他们"用白羊琵琶骨上炙，炙破便出行，不破即不出"即为明证。在接下来的讨论中，我们将发现接受萨满信仰以后的羌胡在实行各种各样的葬式时都体现了"保护尸骨"的观念。

二、葬式起源：经济文化类型与天神崇拜

羌胡的萨满信仰有许多对自然物的崇拜，但以天神崇拜最为突出。《旧唐书·吐蕃传》记载吐蕃与羌人结盟时的巫咒说："尔等须同心努力，共保我家，天神地祇，共知尔志，有负此望，使尔身体屠裂，同于此牲。"笔者在金沙江峡谷考察期间，印象最深的也是那里的藏族群众对天空的崇拜。羊拉乡普遍流传着"天神将太阳的一点光线变成火送给人间"的传说。许多老百姓家的火炉前还挂着绘制有火神的图案，这些图案经常以类似太阳那样的圆形描绘出来。人们在火塘前吃饭时，筷子不能指着火的图像说话，不能在火塘烤不干净的衣服，脚不能跨过火塘，平常说话不能用对火神不敬的词语。当地人普遍认为，火有一种灵气，如果冒犯，家人就会遭殃。

一个民族的丧葬受信仰观念支配，但是信仰观念不足以支撑丧葬的全部内涵。譬如，即使一个民族的信仰观念支持水葬，但是在那些没有河流的地方，水葬自然无法实施。从整体论的视角出发，如果说文化是一个有机的系统，那么作为风俗的丧葬仅是上层建筑中的一部分。因此，丧葬在某种程度上还会受到经济文化类型的影响，而一个地区的民族采用什么样的经济模式在根本上又受限于特定的自然地理环境。换一句话说，考察一种丧葬风俗的起源不谈经济文化类型是不客观的。

关于金沙江峡谷地区7世纪之前的经济文化类型，考古挖掘中有了部分反映，根据《2005年度康巴地区考古调查简报》，在对"成都—小金—丹巴—炉霍—道孚—德格—石渠—青海玉树—康定—成都"线路进行考古挖掘时发现了两种不同经济文化类型的石棺葬，即农业经济和畜牧业经济。农业经济以炉霍城西的石棺葬为代表，随葬品以陶器和铜器为主；畜牧业经济以卡莎湖地区的石棺葬为代表，随葬品主要是铜器和细石器。② 再从文献上看，这时候的金沙江峡谷还存在以狩猎为主的经济文化类型，典型的要数苏毗国，《北史》记

---

① （法）拉法格：《思想起源论》，王子野译，生活·读书·新知三联书店1978年版，第123页。

② 参见陈卫东《2005年度康巴地区考古调查简报》，载《四川文物》2005年第6期。

载苏毗“以狩猎为生”即为明证。经考证，苏毗位于藏东青海玉树一带。①

从民族的来源分析，金沙江峡谷这时候已经先后接受了来自西北的古羌族系与来自北方的鲜卑族系，他们与早先在这些地区过着农业生计模式的土著居民一道，在天神崇拜与经济文化类型的影响下创造了各式各样的葬式。

（1）石棺葬。石棺葬的出现与定居有关，至少与半定居有关。一方面，古羌人在南迁过程中沿横断山脉定居，之前带着祖先骨灰四处流浪的环境发生了很大改变，于是在葬式方面有从“移动”过渡到“稳定”的需求；另一方面，横断山脉地区则提供了大量的石块，这些石块形成于第三纪，在板块碰撞的过程中脱裂、迸发出来，质地坚硬，是石棺葬理想的材料。从信仰观念来看，古羌人使用石板做棺与天神崇拜有关。对石头尤其是白石的崇拜在羌族的民间史诗《木姐珠与斗安珠》中有生动的描述：据说古羌人在南迁定居的过程中，受当地的土著戈基人的围攻几乎濒临灭绝，羌人最后在天神的启示下，拿起白石做武器对戈基人展开大反攻才打败了戈基人，从此过上了安居乐业的生活。

（2）岩洞葬。现代科学家在很多史前洞穴，如法国维塞河流域的莫斯特洞穴、多尔道尼的芳德哥姆洞穴、阿里埃伊河的马德齐尔洞穴、上加龙的奥瑞纳崖洞，以及在意大利和西班牙发现的许多古老洞穴中，都发现了一个共同的有趣的事实，那就是，这些洞穴并不是被用作家庭生活的住所，而是被用作公共房屋或教堂（如果可以这么称呼原始人宗教性的活动的话）。② 这种情况在金沙江峡谷也同样存在，在那里，岩洞更重要的是为那些死去的人准备的。其葬法基本上都遵循一个特点，即人们都选择那些向阳的山洞存放尸体。因此，岩洞葬是峡谷内人们崇拜石头、崇拜天的反映，而且这些葬式往往具有更浓厚的宗教色彩。

（3）土葬。土葬是金沙江峡谷古老的丧葬方式，这种丧葬的出现与农业生产方式相关。举世瞩目的西藏昌都卡若遗址的考古成果也向世人清晰地展示：早期文化层遗址呈现的是农业经济类型，而晚期文化层遗址呈现的却是游牧经济类型。③ 因此，藏东地区至少有一部分藏族的祖先是农业民族。农业民族素有“人吃土欢天喜地，土吃人叫苦连天”的谚语，意思是人活着吃土里长的庄稼是喜事，人死了被土“吃”掉是苦事，可见人无论死活都离不开土地。农业民族以土葬作为处理尸体的传统习俗，这是以农业为主的生计模式决

---

① 参见朱建中《苏毗诸部浅析》，载《民族研究》1996 年第 4 期。

② 参见（德）利普斯《事物的起源》，李敏译，陕西师范大学出版社 2008 年版，第 22 页。

③ 参见童恩正、冷建《西藏昌都卡若新石器时代遗址的发掘及有关问题》，载《民族研究》1983 年第 1 期。

定作为上层建筑的丧葬习俗的反映。从宗教信仰来看，早期的农耕方式简单，人们基本靠天吃饭，因此也形成了崇天的观念。《韩诗外传》中就有“人死……精气归于天，肉归于土”的说法，人死土葬是农业民族对生生不息的生命创始之认识。

（4）树葬。树葬，又称“风葬”，系指以棺木盛尸，或用柳条、树皮将尸体包裹起来，选择宜于搭架的树做桩，架棺或尸体于树上，任雨打日晒，使尸体自然腐烂。[①] 从检索到的历史文献来看，我国实行树葬的地区多集中于东北大小兴安岭。例如，《隋书·室韦传》载：“父母死，男女聚哭三年，尸则置于林树之上。”室韦出自鲜卑，他们是当今我国的鄂温克、鄂伦春和赫哲族等满—通古斯语族的祖先，故中华人民共和国成立后这一葬俗在上述民族仍有大规模发现。[②] 金沙江峡谷的树葬集中在三岩以下的地方，由北至南呈现递减的状况，我们结合考古学所提出的“东起大兴安岭南段，沿蒙古草原至河湟地区，再折向南方，沿青藏高原东部直抵滇西北”[③] 的半月形文化传播带，不能排除金沙江峡谷的树葬与吐谷浑有关，因为金沙江峡谷发现树葬的地区一度被出自鲜卑系统的吐谷浑占有。与树葬类似，金沙江峡谷还出现过一种地架葬。《友会丛谈》卷三在谈到羌人恋人殉情而死，“用缯彩都包其身外，裹之以毡，椎牛设祭，乃条其革，密加缠束，然后择峻岭架木高丈余，呼为女栅，迁尸于上，云飞升天也”。很明显，这种葬式是树葬的变形。

树葬只是“亚洲北部一些游猎民族常采用的一种丧葬形式”[④]。因此，其起源与游猎经济有密切关系。《北史·契丹传》就明确记载：“父母死……但以其尸置于山树上……因酹酒而祝曰：‘……我若射猎时，使我多得猪鹿。’”游猎经济与游牧经济不同。就地域来说，游牧经济的边界更广，而游猎经济基本限定在一片森林区域内，于是，这片森林就成为游猎民族的衣食之源与栖身之所，人们对树的崇拜自然而然就产生了。《礼记·祭法》载：“山林川谷丘陵，能出云，为风雨，见怪物，皆曰神。”在这里，山林川谷之所以被崇拜，是由于他们能呼风唤雨、吞云吐雾，具备超常的本领，也就是因为这些物体后面有一种灵性。另外，树葬也受萨满信仰里天神崇拜的影响，人们认为将死者置于树上受日月照射，亡灵会变成天上的星辰，为后人带来希望和光明。[⑤]

（5）火葬。金沙江峡谷地区最早的火葬是由羌胡等民族传入的。有关羌

---

① 参见郑传寅、张建《中国民俗词典》，湖北辞书出版社 1985 年版，第 422 页。

② 参见夏之乾《从树葬看树居》，载《民族研究》1983 年第 4 期。

③ 童恩正：《试论我国从东北至西南的边地半月形文化传播带》，见《南方文明》，重庆出版社 1998 年版，第 558 ～ 603 页。

④ 《辞海》（中册）“树葬”条，上海辞书出版社 1979 年版，第 2985 页。

⑤ 参见郑传寅、张建《中国民俗词典》，湖北辞书出版社 1985 年版，第 422 页。

族风行火葬的习俗在许多汉文献中皆可发现，《后汉书·西南夷传》提及汶山郡的羌民时说“死则烧其尸”。《北史·突厥传》在记载胡人的丧葬习俗时说：“择日取亡者所乘马，及经服用之物，并尸俱焚之。”羌胡实行火葬的原因首先与游牧的生计方式有关，他们“所居无常，依随水草。地少五谷，以产牧为业”①，对土地的依赖性没有农业民族强，死后入土为安的思想也没有农业民族突出。由于长期迁徙，过着游居的生活，对亲人的尸体弃之不忍、携之不能，火葬有效地解决了这方面的问题，很自然就成为游牧民族处理尸体的首选。此论点可以从南方其他民族那里找到有力的旁证。例如，广西大瑶山的瑶族在清朝年间也曾实行过火葬，清朝嘉庆年间的《广西通志》对此曾有记载：“性好迁徙，家无盖藏。人死则焚其骸，收尽置瓮中藏之，谓之火葬。”这段话直接点明了瑶族的火葬是为了方便携骨。而在信仰观念上，对火的崇拜，即是对天空日月星辰的崇拜，从根本上说，即是对天神的崇拜。

以上事实表明，虽然在萨满信仰里面的天神崇拜思想突出，但由于人们的生计模式不同，他们总会根据自身所处的生态环境选择不同的葬式：在半定居或者定居的农业时代，峡谷内的老百姓实行了岩洞葬、石棺葬与土葬等葬式，这些葬式的目的在于保存尸体，让命魂有好的着落；同时，大量羊骨充当随葬品，引导亡灵通往彼岸世界，让这些亡灵在地界安乐生活。

居住在森林地区以狩猎采集为主要生计模式的人们实行树葬。在尸体的安置方面，树葬主要有“鸟巢式、树架式、树屋式和地架式”② 四种。从这四种安葬尸体的方式来看，一方面是为了保存死者的尸体，实际上是为了更好地安置命魂，让命魂在树上安息；另一方面，尸体在树上，靠近天，浮魂便可通过树梯登天，化为太阳、月亮和星星，永世保佑子孙。

对于长期过着游牧生活的人群来说，为了适应游动的生活实行了火葬。值得注意的是，在萨满信仰观念下实行的火葬与后来佛教信仰观念下实行的火葬有本质的区别：萨满信仰的火葬不以消灭尸骨为前提，相反，是为了适应游牧生活而采取的保存尸骨的一种方式。一方面，萨满信仰的火葬要捡骨灰，携带行走，因为命魂在骨骼里，保住骨灰就等于保护祖先的命魂不丢，《庄子》所谓的“羌人死，焚而扬其灰”便是这个道理；另一方面，通过火葬，浮魂沿着烟火顺利升天，这便是《墨子·节葬下》所载的“聚柴薪而焚之，熏上，谓之登遐”（“登遐”，即“升天之意”，指的是浮魂的升天）。

---

① （南朝·宋）范晔：《后汉书》卷 87，中华书局 1986 年版。

② 参见夏之乾《从树葬看树居》，载《民族研究》1983 年第 4 期。

三、死者北首：魂归祖地的表达

在金沙江峡谷普遍盛行萨满信仰的时代，峡谷内的羌胡民族的社会结构基本停留在氏族阶段。于是，这种基于民族集团建立起来的社会结构在死亡观念上的反映便是魂归祖地。

羌胡民族认为，一个人死后，其灵魂一定要回到祖先之处和祖先的亡灵在一起生活。这种现象今天还大量存在于那些源于循横断山脉南下的古羌人而发展起来的少数民族的风俗中。例如，在哈尼族的死亡观念中，人死后亡灵将回到祖先那里，“跟众祖先一道共同生产、生活和娱乐。因此，他们送葬时要将死者生前的一切生产、生活用品，诸如土罐、碗筷、烟锅、拐杖、蓑衣、篾帽，以及箩筐、镰刀、乐器等物，置于坟边为随葬品”①。

那么，对于金沙江峡谷的羌胡民族来说，祖先在哪里呢？事实上，由于这些民族大多有长途迁徙的经历，心中不免产生对故土的思念，因此他们就发展了祖先在故土的丧葬观念。对于这一点，我们可以参阅史料对吐谷浑的记载：

> 阿豺兼并氐、羌，地方数千里，号为强国。升西强山，观垫江源，问于群僚曰：“此水东流，更有何名？由何郡国入何水也？”其长史曾和曰：“此水经仇池，过晋寿，出宕渠始号垫江，至巴郡入江，度广陵入于海。”阿豺曰：“水尚知归，吾虽塞表小国，而独无所归乎！”②

史料的最后一句透露了阿豺内心的失落与感伤。他向群僚感叹道：连水都有归处，而我们这个塞外小国却不知最后归于何处。由此可知，阿豺的内心是十分矛盾的。它表明了这批鲜卑人的复杂心理——也许再也不可能往东返回辽东大兴安岭一带了。而事实也的确如此：吐谷浑东临西魏，南对梁朝，北靠柔然、高昌，唯独西南还没有出现统一的政治势力，因此吐谷浑的拓展空间只能向西南。落叶归根的观念一旦在人们的头脑中形成，就对送魂产生了一定的影响——人们把送魂的终点看成祖先曾经居住的地方，阴界与阳界在地理意义上出现了高度的吻合。

今天，西南地区许多藏缅语族的丧葬礼仪中都有送魂的习俗，人死以后在下葬前必须由本民族的祭师为他们一站一站地送魂。耐人寻味的是，所有的送魂路线都是由南往北送，而不是由北往南送，并且送魂的路线与真实的地名高

---

① 毛佑全、李斯博：《哈尼族》，民族出版社1989年版，第120页。

② （唐）李延寿：《北史》卷96，中华书局1974年版。

度一致。[①] 最明显的莫过于纳西族，在他们的送魂仪式中，“一般都要请东巴巫师来为死者‘开丧指路’，将死者送回祖先故地，一直送到木里无量河以北方向”[②]。

众所周知，氐羌、胡人等民族循横断山脉南下的时代也是一个创造神话的时代，其送魂路线即是他们由北往南迁徙的历史写照，也促使这些民族创造冥界在北方的观念信仰。诚如《楚辞·天问》所说：“天之西北，有幽冥无日之国。”在这里，“幽冥无日之国”指的是没有太阳的地方，即冥界。

值得一提的是，这里的冥界不等于鬼界。由于萨满发迹于“立君长，无相长一”[③] 的“均富”时代，阶级、贫富的对立没有那么明显，因此萨满信仰的“冥界”观念表现的是一种朴实的自然观。在萨满的冥界里面并没有等级之分和穷富之别，每个灵魂都能平等生活。换言之，冥界并不意味着那里只住着鬼，那里也住着神。

第三节　苯教时代的丧葬文化：生命复活

一、苯教信仰：多重灵魂的外寄

卫藏地区早期的原始宗教一般被称为“黑教”、“苯教”、“本教”或“苯波”，“苯”这个词含有“念念有词”之意。[④] 其特点表现为拥有神秘性的咒语。从藏族苯教的发展史来看，苯教的兴盛与王权密切相关。

由于苯教是基于阶级社会发展起来的宗教，并得到王权的支持，因此具备浓厚的等级意识。这一点在苯教的“宇宙观知识体系”中有明显的表现：苯教将世界分为天界、中空和下界，天界又可进一步分为7层，而下界分为3层或6层，每一层居住着等级不同的神，居住位置越高的神其统治的能力就越大。苯教的信仰体系里一般认为，天上住着的是赞神，是善良的，它们主管世间万物，保护人类；陆地上住的是年神，似善非善，喜怒无常，它既可以给人类带来厄运，也可以给人类带来幸福；而水中住的鲁神则是世间一切不幸的源泉。[⑤]

---

① 参见陈东《西南民族中的“送魂”习俗研究》（硕士学位论文），四川大学历史系2005年。
② 王文光、薛群慧、田婉婷：《云南的民族与民族文化》，云南教育出版社2000年版，第168页。
③ （南朝·宋）范晔：《后汉书》卷87，中华书局1986年版。
④ 参见霍夫曼《西藏的本教》，李翼诚译，载《西藏研究》1986年第3期。
⑤ 参见丹珠昂奔《藏族神灵论》，中国社会科学出版社1990年版，第6～15页。

苯教的灵魂观念也是有等级的，“灵魂”这个词在藏语中用“喇”（bla）来表示。在苯教看来，“喇”是最根本的生命体，它决定人的元气和寿命。因此，若想伤害一个人，就必须要伤害它的“喇”，只有“喇”死亡了，人才会死亡。在这种信仰观念的支撑下，人们为了保护自己的生命，就发展出了“灵魂外寄”的思想：人们可以通过巫术手段使灵魂出窍，离开人的身体，到一个安全的地方寄存，这样就能够确保生命的安全；只要寄存灵魂的物体不被敌人发现，那么身体任由敌人怎么伤害都没事。在藏族民间的长篇史集《格萨尔王传》里面就提到了魂命牛、魂命鱼、魂命鸟、魂命蜂、魂命马、魂命虎等，在发生战争的时候，双方都将各自的灵魂寄存在这些物体上，以使自己有金刚不坏之身。双方在打斗时并不急于攻击对方的肉体，而是想尽一切办法找到对方灵魂所寄之处，先将这些物体毁坏，杀死灵魂，然后才攻击对方。[①]但是，要想杀死灵魂并不容易，因为人的灵魂不是只有一个，而是有很多个，并且这些灵魂同时可以存放在几个不同的地方。《格萨尔王传》里面讲到格萨尔王与北方魔国的鲁赞王打斗时发现魔王的灵魂就有9个之多，分别存放在海洋、大树和野牛的身上，灵魂的威力无比强大，导致力大无穷的格萨尔王竟然搬不动魔王的脚，后来格萨尔王在天母的授意下一个个捣毁了他的寄魂物才彻底把他战败。[②] 这些观念反映了魂命物与个人的生命是彼此相连的，这便是外寄的灵魂控制人的生命体之明证。

在苯教信仰里面，不仅活着的人有灵魂，人死以后到另外一个世界生活也需要靠灵魂，但是人死以后的那些灵魂与活着的人的灵魂不相同，它们被称为bstan。bstan接近一种观念意识，一般认为它们是被杀死的“喇”变成的，它不能上天界，更不能下地界，只能在中空游荡，时间久了就会变成一种专门害人的精灵。所以，“灵魂在人活着的时候可以离开躯体远游，并能寄附在某种物体之上，但在人死亡之后，就变成了btsan，表明‘喇’已消亡，而以btsan的形式存在，是一种质的转化”[③]。

特别需要强调的是，苯教是基于王权社会发展起来的宗教信仰，在苯教发展的同时，吐蕃社会以生产力为基础而发展起来的阶级分化已经十分明显，人世间存在着巨大的贫富差距，这种现象也同时投射到人们观念中的阴间场所。所以，对于活人来说，并不是每个人都有“喇”的。一般来说，只有贵族阶层、奴隶主才有“喇”，广大的平民百姓根本就没有“喇”。

与灵魂观相联系的是苯教的死亡观。在这方面，法国学者石泰安、挪威学

---

① 参见王沂暖译《格萨尔王传：世界公桑之部》，甘肃人民出版社1983年版。

② 参见冯智《慈悲与纪念——雪域丧葬面面观》，青海人民出版社1998年版，第15页。

③ 谢继胜：《藏族萨满教的三界宇宙结构与灵魂观念的发展》，载《中国藏学》1988年第4期。

者克瓦尔耐在这方面的考证工作非常出色。他们对苯教主持的丧葬仪式存在大量动物祭祀的现象进行研究，并归纳出苯教的死亡观，藏族群众相信有两个死人的地界。一个是人和动物过连续不断的安乐、富足生活的地界，另一个是黑暗、苦难的地界。在人世周期结束时，那些曾在"安乐地界"生活的人们便要复活，重新在这一世界里生活。① 如果我们将这种观念与当时吐蕃的社会结构结合在一起考虑，不难得出一个结论，即苯教信仰之下的死亡世界事实上就是人们在观念上对吐蕃农奴制阶级社会现实的移植。

二 、苯教葬仪：生命复活的表达

苯教是一个十分重视丧葬的教派，有所谓"三百六十种送葬法"、"四丧门法"等等。② 解读有关文献关于苯教对尸体的处理方式，大致可以归纳出三点。

第一，苯教倡导保护尸体，并由此发展了一套比较成熟的防腐术。

> 羊同……其酋豪死，抉出其脑，实以珠玉，剖其藏，易以黄金，假造金鼻银齿，以人为殉，卜以吉辰，藏诸岩穴，他人莫知其处。③
>
> 苏毗……贵人死，剥取皮，以金屑和骨肉置于瓶内而埋之。经一年，又与其皮纳于铁器埋之。④
>
> 雅隆……大王止贡赞普之时，请来达瑟、阿豺的本波，他们用两杓黑石同肢解了的肉块和成一团，将死人皮从灰白色的魂之所依（指尸体）上裁割下来。⑤

可见，在苯教观念下，剖尸是处理尸体的核心，但苯教剖尸的目的并不是为了销毁尸体，而是出于保护尸体所进行的防腐工作。

第二，苯教倡导大葬，在下葬之前有很长的一段停柩时间。在敦煌出土的吐蕃历史文书 P. T. 1042 卷中有一个与尸体处理相关的词——mdad，即"大葬"的意思，在第 20 节乙（第 81 ～ 86 行）还讲述了这个动作所发生的时

---

① 参见（挪威）克瓦尔耐《苯教及其丧葬仪式》，褚俊杰译，载《西藏民族学院学报》1988 年第 1、2 期；（法）石泰安《敦煌吐蕃文书中有关苯教仪轨的故事》，见《国外藏学研究译文集》（第四辑），西藏人民出版社 1998 年版。

② 参见善慧法日《宗教流派镜史》（油印本），刘立千译，西北民族学院 1978 年本，第 185 ～ 191 页。

③ （北宋）王钦若等：《册府元龟》卷 961 "外臣部"，中州书画社 1985 年版。

④ （唐）李延寿：《北史》卷 97，中华书局 1974 年版。

⑤ 《五部遗教 · 国王遗教》，见褚俊杰《吐蕃本教丧葬仪轨研究（续）——敦煌古藏文写卷 P. T. 1042 解读》，载《中国藏学》1989 年第 4 期。

间——“大葬要在死后第三年进行”。[①]《隋书·附国传》说：“死家杀牛，亲属以猪酒相遗，共饮啖而瘗之。死后一年而大葬，其葬必集亲宾，杀马动至数十匹。”

第三，这些保护尸体的做法只限于贵族统治阶层。上述文献中谈到“酋豪”、“贵人”、“大王”、“赞普”等词就是明证。之所以这样，是因为苯教的产生与发展是依赖王权的，因此苯教在根本上是为统治阶级服务的。因此，我们在文献中看到的只是贵族阶层隆重的丧葬仪式，一般的平民阶层不在此列，因为这些人“没有灵魂”。

事实上，针对贵族统治阶层所做的尸体防腐、停柩大葬，其目的就是寄希望于死去的外寄的灵魂重新回到人的躯体内，这里的逻辑就是借尸还魂、灵魂复活的苯教死亡观。“这种早在聂尺赞普以前就已流传于西藏的苯教，名为‘附体本’，它是在原始宗教思想的基础上产生的，崇奉五界神、地方神、守舍神、战神、娘舅神等不同神祇，要杀奶牛、山绵羊、鹿等牲畜祭祀这些神，认为不但人死后可以转生为鬼神，神死后也会转生为人。”[②] 所以，在苯教的祭祀中经常伴有大量的还阳术，苯教的巫师一般要献各种各样的祭品给尸体，如酒、粮食、朱砂和黄金等。“御用辛和鞠本波在宝马等牲口上盖几层纸，此后到墓室去。其次序是：王家御用辛和两个供献本波共三个人领头，其后是彩结线，其后是内府乳品桶，其后是食物，其后是左右两边的供食袋，其后是（死者）塑像，其后是魂像，其后是尸像，其后是‘温洛’，到墓室后，由侍者依次致礼，然后供上酒碗，不能搞乱。”[③]

从敦煌出土的吐蕃历史文书记载来看，苯教的还阳术主要是通过追求“动物祭祀”与“人殉”的庞大场面来实现的。《旧唐书》在记录吐蕃赞普的丧葬仪式时曰“其赞普死，以人殉葬，衣服珍玩及所乘马弓箭之类，皆悉埋之”[④] 即是明证。至今，在西藏山南琼结地区发现的吐蕃名王松赞干布的陵墓里就葬有他征战时穿过的金盔甲，随葬品中还包括数十斤的珍珠珊瑚神像、纯金骑士和战马，显示了苯教所主导的送魂仪式之辉煌。

其实，这种动物祭祀与人殉制度在许多奴隶社会的丧葬仪式中都有所体现，比如中原夏商时期就存在严格的人殉制度。毫无疑问，从社会制度上看，

---

① 参见褚俊杰《吐蕃本教丧葬仪轨研究（续）——敦煌古藏文写卷 P. T. 1042 解读》，载《中国藏学》1989 年第 4 期。

② 东嘎·洛桑赤列：《论西藏政教合一制度》，郭冠忠、王玉平译，西藏人民出版社 2008 年版，第 22 页。

③ 褚俊杰：《吐蕃本教丧葬仪轨研究——敦煌古藏文写卷 P. T. 1042 解读》，载《中国藏学》1989 年第 3 期。

④ （后晋）刘昫：《旧唐书》卷 196，中华书局 1975 年版。

这是苯教与王权相结合统治吐蕃社会的现实反映：当时的吐蕃是一个农奴社会，奴隶没有人身自由，形同动物一般，仅仅是贵族阶级的财产，因此在贵族的丧葬仪式中，他们将这些财产作为随葬品，反映了现实的财产私有观念。当该葬式披上苯教“生命复活”的外衣以后，这种观念就得到进一步强化。敦煌出土的一份吐蕃历史文书 P. T. 113 中所载的“遮庇羊玛尔瓦，你是没有父亲的人的父亲，你是没有母亲的人的母亲，给一口草吃，使死人复活，给一口水喝，使赎回（人的灵魂）”① 就是这种死亡观的表现。

由于苯教“灵魂复活”的观念非常普遍，其指导下的丧葬仪式就是围绕灵魂复活而展开的。由此不难理解，贵族阶层的丧葬仪式中体现了保护尸体的特点，即对尸体进行防腐处理，然后掩埋——因为这些人在人世结束的时候都会“复活”。然而，对于广大的平民奴隶阶层来说，由于他们没有灵魂，就不存在“复活”之说，于是他们的丧葬体现的就是销毁尸体的特征，即把尸体扔到野山沟或者江河中。

三、等级观念：苯教对峡谷丧葬的影响

（一）苯教传入金沙江峡谷

由于苯教信仰在吐蕃军民的观念中根深蒂固，《旧唐书》在记载唐肃宗至德元年的唐蕃会盟时说：“将诣光宅寺为盟寺，使者云：‘蕃法盟誓，取三牲血歃之，无向佛寺。’明日复于鸿胪寺歃血，以申蕃戎之礼。从之。”② 唐蕃会盟发生的年代是公元 787 年，而此时佛教早已经在吐蕃腹地流传开了，然而吐蕃与唐朝结盟时仍然使用传统的苯教仪式，可见苯教在传统吐蕃社会中的影响是很强大的。

苯教的作用还体现在军事中，事实上，吐蕃在东扩过程中就非常重视对苯教的利用。在军队的机构设置中，“每千户有一个大的苯教巫师，称‘拉本波’”，每一个战斗小组有一个小巫师，称‘拉巴’，即苯教中祝神之巫师。这两种巫师的分工是很明确的。‘拉本波’的任务是主持各种隆重的敬神仪式，‘拉巴’的任务是随时请神帮助战胜敌人”③。据有关史书记载，自松赞干布时代起，吐蕃王朝曾先后数次派遣卫藏的士兵数十万人，驻守在武都、南坪、松潘及嘉绒一带，这些士兵大多信奉苯教。公元 7 世纪以后，大批信奉苯教的卫

---

① 褚俊杰：《吐蕃本教丧葬仪轨研究（续）——敦煌古藏文写卷 P. T. 1042 解读》，载《中国藏学》1989 年第 4 期。

② （后晋）刘昫：《旧唐书》卷 196，中华书局 1975 年版。

③ 格勒：《藏族本教的巫师及其巫术活动》，载《中山大学学报》1984 年第 2 期。

藏士兵进入武都、平武及嘉绒地区。吐蕃当时派驻各地的士兵中，每一部分都随附苯教巫师，苯教就这样传入了阿坝藏区。[①] 所以，苯教向金沙江峡谷传播的途径之一与吐蕃的军事扩张有关。

苯教传入金沙江峡谷的另一种方式源于公元 8 世纪赤松德赞的“扬佛灭苯”事件。当时，赤松德赞支持佛教，对苯教徒大下杀手，大批苯教徒向东逃亡。在这一过程中，一些苯教徒东越金沙江峡谷，一些人则沿金沙江峡谷南下，将多部经书带至峡谷中，并以此为据点传播教义。

笔者在德钦的羊拉乡进行田野调查期间，就多次听当地的老年人说，他们的祖先在某个隐秘的山洞中发现伏藏经书。在羊拉乡南部的茂顶村，佛教信仰氛围相对浓厚。笔者在这个村庄中发现相当多与佛教有关的摩崖石刻。例如，在茂顶丹达河两岸海拔 2 536 米的石崖壁上，约 1 000 平方米大的面积就密密麻麻地刻满了“六字真言”和无数的藏文经咒。在距离丹达河 500 米处的一座山的石崖上还发现了两尊佛像。其中一尊是 90 厘米 ×100 厘米的释迦牟尼的石刻像，另一尊是 90 厘米 ×110 厘米的长寿佛像，两尊像是刻在石崖上的，造型精美。据当地人说，这些雕刻年代久远，是当时逃难而来的佛教徒悄悄刻的。阿坝县桌登活佛兰卡旦珍在《阿坝地区苯教传入历史》一文中指出：“阿坝地方的苯教是按西藏—康藏—大渡河—广法寺这条路线沿江上传，从大小金川传播到让塘、马尔康、阿坝草原各地的。[②] 这条路线实际上也就是苯教沿金沙江峡谷传播的路线。

（二）苯教信仰对峡谷丧葬文化的改造

学术界普遍认为，苯教是从萨满教阶层中发展起来的。[③]“从性质、作用、宇宙观、崇拜、仪式、占卜、服饰、法器诸方面，对西藏地区的本教同萨满教做了一些比较。由此，可以清楚地看到本教在很多方面同萨满教有所重合。本教可以说确是萨满教在西藏地区的表现形式……本波，显然是古代藏族的萨满。”[④] 正因为如此，苯教传入金沙江峡谷以后，很快取代了原来的萨满信仰，苯教的等级观念也全面渗透到峡谷内的葬式与丧俗当中，引发峡谷丧葬文化的变革。

---

① 参见阿旺《阿坝藏区钵佛二教考略》，载《西藏民族学院学报》1983 年第 4 期。

② 转引自杨明《四川藏族地区的本波教》，见《藏学研究论丛》（第二辑），西藏人民出版社 1990 年版。

③ 参见（奥）勒内·德·贝内斯基·沃杰科维茨《西藏的神灵和鬼怪·导言》，谢继胜译，西藏人民出版社 1993 年版。

④ 常青霞：《论西藏本教的类属》，见《藏族史论文集》，四川民族出版社 1988 年版，第 198～199 页。

1. 数字对死亡有特别意义

苯教的等级观念被移入年龄里面，使峡谷内发展了一套依据年龄评判死亡的标准。人们对待年幼夭折者和年长死者的态度明显不同。文献上记载的“年八十以上死者，以为令终，亲戚不哭，少而死者，则云大枉，共悲哭之”①便是这种观念的真实写照。峡谷内也因此发展了针对这两个年龄段死亡的人而实行的不同葬式。譬如，一些地方对夭折的小孩实行树葬、水葬，对年老而死的实行居室葬。

由于年龄的计算涉及数字，因此，每个阿拉伯数字在苯教中所代表的文化内涵对于丧葬文化就显得非常重要。比如各地普遍在送葬的时候遵循“单数去，双数回”② 的习俗。在苯教看来，一些数字还具有神圣的意义，譬如13就是一个神圣的数字。苯教认为宇宙有13重天；在苯教的民简史诗中，格萨尔王也是在13岁那一年登基称王的。这些观念在峡谷内一直持续至今，目前峡谷内就有专门针对13岁逝世的人所实行的葬式。与此相反，9被视为一个不吉利的数字，人们相信人逢9会出现过不去的坎，9逢双更不好。例如，81岁死亡就被认为是一种很差的死亡，人们说这个岁数死亡的人会变成魔鬼。因此，在苯教氛围浓厚的三岩地区，81岁的老年人死亡是一种很差的死亡，这类尸体通常被安葬在潮湿阴冷、不见光日的一楼牛圈中。其埋葬方式非常特别：“先在牛圈里挖一个坑，要挖到九层土，相当于一口井的深度，捆缚死者的绳子要打九个结，尸体置于坑中时头向下，表示亡者在九层地狱下面永世不得翻身。安葬时，土坑内要象征性地放上九根独木梯，每向坑中填上一层厚土，就要放上一层荆棘。掩埋完毕，有时还要在地面铺一层荆棘，扣上一口铜锅，而铜的性质被认为比铁还要避邪。”③

受苯教死亡观与灵魂复活观的影响，峡谷内的各种葬式充斥着动物祭献和人殉等场面，甚至火葬也不例外。火葬原本是游牧民族羌胡的传统风俗，在原始萨满时代，火葬不分贵贱，但是他们在南迁的过程中不断与别的民族发生冲突，以尚武求生，养成了“强则分种为酋豪，弱则为人附落，更相抄暴，以力为雄；杀人偿死，无他禁令；以战死为吉利，病终为不祥”④ 的民族性格。一旦战死沙场，酋豪若按传统的方式实现火葬，也需要大量的动物或人陪葬。

---

① （唐）李延寿：《北史》卷96。关于白狼与党项的关系，一般认为党项羌可能最早是白狼这一大部落的联盟的一部分，故风俗相同。（参见陈英庆《西夏与藏族的历史、文化、宗教关系试探》，见《藏学研究论丛》（5），西藏人民出版社1993年版，第9页。）

② 送葬队伍的人数是单数，这时把死者算在里面，待葬了死者以后，回来的人数则刚好变成双数。

③ 坚赞才旦：《再论三岩藏族的居室葬》，载《中国农业大学学报》2010年第4期。

④ （南朝·宋）范晔：《后汉书》卷87，中华书局1986年版。

《青史》中说的“往昔扣香地方有人死后亡者尸体同殉葬活人六七人尸起火焚之规”就是明证。这种做法无形中把不分贵贱的火葬抬到了一种“光荣”的层面上，这些观念在今天的峡谷内仍有保留。例如，金沙江峡谷三岩地区的某些村落，当地人认为年轻人意外死亡是一种不好的死亡，不能实行火葬，但是，如果是为了“帕措”的利益斗殴而死亡的人则可实行火葬。

2. 土葬为贵、水葬为贱

苯教传入峡谷以后，峡谷内的各种葬式被镶上了等级的色彩，不同的葬式有了高下之分。其中有两点表现得非常明显：土葬取代石棺葬、岩洞葬成为峡谷内一种高级的葬式；与此相反，水葬则成为峡谷内一种低下的葬式。

（1）土葬的流行与石棺葬的消失。由于吐蕃是一个发迹于西藏山南雅隆河谷地区的政权，气候适宜发展农业，而农业民族在丧葬方式上一早就实施了土葬。当苯教发展起来以后，土葬又受到苯教前所未有的推动，逐渐受到上层贵族的青睐。《白史》说：“略谓墓内分九格，中央亦置赞普之尸体，以金涂饰，实以财物。令所有内臣守护其坟。彼及眷属，皆佩戴亡者标志。不准与王嗣生者相值。若有牛羊跑近周边，被彼所捉，亦系以死者标志，不更还其主。每年祠祭时，先鸣号声，同时彼等即当逃亡深谷隐蔽。及赞普等祠祭完毕，去后，方还间，收集其祭品而享用之。”①

随着吐蕃东扩占领金沙江峡谷，土葬逐渐成为峡谷内流行的葬式，吐蕃统治阶级将这种“高贵”的葬式植入羌胡“以战死为吉利”② 的信仰当中，为那些战死沙场的士兵大兴陵墓，以此作为对他们攻打唐朝的奖励。《新唐书·吐蕃传》在记载那些受吐蕃王室嘉奖的军人之坟时道：“山多柏，坡皆丘墓，旁作屋，赭涂之，绘白虎，皆虏贵人有战功者，生衣其皮，死以旌勇，殉死者瘗其旁。”③ 可见，这些坟墓的气势是十分庞大的。这种观念的持续发展对金沙江峡谷的石棺葬产生了深远的影响。

如前所述，石棺葬由西北氐羌系统传入金沙江峡谷，传入以后成为峡谷地区人们共同使用的基因库。比如，“两汉时期本地区石棺葬文化中加入了大量的北方游牧民族的文化因素，特别是金面具、青铜牌饰和青铜鹿、羊的发现”④。这表明由白狼、盘木带来的石棺葬文化很明显被北方游牧民族借鉴了，或者是白狼、盘木借鉴了北方游牧民族的文化。石棺葬的起止年代是“春秋

① 根敦群培：《白史》（译本），法尊大师译，西北民族学院研究室编印，第32页。
② （南朝·宋）范晔：《后汉书》卷87，中华书局1986年版。
③ （北宋）欧阳修、宋祁：《新唐书》卷141，中华书局1985年版。
④ 陈卫东：《2005年度康巴地区考古调查报告》，载《四川文物》2005年第6期。

战国一直到两汉晚期"①，这个下限大体相当于吐蕃控制金沙江峡谷的时间②。所以，有理由相信，土葬的兴盛是导致石棺葬最终消失的原因。理由不外乎两点：首先，从观念上看，土葬当时是一种高贵的葬式，在吐蕃贵族中流行，当这种葬式被吐蕃统治者推行时，它受大批民众效仿是很自然的。其次，从实现条件上看，如果实行石棺葬，要费很大的力气去寻找石头，并且还要制作石板，而实行土葬只需要挖穴即可，明显比石棺葬方便。综合这两种因素，随着吐蕃占领金沙江峡谷，被"蕃化"的民众弃石棺葬而接受土葬是顺理成章的事。

（2）惩罚性的水葬在峡谷兴起。与土葬成为高级的葬式相对应，水葬则成为一种低下的葬式。事实上，藏族的水葬自出现以来就已经呈现两极分化的状况，这种分化与人们所处的不同经济文化类型相关。考古人员在挖掘藏东昌都卡若遗址时发现了一个有趣的现象，这个遗址地处有丰富鱼类资源的澜沧江流域，但是并没有任何鱼骨或者捕鱼工具出土。与此相反，地处藏南雅隆河谷的曲贡文化是农业经济类型，那里却出土了大量鱼骨和鱼刺。所以，藏族部分祖先吃鱼或不吃鱼的分化在远古时代就已经出现了。③《贤者喜宴》记载的一则传说很能说明这一点。据说吐蕃的赞普赤年松赞曾从达布地区迎娶一位妃子，但那位妃子却因为吃不到鱼而变丑，赤年松赞知晓此事后派人到达布取鱼给这位妃子吃，她立即恢复了美丽的容貌，但赤年松赞吃了以后却立即染上了疾病。④ 这个故事表明了吐蕃王室有不吃鱼的传统，而这种传统很明显与苯教信仰有关。这是因为苯教认为水里住着龙神，而龙神是人世间灾难的来源之一。

这从侧面说明了两个族群对水葬持有的不同态度：前者将水葬视为一种正常的葬式；后者却将水葬视为一种低贱的葬式，专用于葬那些患传染病的人。从《贤者喜宴》的记载来看，吐蕃王室很明显属于后者。这种观念在苯教受世俗王权支持以后得到进一步加强。换句话说，苯教是不支持水葬的，它把水葬当作一种惩罚政敌的手段，这一史事在敦煌出土的吐蕃历史文书 P. T. 1287《赞普传记》中有明确记载："止贡赞普亦于彼时遇害，尸骸置于有盖能启的

---

① 童恩正：《近年来中国西南民族地区战国秦汉时代的考古发现及其研究》，载《考古学报》1980 年第 4 期。

② 参见（北宋）欧阳修、宋祁《新唐书》卷 141，中华书局 1985 年版。公元 634 年，松赞干布因怒吐谷浑离间其与唐之关系，致使唐朝不允和亲之请，出兵击吐谷浑，吐谷浑不支，走青海之北。吐谷浑地理位置在金沙江之东北，因此，吐蕃控制金沙江峡谷一带的时间最晚不会超过 634 年。

③ 参见石硕《西藏文明东向发展史》，四川人民出版社 1994 年版，第 32 页。

④ 参见巴卧·祖拉陈哇《〈贤者喜宴〉摘译》，黄颖译，载《西藏民族学院学报》1980 年第 4 期。

铜匣之中，抛于藏布大江之中央。”[①] 众所周知，止贡赞普遇害，就是因为他支持了一种与苯教为敌的宗教。[②] 当苯教传入金沙江峡谷以后，这一观念得到了强化，并在一些地区特别是在苯教遗风浓厚的牧业区延续至今。

简而言之，8 世纪以后，金沙江峡谷在地缘上已经和吐蕃腹地连成一片，不断接受来自吐蕃腹地的文化余波。在吐蕃统治金沙江峡谷以后，峡谷内的鲜卑、羌胡等族系先后实现了“蕃化”，无论在生活方式还是在文化信仰方面都与吐蕃腹地一致。从 8 世纪起，峡谷内的原始萨满信仰让位于苯教，苯教迅速在峡谷壮大起来，其在峡谷内的统治地位长达 4 个世纪，一直持续到 12 世纪藏传佛教的后弘期。

---

① 转引自陈践、王尧《敦煌本吐蕃历史文书》，民族出版社 1992 年版，第 157 页。

② 参见孙林《西藏传说时代的“绝地天通”事件与苯教的制度化》，载《西藏民族学院学报》2007 年第 6 期。

第三章　天葬文化模式：弥漫着等级色彩的轮回

第一节　青海巴塘乡：一个高原牧业区

笔者从海拔2 295米的青海省省会西宁出发，沿214国道北线一路西行，7小时以后翻越海拔4 499米的鄂拉山，10小时以后再穿越海拔5 200米的巴颜喀拉山，再往西继续行驶5小时以后就来到了青海、四川与西藏交界地带——玉树县。

玉树，藏语发音系“王朝遗址”之意，在当地老百姓口口相传的民间说法里面，此地即为格萨尔王王妃珠姆诞生的地方。近年来，考古人员在通天河两岸挖掘出7处旧石器时代的文化遗址，以无可争辩的事实证明了玉树史前时代就有人类活动。[①] 西周末年，古羌人迫秦兵之威，从更北的青海湖南迁至玉树，他们随后在通天河创造了闻名的多弥国与苏毗国。[②] 多弥国盛产黄金，故《新唐书·西域传》曰“多弥……号难磨，滨犁牛河，土多黄金”；苏毗国是基于母系建立起来的国家，拥有与众不同的女儿文化，故《新唐书·苏毗传》说“女王之夫，号曰金聚，不知政事”。8世纪前后，多弥与苏毗先后被吐蕃吞并，居民全部实现蕃化。

吐蕃王朝崩溃后，玉树进入封建势力割据时代，直到元朝统一全国，玉树才重归中央王朝的统治。1911年，武昌事起，清帝退位，军阀割据再现，甘

---

① 参见《青海省志·文物志》编纂委员会编《青海省志·文物志》，青海人民出版社2001年版，第59页。

② 参见《玉树藏族自治州概况》编写组《玉树藏族自治州概况》，民族出版社2008年版，第28页。

川两省为了争夺玉树地区管辖权不惜兵戎相见①，玉树再次引起了政府的重视。民国十八年（1929 年）青海建省，国民政府设玉树县，从此，玉树县的名字沿用至今。

一、高寒的巴塘高原

本书的第一个田野点是位于玉树县的巴塘乡，巴塘乡紧靠玉树县政府所在地结古镇，两地政府距离仅 40 公里，驱车半小时左右便可到达。

图 3－1 为青海玉树县巴塘乡的地理位置。

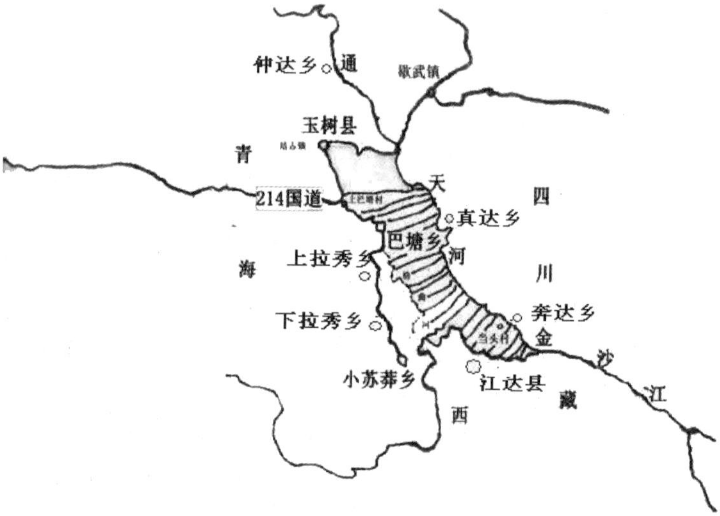

图 3－1　青海玉树县巴塘乡的地理位置

就地理位置而言，巴塘乡位于金沙江西岸，其东面与四川省石渠县的真达乡、奔达乡隔金沙江相望，东南面与西藏昌都的江达县接壤，西面接壤的则是玉树县的小苏莽乡、下拉秀乡与上拉秀乡。据 2010 年乡政府的统计数据，全乡面积 2 108 平方公里，辖上巴塘、铁力角、下巴塘、相古、岔来、当头、老叶 7 个牧委会，全乡共有牧民 2 585 户 9 092 人，几乎全部属于藏族。

上溯更早的历史，巴塘乡一带曾属扎武族的游牧之地。据民国学者周希武的调查，扎武部落的游牧边界如下：

---

① 1913 年，川边经略史尹昌衡奉命进军西藏，路过玉树时向北洋政府报告“隆庆二十五族属外化之民，愿归川管”，中央政府不知隆庆即为玉树，遂做出“隆庆归四川，玉树归甘肃”的答复，引发川甘两省为争夺玉树管辖权大动干戈。

东以朝午拉山与川边邓科县为界，南与川边同普县为界，西与苏尔莽、拉休、迭达为界，北以通天河与迭达及加迭格桑咱（扎）曲河流域诸族为界。[1]

按照这个范围[2]，今天巴塘乡的东面地界与扎武部落游牧的东边地界基本一致。很显然，东面的金沙江成为部落与部落的天然分界线，西面与南面地界也与扎武部落大致相同；但是，巴塘乡的北面很明显比扎武部落游牧的北界要小得多，历史上的扎武部落北面游牧之地不仅包括结古、仲达，甚至一度到达称多县的歇武镇等地。

就地形走势而言，巴塘乡东临川西山地，南接横断山脉北段，西近高原主体，北靠通天河。整个乡的地势由北往南倾斜：最高处为上巴塘（海拔4 500米），最低处是金沙江入口的当头村（海拔高度为3 350米），整个乡平均海拔4 000米。境内的大多数高山皆属北部昆仑山脉向南的延伸，其中属唐古拉山脉系列的高山一路南沿，入四川邓科，折南为云岭山脉。这一系列的山脉海拔都在5 000米以上，山顶终年积雪。这种地理环境造就了巴塘典型的湿冷高原气候。笔者在田野调查期间感受到的是，此地气候昼夜温差大，中午感觉闷热，晚上盖棉被还觉得寒冷，似有“一日过两季”之感。在当地人的观念中，无春夏秋冬之分，只有暖季与冷季之别。暖季大约是从每年的3月到10月，而冷季指的是每年的10月到翌年的2月。冷季的平均气温在－5℃以下，而暖季的平均气温则为14℃左右，年平均气温为2.9℃。[3]

湿冷高原气候极大地制约着巴塘乡村民的生产，巴塘乡的藏族群众就是根据他们暖季与冷季的循环交替不断调整自身的生产和生活的，他们注定选择一种与金沙江其他河谷地区完全不同的生计模式。

二、以牧业为主的生计模式

巴塘乡靠近通天河的地区有小块土地可以农耕，但是这里的藏族群众对农耕并没有表现出太大的兴趣。笔者在田野调查期间，发现大量农田被丢弃。在报道人看来，巴塘乡藏族群众历来就不会种田。翻阅文献，民国年间关于玉树方面的许多调查报告证明了报道人所言非虚。例如，黎小苏在《青海之经济

---

① 周希武：《玉树调查记》，吴均校释，青海人民出版社1986年版，第26页。

② 引文中所指的朝午拉山即今天的唐古拉山，四川邓科县已经改为邓科乡，同普县即今天西藏江达县的同普乡，苏尔莽就是今天玉树的小苏莽乡，拉休即今天的上拉秀乡与下拉秀乡，迭达即玉树仲达乡。

③ 参见《玉树藏族自治州概况》编写组《玉树藏族自治州概况》，民族出版社2008年版，第8～11页。

概况》一文中叙述巴塘乡一带的经济时就写道：

> 扎武三族种收田禾……收获只按次序，不论生熟。如自东而西收获，虽东方尚青，西方早熟，亦须先东后西。犁田时以横木缚于两牛之角，中用长木引犁，只知用角力，而不知用肩力。至耕种地段，因土旷人稀，务农者少，故随意耕种，各不相连，亦不方整，且岁易其处，甚至一易再易。间用马粪为肥料，永不锄草。①

巴塘境内虽无原始森林，但是有成片的牧场，这些牧场是牧民们理想的天然放牧场地。目前，对巴塘乡的藏族人来说，游牧是他们主要的生产方式，饲养的品种主要有牦牛、马、藏系绵羊和山羊等，其中牦牛最多。其实，“巴塘”一词在当地藏语的发音中就是“牦牛头”的意思，因此巴塘人在长期与牛为伴的生活中形成了浓厚的“牦牛情结”。

在牧民的眼里，牦牛一身都是宝，如牦牛的毛是牧民用来制绳的重要原料。普遍情况下，每头成年的牦牛一年可生产2斤重的毛，用牦牛毛编织的绳耐用、结实，可做渡通天河用的溜索。牦牛皮则是藏族人制作各种腰带、藏靴的原料。藏族人平常住的帐篷也是用牦牛皮制成的，他们将晒干的几张牦牛皮缝在一起就可以制作一张精美的篷布；用牦牛皮搭建的帐篷美观而且耐用，遮风避雨一点也不逊于楼房，这些篷布可用15年之久。牦牛粪是人们日常生活中最重要的燃料。藏族人经常清晨就提着篮子出发，把捡到的牛粪带回来放到自家院子里晒干。笔者在田野调查中亲眼目睹，有些家庭院子里堆满了晒干的牛粪，竟达10米之高。每年年底，每个家庭都会杀一头300公斤重的牦牛，可供一个家庭一年摄取肉食的需求。牦牛骨与牦牛头还具有“避邪”的功能，人们把它们放在自家的屋顶上，像圣物一般加以朝拜，据说这样可以保佑家人一年四季免受鬼的伤害。

羊是巴塘乡藏族人饲养的第二大品种。巴塘乡的羊系藏系粗毛羊，胎角长、尾短，善爬山远牧，耐粗放。与牦牛的用途基本差不多，藏系绵羊不仅为牧民提供一定的蛋白质营养，羊皮与羊毛也是牧民用来编织各种口袋的材料，每只羊平均产毛2斤。除了藏系绵羊以外，还有山羊，母山羊日产奶半斤多，一生可产6只小羊羔。

马是巴塘乡男人们的最爱。过去人们出门多靠马，现在有摩托车了，但是摩托车仍然不能代替马。巴塘乡的民间谚语说，一个男子汉可以没有女人，但是绝对不能没有马和枪。因此，马在某种意义上是成熟男性的象征。巴塘的马

① 黎小苏：《青海之经济概况》，载《新亚细亚》1934年第8卷第1期。

属小型马种，公马和母马一般都是从 4 岁开始配种，一生可产 6 头左右的小马。公马的寿命一般为 15 年，母马的寿命可达 20 年。由于马的体型比较小，所以能在沼泽、山路、乱石、呐滩以及羊肠小道上行步自如。

由于牧业是巴塘乡藏族群众的主要生计模式。因此，原来逐草而居的生活方式至今仍然在一定程度上有所保留。又由于暖季与寒季从根本上决定放牧的范围，所以巴塘乡的藏族群众主要采取半定居的放牧方式以适应季节的变化。

由表 3 - 1 可知，巴塘乡的暖季主要从 3 月份开始、9 月份结束，这是牧民外出放牧的黄金季节。但是，巴塘乡的牲畜数量比较大，而一个牧场可供牲畜吃的草毕竟是有限的，这就决定了牧民每隔一段时间就要轮换草场，跟着自家的牛羊过着逐水草而居的生活。通常情况下，每年 3—4 月，人们多在通天河一带的支流放牧，这也是一年中牲畜保膘和配种的时候；5 月份以后，人们就会赶着牛羊沿往高峰不断消退的雪线攀爬，每到一处草场，他们会停留一段时间，直到牛羊吃尽方圆几十里的草，然后再次搬迁；10 月开始到翌年的 2 月是冷季，这个季节不适合外出放牧，牧民们要把牛羊赶回家里圈养。

表 3 - 1　巴塘乡藏族群众年度经济生产活动安排

季节	月份	主要经济生产活动安排
暖季	3 月	外出放牧、拾牛粪、编牦牛绳、制作帐篷
	4 月	外出放牧、拾牛粪、给牲畜配种
	5 月	上山采集虫草与菌子
	6 月	上山采集虫草与菌子
	7 月	拾牛粪、挤奶、种植药材、举办赛马节、到城镇交换生活必需品
	8 月	外出放牧、拾牛粪、晒牛粪、收药材、挤奶
	9 月	外出放牧、拾牛粪、挤奶
冷季	10 月	割草、把牲畜领回家圈养、杀牦牛
	11 月	割草、准备给牲畜过冬、修房子
	12 月	割草、杀牛羊、准备过藏历年
	1 月	过藏历年、进行宗教祈祷法会
	2 月	耍坝子、到外面转经

巴塘乡的牧场存在界线，这就意味着每年3—9月的外出放牧并不是随意性的，牧民们只能在固定的范围内迁徙。而每迁徙一处，他们就会住在自己搭建的帐篷里面。帐篷由牦牛皮或者羊皮制成，他们称之为"般噶"。"般噶"的面积从十几平方米到60平方米皆有，根据人数而定制。虽然面积有大有小，但内部的结构基本是相同的：做饭的炉灶置于帐篷中央，灶的两边均有火塘，四周铺有羊毛毡片或者绒毯，平常家里来的客人都是坐在这些地方；进门的左角系倒牛粪处，日用的生产生活工具均放在这些地方，往前一点便是女主人的床铺；进门的右边拐角主要放衣服、牛鞍和马鞍，往前一点就是男主人的床铺；帐篷最里面堆放着皮袋、箱子，内装青稞、面粉、大米和茶叶等食品。除了"般噶"以外，巴塘人还建有永久性的房屋，他们称之为"贡噶"。但是，在一年中的暖季，巴塘乡的藏族群众还是习惯携带着小型帐篷外出放牧，这时候只有老年人与小孩待在"贡噶"里。只有冷季的时候，放牧的家人归来了，大家才聚在"贡噶"一起生活。因此，在暖季中，他们几乎没有任何宗教活动，除非家里出了大事，如家人生病、死亡等。而冷季则是宗教活动最集中的时候，也是各种庆典活动最集中的时候。在宗教方面，家家户户要转山、念经、拜佛。

与牧业生计方式伴随的是采集业。近年来，这项工作已经成为每个家庭补充收入的主要来源。巴塘乡广大的高山牧场上生长着许多冬虫夏草，数量位居全国之首。冬虫夏草有止血化咳、补脑益肾和调节人体免疫功能的功效，备受市场的青睐。在20世纪80年代国家统购统销时期，虫草的价格是1公斤20元；但近年来市场力量不断推动，虫草价格连年水涨船高，1公斤突破3万元的价格。由于利润可观，巴塘乡不管男女老少，只要是还能走路的，每年的5月份都要上山找虫草。由于学生太忙，当地一些中小学还专门设有"虫草假期"，让学生先上山找虫草，暑假再回校补课。藏族群众采集虫草也很有讲究，靠的就是一把小铁铲，找到虫草以后，小心翼翼地从虫草的根部往下刨，然后松土，再用两根手指捏起虫草子座的最底端，从下往上将虫草整个拔起来，接下来还要将翻松了的土回填。挖到的虫草要带回家风干，在6月底7月初的时候拿到结古镇的格萨尔广场附近去卖。那儿已经自发形成了一个虫草交易市场，来自全国各地的商人在那儿收购虫草，然后倒手转到北京、上海、广州等全国各大城市，价格一翻再翻。唐蕃古道重现了昔日贸易的辉煌。

第二节 白“含括”黑：天葬文化兴起

一、白教与花教传入玉树

公元7世纪，佛教由印度和尼泊尔传入吐蕃，但是在9世纪中叶遭到赞普朗达玛毁灭性的打击，佛教在青藏高原沉寂达200年之久。11世纪以后，佛教在吐蕃各封建势力的支持下卷土重来，进入西藏佛教史上所谓的“后弘期”。佛教在后弘期与前弘期所走的推广途径已经完全不相同，由于经历了“朗达玛灭佛”以后，佛教僧侣认识到前弘期那种纯粹的印度式佛教的教理已经不能够完全适应吐蕃社会的需求，于是他们对佛法进行重新解释。在此过程中，因对佛法的解释不同，佛教在青藏高原发展了许多不同的教派，萨迦派便是其中的一支。

萨迦派创立于1073年，“萨迦”在藏语的发音中是“白色的土地”。人们习惯上把萨迦派称为“花教”，这是因为这个教派寺院的墙壁上常涂有白、红、黑的三色花条。在萨迦派僧徒看来，白色的花条象征观音菩萨，红色的花条象征文殊菩萨，而黑色的花条象征金刚手菩萨。1260年元朝皇帝忽必烈封萨迦派大师八思巴为国师，自此，萨迦派走上了政教合一的道路。据历史记载，八思巴受封国师（后称“帝师”）后返回萨迦两次，3次途经今青海玉树地区。1264年，八思巴在偕其弟恰那多吉一起返回卫藏整饬吐蕃庶务时，抵达今玉树称多县称文乡的噶瓦隆地方，他们在那里举行有万余名僧信徒参加的盛大法会①，萨迦派正式传入玉树。1274年，八思巴路过玉树巴塘乡的东扎隆沟，在仁钦岭寺讲经说法，并赐给该寺跳布扎（即“跳神”）用的护法神面具以及传说中格萨尔王的大将贾察去世前献给萨迦寺的马嚼铁和马后鞍。② 这表明萨迦派已经深入巴塘乡。

在萨迦派向玉树扩散的同时，藏传佛教的另一个派别——噶举派也开始渗入玉树。噶举派创立于1121年，“噶举”一词在藏语中是“传承”之意，由于该派僧人在修习过程中穿着的僧裙中加有白色条纹，因而俗称“白教”。12世纪60年代，出生于青海玉树县结古镇西航村的高僧仁钦贝在西藏悟得噶举派教理，随即返回故乡传教，并在今玉树巴塘乡的卓玛邦杂创立了吉然寺，噶

① 参见蒲文成《青海佛教史》，青海人民出版社2001年版，第117～118页。
② 参见周生文、陈英庆《大元帝师八思巴在玉树的活动》，载《西藏研究》1990年第1期。

举派正式落足巴塘乡。随后，由于得到囊谦王的支持，噶举派在玉树地区势力不断发展壮大。

表3－2表明，白教寺院有4个，红教寺院有6个，黄教寺院有1个。据学者吴均的考证，这里的红教便是指藏传佛教萨迦派。[①] 此外，列表所记载的是扎武三族游牧地界的寺院，这个地界范围很明显比今天的巴塘乡要大得多。[②] 具体来说，在所列的11个寺院中，位于巴塘乡的寺院其实只有3个，即禅古寺、班庆寺和东果寺，它们皆属噶举派。表中所提到的拉午寺位于小苏莽乡东面约8公里处，也属噶举派。结古寺与汤陇寺属于萨迦派。前者位于结古镇中心，距巴塘乡约30公里；后者位于仲达乡，距巴塘乡约60公里。至于园登寺、东错寺、多勿寺、果拉寺与布隆寺都不在今天的巴塘乡。因此，巴塘乡的大小藏传佛教寺院实际上只有白教与花教寺院，并无黄教寺院。

表3－2　扎武部落驻地的藏传佛教寺院统计[③]

族　名	寺　名	教　派
扎武三族	结古寺	红
	禅古寺	白
	果拉寺	黄
	汤陇寺	红
	园登寺	红
	班庆寺	白
	东果寺	白
	东错寺	红
	拉午寺	白
	多勿寺	红
	布隆寺	红

事实上，当时的玉树巴塘地区信仰错综复杂，除了有新传入的藏传佛教萨迦派与噶举派以外，还有原来的苯教势力。这些宗教势力为了赢得更多的信徒，开始暗中较劲，排斥对方，而与宗教信仰密切相关的丧葬无疑成为三派势力打击对方以争取民心的手段。为此，巴塘乡拉开了丧葬文化大变革的序幕：

① 参见周希武《玉树调查记》，吴均校释，青海人民出版社1986年版，第84页。
② 参见本书第三章第一节“青海巴塘乡：一个高原牧业区”。
③ 转引自周希武《玉树调查记》，吴均校释，青海人民出版社1986年版，第77页。

一方面，同属佛教系统的萨迦派与噶举派联合起来抨击苯教的土葬；另一方面，萨迦派与噶举派大力推行印度佛教所倡导的野葬，并吸收苯教的手法，把印度佛教倡导的野葬改造为天葬与地葬，同时两种葬式又相互竞争。

二、佛苯之争：土葬衰落与野葬兴起

（一）土葬衰落

在佛教入主玉树之前，玉树地区流行的葬式如《北史》记载的那样，“苏毗……贵人死，剥取皮，以金屑和骨肉置于瓶内而埋之。经一年，又与其皮纳于铁器埋之”①。这里的“剥皮”实际上是一种防腐技术，其目的是为了日后的生命复活。而用“铁器”做棺材多少含有巫术的味道，但也说明了当时的主要生产工具集中在贵族阶层手中，被贵族阶层当成一种私有的财产，铁器稀少，因此成为贵族显示其社会地位的象征，可见这种土葬是在苯教的死亡观的支持下实行的。需要说明的是，从当时的气候条件来看，土葬挖穴的难度并不大，因为“从公元六世纪起到十二世纪，青藏高原是一个温暖的时期”②。这个温暖的年代恰恰是苯教统治玉树的年代，气候较现代温暖湿润，土地不存在大面积的冻土层。但是很快，土葬慢慢受到了排挤，最终被视为一种下等的葬式而被民众唾弃。

造成这样的结局主要基于以下两大原因。从宗教层面上看，当时，玉树地区的土葬主要由苯教推行，期间还伴随着大规模的杀牲和祭祀活动，浪费生活资源，受民众排斥。由于生产力的发展，人的价值已经越来越受重视，这就迫使统治者摒弃“人殉”的做法，也一同把支持“人殉”的苯教摒弃了，自然也把其推行的葬式一同丢弃，转而接受一种能够适应社会生产力发展的新型宗教，并将之推行到民间以稳固政权。这时，讲究业报轮回的佛教进来了，无疑，它们在丧葬仪式方面选择了对苯教教义所倡导的土葬进行抨击，因为那些“人殉”在佛教看来是有违天理的。③ 最关键的是，当时高原气候的变化成就了佛教对苯教的打击。众所周知，花教与白教入主玉树的时间大约是 12 世纪，此时玉树地区的气候被气象学上称为“现代小冰期”，气候寒冷，从冰川活动来看，也主要表现为以冰进为主。④ 大量的冰川从北部昆仑山一带往东南袭

---

① （唐）李延寿：《北史》卷 96，中华书局 1974 年版。

② 吴祥定、林振耀：《历史时期青藏高原气候变化特征的初步分析》，载《气象学报》1981 年第 1 期。

③ 参见张窗《西藏丧葬风俗的演变及其原因》，载《西藏研究》1986 年第 2 期。

④ 参见吴祥定、林振耀《历史时期青藏高原气候变化特征的初步分析》，载《气象学报》1981 年第 1 期。

来，而海拔与藏北属同一高度的玉树从而首当其冲。冰川气候导致出现大面积冻土层，增加了土葬挖穴的难度，从而缩小了土葬的空间。因此，如果说政治与宗教的原因使土葬演变成一种下等的葬式，那么地理气候无疑是导致土葬逐渐消失的根本原因。

（二）野葬兴起

花教与白教两个教派对佛法的见解虽不尽相同，但是它们的思想教义都来源于印度的佛教，这是它们得以联合起来对抗苯教的基础。花教与白教在抨击土葬的同时推行了野葬。

野葬，即将死者的尸体丢弃在荒野中让飞禽走兽啄食的一种葬式。这种葬式受佛教倡导，可以从《大唐西域记》对印度僧人死后葬法的记录中找到充足的证据。其曰："其仪有三：一曰火葬，积薪焚燎；二曰水葬，沉流漂散；三曰野葬，弃林饲兽。"然而，这里的问题在于，为什么花教与白教不推行火葬与水葬，而偏偏推行野葬呢？笔者认为，白教与花教并非事先在葬式方面达成了什么协定，这种偶然之中其实早已经存在必然。

从气候条件上看，当时高原无火葬的条件。白教与花教传入玉树的时间是藏传佛教后弘期，即公元12世纪，而玉树的气候在"十二世纪末以后……为数百年来最为寒冷的时段"①。这意味着高原的森林已经完全消退，能够提供火葬的木柴燃料寥寥无几。据《册府元龟》记载："自赤岭至逻些川，无树木，唯钵川三十里，缘山有栝树。逻些川三百里，有柳、栝树、酸栖等，皆蟠屈不条茂。"② 直到今天，巴塘乡一带的老百姓使用的燃料仍然是牛粪。牛粪的耐烧力是远远不及木材的。例如，把10升的冷水烧成温度为40℃的热水，只需要耗费约2.5千克的木材；但是如果使用牛粪做燃料的话，至少需要10千克以上。燃料的缺乏使火葬这一葬式无法在高原牧区大面积推广。同样的道理，被称为"现代小冰期"的气候同样不利于佛教大面积地推广水葬，因为冰川气候多发，大部分河流常年结冰，河水流速减缓，无法将尸体冲走。田野调查发现，只要冬天一到，玉树巴塘乡的温度会达到-20℃，结古河、通天河等河流多处都会结冰，河里的许多鱼蛙在冬天都会冻死。自然环境限制了以上两种葬式的发展，佛教只能推行第三种葬式，即野葬。野葬，又称林葬，是将死者的遗体直接曝置于野外让鸟兽虫鱼食用的丧葬方式。自印度佛教传入中国以来，野葬备受僧人的青睐。例如，汉地东晋时代的慧远僧人圆寂前便是

---

① 吴祥定、林振耀：《历史时期青藏高原气候变化特征的初步分析》，载《气象学报》1981年第1期。

② （北宋）王钦若等：《册府元龟》卷961"外臣部"，中州书画社1985年版。

“远以凡夫之情难割，乃制七日展哀，遗命使露骸松下”[1]。由此可见，佛教推行的野葬体现了以肉体“布施”天上地下的一切飞禽走兽以广结善缘的思想，这种观念主要来源于《尸陀林经》与《佛说要行舍身经》两部经书，均记载有尸毗王“易肉贸鸽”和 摩诃萨陲“舍身饲虎”的动人的故事。[2]

野葬在玉树受佛教推广主要有两个原因。从自然环境来看，高原地区有适宜野葬的生态条件。在玉树辽阔的牧场上分布有百余种鸟类，其中以鹰科的胡兀鹫、雀鹰居多，此外犬科动物如狼狗、沙狐、赤狐、豺等在草原上也多有分布，这些全是食肉动物，它们处于草原食物链较高的位置上，是野葬不可多得的助手。除了自然环境以外，社会因素也不容忽视。当时在玉树居住的是羌人，大量的平民本来就实行野葬而非火葬，原因在于“青藏高原三世纪末至五世纪亦以寒冷为主，都与大的冰进期吻合”[3]。在这个寒冷的历史时段，高原的森林已经退化甚至消失，当地已经没有足够的木柴让羌人长时间持续火葬。气候变冷导致森林消失、木材缺乏、火葬呈弱化趋势的时候，吐蕃东扩将玉树收入囊中，苯教开始在玉树兴起。吐蕃是一个等级森严的农奴社会，位列“国教”的苯教所操纵的一切丧葬仪式主要是为贵族统治阶层服务的，苯教推行土葬经常需要伴随着大规模的动物祭献仪式，消耗的生活资源数量相当惊人，广大的平民百姓自然消耗不起这些资源。另外，贵族统治者死后实施防腐术，实行土葬是为了灵魂复活，但是为王权阶级服务的苯教并不承认普通老百姓有灵魂，所以这些人死后只能抛尸荒野让虎豹豺狼收尸。佛教传入以后，倡导众生平等，为了笼络民心，势必照顾到广大平民阶层的葬式，因此极力推行野葬。

佛教倡导的野葬与当时玉树居民所实行的野葬虽然在形式上颇为相似，但实质不同。当时，玉树的平民百姓实行的野葬是在苯教否定他们的灵魂观念之下实施的，而佛教的野葬所体现的则是通过肉体“布施”以实现灵魂“轮回”的观念。无论如何，两种表面上相似的葬式已经发生合流，佛教又在这股合流中为实行野葬的人找回了已经“丢失”的灵魂，自然大受平民百姓的欢迎。于是，野葬开始披上了佛教的外衣大行其道。

---

① （唐）道宣：《大正藏》50 册，上海古籍出版社 1978 年版，第 361 页。

② 参见李海波《死亡学视野中的中国佛教死亡观研究》（博士学位论文），西北大学哲学系 2005 年。

③ 吴祥定、林振耀：《历史时期青藏高原气候变化特征的初步分析》，载《气象学报》1981 年第 1 期。

三、佛“含括”苯：天葬文化模式确立

苯教是一种土著宗教，在吐蕃发展了数千年，有深厚的民众基础。佛教作为一种外来的宗教，在青藏高原传播的过程中要想完全赢得民众的信赖就不得不考虑吸收一些苯教的教义，甚至吸收苯教的仪轨来发展自己。所谓后弘期青藏高原的“佛教肯定不再由宗教中心进行指导了，它遭到随心所欲的解释，僧众当局和宗教团体也不再对它行使控制权了。这种残余的佛教越来越脱离了正统的路线”①。

具体到丧葬而言，由于之前抛尸荒野的葬法已经被苯教斥为低贱的葬式，如果花教与白教不改变外形而只是从佛教的轮回观方面对野葬进行解释，则很难让民众接受佛教教义，因为人们接受任何一种新事物的过程都有一个渐进的过程。因此，花教与白教在推广印度佛教倡导的野葬时也根据实际情况进行了变通，从仪轨方面入手，吸纳苯教剖尸的做法（由于这种剖尸的做法在佛教传入之前仅用于贵族阶层，在当时的平民百姓看来，此种做法无疑是一种高贵的象征，这也是平民百姓容易接受此项仪轨的原因）对野葬进行改造，在玉树的巴塘乡发展了富有特色的地葬与天葬。

（一）花教对野葬的改造：地葬兴起

地葬是野葬的一种，不过它与野葬将尸体施于上飞下走的一切动物不同，用于地葬的尸体只能施舍于一种特殊的动物——狗，而且在施舍于狗之前要进行人工分尸并且举行相应的仪式。那么，为什么将尸体抛之野外让一切动物啄食的野葬会演变成专门将尸体肢解喂狗的地葬呢？这是因为对于逐水草而居的牧民来说，狗在他们生产中的作用非常突出。比如，牧羊犬听觉灵敏，可以帮助牧民看护羊群，防止羊群受其他动物的攻击；猎狗胸宽、腿长、掌小、速度快、攻击力强，是牧民打猎不可多得的好帮手。在青藏高原的牧场上，更多的是体大如驴、奔驰如虎、有啸天犬之称的藏獒。这种狗是由1 000万年前喜马拉雅地区的巨型古鬃犬演变而来的，它们被认为是世界上最古老、最稀有、最凶猛的大型犬种。长期的生产经验使牧民意识到狗是生产的伙伴，于是就对狗产生了崇拜的心理。例如，巴塘乡流传着一个家喻户晓的传说：

> 很久以前，青稞只生长在天上，陆地上的人都在挨饿，后来一只天狗从天上偷偷带青稞种子下来交给人们并告诉人们种植青稞的方法。但很多

---

① （意）杜齐、（西德）海西希：《西藏和蒙古的宗教》，耿昇译，天津古籍出版社1989年版，第33页。

人在种植青稞的过程中累死了，天狗又把他们的灵魂带到天上去。后来，蛇王把这一情况向天神报告，于是天神就处罚了狗，贬它下界。天狗来到人间，没有吃的，大家看它可怜，一长者在临死前对大家说："人活着的时候被天狗养活了，因此人死了以后也应该养活天狗。"所以，他就将自己的躯体奉献给了狗，从那以后，地葬便兴起了。

巴塘人对狗的尊重还表现在一直保留着不吃狗肉的传统。当一只狗死亡以后，主人通常会往它的嘴里放几粒青稞然后对其实行野葬，虔诚的佛教徒会为它念经超度并祝福它有一个好的转世。事实上，这种对狗的崇拜心理在很早就已经产生，当佛教传入以后，灵魂转世的观念得到强化，这些因素相互结合，使把尸体喂给自然界中一切动物变成了喂狗。来自田野调查的材料还表明，巴塘乡的地葬在历史上仅分布于当头村。

当头村位于巴塘乡最南端，系金沙江流域的入口，离玉树县城 75 公里，距四川石渠、西藏江达 200 多公里。在玉树巴塘乡当头村口耳相传的族源传说中，他们的祖先并非土著，而是来自更北方的蒙古人。

相传在许多年前，有一个叫"巴"的蒙古族首领带领一大队人马从天山一路游牧到昌都一带，与当地的一个部落发生战争。土著部落为了取胜突然施展巫术，不但杀死了巴部落的很多人，也杀死了很多无辜的老百姓。巴部落的首领不愿以老百姓的生命换取战争的胜利，于是主动往东北方向撤军。当军队来到巴塘乡的当头村一个叫"格秀"的山头时，人们又渴又饿，实在走不动了，想到农户家借一碗水喝，却发现这里的人因战争早就逃难去了。在饥渴之时，格秀山山腰的石缝中流出了泉水解救了这队人马，巴部落认为这是佛祖之意，加之当头的风景秀丽，于是便在这个地方定居并繁衍。"格秀"在当地藏语中意为"驻扎"。

笔者在田野调查期间，也见到一些老百姓家里保存着据说是祖先留下来的蒙古铁弓。弓长 60 厘米，两头弯曲，弦以牛背筋制成，配之以弹性很好的柘木。虽然铁已生锈，但是弦的弹性依然良好，拉动时发出的声音清脆且扎实。当头村的成年礼中保留着射箭仪式，每个成年的男子都会骑射，在玉树县每年一度的赛马节上都有骑射比赛，当头村人几乎年年拿第一。

虽然目前还缺乏足够的证据证明当头村人的祖先是蒙古人，但种种迹象表明，当头村受蒙古文化的强烈影响。从地理上看，当头村地处北高南低之巴塘乡的南部，海拔为 3 500 米，垂直高度与最北部海拔 4 500 米的上巴塘相差 1 000 米。这一片地区牧场辽阔，适合游牧，如果来自北方的游牧部落进入上巴塘以后，沿着通天河而下便可快速到达当头，这恰恰符合游牧民族的迁徙路线。明末清初，蒙古和硕特部一度从天山北部南下青海并深入乌斯藏即是明证。从历史记载来看，蒙古和硕特部势力也一直有向金沙江扩张的迹象，而且每一次扩张，巴塘都是必经之地。自13世纪以来，蒙古部落多次移居青海东南部，人口不断发展壮大，达到20多万。① 而事情又是如此巧合，这种以尸喂狗的葬法在蒙古族的传统中大量存在。② 不仅如此，我们还发现藏传佛教萨迦派背后的支持势力正是蒙古王朝。目前，当头村仅有一个藏传佛教寺院——科群寺，这个寺院也恰恰是巴塘乡所有寺院中为数不多的萨迦派。科群寺庙中的墙壁上挂着许多画像，画像绘有天神骑着马领着黑狗和猎鹰的场景，在萨迦派念的经文中也有“祈求赐予体壮力大、吠声震耳的犬的财运”的内容。综合这些因素可知，当头村的地葬与萨迦派有密切的关系。

（二）白花之争：天葬兴起

从大的范围来说，天葬也属于野葬的一种，它与野葬不同的是，其尸体只能用来喂秃鹫。玉树巴塘乡的天葬大约于12世纪兴起，当萨迦派寺院将野葬改造成地葬的同时，噶举派引进了天葬。

巴塘乡的天葬与直贡噶举的创始人觉哇久丁桑贡有密切的关系。觉哇久丁桑贡于1143年出生于结古镇西杭村，他自幼向帕摩竹巴学法，后来返回自己的故乡传教，在巴塘乡境内的卓玛邦杂崖根建立了吉然寺，并因为得到佛的启示而在距此地不远处建立天葬台。在巴塘乡大面积流传着他建立天葬台的传说：

> 觉哇久丁桑贡在修无上密法时发现巴塘此处的三恶趣大门是关闭的，因此在这里建立天葬台。只要来天葬的人，其灵魂就能直接进入三善趣。另外，病毒进不了天葬台，因为觉哇久丁桑贡的大弟子剥了自己的皮与割了自己的头吸引食肉鬼、骷髅鬼、黑心鬼、魔女、断臂鬼、龙神去守护，它们有力挡住了那些随尸体而来的病毒。所以，适合到这里来进行天葬的每具尸体都会变得十分干净，从来没有出现秃鹫不肯啄食物的情况。现在，如果一个人积德足够且虔诚向佛的话，去到巴塘乡天葬台皆可透过岩石看到108具守护着天葬台的鬼神的形象。

这个传说充满着大量鬼神的影子，特别是觉哇久丁桑贡的大弟子为了造福

---

① 参见青海省编辑组《青海省藏族蒙古族社会历史调查》，青海人民出版社1985年版，第139～140页。

② 参见（德）利普斯《事物的起源》，李敏译，陕西师范大学出版社2008年版，第314页。

人类，不惜牺牲自己身上的血肉供鬼神吃喝，以保前往天葬台的尸体无病毒入侵，从侧面说明了噶举派对苯教吸收和改造的态度。事实上，噶举派并未否认鬼的存在。笔者在田野调查期间还特意采访了巴塘乡吉然寺的堪布。他说：

> 阴间有鬼，这是确定无疑的，但是并非每一个人都能看得到。过去，吉然寺选住持有一条不成文的规定：新住持必须要到巴塘天葬台去住九天九夜，这是通往住持之路的第一关。这九天九夜非同小可，在巴塘天葬台静坐期间，他就会看到很多无头鬼、断臂鬼、尖牙鬼、獠面鬼和骷髅鬼，他们张牙舞爪，大喊着你的名字，这时候新的住持就要克服恐惧，只有这样才能领悟到高深的法力，打开慧眼，抹去遮住光明的黑暗，看到另一个美好的世界。倘若稍微走神，心里就会立即有了恐惧的感觉，被鬼吓死。当然，还有另外一种情况，那就是一个新住持的法力不高，他也是看不见鬼的，这就说明他没有资格做住持。①

天葬兴起以后与地葬进行了长期的斗争，但最后随着噶举派声势的壮大，其在巴塘乡推行的天葬也逐渐得到了民众的青睐；与这种情况相伴的是，巴塘乡一些原来实行地葬的民众也逐渐弃地葬而改为天葬。目前，巴塘乡的许多农村还流传着地葬向天葬转变的传说：

> 以前，巴塘人不知礼俗，不懂葬礼，人死以后大多把尸体丢在草原上，第二天当人们放牧路过当地时却看不到尸体了，只见遗留许多狗的脚印。人们认为这些狗是从印度来的天狗，它是专门来携带死者的灵魂去天国的。自此以后，巴塘人就实行了狗葬。但这种葬式实行很长一段时间后，人们又发现很多狗死亡，原因是人间离天国的路程太远，狗没有翅膀，它们在携带死者灵魂去往天国的路途中累死了。菩萨听说此事以后，就派天鹰取代狗携带死者的灵魂，它们有翅膀，飞得很快，可以在瞬间将死者的灵魂带入天国。

众所周知，传说是历史的另类反映，解读巴塘乡这则流行甚广的传说可以得出基本的结论：巴塘乡的天葬经历过由狗食尸到鹰食尸的变化，这说明巴塘乡的天葬不是从来就有的，而是由古代的野葬发展而来的，由狗食尸到鹰食尸的转变就是天葬制度确立的隐喻。

事实上，无论是萨迦派倡导的地葬，还是噶举派倡导的天葬，他们都继承

① 采访时间：2012 年 9 月。

了苯教传统的剖尸技术，只不过佛教的剖尸是为了尽快销毁尸体得以让灵魂转世，而苯教的剖尸是为了保存尸体以利灵魂复活。然而，经过佛苯长期的斗争，佛教逐渐占领上风，它很好地吸收了苯教的一些仪轨，因而苯教剖尸的做法最终被佛教有关“布施”的教义掩盖了。自此，玉树巴塘地区发展出一个以天葬为主的丧葬文化模式。

第三节　社会结构与葬式的等级表达

一、弥漫着等级色彩的社会结构

藏传佛教后弘期大多以政教合一的方式进行传播，白教与花教也一样，它们的背后皆有各自的封建割据势力支持。例如，萨迦派背后的政治势力是元朝政府，而噶举派在玉树更是得到了囊谦总户的支持。据民国学者周希武的调查，囊谦地区共有31个寺院，其中22个属白教寺院[①]，占的比例多达70%以上。因此，这些教派要想在地方立足，就必须与当地的政治势力紧密合作，创造一套从根本上维护地方政治势力的思想体系，从而在精神方面对民众施以影响。于是，白教、花教与玉树巴塘乡的政治势力融合在一起，处处体现出一种“等级”的空间，这种等级性的空间仍然在人们的生产生活中体现出来，它在某种程度上是人们空间观念的延伸。

（一）僧俗阶层制度

从大的范围来看，巴塘社会实际上只有僧和俗两个阶层，“为僧则高供清宴，坐享布施；为民则终岁勤苦，所得半以供佛”[②]。由于僧人的地位较高，老百姓乐意让自己的孩子出家。正如周希武描述的一样：“蕃俗……其子僧者，老有所养，其子俗者，赘婿于人，或携妇而逃。”[③] 出家者通过一系列的修行，可以获得高深的密法。僧人与俗人在身份上虽然存在天然的界线，但是这些僧人并不像汉地的和尚一般出家以后就与世间的亲人断了尘缘。在巴塘，一个人即使出家也会经常回家看望自己的家人，而且他们在寺院中吃的、住的、用的大多由自己的家人供给。那么，家里人为什么愿意养着这些不从事生产的人呢？报道人告诉笔者，这是因为那些出家的人经常在“佛”的道场上，

① 参见周希武《玉树调查记》，吴均校释，青海人民出版社1986年版，第76页。
② 同上书，第73页。
③ 同①。

他们的身上有一种普通人身上没有的“气”，这种“气”能够阻挡厉鬼进入自己家中，有效保护自己的家庭成员不受伤害。以下即为一个典型的例子：

> 阿旺，男，68岁，巴塘乡上巴塘牧委会的牧民。他身体硬朗，手腿灵活，自小就没有患过什么疾病。但3年前的一天，他感觉到自己的左腿肌肉隐隐作痛，而且随着时间的推移，这种疼痛愈发厉害。他本人也先后到县医院检查过两次，可是没有检查出任何结果。阿旺只好带上酥油、茶叶和奶酪到巴塘乡的班庆寺去求助喇嘛。喇嘛问明了阿旺的情况以后，拿出佛事专用的一串佛珠在两手间搓了搓，然后闭目念经，同时用两手的大拇指很有感觉地依次拨动着佛珠。几分钟以后，他睁开眼对阿旺说，他的左腿疼痛与他5年前一次放羊得罪龙神有关。那是5年前6月的一天，阿旺在河边放牧，牛羊在不远处吃草，阿旺觉得无聊，就蹲在河边随手捡起一块铁皮在河边的泥沙上乱挖乱画，但那时候龙神刚好在河边上晒太阳，所以他画到了龙神的左腿上，刺痛了龙神，龙神以牙还牙，把这种疼痛转移到了阿旺左腿上的肌肉。
>
> 事后，阿旺见人就说他出门容易被神鬼跟上，一个重要的原因就是他的孩子没有出家，他们整个家庭离佛太远了。他对笔者说，住在铁力角的一户家庭，三个孩子全都出家了，其中大的儿子还去了印度，他们的家庭就很好，一年四季没有人生病，而且每年养的牦牛很大，赚的钱都花不完。阿旺说他本来有两个女孩、一个儿子。但儿子早年得了一场怪病后不知道跑到哪里去了，两个女儿后来各自成家了，其中大女婿是上门的。他想让大女婿出家，但是大女婿后来跟别人去外地做生意了，所以他们家做什么事都不顺。阿旺也想等年纪再大一点的时候离开巴塘到外面和女婿一起生活。

其实，僧人不仅仅体现在为个人医疗健康方面提供服务，在群众性的生产生活当中，他们的角色更突出。比如，他们经常受邀前往牧区各处念经，帮助老百姓祈祷雨水，消除冰雹，为牛羊驱赶瘟疫，为全村驱走厉鬼，等等。

概而言之，僧人与俗人的关系是一种保护与被保护的关系。但是，这种保护也不是单向的，僧人通过念经保护俗人，而俗人也必须向他们支付一定数额的报酬。一个僧人念一天经的报酬是50元，如果家里有死人，必须将其家里土地、房屋、帐篷、财产的1/3供奉给寺院。从这个意义上说，俗人是僧人的衣食父母，但是在巴塘乡的“地方性知识”里面，这些经济上的联系无意识地被老百姓淡化了，他们的目光更多聚焦于“自身被保护”这个视角上，这种视角无疑为社会抹上了浓厚的等级色彩。

（二）部落制度

部落制度是玉树一带特有的一种制度。9 世纪中叶吐蕃王朝崩溃瓦解以后，玉树一带形成了数百个封建割据势力，这些割据势力基本上都以部落的形式出现，而巴塘乡在历史上就属于扎武部落的游牧之地。扎武部落形成于 14 世纪中叶；至清朝末期，扎武族通过武力手段兼并了与其毗邻的布庆部落和拉达部落；民国以后，扎武族又将班石、哈秀、杰宗等独立百长部落纳入门下，这时“住牧伦多布领地方扎武族，百户一名，百长三名，香人三百零四户”①。如果以每户 5 人计算，则扎武族在清代就达到了 15 000 人左右，而巴塘乡目前人口仅有 10 000 人左右，可见扎武族管辖地之大。

1. 部落传统的等级结构

部落有一套等级森严的制度，共由三个阶层构成。处于第一阶层的是部落统治者，包括头人与百户长，部落头人以世袭的方法产生；其子孙不但拥有对百户职的继承权、草山的占有权和私有权，还部分占有差户的牲畜等财产，甚至占有差户本身，他们对属民有役使、赠送权，属民在没有取得百户同意的情况下不得迁居他族。处于社会结构中层的是普通牧民，巴塘人称他们为“差娃”。这部分人占大多数，他们有使用草场权，但是他们必须向头人承担一定的徭役和实物地租，履行支差纳税的义务，通过这种方式确立他们与头人之间的所属关系。处于部落社会结构最底层的是一些贫困小户，即所谓的“奴隶”，藏语称之为“玉乎仓”或者“才玉乎”。这些人大多因为负债过多，或者是丧失了劳动力而无力承担差务，且无权使用草场。此外，这个阶层还包括一些流浪汉，藏语称之为“尼什匠”，这些人多是从其他地方逃难而来的。他们缺乏生产资料，唯一能够做的就是出卖自己的劳动力。

在这个等级制度明显的结构中，处于最上层的头人、百户长占的比例比较小。据 1949 年的调查，扎武部落上万人中仅有百户长 12 名。② 至于中间阶层的比例与底层的比例，虽然我们不能列举具体的数字，但是根据当时玉树社会形态判断，玉树社会不是奴隶社会，而是十足的封建社会。③ 当时，大多数民众已经从无自由的奴隶身份解放出来，由此推断底层的人口比例少于中层的人口比例是没有疑问的。换句话说，这种社会的等级结构呈现两头小、中间大的橄榄球形状（见图 3－2）。

---

① 陈英庆：《中国藏族部落》，中国藏学出版社 2004 年版，第 34 页。

② 同上。

③ 参见青海省编辑组《青海藏族蒙古族社会历史调查》，青海人民出版社 1985 年版，第 114 页。

图 3－2 巴塘乡社会阶层橄榄球状分布示意

部落首领与百户长不仅控制了每个家庭的生产生活资源，同时也在精神方面对每个家庭进行思想禁锢，这方面突出表现在首领与寺院上层僧侣的结合。

历史上，巴塘乡的部落头人先后支持藏传佛教的噶举派和萨迦派前来自己的领域传教，无论是白教还是花教，作为佛教支系，它们都是脱离生产的社会组织。在生活上，其物质来源依赖于藏族群众的布施，而部落头人对藏族群众的经济来源却有绝对的控制权，因此一个寺院在当地建立并长期发展就必须取得部落头人的支持。比如，结古镇著名的藏传佛教萨迦派寺院结古寺是在明洪武三十一年（1398 年）建立的，当时西藏萨迦派大喇嘛当钦哇·嘉昂喜饶坚赞前来玉树传教，并希望在此建立一座萨迦派寺院。他请示了扎武头人，开出的条件对扎武头人很有诱惑力，就是把扎武头人的红宫搬到寺院中，以永久获得佛祖的保佑，扎武头人愉快地答应了他，于是便凑集经费，萨迦派寺院才得以建立起来。大殿“旁设金冶佛像，高数十尺，饰以珍珠，覆以羽盖，国相听事处其西，国王亲属听事处其东”①，足见其规模之庞大。结古寺后来成为玉树地区最著名的萨迦派寺院，香火鼎盛，其中一个最重要的原因就是扎武头

① 李远：《青唐录》，见《古西行记选注》，宁夏人民出版社 1987 年版，第 171 页。

人的红宫建在里面。

因此，寺院上层僧侣与头人、百长等皆存在紧密的合作关系，政教合一是玉树地区宗教活动的显著特点之一。例如，结古寺就有扎武迈根、文何坚赞、嘉那三大活佛系统。百户与活佛集于一身，百户的承嗣采取活佛转世制，有些百户的驻地在寺院，因此活佛转世到头人家中也是常事。以下是报道人扎西桑结对笔者讲述的一个个案：

> 巴塘乡的铁力角有一个势力很大的家庭。这个家族是部落头人的后裔，他们与神力有某种联系，我们这里的老百姓都称那个家庭为“活佛之家”。因为他们家族从清末到现在一共出现了 9 个活佛，现在还有 1 位活佛在世，他在称多县的一所寺庙任活佛，而且还有很多财产。①

这明显是一个典型的家族式活佛传承的方式，由于部落头人是世袭的，所以活佛在某种意义上也是世袭的。百姓说“龙生龙、凤生凤，头人家里活佛不断，普通人不可能转世成活佛”，这种观点正是等级制度的体现，可见寺院上层人士与头人、百户长等构成了一个庞大的统治阶层。

2. 部落传统结构的演变

20 世纪 80 年代，随着家庭联产承包责任制在全国推行，玉树巴塘乡的所有牧场也分配到了每个家庭，各个家庭拥有了自己的牲畜。这时候，草场在名义上虽然实施的是家庭承包制，但每个家庭甚至每个村庄固定的草场划分并没有平均到位，巴塘乡仍然遵循以往的历史传统——即按照历史上每个家庭给部落头人承担的徭役对应的牧场使用面积进行分配。如此一来，部落的等级结构仍然没有改变：头人、百户长不仅拥有较多的牲畜，还占据水草丰美的牧场。不仅如此，这个阶层不少人还当上了国家的干部，其威信还得到国家意志的认可，并以官方的形式加以确认。处于中间的阶层仍然是牧民，他们的生产资料基本上也没有太大改变，但是他们过去向部落头人、百户长等承担的徭役已经取消。处于橄榄球状底层的群众随着民主改革也获得了一定的生产资料，但是他们的牧场大多比较差，而且比较少，仅靠放牧不足以维持全家的生活开支。于是，他们便做一些额外的工作以补贴生活的开支，譬如担任经商脚夫以及靠捻毛线、刻玛尼石、挖药材等为生。

（三）年龄组制度

由于生存环境恶劣，玉树巴塘地区的人均寿命并不高。在很多情况下，一

---

① 采访时间：2012 年 8 月。

个人寿命越长，他就获得越多人的尊重。换言之，年龄也体现了社会地位的等级。巴塘乡社会的年龄组大致可以分为三组。

第一组是13岁以下的未成年人。这一年龄段的人有一个共同的特点：他们还没有任何劳动力，更小的一些甚至还嗷嗷待哺。高原牧区的生存环境恶劣，一个人能活过13岁是一件幸运的事。但现实情况是，牧区的医疗卫生有限，加之流动性强，许多孩子发病都得不到及时救治，很容易造成突发死亡。老百姓普遍把原因归结于宗教，他们认为这些孩子的灵魂还没有真正长成，只有13岁以后，灵魂才算真正长成。从社会文化的角度看，13岁是个体成长要过的坎。一个孩子长到了13岁，家里通常会为他举行成年礼。通常的做法是请活佛到家里为他念一种消灾祈福的成长经，然后还要请客吃饭。很多情况下，这些仪式只为男孩举行，在仪式过程中家长会将家里的祖传之宝送给他，通常是一把刀，他们让孩子悬挂在腰间，宣布孩子已经长大成人；有些家庭也会给孩子一支猎枪，让他小心翼翼地放好，这支枪日后会伴随着他。13岁以后的孩子还必须学会骑马，否则他将遭到同龄人的耻笑。他们第一次放牧也是骑马去的，父亲会分给他10头牛或羊让他们看管，当他们熟悉了放牧的程序以后，就可以独自放牧了。这时候，他们还可以自由地参加社交活动、谈恋爱，巴塘乡女孩的成婚年龄多在16岁左右。

第二组是13岁至60岁这个年龄段的人群。这个年龄段的人群身体硬朗、身手敏捷，他们是每个家庭经济生产的中流砥柱。人们通常根据他们的生产能力确定他们的社会地位。一个会创造经济价值的人，社会地位就相应高一些，而一个不会创造经济价值的人通常被人看不起。如果是一个患了重病而落下残疾的人，不但会遭到社会的歧视，家里人也通常有意无意地排斥他，因为他丧失了劳动能力，不但不能为家庭带来财富，反而会成为家庭的累赘。在一个资源极度匮乏的社会中，为了生存，人们必须拥有强健的身体和良好的心理素质，这样才能在资源争夺中为本家庭、本部落带来声誉。在这种环境下，集体主义往往会掩盖个人的人文关怀。

第三组是60岁以上的人群。在巴塘乡，活到60岁以后便可称为老年人。一个人步入60岁以后会逐渐脱离生产，他们虽然已经不能直接创造经济价值，但是他们有着丰富的阅历和人生经验，家里的晚辈做任何事都必须事先征求他们的意见。巴塘人还认为，一个人的寿命与信佛的虔诚度成正比例关系。一个人能够活到60岁以上，是因为他的前世修得了很多福分，他们的生命在冥冥之中得到了佛的保佑。老百姓对这些人的尊重，事实上也是对佛表示尊敬的一种表现。

可见，巴塘乡的社会呈现的是一种等级的结构，社会对一个人的评判主要依赖于他在这个等级结构中所处的位置和扮演的角色。虽然一个人可以拥有多种角色，但是多种角色并非总是平行的，在老百姓的心目中，角色有轻重之分。人们对一个人进行盖棺定论时，只会以其对佛的虔诚度来衡量，而且在很多情况下，这种衡量并不是通过语言来传递，而是通过给亡者选择适合的丧葬方式来表示。

二、死亡人群与葬式分类

由于等级森严的佛教信仰"含括"了等级森严的黑教信仰，又与森严的等级部落制度联合起来，使巴塘乡的丧葬烙上了森严的等级性。总的来说，当地的死亡及其与之相对应的丧葬方式主要有以下几种：一是处于社会结构上层的精英死亡所实行的灵塔葬、瓮棺葬；二是富贵人家与大德高僧死亡实行的火葬；三是普通人正常死亡所实行的天葬，在天葬里面，又可按年龄和性别分为不同的等级；四是社会结构下层的低贱者或者普通阶层的人"凶死"（如刀杀、枪杀或者患重大传染病）所实行的土葬；五是针对 13 岁以下夭折的未成年人实行的水葬。

（一）精英阶层的灵塔葬与瓮棺葬

诚如我们在前面所分析的一样，巴塘乡的社会结构与人们的思维结构主要围绕着"保护"这个观念运行。所谓精英阶层，就是指能够给人们提供"保护"的人。这些人的身份大致分为两类：第一类是宗教人士，包括活佛与寺院僧侣。很明显，这类人士本身也是有等级的：活佛拥有最高的社会地位，他受全民朝拜；而僧侣都在活佛的手下办事，他们的社会地位次于活佛。第二类是部落头人、百户长，他们与寺院存在密切的合作关系。在现实生活中，一方面，他们是维护本部落生产的能手；另一方面，他们经过无数的大风大浪，说话算数、讲信用，本身又是"最接近神"、"最受佛保佑"的人物，所以在老百姓看来他们也算精英阶层。巴塘乡的老百姓认为，精英之死是社会最重大的损失，所以通常要采取与众不同的葬式对死去的精英进行安葬，以表达人们对这些精英的感激与缅怀。

1. 活佛的灵塔葬：永驻人间的表达

（1）活佛崇拜现象。巴塘寺院内部的僧侣等级制度非常严格，在寺院内部，地位最高的是活佛，他们是得道高僧，具备高深的法力，在所有人的眼里都是神。活佛下面是堪布，即人们通常说的经师。经师的主要任务是教僧侣念经，一般由寺内赤哇会决定聘请，任期有长有短，长的可以终身担任，而短的也有任两三年的。堪布之下是僧官和经官。僧官在当地话中称为"曲成"，他们的任务是维护僧侣念经时候的秩序；而经官就是带领僧侣念经的僧侣，当地老百姓把他们称为"曲本"。在僧官和经官下面则是普通的僧侣。但普通的僧侣又分为两个等级：等级较高的是那些到过西藏朝圣的“扎哇”，他们有资格身穿袈裟；那些没有到过西藏朝圣的称“班德”，他们没有资格穿袈裟。但是普通群众是没有办法对僧侣内部的阶层进行区分的。在他们看来，僧侣只有两种，一是活佛，除了活佛以外，其他僧侣为“阿卡”。

“活佛”，顾名思义，就是指“活着的佛”。巴塘乡的老百姓认为，活佛是人间的贵人，他同时是人们幸福的根源。只要活佛对着某些东西吹一口气，这些东西就会具有某种神力。比如，活佛只要拧开矿泉水瓶或者粮食口袋，对着里面吹一口气，这些东西就可以起到治病驱邪的功效。田野调查还发现，藏族人家中的一些名贵药丸也是用活佛的排泄物掺杂草药制成的，这些药丸被老百姓视为治病疗伤的圣药。在巴塘乡，如果一个家庭很富裕，这个家庭必须在一年中至少请活佛到家里来为全村人念一次经，一切费用都由这个家庭支出，包括全村人到他家里吃的、喝的。他们相信，家庭的财富都是活佛给的，他这样做是在积功德，直接影响到他来年的收成。最能说明巴塘藏族人对活佛崇拜的是2008年的禁酒工作。由于当地年轻人爱喝酒，而且酒后冲动，屡屡发生打架、斗殴等事件，政府部门为此曾三番五次到各个村劝年轻人戒酒，但不起作用。后来此项工作交由活佛主持，活佛当着年轻人的面打开酒瓶，并对酒念了咒语；同时，告诉他们，这些咒语两年内都不会消失，谁喝酒谁就会倒霉，这一项工作终于得以顺利实施。

（2）活佛的塔葬。由于活佛有崇高的地位，他圆寂以后必须为其举行特殊的葬仪——塔葬。

> 塔葬，或称方坟，又译灵庙，以其藏佛舍利也……大约由四至五部而成：（一）基础，（二）覆钵，（三）平头，（四）竿，（五）叉伞。基础为圆形座，覆钵较小，覆于基础上，覆钵上绕以几何纹或花草纹之带。平头形如方箱，覆钵上部宛如钵底，平头即置其上。平头周围，刻莲花之半浮雕。箱形之上，积数重方板，渐上渐大，是即上部盖台，遗物即收于此。①

巴塘乡用于塔葬的塔在外形上与上面所描述的基本一致。塔葬在藏族聚居区所有的葬俗当中是最独特的，它仅针对活佛，事实上正是代表活佛的社会地位与声望。巴塘乡的塔葬分为两种情况。

第一种情况是对尸体进行特殊的防腐处理，制作成干尸后存储在寺院的灵塔当中，一般要经过三道工序。据说，活佛与一般的僧侣不同，他清楚地知道

① 徐嘉瑞：《大理古代文化史》，云南人民出版社2005年版，第159页。

自己什么时候圆寂，在圆寂之前自然会有异象出现，活佛一般在圆寂的前三天就将自己的僧徒召集过来，告诉他们自己将会在什么地方转世。活佛圆寂以后，僧侣们就开始为塔葬做各种准备了。第一道工序是制作干尸。僧徒们会到通天河去提水，然后将水倒入一个大的陶瓮里面，加入雪莲花等名贵药材清洗法体，然后以酥油封住法体的七窍，最后将法体埋在盐里面吸干水分后往腹部填入各种香料，一具干尸就制成了。第二道工序是制作木屋和金塔。根据佛教不杀生的教义，屋子全部是用木料制成的，而且不能有铁钉之类的杀伤性工具。木屋宽大约 1 米，房屋由两层结构组成。第一层通常高仅有 50 厘米，主要用来存放青稞和大麦；第二层高约 1 米，正面用玻璃隔开，这一层是用来存放法体的。制好木屋以后还要制作一个大型的金塔，塔身主要用黄金、白银和黄铜制成，每个寺院的经济能力不一样，所以用的材料有差别。例如，结古寺经济实力雄厚，僧侣给活佛造的塔就是全用黄金制作的。最后一道工序是下葬。一切准备就绪以后，由活佛打卦挑选日子对法体实行大葬。安葬之前，用红色或黄色的丝绸将法体包裹起来，然后置入木屋的第二层，具体面向需要打卦确定。安葬的时候要举行盛大的法会，寺院全体僧人在经官的带领下念经。就法体的安葬姿势而言，皆是双手合掌，盘腿而坐，并且左腿在上、右腿在下。僧侣将法体置入木屋以后，要在法体的面前叩拜 9 次，然后将一张高约 30 厘米的小方桌置于法体前，上面放着活佛生前使用过的法器、经书、银碗等，有时也会撒一些青稞在上面。最后将装有法体的木屋放到塔中，置于寺院的经堂供僧侣们瞻仰和跪拜。

从整个塔葬的程序来看，这项工作首先对防腐的技术要求很高，因此笔者相信它得益于吐蕃人有史以来对尸体防腐的经验。塔葬的花费巨大，这些费用主要由部落头人出资、寺院的财产以及藏族群众的捐赠三部分组成。很显然，塔葬不是一般人能够享受得到的。笔者在田野调查中了解到，巴塘乡大大小小的寺庙中，大多保存有活佛的金身，但是许多在“文化大革命”的时候被毁掉了。现在岔来村的仁青林寺还保存着一具 500 年前的活佛金身，但也已经残缺不全。

另一种塔葬是将活佛的法体进行火化，然后再收集他的骨灰或舍利子装入一个匣子放入塔中供奉。后者比前者花费少，这是因为后者免掉了制作金塔或银塔的花费。一般情况下，活佛的舍利子分成三部分：一部分放在一个金色的匣子当中，并用黄色的绸缎包起来放在寺院大殿前的木塔里面；一部分放在他生前住的禅房中，那里还摆有他生前写的书和他用过的餐具；另一部分由他的孩子带回家珍藏在经堂中，与他的照片放在一起被日夜供奉。一旦活佛的舍利子到了这些地方，这些地方就拥有了某种神力，变成神圣的地方。

2. 瓮棺葬：头人不死的表达

（1）头人的影响。瓮棺葬是考古学上的名词，泛指在史前时代用陶瓮做棺殓尸埋葬的一种葬法。根据考古发现，史前时代成人一般没有任何葬具殓尸，而对于那些年幼即夭折的孩子，人们一般用陶瓮殓尸，而殓尸的瓮棺其实也只是人们日常生活所用的陶瓮，这说明早期在生产工具不发达的情况下先民对孩子的珍爱。后来陶瓮普及了，成人死亡也开始用瓮棺殓尸。巴塘乡的瓮棺葬主要针对的是部落头人或者百户长家庭中那些年长去世的老年人，所以它代表了一种荣耀和地位，是一种相当高级的葬式，普通的人死亡是不能实行瓮棺葬的。

头人，或者百户长，巴塘人称之为"红宝"，为"官人"之意。他们过去是玉树巴塘社会的统治者，具有极高的权威；"民主改革"以后，他们成为国家的干部，其权威不但没有消退，反而有强化的趋势。巴塘乡目前还流传着以下谚语，认为"红宝是在京的皇子授给的官，活佛嘱咐他们长命百岁，不捧红宝，红宝就在高空中旋转，一捧红宝，红宝就比天还高"[①]。可见，头人在巴塘牧民的心目中是何等的威风。头人的权威不仅在他们活着的时候体现出来，其死亡所实行的葬式也和普通人有很大不同，在巴塘一般实行瓮棺葬。

（2）瓮棺葬的程序。瓮棺葬同样需要对尸体进行防腐处理，其程序与活佛的塔葬没有什么区别。干尸制成以后找一个半径0.5米、高1米左右的陶瓮做棺。这些陶瓮在老百姓家里也有，是老百姓日常使用的生活器具，它们多用来装青稞、大麦、酒水等。实行瓮棺葬前先将瓮棺洗净，撒入香料。在将尸体装入瓮棺之前需要请喇嘛来念3天3夜的经，陶瓮才能当棺使用。入葬的时候，将死者捆成胎儿状，屈蹲放入瓮棺当中，面向则由喇嘛打卦决定，瓮棺不需要任何陪葬品。将死者放入瓮棺以后，撒上盐，使盐盖过死者的肩膀处，仅留头部接触空气。当然，头部也须经过特别的处理，比如为脸面打蜡，使脸面显出红润光泽。最后将瓮棺口盖上，用黄泥密封，使气体不外漏。这时候，还必须对瓮棺的外表进行装饰，请人刻"六字真言"或者一些经文，将龙达、风马旗等贴在瓮棺外层，使其与日常生活所用的陶瓮区别开来。

瓮棺的位置是非常有讲究的，通常情况下只能放在两个地方。一是与家里大门相对的大厅桌子的下面，在瓮棺的前面还摆有小方桌，上面常年点着酥油灯。除此以外，瓮棺也可以放在经堂里面。由于部落头人、百户长家庭非富即贵，他们的楼多有3层甚至4层。一般情况下，第三层或者第四层是专门的经房，里面挂着各种各样的佛经、风马旗、唐卡和佛像等，经堂大门偏右朝东的地方挂着佛像，下面常年点着酥油灯；而瓮棺就放在佛像下方偏左的地方，其

---

① 青海省编辑组：《青海藏族蒙古族社会历史调查》，青海人民出版社1985年版，第30页。

中的隐喻是非常清楚的，即与佛同在。

图 3－3 为瓮棺葬的位置示意。

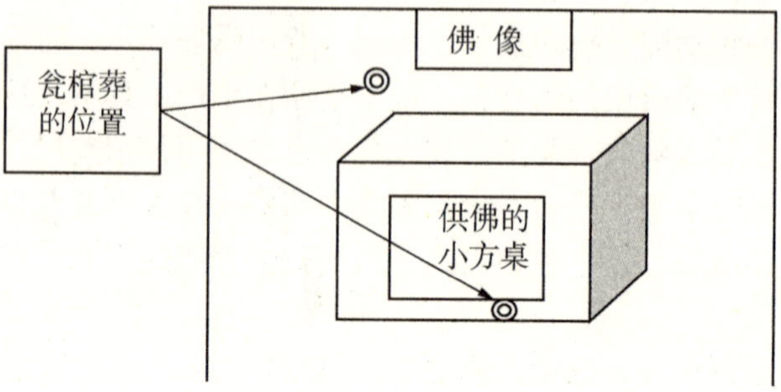

图 3－3　瓮棺葬的位置示意

仔细考察巴塘乡牧民的房子结构，正门大厅或者经堂挂佛像处恰恰是整个空间最神圣的地方，把头人的瓮棺放在这些地方有多重的象征意义。首先，它告诉全体乡民，部落头人还在，他没有离开人们。由于藏族群众一直视部落头人为保护神，这种不销毁尸体的做法无疑使人们在情感上得到慰藉，使原本运行的社会秩序不至于陷入混乱。其次，瓮棺葬也是部落头人的后裔维护家族声望与地位的方式。由于人们赋予瓮棺葬一种罕见的、高级的概念，使任何一位藏族人在潜意识里把家庭的瓮棺葬与高贵联系起来。最后，瓮棺葬还象征了长寿。基于历史上巴塘乡人平均寿命不长的事实，“长寿”在某种程度上得到崇拜，也成为牧民们的一种追求。所以，我们可以得出结论，瓮棺葬似乎在有意模仿大活佛的灵塔葬。众所周知，活佛的灵塔葬树立起的是一种偶像崇拜，而瓮棺葬同样起到头人崇拜的效果。

（3）牧区瓮棺：尊贵的象征。接下来的问题是，为什么这样一种高级的葬式会用瓮棺来表达呢？在本书的第二章，笔者曾经讨论了陶瓮制作与农业生产的关系。普遍意义上，在巴塘乡这样的一个高原牧业区，陶瓮是不可能大规模生产的，因为“游荡部落既没有时间也没有制作手工艺品的耐心和安定的工作环境，而且陶器很容易破碎，不适合他们使用”①。巴塘乡的生态环境历经几千年变化以后已经完全变成一个纯牧业区，人们掌握的制陶技术有限，生产的陶瓮比较少，因此瓮棺葬主要用于为那些特殊的死者殓尸，正是这种稀缺性把陶瓮抬到了一个高贵的地位。瓮棺葬在牧区之所以成为一种高贵的葬式，事实上是牧民潜意识中向往稳定的农居生活的表现。

毫无疑问，巴塘乡活佛的灵塔葬与头人的瓮棺葬在等级上基本处于一个平

① （德）利普斯：《事物的起源》，李敏译，陕西师范大学出版社 2008 年版，第 120 页。

台，他们位于橄榄球状结构的上层，前者显示了神圣空间的高贵，后者显示了世俗空间的高等，这是玉树社会寺院与百户二位一体、结成政教合一统治制度的体现。假如我们从物质文化与精神文化角度将这两种丧葬方式进行文化因子划分，那么前者的丧葬文化因子有干尸、灵塔与佛教信仰，后者的丧葬文化因子则有干尸、瓮棺与佛教信仰。那么，两者的交叉部分就是干尸与佛教信仰。把尸体制作成干尸而不是销毁，体现的是一种偶像崇拜，这种偶像崇拜在佛教信仰之下得以树立并稳固，神圣与世俗由此紧密结合，使死者生前的影响得以延续，从而维护既有的社会秩序正常运转。

（二）火葬：财富与名利的体现

历史上，许多佛教徒死亡以后都实行火葬，有些地方，火葬甚至是佛教徒与非佛教徒的区分标志。但在巴塘乡，情况截然不同，这里的人对火葬的要求非常严格，操作起来也非常谨慎；即使是佛教徒，也不能随随便便实行火葬，尤其是对那些在寺院中地位较低的僧侣来说更是如此。

巴塘乡的火葬只针对那些非富即贵的人家或者是僧侣阶层中的大德高僧，这类人具有一定的身份和社会地位。从本质上说，火葬是一种文化手段，它是这类人显示社会地位和经济实力的一种手段。虽然如此，前者的火葬与后者的火葬还是有一定区别的。

1. 大德高僧的火葬

当寺院的一位大德高僧圆寂以后，僧侣们就要为他做各种火葬前的准备工作。大德高僧的火葬一般在寺院大殿的前面举行。在火葬之前，先由他的僧徒在大殿前的一块空地上画圆圈，僧侣们架上柴火，架好的柴火呈“井”字形。火葬时，高僧法体的坐姿与普通人不同，基本上保持圆寂时的姿态——双掌合十，右腿压着左腿盘起而坐。法体朝向不需要打卦，一律面朝东方，因为那是太阳升起的地方，有利于他的灵魂随阳光行走，在转世过程中避免黑暗。

在燃烧之前，用大量的檀香将法体围起来，这些檀香都是从称多县买回来的。点火的僧侣是这位大德高僧最得意的大弟子，点火前所有僧侣都向法体叩拜3次，然后盘腿打坐，面对法体念经。在火化的过程中，有僧侣专门负责往法体添加酥油和各种香料以掩盖那种烧焦的味道，一场火葬大约需要3小时才能结束。岔来村仁青林寺的一位僧人告诉笔者，大德高僧火化以后，还有许多后续工作要做。比如，对骨灰的处理是火葬的核心。一般情况下，有两种处理的方法。第一种是将部分骨灰和舍利子收集起来进行供养。法力高的僧人火化后一般会出现舍利子，白白亮亮的，僧徒们视这些舍利子为高僧法力的精髓，他们把那些舍利子捡起来装入一个匣子当中，再请活佛念经，用黄色或者红色的丝绸包裹后放到木塔中长期供奉，以增添寺院的灵气。第二种处理方法是把收集到的骨灰撒到糌粑上面，加入一些草药制成治病疗伤的“圣药”。

2. 富贵人家的火葬

除了大德高僧的火葬以外，那些有钱人家的人去世以后也会实行火葬，比如部落头人家族的人去世以后大多实行火葬，但是他们的火葬与大德高僧们的火葬稍微有点区别。其区别主要体现在以下几个方面：第一，火葬的场地不同。巴塘乡的火葬不普遍，所以当地没有专门的火葬场，这类人死亡以后如果要火化，大多选择在离自己家较近的向阳的山坡上。之所以选择向阳的山坡，是因为那些善良的神灵一般都会在向阳的山坡活动，而背阳的地方是不能做火葬场的，那里的阴气太重。第二，火葬的时候尸体的姿势与高僧的法体姿势不同。最明显的就是他们的尸体不是盘腿打坐的，而是呈胎儿状卷曲的，即两只手交叉放置于胸前，左手在外、右手在内，左手压住右手，右手是绝对不能压住左手的。在当地老百姓的观念里，右手拿过刀，并且扣动过枪扳机，沾过血，有些人甚至有过杀生的经历，代表着一种邪恶，所以火葬的时候应该以没有杀过生的左手来覆盖右手，这种姿势具有忏悔的含义，同时也可加速灵魂在六道轮回中转世。第三，在火葬过程中，点火的人也是用左手。在正式把尸体置于木柴上之前，需要请活佛打卦决定朝向。点火之前，还要请僧侣到场念经，请土地神腾出一块土地。第四，普通人不像大德高僧，他们的尸体在火化以后没有舍利子，所以家人需要处理的只是他们的骨灰，一般情况下是将他们的骨灰收集起来带到拉萨去，撒在藏族聚居区的名山上、江河中，让“他们”回归大自然。

3. 牧区火葬：名利的象征

在巴塘乡的广大牧区，火葬体现的是一种权利和地位，它仅仅适用于那些非富即贵的家庭。这主要基于两个方面的原因：第一，巴塘乡缺乏木柴从而提高了火葬的成本，这使许多平民家庭对火葬望而却步；第二，白教是在部落头人的支持下入主巴塘乡的，这些头人、上层社会人士与白教上层人士走得比较近，无疑受到了白教上层人士的感染，因此纷纷模仿他们的丧葬方式。将以上两个原因综合在一起考虑，可归纳出以下结论：等级结构森严的巴塘社会是火葬最终成为一种名望和权利的象征的根本原因。正因为如此，只要能解决燃料的问题，巴塘乡的火葬基本上不受任何条件的限制，而那些富贵家庭有雄厚的经济实力，他们随时可以花钱到附近去买燃料。因此，如果说巴塘乡的火葬有限制的话，那只是阶层的限制。

个案　宝力刀，65 岁，系巴塘乡相古村的普通牧民，育有 3 个儿子。3 个儿子不分家，共娶一个妻子。由于祖上过去承担的徭役较少，在 20 世纪 80 年代全乡分牧场时只分到很少的牧场，而且牧场多为贫瘠之处。

家里一年养羊80只、牦牛10只。一般来说，这么少的牲畜只需要一个人就能够照料过来，因此三兄弟时不时地帮乡人打零工赚零花钱，对比大多数相古村的牧民，宝力刀一家的生活属于中下水平。2003年以后，情况开始有所转变。二儿子到结古镇打工，一开始在汽车维修店当学徒，学成以后与别人合伙开了一家汽车维修店，生意越做越大。三儿子也在2004年的时候与别人到西宁做生意，从事服装批发，几年间也有了自己的工厂。家里只留大儿子从事放牧。这个家庭一下子就富了起来。目前，全家一年收入达30万元以上，他们不但盖了新的房子，而且房子里现代化的家用电器全套配齐，是相古村收入颇丰的家庭。

2011年，宝力刀的妻子去世，二儿子与三儿子希望母亲能享受到更多的尊敬，便到相古寺找喇嘛，希望能够给母亲实行火葬。两位儿子说现在城市的人去世后都是火葬，他们给出了火葬的理由，那就是火葬比较文明。他们甚至已经从结古买回火葬所需要的油与柴火。但是，大儿子不同意，他说那样做超越了传统，造成的后果会是不但母亲得不到应有的尊敬，作为儿子的他还会遭到非议。大儿子认为，他的两个弟弟由于常年在外边生活无所谓，但是他还在巴塘乡生活，所谓“众口铄金，积毁削骨”，他害怕突破传统的界限引起不好的后果。几经争执，家里最后还是听从了大儿子的意见，为母亲实行了天葬。这件事在相古村传开以后，村民纷纷称赞大儿子懂事，对二儿子与三儿子的想法不以为然。

事实上，巴塘乡所谓的社会阶层只是历史的继承，带有浓厚的政治遗风，政治上的观念一时之间很难打破。诚如以上个案，在巴塘乡，就算一个普通牧民家庭的经济能力强、生活富裕且完全有能力支付昂贵的火葬开支，也不会轻易选择这种葬式，因为那样不符合巴塘人的传统。

（三）天葬：普通牧民拯救灵魂的手段

天葬，藏语称之为“恰多”。“恰”是指专门食尸体的鸟，即秃鹫。顾名思义，天葬就是用尸体喂鸟的一种丧葬方式。一般认为，藏族天葬的起源与藏传佛教密宗有关。佛教密宗一直以来就有“尸林”的记载，如“东方暴虐尸林、北方密丛尸林、西方金刚焰尸林、南方骨锁尸林、东南方怖军吉祥尸林、西南方怖畏幽暗尸林、西北方啾啾声响尸林、东北方狂笑尸林。此外，还有其他一些尸林。莲花生大师就曾在这种尸林中修习，证悟无上密法。而其他的大密宗师、大成就者在尸林中修行，或在尸林中获得空行母加持”①。

① 才让：《藏传佛教民俗与信仰》，民族出版社1999年版，第217页。

巴塘乡的天葬历史悠久，虽然天葬很流行，但是在巴塘乡的“地方性知识”里面，天葬是一种神圣的丧葬，并不是每个人都有资格进行的。一般来说，天葬仅适用于一般人的正常死亡，因此那些“凶死”的人不能天葬。那么，什么样的死亡是“凶死”呢？报道人的说法各不相同。天葬师仓觉认为：

> 凡是生前作恶的人的死亡都属于凶死，那些生前多次偷盗、抢劫、杀人的人的死亡都属于这类死亡。他们死后灵魂处于极度焦躁状态，阴气非常重，平常人看不见，但是神鸟可以看见，它们不愿意把死者的灵魂带往天国。所以，天葬与一个人生前所做的“业”有关，一个人死后能不能天葬其实根据他生前的所作所为就已经决定了。如果他作恶太多，即使他们的家属强行天葬，神鸟也不会吃他们的肉。去年，下巴塘有一户人家，他的儿子是一个杀人犯，后来被法院执行了枪决，家属将尸体运往仲达乡那边的一个天葬台进行天葬。但是，搞了一整天，一只神鸟也没有召来，最后不得已只好实行土葬了。①

天葬师对天葬的解释带有一种神秘色彩。报道人扎西桑结则给了笔者另一种说法：

> 凶死是指那些以极端方式结束自己生命的死亡，比如上吊、自杀、喝毒药致死的。这些人死亡不能实行天葬，所以天葬与人生前的“业”没有必然的联系。即使一个人生前作恶太多，但他如果正常死亡也可以实行天葬。活佛以慈悲为怀，不会因为你生前作恶太多就不挽救你的灵魂；但是，你必须忏悔，家属也要帮你忏悔，做更多的善事，积极地向寺院和贫穷的老百姓布施。去年，我们牧委会就有一个死在外面的，生前的名声也不好，后来家属将尸体拉到巴塘天葬台要求天葬。他们对寺院做的“布施”就比平常人多，给天葬师的经费也比一般人的多，就像你们汉人说的“走后门”的意思。我们藏族人相信，人死以后只要在巴塘天葬台进行天葬，灵魂就可以进入极乐世界。②

两位报道人的说法有些差异，前者更偏重于佛教的解释，他把天葬视为一种社会控制的手段；而后者的解释明显包含一些地方信仰，把天葬视为生命控制的手段。事实上，在一些高僧的眼里，以上两位报道人的说法并不矛盾。班庆寺的堪布就向笔者表示，如果一个人生前的业力不好，那他肯定得不到好

---

① 采访时间：2012 年 9 月。

② 采访时间：2012 年 10 月。

死，这样的人大多死于刀枪之口或者传染病。

1. 巴塘天葬台的地理位置

（1）天葬台的构成。巴塘天葬台距离班庆寺和吉然寺约200米，占地面积10亩（1亩≈0.0667公顷，下同，不再标注），主要建筑群有大小佛塔数座、小经堂、“转经轮”堂、“更仁”佛堂、施尸台以及供僧侣闭关诵经用的几十间房屋。

天葬主要在施尸台完成。施尸台由两块平整的大石礅组成。石头呈长方形，重十几吨，石头的表面粗糙，面积约15平方米，可以同时容纳多具尸体。两个石礅面上散落着白色的碎骨、鸟毛与绳套。石礅的四周竖着许多旗杆，上面挂有各种各样的风马旗、经幡和龙达。天葬台的后坡还有规模巨大的幡城，刻着“六字真言”的石头分布于四周，印有各种经文的风马旗层层叠叠，挂在几十米高的木杆上。按照当地群众的说法，这个天葬台有无比的灵气，莫说是死人，就算是活人，只要能在天葬台的施尸台上躺一躺，或者用头轻轻碰那里的玛尼石，死后灵魂就不会进入三恶趣。所以，有些牧民也在路过的时候带上哈达献给天葬师，然后闭上眼睛用头去碰一碰周围的玛尼堆。

（2）天葬台的选址。天葬台的选址直接关系到亡灵是否能安静度过“中阴”，顺利投胎，因此选址要遵循一定的风水原则。吉然寺一名藏传佛教僧人对笔者说：

> 天葬台的四周必须光秃秃，而且正前方要有群山遮挡。只有这样，死者的灵魂才不会留恋人世，能够顺利转世。天葬靠秃鹫完成，一个法师在天葬的时候能不能召来秃鹫在很大程度上取决于天葬台的风水，因为它会吸取天地之灵气。巴塘天葬台在地形上与佛经所描述的“地有八瓣莲花相，天有九顶宝幢相”非常吻合，天葬台中央地下有“十相自在”伏藏及上中下三个坛城等瑞相。在这样的地方天葬，亡灵可以不受世间的一切污染，安静度过“中阴”，顺利实现转世。所以，它是千百年来巴塘、结古等远近四方信众进行天葬的理想之地。①

在巴塘乡，除了吉然寺附近有天葬台以外，岔来村仁青林寺附近一块向阳的半山坡上也建有一个小型天葬台。天葬台分为上下两层，均由重几吨的大石块组成。据说，60岁以上的老年人死亡，其尸体多在天葬台的上层肢解；而60岁以下死者进行天葬，他们的尸体普遍在下层肢解。对此，天葬师的解释是，60岁以上的老年人灵魂离天比较近，神鸟在携带他们的灵魂回天国的路

---

① 采访时间：2012年10月。

程要比带那些60岁以下人的近一半以上。非常明显，这是巴塘乡年龄等级的表现。

2. 巴塘的天葬

（1）吊唁。人死之前，法力高深的活佛一般提前为死者念上路经，并做“抛哇”仪式。活佛先在死者的旁边坐下，点上一盏酥油灯，然后念一种叫作《帕》的经文为亡灵指路。念经结束以后，活佛闭上眼睛，突然大叫三声，告诉灵魂该离开尸体了；紧接着用念珠在尸体的额头轻轻敲，然后从死者的头上拔一根头发下来。显然，这项工作是对“抛哇”仪式效果的检验。在许多民族观念里，都有灵魂寄存在头发的说法。[①] 如果“抛哇”仪式成功，那么不费力气就能把头发拔下来。但是，如果死者生前罪孽太重，无论活佛如何念经都不能使他的天灵盖开启，头发自然也就掉不下来。家属是非常忌讳这种情况的，因为这意味着死者的灵魂不能进入三善趣。“抛哇”仪式以后，家属紧接着要向阴间报丧。他们在家门口挂一个陶罐，里面放乳、酪、酥的糌粑给死者享用；然后用加入香柏叶的盐水为尸体擦身，并将尸体捆成胎儿状，用白色的氆氇裹上，用土坯做垫，放在屋内大厅左侧的角落。在停尸的数天中，需请僧人早晚念经超度死者的灵魂。在巴塘乡，萨迦派与噶举派都偏重密法，这些法师念经时一般都会戴着一顶绣有骷髅头饰的马头形帽，面罩黑纱。据说这样做是为了不让灵魂看见活人的眼睛，能更有效地割断死者对人世的留恋，让其灵魂顺利上路。

（2）出殡。停尸数天后，家属会请活佛打卦选择日子出殡。出殡时，家人用白糌从尸体处到家门口撒一条线，然后由死者的子女沿着白线把尸体背到门口，再转交给天葬师。当死者被天葬师背起时，家属指定一个与死者同龄的人一手拿扫把一手拿破方篓，把糌粑撒成的白线扫掉，把扫起的糌粑、扫把以及垫尸体的土坯统统放入方篓里，然后与家属紧跟在背尸人后面；当走到十字路口时，他们就把这些东西扔在路口，表示把鬼送走，然后返回家里。其他送行的人每人手中都拿着一炷香，在这一过程中，背尸人和送葬者均不得回头，一直向前走到天葬台为止。在路过天葬台门口的白塔时，死者的亲属分批围绕着白塔转3圈。背尸人背着尸体在白塔转3圈后，继续背着尸体绕葬尸池逆时针走3圈，然后把尸体放在石礅旁，并在石礅上面铺上黄布垫住尸体，准备天葬。

（3）天葬。天葬开始之前，先进行煨桑。由一僧侣在天葬台附近燃烧起松柏香堆，并在香堆上撒三荤三素的糌粑，这是向远近山中的秃鹫们发出信

---

① 参见（英）J. G. 弗雷泽《金枝》，徐育新、汪培基、张泽石译，中国民间文艺出版社1987年版，第952页。

号。秃鹫收到这些信号以后会迅速从四面八方飞来，降落在天葬台四周的山冈上，它们是天葬过程中最得力的助手。秃鹫，又名秃鹰、坐山雕，是生活在高海拔地区的一种鹰科动物，身体长约110厘米，体重为7～11千克，翅膀张开以后身体大约长2米、宽0.6米。秃鹫以食腐肉为生，嘴带勾尖，可以轻易啄破和撕开坚韧的牛皮。① 在巴塘乡藏人的眼中，秃鹫是神鸟，是天国派来将灵魂带往天国的使者。巴塘乡流传着这样的传说：

> 秃鹫长着特殊的身体是为了方便携带人类的灵魂前往天国。秃鹫天性慈悲，就算饿死也不会伤害哪怕一只蚂蚁。有一天，佛祖释迦牟尼来到它们的旁边问："你们想不想皈依佛门？"秃鹫立即点头应答。释迦牟尼说："那好，我派你们去拯救人类的灵魂吧。"他摸了摸它们的头顶，秃鹫头顶上的毛立刻脱落，接着他又向秃鹫的脖子吹了一口气，秃鹫的脖子立刻长满了一圈长长的羽毛，从此被佛陀安排执行天葬中引领灵魂升天的重任。因此，今天秃鹫食尸体时光秃秃的脑袋方便它们把头伸入人体的腹腔，而脖子上的羽毛就像餐巾一样，防止食尸时弄脏身体。

秃鹫到天葬台以后，僧侣们在经师的带领下围着天葬台坐下，开始念经超度死者。在念经的同时，天葬师就开始进行天葬了，直到把死者的尸体处理干净为止。

3. 天葬的限制条件

巴塘乡的天葬虽然流行，但是在实施过程中也明显受到一些条件的限制。

首先，天葬受到死亡原因的限制。在巴塘乡的"地方性知识"体系中，那些患重大传染病死亡的人是不能天葬的。报道人解释说，这些人其实是鬼，他们前世作孽太多，今生虽然以人形投胎，但身上有毒气，所以才会患传染病。他们身上的这种毒气会通过空气传播，死后灵魂也会携带这些毒气，严重威胁神灵的安全。所以，他们死后不能到神圣的天葬台天葬，只能实行土葬。事实上，从客观的角度来分析，那些患重大传染病而死的人只能实行土葬不能实行天葬，可能与当地群众朴素的环保主义有关。比如，人们生怕秃鹫吃了这些有传染病的尸体以后会发病身亡，这一推论在巴塘天葬台贴出的一则通告中得到了印证：

> 禁止在天葬台及周边储存和堆放易燃、易爆、剧毒、腐蚀、放射性物品或者堆放垃圾，禁止排放工业和生活污水。因中毒、暴病或者因传染病

---

① 参见郑作新《中国经济动物志——鸟类》，科学出版社1933年版，第133页。

死亡的，其尸体不得送往天葬台进行天葬。①

其次，天葬受自然条件的限制。在巴塘乡，人们遵守一个铁的定律，如果一个人在7—8月青稞成熟的季节死亡就不能实行天葬。当地老百姓认为，这个季节是神赋予人类粮食的季节，在这期间死了人就是对神不敬，如果再实行天葬会把许多神激怒，轻则影响来年的收成，重则可能会发生大面积的瘟疫，影响全乡老百姓的健康。75岁的老年人格容曾向笔者表示：

> 7—8月天葬不好，灵魂不能升入极乐世界。人的灵魂如果要登入极乐世界一般要借助神的帮助，秃鹫就是神派来的。但是7—8月是神赐予人类粮食的日子，是一个丰收喜庆的时段，人神同乐。神也同人一样，沉浸在喜悦的气氛当中，根本没有时间管理人间的事情，他们也不会派天国的使者来携带死者的灵魂。所以，如果这个时段天葬的话，灵魂会在天空中停留很久。由于不能及时去天国，它还有可能跟着家人回家，给整个家庭甚至乡里带来不利。②

报道人的解释着眼于灵魂的转世方面，带有神秘的主观主义色彩。事实上，如果深入考察巴塘乡的生产生活，便可发现7—8月是巴塘乡牧民一年生产中最重要的时段。正如笔者在本章第一节所描述的一样，每年7—8月是虫草销售的旺季，家家户户都会将从山上采集到的虫草拿到结古镇的格萨尔广场出售。全国各地的商人也多是在这个时候赶来玉树收购虫草，各商家为了收到上等的虫草，竞相抬价，这无疑增加了牧民们的底气，他们有足够的耐心和时间与商家讨价还价，使自己的虫草卖到一个相对高的价格。到了8月以后，收购商就会撤回，这时候虫草要么掉价，要么卖不出去，只能将它晒干放到家里的柜子里等待第二年才能卖出。但通常的情况是，第二年又有新鲜的虫草上市，老的虫草自然就掉价了。所以，每年的7—8月是虫草销售的黄金季节。与此同时，牧民们也会利用这个外出的机会采购一年的生活必需品，这段时间对他们来说无疑是最宝贵的，如果恰恰在这个时候家里死了人，家庭要花大量时间来办丧事，那么花在销售虫草这方面的时间就相对减少。换言之，销售虫草并不是一件很简单的事，如果一个牧民想把自己的虫草卖到一个好的价格，需要花更多时间去和收购商讨价还价。38岁的阿曲大哥对笔者谈起了他到格萨尔广场卖虫草的经历：

---

① 巴塘天葬台宣。

② 采访时间：2012年8月。

卖虫草要比采虫草难呢。采虫草只要体力和眼力好就行了，卖虫草还要头脑灵活。我们比不上那些外地来的商人，他们很会说，讨价还价总有一套，我们藏族人在这方面不太行，嘴皮子讲不过人家。我第一次去格萨尔广场卖虫草的时候就上过当。当时一个商人压价，他给我讲了很多理由，说国家检测出虫草不符合标准，马上就会禁止销售了，让我们趁国家出台文件前赶紧卖掉。我一听就相信他了，就卖了个很低的价钱，后来才知道这个消息是假的，后悔着呢。现在我有了经验，去卖虫草就不会轻易被骗。我会在市场里转很久，先看人家卖，再拿自己的虫草与同类的比较，一家一家地问商家，看哪个出的价格高，才会和他谈。有时候一两天碰不到愿意出高价格的商家，我们就在广场那里搭个篷睡觉。每天寻找不同的商家，一个一个问，然后用笔记下价格。有时候隔一天问同一个商家，他给的价格也不同，就以多的那个和他谈。一般要问遍所有的商家，问多几次，看谁出的价格高才卖给他。①

当然，7—8 月除了是牧民一年中生产的黄金季节以外，同时也有一个难得的节日，那就是赛马节。赛马节是玉树牧民的传统节日，这个节日是为了纪念藏族的英雄人物格萨尔王。据说，格萨尔王就是以赛马称王的。后来，玉树州政府把每年从 7 月 25 日开始的 7 ～ 10 天定为赛马节，赛马的地点位于结古镇向西行 3 公里一个叫扎西科的草原上。赛马节对巴塘乡的牧民来说是最重要的。每年这个时候，牧民们都会为自己喜爱的马精心打扮一番，然后骑着马到草原上参加比赛，一展英姿。在比赛中赢得胜利的人会被大家另眼相看，不仅获得政府的物质奖励，更重要的是赢得乡里人的尊敬。因此，赛马事实上也是一种争取社会地位的手段。

综上所述，7—8 月对巴塘乡的牧民来说是重要的。如果在这个时候家里人死亡，那么“死人”与“活人”无疑在抢时间，这确实打乱了一个家庭整年的生产乃至生活。事实上，除了 7—8 月是重要的生产生活时间以外，限制这个时间段天葬的因素还有气候。由于天葬这种仪式必须借助秃鹫完成，而秃鹫是喜寒的动物，7—8 月又是巴塘乡一年中最热的季节，在这个季节里，秃鹫的活跃度没有那么强，食欲也会相对低很多，因此人们担心发生尸体吃不干净的现象。这对于信仰藏传佛教的牧民来说是致命的。在当地人的观念中，尸体如果不被秃鹫吃干净，就表明这个人生前作孽太多，灵魂得不到好的转世。所以，如果在这个时间段死人，家属一般对尸体进行如下处理：将尸体捆成胎儿状以后，用白布或者毛毯包裹起来，在干热的沙土上挖一个浅坑，暂时将尸

① 采访时间：2012 年 8 月。

体埋下，待能实行天葬的时候再把尸体挖出来送往天葬台。也有些人家不埋尸体，而直接将尸体运往天葬台交由天葬台暂时“保管”，待能实行天葬的时候，家属再准备各种必需品前往天葬台为死者送行。

除了前面两个因素之外，天葬台的数量少也对本地天葬形成了限制。巴塘天葬台虽然在巴塘乡境内，但是由于它是觉哇久丁桑贡大师创立的，声望如日中天，所以它的辐射面积远远超过了巴塘乡，附近一些地方如结古镇、仲达乡甚至称多县歇武镇的许多藏族群众也经常将尸体运往这里天葬，这就出现了运去的尸体不能及时得到天葬的情况。一般情况下，一场天葬仪式所耗费的时间需要 3 小时，如果同时送来的死者过多，就出现死者尸体得不到及时处理的情况。譬如在 2010 年玉树大地震发生时，人员伤亡惨重，当地一天就送来 20 具尸体，根本没有办法应付过来。笔者在田野调查过程中就发现，一些从称多县运来的尸体都已经等了好几天，这些尸体全部用白布裹着，许多尸体的肌肤还长出了绿色的斑点，发出阵阵恶臭。

（四）土葬：普通牧民惩罚灵魂的方式

1. 巴塘乡的土葬概况

巴塘乡的土葬场很少，这既与历史上土葬不受欢迎相关，也与当地的地理气候条件相关。由于地处高海拔地区，空气稀薄，气候寒冷，大量的土地都会出现冰冻现象，特别是在 11 月份以后，地下 10 厘米处普遍出现冻土，深度达 82 厘米，翌年 3 月以后才解冻。此外，11 月也是巴塘乡普降大雪的时候，群众戏称这个时期是“老天爷排泄”的时期，据悉降雪最多的年份达 145 天，最少也有 100 天。[①] 这种条件对土葬不利，阻碍了坟场的开拓，所以当地并不是每个村庄都有土葬场的，往往是多个村庄合用一个土葬场。目前，巴塘乡的土葬场都是传统留下来的，如果死者需要土葬，人们会自觉地把尸体运到土葬场里去。在相古村南部 10 公里一个背阳的半山坡就有一个土葬场。据当地老百姓说，那个地方以前是战场，死人很多，就地埋葬，慢慢地那里就演变为坟场了。由于那里冤死的人特别多，所以冤气很重，老百姓平常都不愿提及那个地方，说是那里经常闹鬼。76 岁的老人平楚说他见过鬼。他对笔者绘声绘色地描述道：

> 鬼的皮肤全是白色的，身体可以变动，远看的时候只有一个小点，近看的时候比人还要大，但是没有血肉。大多数的鬼既没有脚，也没有头。

---

① 此处所列数据来源于巴塘乡政府提供的资料，系 20 世纪以来的气象统计数据，但是青藏高原 5 000 年来的气候变化是“由寒冷转向暖和”的，则可以说明在 7—11 世纪，冻土层的厚度与降雪的时间绝不比现在少。

他们全是影子，随着风到处游荡，还可以跟着人回家，让家人生病，或者把厄运带给家里人。一般情况下，老百姓半夜是不会经过那个地方的，白天经过那个地方也要做好措施。比如，不能顺风走，必须要逆着风向走。因为鬼主要是随风移动的，如果顺风走，多半会被鬼上身。一个人被鬼上身以后就必须请大活佛来打鬼，否则这个人就会生病，严重的就会死掉。①

社会的等级结构总是影响着当地的文化逻辑。由于土葬被视为一种下等的、低贱的、惩罚性的葬式，因此整个处理过程非常简单：尸体不需要棺材，仅用白布裹住即可。出殡的时候把尸体放入背尸筐背到墓地，背尸筐即可丢弃。下葬的时候，先用铁锹往地底下敲打，使地下的石头松开，然后再用铁锄挖坑。成形以后的墓穴呈圆形，大约半米深。尸体下葬时呈屈肢蹲坐的姿态，占的空间比例不大。尸体下葬时的面向没有讲究，但家属一般倾向于面朝东方。虽然在当地的文化观念中，这是一种不好的丧葬方式，但是作为家属，或多或少会对死去的亲人有一丝难舍的感情，而接受了藏传佛教的藏族群众视东方为吉祥，把亲人面朝东方安葬表达的是家属心中的一种希望，即希望死人有个美好的转世。很显然，家属的这种情感是不被当地的文化系统认可的。借用人类学家雷德·菲尔德关于“大传统”和“小传统”的概念加以表达，从中我们可以看出大传统对小传统的覆盖，或者说主流文化对亚文化的压制。尸体放入坑以后立即填土，然后在地面建一个小坟包，在坟包的四周插竹竿挂经幡。

在这之后，无论是春节还是清明节或者平常的任何时间，人们都不会去上坟。换句话说，如果一个人死后实行土葬，也就意味着“他”今后不再与这个社会有任何联系了。

2. 土葬与社会控制

自从佛教传入玉树以后，苯教推行的土葬逐渐受排斥，演变成了一种下等的丧葬方式。过去，巴塘乡的土葬主要针对两类人：第一类是部分“灭仓”或者“差约”的后裔。在部落制度时代，这两个阶层的人处于橄榄球状社会的最底层，“民主改革”以后，他们有的也分到了小部分草场，但远远不足以维持生活开销，用当今流行的话来说，他们都是巴塘乡的贫困户。从经济层面考虑，穷人之所以选择土葬主要是因为它花费少，不需要葬具，也不用请太多的僧侣念经，更不需要做任何布施活动。第二类实行土葬的人群是那些死于刀杀、枪杀或者重大传染病的人。对于那些死于刀口、枪口之下的人或者患重大

---

① 采访时间：2012 年 9 月。

传染病死亡的人来说，土葬远远超越了经济和阶层的含义，但是它并没有脱离等级，只不过这种等级是道德观念上的。近些年来，随着巴塘乡医疗卫生的改善，几乎已经没有重大的传染病发生。而在社会治安方面，随着政府管理力度的加强，巴塘乡的社会治安已经越来越好，过去通过刀枪解决冲突的事件正在大幅度减少，因此死于刀口和枪口下的人也越来越少，再加上人们可以通过“走后门”的方法为那些死于刀口和枪口的死者实行天葬，因此土葬适用的空间逐渐被压缩。尽管如此，土葬仍然作为一种象征给予人们警示：一旦你做了坏事，时刻面临着下地狱的可能。接受了藏传佛教信仰的巴塘人普遍相信，土葬这种尸体处理方式会增加罪孽。报道人扎西桑结对笔者表示：

> 土葬时要把尸体埋入泥土，通常情况下需要很长时间尸体才能腐烂，在这个过程中尸体会生出很多蛆虫，它们专靠食尸体为生，当尸体完全腐烂以后，这些蛆虫就会饿死。也就等于说，一个人的死亡导致千千万万的小生命死亡，这就是罪孽。如果一个人生前道德品格不好，已经有了很大的罪过了，死了以后又实行土葬，将会再一次增加罪过，那么死者的灵魂就会掉入十八层地狱，从此再也没有转世的机会。①

这种宗教观念进一步影响到死者家属的社会地位。巴塘乡的许多老百姓认为土葬会让死者的家属一辈子抬不起头。哪怕一些经济条件差的家庭日后过上了好生活，但是每当别人路过坟地时想到其家人曾经实行土葬，就会从心里看不起这家人。家属每当想起过去给亲人土葬，心里也会萌发一种自卑感，形成长期的心理阴影挥之不去。土葬导致这个家庭的社会地位得不到应有的提高。

（五）水葬：未成年的重生之礼

1. 孩子的死因

在巴塘乡，13岁以下的孩子只要患病则很容易死亡，这主要基于三个方面的原因。

首先，牧区的医疗卫生条件有限，药品缺乏，很多好的药都进不来。婴儿的死亡在巴塘乡几乎每年都有，最常见的是9个月大的婴儿。这时由母体传给他们的一系列抵抗力已经完全消失，他们正在适应新的环境，如果在此期间不注意给婴儿保暖的话，他们会很容易感冒、发烧，进而引发水肿和各种疾病导致死亡。其次，与当地的风俗有关。由于巴塘乡的宗教信仰非常浓厚，在当地老百姓看来，生与死是人与佛之间的事情，与医院无半分关系。很多时候，牧

---

① 访谈时间：2012年9月。

民自家的小孩生病，他们都是去念经求佛，即使用药，也只会用一些民间的草药，很少去医院拿药。当然，民间的草药并不完全没有疗效。但是，很多牧民没有医学知识，有些病虽然表面上症状相同，但是其发病的机理不同，所以牧民用草药治病容易出现“胡子眉毛一把抓”的情况，用了两次草药不见疗效后，就会放弃治疗，结果病情发展严重以后便导致死亡。最后，牧区的流动性比较强。老百姓的生产劳动主要是在外搭帐篷放牧，逐水草而居的游牧方式还在一定程度上有所保留。家里的年轻人外出放牧以后，留守家里的是老年人和小孩，一旦小孩生病，老年人也无法及时把他们送往医院治疗，导致病情延误甚至恶化而死亡。笔者曾粗略统计，巴塘乡相古村 2011 年的婴儿死亡率，2011 年新生婴儿有 10 个，就有 2 个死于感冒，可见死亡率还是比较高的。正因为未成年人的死亡率偏高，所以巴塘乡针对未成年人的死亡，特别是婴儿的死亡专门实行一套独立的丧葬制度，它是巴塘乡社会试图以文化手段控制婴儿死亡的反映。

2. 水葬：夭折孩子的转生之礼

（1）水葬的程序。在巴塘乡，13 岁是划分成年人与未成年人的天然界线。当地老百姓认为，13 岁以下的孩子灵魂很小，甚至还没有成形，还不能算真正的人，因此他们死亡以后在丧葬方面自然不能与其他人群相同。巴塘乡 13 岁以下未成年人死亡时主要采用水葬的方式处理尸体。

水葬的程序比较简单：人死以后用香柏叶浸泡的水给死者洗身，然后用酥油在死者的手心点红点。据当地人说，小孩的亡灵到阴间以后会被小鬼抓去搓冰雹，搓到双手红肿，家属们把死者的手心点红就是为了骗阴间的那些小鬼，避免亡灵在阴间搓冰雹。死者出殡时用牛皮绳将尸体捆成胎儿状放入箩筐中，由背尸人背往水葬点。到了水葬点以后，先举行简单的祭奠超度，然后众人将尸体的衣服脱光，慢慢放入河流，让尸体顺着河水流走，整个丧葬仪式就算结束了。除了水葬以外，一些家庭还为 2 岁以下的孩子实行水土葬，具体做法是用毛毯裹住孩子的尸体，然后埋于河流的浅滩处。

（2）水葬点的选址。水葬与水土葬这两种葬法都离不开水，因此在选址上有相对严格的地理空间要求。

巴塘乡的水葬点主要集中在格曲河下游，河里并没有一个固定的点。换言之，整条河流都可水葬，具体在河流的哪一个点弃尸则由家属决定，只要葬了死者以后在岸边竖起经幡即可。当地的老百姓对笔者说，过去家属在考虑这个问题时一般以距离近、方便实施为原则。不过，近年来，越来越多的老百姓把这个决定权交给喇嘛。虽然整条河都可以水葬，但是地点的选择是很重要的，因为这关系到死者的转世。田野调查中发现，适合做水葬点的河流流向一般向东，其地势北高南低，在地形上南部、西部和北部的山呈现三角的形状。水葬点的水流速度一般比较平缓。班庆寺的阿卡对水葬点选址的解释是：

> 水葬点主要是用来水葬死亡的孩子，但是水葬点同时也可以用来埋葬那些夭折的孩子，即老百姓经常说的水土葬点。所以，活佛在选择水葬点的时候不能光看河水，还需要看水葬点附近的土。一般来说，水葬点都是在几条小溪的交汇处，这些小溪各自呈弯曲流向，这样才能够引导亡灵在“中阴”反思前世的罪恶。直流的那些河流是不适合水葬的，因为人生并不总是一帆风顺。另外，要注意水葬点的浅滩处是泥沙多还是泥土多，泥土太多不适合做水葬点，因为泥土在水中有黏性，会导致亡灵依恋人世，不利于转世，因此一般要选择泥沙多的地方。①

一些报道人也从地形的象征意义对水葬点进行解释。75 岁的老人阿旺告诉笔者：

> 水葬场既是亡灵离开人世的终点，也是亡灵转世为人的起点。具体到下葬的地点，还是要优先选择那些有三岔河水交汇的地方，河水的流向朝东最好。如果这个地点南部、西部和北部的山呈现出三角形，对水葬点形成包围最好，它像妇女下体的三角区域一样，将夭折的孩子紧紧捆住。一个家庭的孩子死亡后，要捆成胎儿状葬在那里，下葬的时候，将死者头朝东、脚朝西，就像刚从母亲的子宫出来的状态一般；然后请喇嘛念经，孩子的亡灵就慢慢与母亲的身体融为一体了；到了七七四十九天的时候，他就有可能找到那些将要怀孕的妇女，到其子宫里面投胎，再次转世为人。②

在藏族的许多地方，人们选择水葬场时考虑的中心问题是那里的水是否能够冲走一具尸体，即水的流量与流速问题，但是巴塘人在这方面并没有太多的考虑。比如，格曲河的水葬点，每到冬天的时候，水位严重下降，但是这并不影响人们实行水葬。有报道人告诉笔者，人们对夭折的孩子选择水葬并不是要冲走尸体，因此水的流速与流量都不构成水葬的障碍。只要有水，即使水很少或者是死水，都可以作为水葬点，前提是要经过喇嘛打卦认可。所以，人们可以一年四季在格曲河实施水葬，不受季节的限制。设在那些小水沟的水葬点一到冬天水就会结冰，对此人们会采取变通的方式，即把尸体放在水葬点的浅滩处，实行水土葬。笔者在实地考察中也发现，巴塘乡几乎所有水葬点的水流在

---

① 采访时间：2012 年 9 月。

② 采访时间：2012 年 8 月。

正常情况下都不能够冲走一具尸体，很多实行水葬的尸体还漂在水面上，皮肤泛白，甚至发出一些异味。在一些水葬点的浅滩处，甚至可以看见一些头骨和毛发。

3. 水葬：从萨满信仰到佛教信仰

水葬背后隐藏着什么样的文化内涵呢？即为什么人们要对孩子实行水葬呢？笔者据此访问了多位藏族群众，综合起来，大致有三种解释。

第一种说法认为，生命来源于水，水是促使生命合成的元素。巴塘乡大多老年人认为，藏族群众的祖先是放牧的，人在放牧的时候都是跟着牛羊走，而牛羊跟着河水的方向走，因此水可以孕育万物。给13岁以下夭折的孩子实行水葬，就是将死亡的元素放回到水里去，创造出另一个新的生命。这种解释比较原始，其思想包含朴素的唯物主义，可见它是萨满时代人类关于生命循环观的一种遗留。

第二种说法认为，水葬是把小孩送给水下的龙神，通过祭祀龙神换取人间的风调雨顺。巴塘乡历史上曾经受苯教的统治，这些遗迹在水葬中也表现出来。龙神就是苯教的神灵，至今巴塘乡藏族群众还认为它是水中之王，主管雨水，并决定世间万物的生长。据说，龙神特别喜欢小孩，他得到小孩以后就不会破坏人间。这种说法表现了巴塘藏族人对鬼神的畏惧。在苯教信仰体系里，龙神扮演着重要角色，它喜怒无常，是苯教徒最担心受害的一个神，苯教徒总是尽量去讨好它，原因就是出于对它的畏惧。

田野里还有一种普遍的说法是水葬有利于克服孩子在“中阴”的恐惧，保证灵魂顺利投胎。大多数巴塘人认为，小孩喜欢玩水，人刚死的时候，亡灵也会与生前一样喜欢玩水，因此水葬就是为了满足亡灵的愿望。小孩的亡灵在水中嬉闹，可以忘记一切忧愁，愉快地度过“中阴”。灵魂在转世为人的旅途中，都需要渡过一条河，河面设有许多关卡，对亡灵进行各种考验，只有顺利通过各种考验的亡灵才能顺利投胎为人。由于孩子的社会经验少，很多关卡过不去，不能顺利转世，实行水葬就是为了让亡灵熟悉转世中渡过的那条河，有利于他们顺利转世。这种说法很明显带有佛教的印痕，其中的“投胎”、“转世”等字眼就是最好的说明。

表面看起来，以上三种解释似乎相互矛盾，但事实上，它们构成了巴塘地方信仰体系的有机组合，从中我们也可以清晰地看出当地的信仰由萨满过渡到佛教的过程。虽然从当地老百姓对水葬的解释中看不出水葬是一种下等的丧葬方式，但是人们把是否实行水葬看作成年人与未成年人的界线，其本身就是观念等级结构的延伸。

第四节　由死向生：重生的等级观

巴塘的葬式与社会结构有着紧密的联系，在弥漫着等级色彩的巴塘社会结构中，各种葬式与社会各阶层对应起来，从而涂上了明显的等级色彩，它们彼此之间构成了巴塘社会完整的葬式体系。

从图3－4中不难发现，在巴塘的各种葬式里面，天葬是最普遍、最流行的，塔葬、瓮棺葬与土葬是最少的，这种现象与巴塘呈现的两头小、中间大的社会结构基本一致。因此，笔者以最流行、最普遍的一种丧葬——天葬概括巴塘的丧葬文化，将之称为天葬文化模式。在这一套天葬文化模式里面，由各葬式构成的等级结构其实也是巴塘人关于死亡观念的思维结构的反映。换言之，这些葬式只是巴塘人死亡观的外在表现形式而已，它与巴塘人所秉承的宗教信仰息息相关。

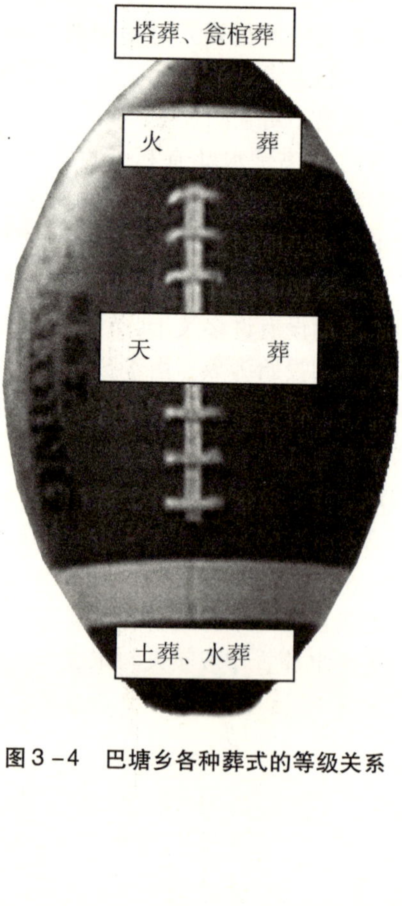

图3－4　巴塘乡各种葬式的等级关系

一、“含括”苯教等级观的三道轮回

（一）“含括”黑教信仰的白教信仰

宗教信仰方面，巴塘藏族群众对藏传佛教表现出绝对的虔诚，诚如民国学者周希武的描述一般：“二十五族男女三万余口，壮丁不过万余，而僧徒至九千余人，居三分之二。盖蕃俗家有二男，则一男为僧，或一男一女，则男子为僧，女子继产。”[①] 目前，巴塘乡共有7个藏传佛教寺院，它们分别是：

班庆寺，又称边钦寺，位于巴塘乡西1公里的扎西拉则山底，为噶举派，其中黑帽系第十世活佛却英多吉（1604—1674年）在此寺院灌顶，由此该寺声名大振。

吉然寺，又称吉拉扎寺或卓玛巴杂寺，位于巴塘乡境内的卓玛巴杂崖根，为直贡噶举派，由吉然家族走出来的觉哇久丁桑贡创立，并因天葬台而闻名天下。

禅古寺，位于结古镇南外4公里的禅古村，属藏传佛教直贡噶举派，有查来嘉贡、禅古朱古、斯日朱古、噶玛洛周尼玛四个活佛转世系统。

相古寺，位于巴塘乡相古村西南的一个山坡上，属噶举派，该寺因相古山似浮云而得名。据传，唐文成公主于进藏时路过这座山，她在这座山修建了格侧却丁佛塔，信徒多来自结古、邓柯、昌都等地。

文成公主庙，又名“沙加公主庙”、“大日如来堂”，位于巴塘乡东南16公里的贝纳沟，属于直贡噶举派，系唐朝贞观年间文成公主于进藏途中所建。

当头寺，位于玉树县巴塘乡当头村所在的拉娘山腰，系萨迦派寺院，它是青海、西藏、四川三省（自治区）交界处最偏僻的寺院。

仁青林寺，位于巴塘乡的岔来村的象鼻山上，属藏传佛教萨迦派。相传由元朝国师八思巴亲自选址而建，在元明两代是萨迦派在玉树传播的主要据点。

在上述7个寺庙中，其中前5个属于噶举派，后2个属于萨迦派。由此可知，巴塘乡的寺院中花教占少数，白教占多数。显然，巴塘乡藏族群众所秉承的信仰里佛教是“含括”苯教的，承认鬼的存在、给鬼雕刻108块石板、吸收苯教的传统修持便是最好的说明。这样的例子非常多，如吉然寺在每年藏历

---

① 周希武：《玉树调查记》，吴均校释，青海人民出版社1986年版，第73页。

的3月28日、29日都要跳金刚神舞，从藏历2月开始，全寺僧人便集中诵经，持续1个月。念经期间，寺庙会用彩粉绘制坛城，用糌粑做一个人形怪物"棱嘎"，将其当作教敌或邪恶的化身。3月28日、29日正式表演神舞，众神要把"棱嘎"砍成碎块用火烧掉，象征教敌与邪魔已被斩尽，教法如旭日东升庇护众生。

（二）等级的宇宙观与灵魂观

这种"含括"黑教信仰的佛教信仰也深深地烙在巴塘藏族人的宇宙观中。佛教将彼岸描绘成六道空间，认为人的生命反复以某种形式循环在地狱道、饿鬼道、畜生道、阿修罗道、人道与天道当中。前三者称为三恶道，后三者称为三善道。藏传佛教的教义根源于印度佛教，因此不管是白教还是花教，其对六道轮回空间的解释皆遵循佛经之上的描述，但是白教与花教在传入玉树巴塘的过程中吸收了许多苯教信仰的因子。因此，在巴塘乡的"地方性知识"里面，人们明显将佛经描述的六道轮回赋予了地方色彩，从而使这些观念有了地方性的差异。

在巴塘乡，由于等级的社会结构非常突出，政教合一的统治制度在确立这些观念时将苯教宇宙的等级观完全融入了六道轮回的死亡观点当中，使巴塘藏族人的宇宙观带有浓厚的等级色彩。巴塘乡的藏族人无法确切地描述六道空间，许多藏族人更不知"六道"为何物，但是他们相信宇宙是有等级的，不同的空间住着不同的群体。则布登巴是当地大家公认的"地方性知识"专家，他向笔者描述了巴塘藏族人的宇宙观：

> 整个宇宙分成天上、地上和地下。天上是最好的地方，那里住着各路神仙。天有十八层，越高的地方景象越漂亮，我们藏族人相信十八层天的屋子全是用黄金铺成的，吃的、穿的和用的也全是用金子制成的，那里住着佛爷。相应来说，地狱也有十八层，十八层地狱不好，因为那里有很多饿鬼。那里没有阳光，没有白天和黑夜之分，到处漆黑一片，那些鬼生活在暗无天日的世界里，他们不能来到阳间，因为活佛会把他们赶走。在地狱第十八层的鬼个个都戴着手铐和脚镣，一辈子都动不了。在天上和地狱之间就是人间了，一个人死后可以到天上去，也可以到地狱去，也可以转世为人，或者转世为动物，这由个人念经的多少和对佛的虔诚来决定。①

这种说法将六道空间概述为天上、陆地与地下的三层空间，很明显受到原

① 采访时间：2012年8月。

始萨满教的影响。原始萨满教认为的三层空间并无明显的等级结构，灵魂在三层空间可以垂直流动。然而，在王权至上的时代，苯教却赋予这三层空间以等级观。当接受了佛教的轮回观念以后，巴塘人又将苯教的三层空间观嵌入佛教的死亡世界中。与这种带有清晰的等级宇宙观相适宜的是巴塘藏族人关于灵魂的看法。巴塘藏族人普遍相信灵魂是控制生命的一种客观实在，灵魂之所以是客观的，是因为它能够"看"得到。报道人扎西桑结说：

> 虽然灵魂在骨骼里，但是它的位置并不固定。人活着的时候，只要他睡觉，灵魂就会离开他的身体，去到很远的地方，有时候会出现迷路的现象，这时家人需要找喇嘛帮助那个人把灵魂追回来。如果灵魂永远离开人的身体，人就出现死亡的现象。人死亡的时候，灵魂一般会附在肩胛骨上，所以天葬时家属一般要向天葬师索取肩胛骨。[①]

在巴塘人看来，灵魂还有神力，可以保佑一个人健康长寿。笔者在田野调查中发现，巴塘乡许多男女牧民的项下戴有"嘎乌"，俗称护身盒，大小不一，一般男用方形女用圆形。"嘎乌"系金银铜器制成，内装的就是人的肩胛骨，牧民多将其挂在颈下，垂在胸前，昼夜不离。报道人扎西桑结脖子上就挂有一串松稞，那是用牛皮缝制而成的一个小袋子，据他说是从当头寺求来的。由于当头寺是一个萨迦派寺院，袋子上涂上了红、黄、白三种颜色。扎西桑结告诉笔者，这个松稞里面装的是他父亲的肩胛骨，那是父亲去世实行天葬的时候，天葬师从父亲的身上取下来的，活佛又往里施了法术，所以在避邪方面有无可估量的效果。扎西桑结说他自从戴上了这个松稞，就没有生病过，因为父亲的灵魂一直在保护他。在他看来，这个松稞有两种功能，一是可以防御鬼的侵害，二是可以防止患病。他为此感到很骄傲。

灵魂附在骨骼里面，那么灵魂的形状又是怎么样的呢？家住当头村的75岁老人阿旺是大家公认的"地方性知识"专家。他说：

> 人的灵魂没有固定的形状，每个人身上的灵魂都不一样，它有很多种类型。一些灵魂身上长有翅膀，像一只鹰一样会飞，拥有这种灵魂的人命比较好，他死的时候灵魂能够比别的灵魂更快到佛祖那里去报到，然后转世。有些灵魂长有四条腿，跑起来像羊一样，这种灵魂比两条腿的灵魂跑得快。有些灵魂像羊角，这种灵魂不好，它容易被鬼认出来，死后很可能会转世成为鬼；有些灵魂像牦牛角，拥有这些灵魂的人不会被鬼吃掉。有

---

① 采访时间：2012年10月。

些灵魂是没有腿的，只能像蛇和鱼一样用身子前行，拥有这些灵魂的人命不好，他死以后转世会很慢，通常需要很长的时间。①

可见，在巴塘乡的"地方性知识"里面，人们将各种动物的特征与灵魂的好坏一一地对应起来。总的来说，长翅膀的灵魂比较好，因为它能飞。在现实生活中，老百姓也认为小鸟、老鹰这样的动物是较好的，原因是它们不会对人造成危害；而蛇、蛙一类的东西是很差的，这里隐喻了当地毒蛇的危害。笔者在田野调查当中就看见过牧场的一些毒蛇。据当地的老百姓说，他们在草原放牧的时候最害怕的就是遇到毒蛇，特别是夏季的高原牧场，很多蛇都蜷在半米高的禾草里，当牧民们走过去不小心踩到它们的时候就会被咬伤，毒性强的可能几个小时就会使人毙命。无疑，在恶劣的自然环境中，当地老百姓区分动物的等级是以有利于生存为依据的。

事实上，如果我们仔细分析以上巴塘人对动物等级的划分，也可以得出一个总的印象，那就是天上飞的动物一般都是好的，次一级的动物是在陆地行走的，最差的动物是爬行的或者靠近水里的。这些也是苯教宇宙等级观的反映。苯教认为，住在天上的是赞神，对人类最好；住在人间的是年神，喜怒无常，只要人类不冒犯它，就相安无事；而住在地下（水里）的则是龙神，祸害人世，人类必须以祈祷祭拜的方式获得其原谅。许多报道人表示，长得像羊角一样的有四只腿的灵魂不好，非常容易被鬼辨认出来；由于它经常容易被鬼附体，所以没有办法自由活动，被鬼附体以后它连自己的母亲也认不出，每天都过得非常痛苦。事实上，羊与鬼魂容易发生联系这种观念也是苯教观念的残余，法国学者石泰安在这方面有独到的研究。他认为，伯希和敦煌藏文写本第29号证明绵羊用来祭祀，先屠宰后切碎，以作为赎身金和烧毁的供品。②

二、转世：弥漫着等级结构的轮回

（一）轮回：社会等级结构的投影

佛教认为："世上没有一个人，没有一个生物，不曾死而复活过。我们每一个人，在转生来到此世之前，不知死了多少次。"③ 佛教所宣扬的轮回观也正是巴塘人的死亡观。巴塘藏族人相信，人死以后灵魂会实现转世，促使生命

---

① 采访时间：2012年8月。

② 参见（法）石泰安《敦煌吐蕃文书中有关苯教仪轨的故事》，见《国外藏学研究译文集》（第四辑），西藏人民出版社1988年版，第202页。

③ 莲花生：《西藏度亡经·导言》，徐进夫译，西藏人民出版社1998年版。

重生。因此，巴塘藏族人并不忌讳死亡，他们把死亡当作另一种新生，而葬式无非是人们送魂、实现生命重生的手段。

生命的重生是相对于死亡而言的，如果说人活在现实当中，那么重生就在未来，而未来在某种程度上是现实社会的投影。由于巴塘乡现实的社会结构弥漫着等级的色彩，因此各个阶层的人群在未来的转世中仍然遵循等级的原则。活佛、部落头人、百户长等处于橄榄球状社会结构的顶层，这些人死后将转世到天上去，过着衣食无忧的日子。以活佛为例，一般认为，活佛是不会死亡的，人们平常看到的活佛死亡只是一种假象而已。在藏传佛教的教义中，凡是涅槃成佛者，就不再轮回。传说一位道行极高的喇嘛，已超脱生死轮回达到涅槃，但为了普度众生，而愿重返人间，继续完成弘法超度。[①] 为了达成这一目的，活佛就必须结婚。巴塘乡的老百姓认为，出家人原本是不能近女色的，活佛本来也不愿意结婚，但是倘若他们不近女色，其灵魂很快会回到天上去，无法为老百姓造福；活佛近女色以后就犯了一点点过错，这样他们就不能再回到天上去，而是永远留在人间为老百姓服务，对活佛实行塔葬正是为了缅怀他们的功绩。

死亡以后能够转世到天上的还有头人、百户长以及富贵人家，因为这些人的灵魂与常人不同。巴塘的老百姓认为这些人的灵魂大多长着一双巨大的翅膀，能一步飞到天上去。而普通老百姓没有这样的灵魂，因此他们需要天葬，借着秃鹫的翅膀飞到天上去。但是，真正能够飞到天上去的极少，大多数普通老百姓只会转世到人间，投胎成为人世间的人或者各种动物。当然，这也是有等级的。报道人阿旺告诉笔者：

> 如果灵魂转世到人间，能够投胎为人要比投胎为动物好，因为动物不会念经，死后再投胎会更差。而在人当中，投胎为男人要比投胎为女人好，因为女人比较“脏”，她们的上辈子多是牲畜，不会念经，善业不够。在巴塘乡，如果某个家庭的孩子犯罪了，那孩子的母亲肯定脱不了干系，那是因为母亲平常念经太少所致。如果一个妇女生了很多孩子，而且每个孩子都犯罪，那么她真的就是罪无可恕了。[②]

这种转世观是巴塘现实社会中女性地位低于男性的反映。女性与男性地位不平等的关系可能与牧区的生计模式有很大的关系。巴塘乡是一个以牧业为主的社会，人们在日常生产劳作中分工明显，男人外出放牧，女人主要在家里从

---

① 参见蔡志纯《活佛转世》，中国社会科学出版社 1992 年版，第 93 页。

② 采访时间：2012 年 9 月。

事捡牛粪、缝牦牛皮和捻羊毛线等工作。这种分工在很大程度上决定了男性地位高于女性，因为在牧区，一个家庭的富裕程度在某种程度上就是靠牲畜来衡量的，放牧的男人被视为能够创造经济价值的人。巴塘人经常用“毛巴”这个词来称呼男人，系“牦牛”之意；与此相反，巴塘人对女性的称呼是“泡巴”，即“牦牛的粪便”之意。这些用词与基督教关于女人是男人的一根肋骨的说法有异曲同工之处。

巴塘藏族人认为，如果灵魂转世到人间不能投胎成人，就会投胎成各种动物，而投胎成不同的动物代表着他们前世的佛法修为不同。报道人扎西桑结说：

> 转世为小鸟、喜鹊和老鹰等动物是最好的，因为这些动物不用干活，它们还可以飞翔，无拘无束，自由自在。
>
> 其次是蜜蜂，它很勤劳，在花丛中酿蜜，做的都是善事，所以蜜蜂死后会得到一个比较好的转世。
>
> 转世成为狗也很好，因为它很善良，不仅给人们带来了青稞，还可以帮助人们守护家园。
>
> 如果转世成为羊和牦牛，虽然不算好，但也不算差，它们可以在草原上散步；但是，它们住的地方很潮湿，而且比较脏，冬天总是被人用围栏拦起来，不能随意到外面活动，不自由，就像一个人坐牢房一样。它们能够产奶，但是到了年底的时候它们会被卖掉，或者被杀，死亡的时候非常痛苦，因为人们杀牛之前还要用开水烫它们，这是非常惨的。
>
> 转世成为狼是比较差的。因为它害怕火，永远只能生活在黑暗中，享受不到火的温暖；并且它作恶太多，半夜里专门残害羊和马，被人们追着打，非常可怜。这说明它将前世的福气全都耗尽了，注定得不到好的转世。
>
> 转世成为青蛙是很差的，因为它只能生活在水里，它的皮有毒，经常被水鬼欺负，它身上的毒也是水鬼涂在上面让它来害人的，每当下雨过后，水鬼就会命令青蛙跳到河的岸边。去年 11 月，我们这里有一个 5 岁大的小孩出去抓青蛙，就被它的毒伤到了，后来皮肤发黑，请喇嘛念了很多经才好。
>
> 转世成为蛇也是很差的，因为它没有脚，就像一个人被砍断了四肢一样，只能用身体爬行，还专门咬人。
>
> 转世成为鱼则是最差的，它不但没有脚，还不能到地上来看风景。它

很饿，又找不到东西吃，而且每个人看到它都觉得不吉祥。[①]

大多数人都希望自己死后能转世到人间，然而在这个过程中总是有不如意的情况出现。譬如，那些生活在社会下层的贫民被视为低贱的人，巴塘人称之为“才玉乎”或者“玉乎仓”，翻译成汉语即“出门遇到鬼”。既然他们是“鬼”，死后当然要下地狱去生活，因为地狱是鬼生活的地方。对这类人实行土葬正是要禁锢他们的灵魂，让其灵魂无法再返回阳间害人。

（二）葬式与轮回的关系

除了头人、活佛以及那些富贵家庭以外，一个人在社会结构的位置并不总是一成不变的，对于许多普通牧民来说，要往上层走并不容易，但是他们一不小心就有可能转世为鬼。

巴塘乡的藏族人认为，除了僧侣、头人、百户长等富贵人家是天上派来管理人间以外，普通牧民的灵魂转世会在哪个空间出现完全取决于“业”。所谓“业”，简单来说就是一个人生前的所作所为，判断“业”的善与恶就是看一个人的所作所为是否符合佛教的教义教规。善业可以让一个人的灵魂死后转世到人间，甚至还有转世到天上成神或者成佛的可能性，这些善业包括生前的念经、转经、朝佛以及向寺院和穷人大量布施等。但是，如果一个人生前不朝佛、不转经甚至作恶（如杀人、放火、抢劫等），则此人不得好死，他可能会因为患重大传染病而死，或者死于刀口、枪口之下，均是罪有应得。这些人死亡以后，灵魂会直接下地狱，和“才玉乎”一起生活，久而久之就变成了鬼。对他们实施土葬也是因为害怕他们的灵魂回到阳间向家人索命。

还有一种情况是，一个生前作恶过多的人死后，家属不忍心让其灵魂入地狱，这时家属就会想法进行补救。

个案　罗××，35岁，系巴塘乡××村人，罗××在村里名声一直不好，他在10年前就干过偷鸡摸狗的事，据说村里一半以上的人家都被他偷过东西。后来，他由偷盗发展到抢劫，最后还在称多县参与一系列犯罪活动。他持枪杀人，后被公安干警围捕，但他持枪拒捕，在双方交战过程中中弹身亡。按照巴塘乡的传统，死者生前杀过人，罪大恶极，又死于枪口下，应该实施土葬，将其灵魂打入地狱，永世不能超生。但是，死者的家属从公安局处领尸回来以后并没有公布其死因，只是说他是患病死亡而已，他们找活佛打卦的时候请求对死者实行天葬。为此，家属向寺院做

① 采访时间：2012年9月。

了大量的布施，据说几乎把全家所有的家产都捐了出去，最后死者得以顺利天葬。

在巴塘，天葬是挽救灵魂且使灵魂避免入地狱的一种手段。因为巴塘的藏族人相信，在天葬台那里，三恶道的大门是紧紧锁住的。只要能在天葬台上进行天葬，死者生前的所作所为是可以忽略不计的，但是家属必须要进行大规模的布施，并且日夜念经，以赎死者生前之罪。由于天葬具有挽救灵魂的功能，因此，不仅是普通牧民阶层中那些患传染病或者死于刀口、枪口的人的家属想方设法为死去的亲属实行天葬，处于橄榄球状社会底层的许多贫困户在亲属去世以后也会借钱，甚至背负一生的经济债换得亲人的天葬。至于未成年人，巴塘人认为他们的灵魂还没有成熟，没有真正地来到世间，因此他们死后不会进入到巴塘人建构起来的彼岸世界。

总而言之，巴塘乡地处高原，那里的人们采取一种纯牧业的生计模式，习惯了流动的牧业生活，没有培育出深厚的泥土情结，加上接受藏传佛教关于生命的虚无观以后，导致他们在尸体处理上采取销毁尸体而非保留尸体的策略，这一特点与巴塘乡等级的社会结构异构了巴塘乡的丧葬文化模式。这套丧葬文化模式（见图3－5）有四个特点：第一，巴塘的丧葬文化模式中，各葬式存在一种清晰的等级结构，它们各自对应的转世空间也体现了一套等级观，各等

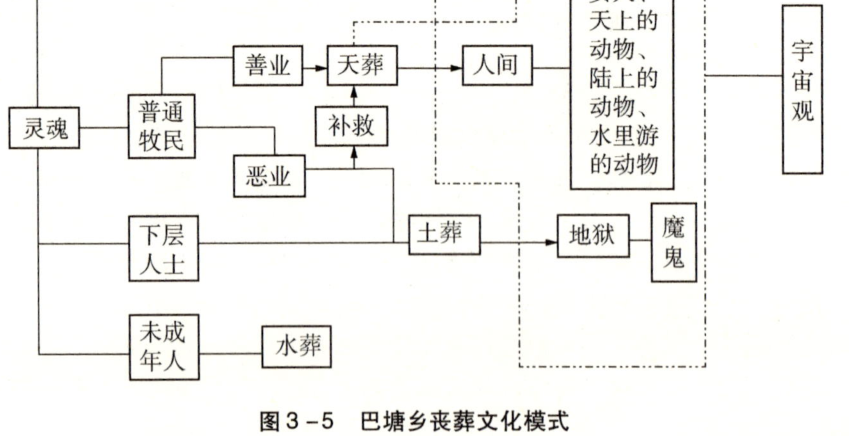

图3－5　巴塘乡丧葬文化模式

级之间有清晰的界线，这实际上是巴塘等级社会结构的反映。第二，在这一套丧葬文化模式中，天葬是最流行、最普遍的葬式，处于这一套丧葬文化体系最核心的位置。第三，对于那些处于橄榄球状社会结构中间阶层的普通牧民来说，土葬是促使其灵魂堕入地狱的手段，而对于那些处于橄榄球状社会结构下层的贫困户来说，天葬是避免他们的灵魂堕入地狱而顺利转世到人间的手段，这表明巴塘橄榄球状的社会结构中，下层与中间阶层存在流动的可能。因此，天葬与土葬的比例在某种程度上可以反映巴塘社会中下层的社会结构变化。第四，对于那些处于橄榄球状社会中间阶层与下层的贫困人群来说，虽然实行天葬也有可能让他们的灵魂转世到天上，但是这种可能性极小，这说明巴塘社会的社会阶层流动只限制于中下层，而上层社会基本处于一种不流动的凝固状态。

第四章　复合葬文化模式：拒斥三恶趣的重生

第一节　川藏三岩：一个半牧半农区

顺着金沙江往南而行，在与金沙江峡谷入口直线距离约200公里的地方就是金沙江峡谷中部的三岩。具体来说，三岩地理位置大致在东经98°40′～98°52′、北纬30°14′～31°02′之间。在行政上，它的范围包括今日四川省白玉县管辖的盖玉乡、萨玛乡、山岩乡，巴塘县甲阴乡的一部分，西藏贡觉县管辖下的克日乡、罗麦乡、沙东乡、敏都乡、雄松乡、木协乡，江达县的邦拉乡、生达乡以及芒康县管辖的戈波乡、尼增乡、朱巴龙乡、宗西乡。上述十几个乡基本上沿着金沙江两岸分布，其中四川省白玉县管辖下的山岩乡以及西藏贡觉县管辖下的克日乡、罗麦乡、沙东乡、敏都乡、雄松乡、木协乡共7个乡是三岩的核心区域。目前，7个乡的面积加起来约有1.5万平方公里，人口约1万。[①]本书的第二个田野点便在此区域开展。

三岩早期的历史不甚清楚，其真正进入人们视野的是清末以降屡次发生的“夹坝”[②]事件。1906年，清朝政府决定对川边实行“改土归流”，光绪帝任命赵尔丰为川滇边务大臣着手处理。然而，赵尔丰率军进驻四川省巴塘县时却先后遭到当地寺院的反抗，军队难以向三岩行进，赵氏知会三岩北面的德格土司，双方相约以铁腕手段对三岩进行南北夹击，先后3次对三岩反抗势力进行征剿才得以攻克。但随后辛亥革命爆发，清帝退位，清政府对全国（包括三岩）所实施的一系列措施夭折。民国以后，三岩在名义上被划归为四川德格

① 数据来源于各乡政府提供的土地面积与人口汇总资料。

② “夹坝”为当地藏语的发音，即“抢劫”之意。据《清实录》记载，三岩抢劫的对象涉及过往商人的财物、达赖喇嘛的茶包，甚至是当地官员呈给光绪皇帝的奏折（参见顾祖成、王观容等《清实录藏族史料》，西藏人民出版社1982年版）。

土司管辖。[①] 但事实上，德格土司并未真正维护三岩的社会秩序。西藏昌都档案馆提供的一份资料表明："三岩人在藏政府统治三十多年间对三岩是不管不问的。"[②] 这说明三岩核心区域直到民国还处于权力的真空地带。1949 年，中华人民共和国在金沙江西岸的雄松乡设立三岩宗政府对三岩进行管辖，然而翻阅当时的文献材料，却发现当国家权力在全国各地农村基层"细胞化"[③] 的同时，这种权力却难以在三岩奏效。1954 年昌都县档案馆出示的一份关于三岩的社会状况时描述道："旧的仇恨更多，互相隐瞒、怀疑记仇，互相戒备、酝酿报复，遇到一定场合就会酿成械斗死伤人命。"[④]

笔者将田野调查点集中于三岩的核心区域正是为了考察在这一权力真空地带的丧葬文化的运作逻辑。

一、高山坝区中的帕措社会

三岩地处金沙江峡谷中端，境内地质主要由古生代的泥盆系、火山碎屑岩、花岗长岩、华力西期岩浆岩构成，山峰绵延起伏，由西北向东南倾斜。清末刘赞廷在记载通往三岩的道路时写道："金沙江以东由白玉验之乃意山南伸至巴坝山，高拔七千余尺，终年积雪。转入巴安郭布山金沙江以西，曲同普县所属。之然乡山南伸名巴尔达山，高拔一万一千余尺，横断南北，绵亘西南。"[⑤] 可见，将三岩与外界隔断的主要是山峰。据笔者实地考察，三岩境内大大小小的山峰海拔多在 5 000 米左右，夏季积雪，冬季封路。由于交通环境较差，在全国大兴"探险热"的今天，到三岩"探险"的游客并不多。

其实，交通差或许仅是其中的一个因素，更令人担心的是三岩的治安。近几年来，三岩以"乱"出名。2012 年 11 月，当笔者拖着一身的疲惫到达这个地方时，当地派出所的一位民警误以为笔者是迷路的行人。他一边给笔者指路一边说："你赶快往我指的方向走，在路上不能东张西望，不要随便与路人打招呼，否则会有性命之忧。"民警之语并非空穴来风，翻阅史料，这一片地区在历史上一直是"尚中外人士不迹之地，无酋长，以抢劫杀人为雄，历不属藏亦未附汉"[⑥]。一个值得关注的现象是，目前藏族许多地方之命名皆与藏传佛教或者牦牛一类的动物有关。例如，金沙江西岸的三岩区所在的贡觉县，根

① 参见四川省德格县志编纂委员会《德格县志》，四川人民出版社 1995 年版，第 440 页。

② 资料来源于昌都档案馆 1953 年的资料《三岩土匪问题的调查》。

③ 参见 Helen F. Siu. *Agents and Victims in South China: Accomplices in Rural Revolution.* Yale University Press，1989。

④ 资料来源于昌都档案馆 1954 年的资料《三岩一带藏族民族内部不团结的纠纷问题》。

⑤ （清）刘赞廷：《武成县志》，1910 年。

⑥ 王川：《西藏昌都近代社会研究》，四川人民出版社 2006 年版，第 95 页。

据当地藏语的发音，“贡”指的是活佛，而“觉”指的是居住，“贡觉”就是活佛居住的地方。而“三岩”竟系“地势险要”之意。由此可知，虽然目前三岩的核心区域已经划归贡觉县管辖，但人们说起“贡觉”这个名词时，显然是把三岩排除在外的。这也从侧面表明藏传佛教对三岩的影响不如其他地方深。

目前，三岩社会运行在一种被称为“帕措”的民间自治组织基础上。在当地的藏语发音中，“帕”指父亲一方，“措”含聚落之意。顾名思义，“帕措”就是一种基于父系血缘关系成立的组织，具有管理的职能。在金沙江的东面，当地人又将“帕措”称为“戈巴”。三岩两岸每个村落分布着大大小小的帕措，小的帕措组织由十几户组成，大的多达百户。

帕措在维护社会运行秩序方面体现的最重要的一点就是实行血亲复仇制度。三岩的帕措虽然有大小之分，但是各帕措之间互不隶属、各自独立。帕措组织还可以发生裂变，如大的帕措裂变为小的帕措，小的帕措又可以裂变为更小一级的帕措，但是裂变出来的新的帕措组织，即与上一级的帕措不存在依附和从属关系。不过，由于新裂变出来的帕措力量较小，在涉及械斗时，它们经常会求助于上一级帕措。但是，当问题在上一级帕措得不到解决时，会逐级往上发展。除了可以联合上一级的帕措壮大力量以外，势力弱的小帕措还可以相互结盟来对抗势力大的帕措，这取决于帕措之间的利益关系。因此，三岩各帕措之间存在既联合又分离的关系，三岩社会就运行在帕措械斗的基础之上。哪个帕措的力量强大哪个帕措就称霸；但是，力量弱小的帕措会积蓄力量，伺机报复。如此一来，三岩呈现给世间的是一幅刀光剑影的乱象。

在金沙江西岸，当地政府相关部门曾将帕措视为一种非法组织进行打压；而在金沙江东岸，当地政府将帕措视为原生的父系文化活化石加以保护，尽量不去干涉他们的活动。① 在这种情况下，帕措就有了更大的活动空间，当他们认为没有必要求助政府的时候就私下按照民间法则解决一切纠纷，而一方认为不公平的时候又会主动拿政府要挟对方。因此，从根本上说，帕措在当地的治理中占有主动权。

二、半牧半农的生计模式

三岩地势高低不一，境内最高处是克日乡的勒泼山峰，海拔 5 400 米；最低处是西岸木协乡则达村，海拔 2 500 米，垂直落差高度 2 900 米。在海拔 4 000 米的地方分布着大量草甸和灌丛，是天然的放牧场所；在海拔 2 500 米靠

① 陈洲：《金沙江畔三岩的纠纷解决机制研究——社会控制规范化的一个视角》（硕士学位论文），中山大学法学院 2008 年。

近金沙江的河谷地带发育着褐土，土壤有机物含量低，且碱性反应强烈，在一定程度上适合农耕。因此，三岩人在生计上呈现出半牧半农的模式。

（一）牧业

半牧半农并不意味着两种生计模式在三岩人的家庭收入中扮演相等重要的作用，田野调查发现，在各家庭的经济生产活动中，牧业往往占有突出的位置。

就畜牧业而言，三岩人主要饲养牦牛、奶牛、耕牛和驴。前两类为人们提供了丰富的蛋白质，三岩人平常吃的肉和喝的酥油茶就来源于此；后两类主要用于耕作和运输。与金沙江入口的玉树巴塘乡类似，牦牛在一定程度上是判断一个家庭是否富有的最直接标准。需要指出的是，三岩人还放养少量的耕牛和驴，它们主要用于农业生产。下面，我们通过考察一个个案，分析牧业对三岩家庭经济的贡献程度。

住在山岩乡色巴村的扎登两兄弟共娶一个妻子，养育有3个孩子，扎登的母亲早年去世了，但父亲仍然健在，因此全家有7口人。他们家的土地很少，在20年前村里分地的时候，只给父亲和他们兄弟俩分地，几个孩子都没有分到土地，现在平均算下来，每人只有0.8亩。由于土地比较贫瘠，庄稼多是两年三熟，如果仅靠种地，收入几乎无法维持生活，但事实是扎登家的生活在村里并不算差，原因是他们有很多牛。

扎登家目前有35头牛，其中奶牛5头、耕牛2头，其他的全都是牦牛，另外还有3匹驴。扎登一家在放牧方面进行有条理的分工：扎登两兄弟主要看管牦牛，他们的父亲看管奶牛和耕牛，妻子一般在家从事各种家务，3个孩子也分别帮扎登两兄弟养牛。遇到农忙的时候，父亲就会与小儿子担负起看管所有牛的职责，而扎登和妻子两个人去忙农活。但是这种情况顶多十来天，因为他们家并不重视农业生产，所以花在田里劳作的时间很少。

去年，扎登家的5头奶牛一年产的奶可以制作500斤左右的酥油，按一个家庭一天消费1斤酥油计算，他们家的奶牛所产的奶足够全家消费。因此，扎登家根本不需要到市场购买酥油；相反，他们有时候还会把家里多余的酥油拿到县城去卖，以换取其他生活必需品。另外，他们家去年还杀了3头牦牛，每头牦牛产肉700斤，全部用于消费，因此这个家庭基本上每天可以吃到肉。

与扎登家的情况类似，就三岩目前的情况而言，许多家庭更愿意把精力放在牧业的生产而不是农业的生产上。因为比起农业来，畜牧业具有四个方面的突出作用：首先，它可以为一个家庭提供必要的蛋白质和脂肪，这对于生活在高山坝区的三岩人来说是最根本的。其次，畜牧业是一个家庭一年收入的主要来源，人们有没有钱为自己的房子换上各种亮丽的新装取决于卖牦牛的收入。再次，这些牲畜也定期为三岩人提供了一定重量的羊毛、牛皮和羊皮，人们用这些东西来制作绳子、衣服以及袋子等各种皮革用品，从而减轻了人们在衣着花费上的负担。最后，畜牧业还直接关系到农业庄稼的成长。由于当地土地贫瘠、交通闭塞，现代农业的各种技术没有传进来，精耕细作的农业还没发展起来，能够提高农作物产量的便是不断往地里施肥，而这些肥料的来源只有一个，那就是牲畜的粪便。

就草场的位置而言，三岩低海拔地区受亚热带湿润季风气候的影响，而高海拔地区受温带半干旱季风气候的影响，因此垂直气候较为显著。在季节轮换期间，村庄里通常是生趣盎然，但是山顶早已白雪皑皑，这种环境也造就了三岩牧场的轮替。他们把牧场分为春夏牧场与秋冬牧场。在春夏两季，他们主要在海拔 3 500 ～4 000 米的高山垭口放牧，那里不同的坡向地生长着不同的植物，如阴坡有高山柳灌丛，阳坡有草甸，对牲畜来说，这些都是理想的饲料。但是秋冬以后，高山垭口处的草木枯萎，人们必须把牲畜赶到金沙江的河谷一带放养。那个季节里，河谷一带的草本植物还是郁郁葱葱的，有早熟禾属、野青茅、须芒草等。

概而言之，当地的放牧实际上就是利用季节的循环而寻找适合放牧的场所，但是这种放牧并非是游牧。三岩人的放牧与青海巴塘人的游牧方式不同：在一年四季的放牧生活中，三岩人并不是全家都往高山垭口上走，只是把放牛的任务交给家庭里的某几位成员，在家里的人也会以各种方式和离家外出放牧的人保持联系，比如不定时地给他们送食物和衣服等各种生活用品。

（二）农业

历史上三岩的农业是怎么样的？江东山岩乡色巴村 65 岁的老人扎布玛向笔者讲述了这样一个传说：

> 那时候宇宙还没有形成，全是水，灶神杜拉发明了青稞种子，本来是在天上种的，但是他不忍心看到水里面的人挨饿，就把青稞种子给了人类，并教给人类种植青稞的方法。
>
> 一开始，人类在水里面种植，让鱼来拉犁，但是鱼没有气力，拉不动犁，青稞没有长成。后来菩萨普度众生，施展法力把水逼退了，陆地就出现了。我们的祖先就在陆地上种植青稞，并用犏牛来拉犁，青稞就长起来

了，遍地都是。人们不再挨饿了，就在收获青稞的时候把青稞撒向天空纪念杜拉。

不久以后，恶神使坏，向大地撒冰雪，青稞被埋住了，长不起来，人类又挨饿了，祖先们用马把青稞种子运到山上种植，然而马犁田不如牛，所以青稞就越长越少。①

这个传说透露了两个重要信息：其一，人类将青稞从谷地搬到高山上，种植青稞变得越来越少；其二，人类从用牛来拉犁转变为用马来拉犁。其中的隐喻似乎表明了三岩峡谷经济方式转变的轨迹是：农业所占的比例越来越小，而牧业所占的比例则越来越大。这一点与三岩近年来的气候变化可以相互印证。雄松乡气象站的阿都有着丰富的气象知识。在他看来，雄松乡近年来的气温变化有四个特点：一是气温变寒，昼夜温差越来越大。他回忆小时候老百姓在10月份还穿单衣，但是现在9月一到，晚上穿单衣就觉得冷了。二是降雨量偏少，这几年几乎每年都出现旱灾，2008年还出现了大旱天气，造成农田庄稼颗粒无收。三是土温低于气温，高山垭口的冻土持续时间很长，挖土挖不动，无法种地。四是立体气候突出，灾害天气越来越多，山体滑坡、泥石流等现象频繁发生。这样的气候显然不利于大面积的农业生产。

与江东流行的传说类似，江西雄松乡夏雅村75岁的老人格桑说：

我们是国王的后裔，原本住在一个叫古格的地方。在一次宫廷政变中，我们的国王被杀了，祖先们带着国王的首级一路东逃，来到了三岩这个偏僻的地方。但是，定居下来的时候人们都很饿，因为祖先逃难时走得太匆忙，只带了在路上吃的粮食，忘了带种子过来，到了这里以后只好放牧了。后来看见巴塘、察雅地方的人种地，我们就借他们的种子来种地，但是那时候人们已经习惯放牧了，所以种地的人并不多。②

在格桑老人的记忆中，三岩的农业很早就已经有了，只不过中间出现过断层，后来又在异文化的影响下恢复并发展了起来，但是碍于自然条件，这种发展是有限的。格桑老人的说法在当地档案馆的资料中有许多体现。资料显示，“1979年5月，因为严重的干旱气候，三岩片有5 600亩的荞麦未能下种……”③“1995年8月，三岩木协、雄松、敏都三乡因干旱发生大面积荞麦虫

① 采访时间：2012年11月。
② 采访时间：2012年11月。
③ 西藏自治区贡觉县地方志编纂委员会：《贡觉县志》，巴蜀书社2010年版，第110页。

灾，受灾面积达1 200亩，因灾害减产达六七成以上。”① 与这些自然灾害相呼应的是，1963年，山岩乡色巴村缺粮达8 150公斤，巴巴村缺粮达9 470公斤，劣巴村缺粮1 755公斤。②

笔者在田野调查期间对此也深有感受，每年青黄不接的季节，不少家庭都在一定程度上出现了粮食短缺的现象。

> 色巴村的拉措夫妇育有3个孩子，全家5口人有9亩土地，其中5亩种植青稞，2亩种植小麦，2亩种植圆根与马铃薯。
>
> 由于土地不肥沃，去年他们家收获的青稞才450公斤左右，小麦为175公斤左右，而拉措一家5口人一天要消耗青稞2公斤左右。如此算来，他们一年必须要有730公斤左右的青稞才能满足基本的温饱。但是，即使把青稞产量与小麦产量加起来也不过是625公斤，远远达不到这个家庭正常的粮食需求。更何况收获的青稞和小麦不可能全部当作粮食充饥，他们必须拿出一部分去酿酒。因为在三岩，家家都有酿酒的传统，不仅家里人餐餐顿顿要喝酒，平常找人帮忙办事或者村里人串门也是以酒相待。
>
> 所以，拉措家有时候会出现断粮的情况，这时候唯有用马铃薯和圆根代替糌粑做主食。幸好他们家还饲养牦牛和山羊，每年家里缺粮时，它们都会卖几头牦牛和10多只山羊去县城买粮食。

可见，如果拉措家不从事畜牧业，那么这个家庭的农业收获是无法保证温饱的，这也成为不少三岩人在青黄不接的季节到外面抢劫的借口。在调查过程中，笔者曾经有过这样的疑惑：他们为什么不去开拓大片荒地以增加粮食的生产呢？但是，当笔者考察了三岩的生态环境以后就发现这个想法是极其幼稚的。首先，三岩“全境多为石山，熟地颇少，计不过千分之七八而已。……巴巴在两山夹峙之间，石峰高耸，矗立参天，熟地颇少，倾斜亦急，居民共七十余家，俱在山之两腋，……惟土少人多，供不应求，所谓‘食之者众，生之者寡’，而可垦荒地亦属寥寥”③。其次，三岩人所使用的“农具粗率，耕地深至二寸有余，无镰锄，草禾并生，无法剔除”④。生态条件与生产工具决定了农业不可能在当地的经济生产中占有重要地位，所以，三岩人对农业的重视还不如采集。例如，每年4月是播种青稞的季节，但同时又是采集的季节，当这

① 《贡觉县县志》编写办公室：《〈贡觉县县志〉编写资料卡片》（手抄本）。

② 参见白玉县档案馆1963年“关于牲畜、粮食生产分配、合作社基本情况、副业生产等统计表”。

③ 羊泽：《三岩概况》，载《康导月刊》1939年9月第2卷第1期。

④ （清）刘赞廷：《武成县志》，1910年。

两项工作的时间发生冲突时，三岩人经常选择舍弃农田转而到山上去采集。事实上，相对于在农田的劳动来说，采集是能够较快实现经济效益的，这些收入在一定程度上能够缓解粮食短缺所带来的危机。

第二节 苯佛信仰与葬式分类

三岩的宗教信仰错综复杂，古老的苯教在这里有相当强的民众基础。由于交通不便，信息不畅通，即使这里在后期传入了藏传佛教，但是今日的三岩仍保留着苯教与巫术的浓厚遗风。这些信仰非常强大，仍然主导着三岩传统的葬式。

一、三岩黑教与传统葬式

（一）浓厚的苯教信仰遗存

1. 苯教信仰对三岩人生活的影响

清末，刘赞廷在记述三岩的宗教状况时曾写道："黑教喇嘛惯以人皮、人心、人手、人之天灵盖、人之大腿骨为之特品……能以驱祟招魂。"[①] 这里的黑教显然指的是苯教，而所谓的黑教喇嘛就是时下的民间宗教人士，老百姓普遍把他们称为"阿尼"。阿尼没有固定的寺庙，他们不是专职的僧人，但是他们会念经，而且还拥有自己的法器，主要是大鼓、拨浪鼓、金铃、木制小佛塔和神图，他们的职能是为乡民主持丧葬、驱鬼和祈祷仪式。家住在山岩乡的54岁村民尼松说：

> 我们这里家人去世后，通常请多个法师来算命，不单是请喇嘛，也要请阿尼。喇嘛一般是上师，但是，阿尼也是上师。喇嘛算命一般要翻一下经书。但是，阿尼算命不需要看经书，只是问了问去世的人的属相和家里3个人的属相，把3个人的情况结合在一起，就能够推算出他的葬式了。[②]

与苯教相生相伴的是巫术驱鬼活动。目前，一些村落流行的"驱饿鬼"的风俗就是由阿尼带领的。三岩的老百姓普遍认为阴间有一种叫"轧棱"的

① （清）刘赞廷：《武城县志·商情》，1910年。
② 访谈时间：2012年11月。

饿鬼，这种鬼是那些胆小的人死后变成的。他们在世的时候本来就怕事，当两个帕措产生纠纷斗殴的时候这些人不敢冲锋陷阵，只能在家里帮忙做饭，由于出去械斗的人太长时间不回来，在家做饭的这个人就早早吃饭了，这种人死了以后灵魂就会变成饿鬼。它长成了9个头、9张嘴，而且每张嘴都要吃饭，食量大得很，在人们收获粮食的季节里经常进出仓库，连灶神杜拉也难以发觉。三岩人认为对付这种鬼需要请阿尼，因为阿尼可以算出它们在什么地方，然后带领大家把它们赶走。

这项活动以帕措为单位在丰收的季节里举办，具体日子由帕措商量决定。举办活动的这一天，同一帕措的每个家庭必须在大清早天没有亮的时候备好9碗糌粑，将这些糌粑呈"一"字形摆在通往自家厨房门外的道路有坑的地方，并以白布盖住，主人则坐在厨房里面，将门紧锁。同一帕措的每个家庭出一名男青年。他们用灶灰抹黑自己的脸后，手持黄连刺或者砍刀组成驱鬼团大踏步走到厨房门前高声呐喊："轧棱、轧棱……"，主人听到呐喊声后打开门，驱鬼团蜂拥而进在厨房的每个角落一阵敲打。在这期间，驱鬼团还可以享受主人提供的奶酪、酥油茶等食品招待。据说，饿鬼扎棱闻讯会感到害怕，腿也发软，所以只能逃到厨房外面放着9碗糌粑的坑躲起来偷吃，主人则悄悄地走到那里掀开白布，并将中间的那个碗摔破，轧棱也随之死亡。

2. 苯教信仰对三岩人生产的影响

由于三岩的资源稀缺，那些与物质性生产相关的苯教节日在三岩人的心中显得尤其重要。

每年春天，各家各户在准备播种的时候，每个村庄都会由寺院中的喇嘛或者民间的阿尼带领大家一起念经，但其目的并不是祈祷个人的健康和转世，而是请山神做好保护庄稼种子的准备。夏天如果遇到干旱，人们也会组织在一起念经，这次念的经文叫《映来》，其目的是祈求龙神在必要的时候给人类降一场好雨，缓解旱情，让庄稼能及时补充水分，以期秋天有好的收成。在青稞收获之前，人们还会专门请法力高深的喇嘛来念经，其目的主要是消除冰雹对庄稼的破坏。这次念经非常重要，喇嘛不能在那些小神山、寺庙或者村里念，而要专门选择在乡里面最大的神山附近念。每个藏历年，各个帕措也会举办各种法事，祈求神灵在来年继续降福于本帕措。这项活动一般持续数日，不仅有藏传佛教僧人参加，还有阿尼参加。在这项念经仪式上还使用到了"朵玛"——由糌粑制成，颜色、形状、大小各异，分别代表各式各样的苯教神灵，僧人在念经时小心翼翼地把朵玛放在香炉旁边供奉，在念经的同时将白色的牛奶、黄色的酒水与青稞往朵玛的身上倒去，以表示对神灵的感谢，并祈祷他们来年继续施恩于本帕措。仪式结束以后，这些朵玛一般被收藏在一个铁箱里，时间长达一年，它们起到保护帕措来年生产的作用。冬天，人们修房子、耕地、砍伐木材、搬石头事先也多是念经，向土地神、树神、山神、家神和灶神等报告，让这些神灵挪开地方。人们害怕在从事这些工作时不小心冒犯这些神，倘若如此，人们希望得到神灵的原谅。

分析这些与生产相关的宗教活动可以看出，在三岩人的信仰体系里面，它们并不是直接针对个人的健康与福祉，而是体现了苯教信仰在物质性生产中的重要性。也正因为如此，我们才能够解释为什么三岩人偷盗、抢劫成风，甚至将偷盗、抢劫视为当地的一种谋生手段。笔者调查发现，这种思想可能来源于苯教信仰。在三岩，有这样一个传说：

> 在宇宙刚形成的时候，这里来了3个山神兄弟。大哥擅长耕田，看到四川巴塘的气候好，就打算搬到那里去种地；二哥擅长养牛，看到察雅的牧场青，就打算搬到那里去放牧；三弟年纪还小，什么也不会，只能帮助两个哥哥做些杂事。后来大哥与一个女鬼结婚，在她的煽动下把家里的农具悄悄带到巴塘去了；二哥一气之下就把所有的牛羊赶到了察雅；三弟什么都没有，只好经常去两个哥哥那里偷、抢，两个哥哥见他可怜，就不怪他，允许他偷和抢，于是三岩就形成了偷、抢的文化传统。三岩人认为女人破坏了兄弟的团结，也因此看不起女人。①

此则传说中的“山神”、“女鬼”无疑透露出了三岩浓厚的苯教信仰遗风，因而我们就能很好地解释为什么信仰佛教的三岩人能够做出偷、抢、盗等与佛教教义不相符的举动，还一度抢劫达赖喇嘛的茶包。② 此外，苯教信仰在某种程度上还维护着当地社会正常的运行秩序。在三岩，两个人或者两个帕措因为纠纷大动干戈以后，会邀请双方都信任的中间人做仲裁，而一旦纠纷的双方同意中间人所提出的方案后，所有人却必须到神山或者湖泊前当着山神和鲁神的面发重誓，发了誓以后不管之前有什么样的恩怨都一笔勾销，双方以后都不能再找对方报仇。

（二）死亡分类：可预见性与不可预见性

传统上，三岩人对死亡的分类主要有两种，即可预见的死亡与不可预见的死亡。可预见的死亡指的是一个人患病最后慢慢死在家里的情况。三岩人认为，这种死亡是能够预见的，它表明此人的阳寿已经到了尽头，其灵魂会安心离开阳世，到另外一个地方生活，是顺应天命的一种死亡。可预见的死亡还包

---

① 访谈时间：2012年11月。

② 参见顾祖成、王观容等《清实录藏族史料》，西藏人民出版社1982年版，第1378页。

括一种情况，即那些为了帕措的利益打架而死于刀口、枪口下的年轻人。三岩人认为，这种死亡虽然特殊，但是也算可预见的，因此对这种死亡也持积极的评价。不可预见的死亡与可预见的死亡相反，它是一种不可控的死亡，如一个人突然暴毙、患一些不常见的疾病而导致的死亡。人们对这类死亡的评价很差，普遍将死亡的原因归于死者在生前得罪了某个神灵或恶鬼。75 岁的老人格桑说：

> 可预见的死亡指的是一个人患病死亡，但里面也分好与差，有些人活到很老也没有什么病，是老死的，那种死亡就比较好。在我们这里，活到 80 岁以上才死的人是最好的死亡，这些人的灵魂会成为神，保佑家庭事事顺利。
>
> 不可预见的死亡就是患传染病死亡的人。只要一个人患传染病，不管他活多老都不能算正常死亡，因为这种人死后灵魂还会有传染病，只要灵魂回到家里，就会把一系列的病传染给家人。出门摔下山崖、撞车、妇女难产的也是不可预见的死亡，之所以发生这些意外，是因为他们得罪了神灵或被恶鬼缠身。
>
> 被人杀死的也算意外死亡，但是这还要看情况，如果是为了帕措的利益去和别的帕措打架而死的就不算意外死亡。因为两个帕措之间打架，死人是可以预见的，所以帕措与帕措之间有了纠纷以后要调和，就是不想有太多的人死亡。①

三岩地处恶劣的自然环境中，药物缺乏，人们在这种环境下要想很好地生存下来，就必须解决病痛折磨的问题。这样的生态环境与苯教倡导的灵魂永生的观念相结合，使人们对长寿充满了无限的渴望。他们总是希望自己一辈子能远离疾病，于是形成了按疾病、年龄来区分死亡的方式。

（三）苯教信仰指导下的传统葬式

葬式分类与三岩人对死亡的认识有很大的联系。在三岩人的传统葬式中，对于那些可预见的死亡，如果是患病或者老死的一般实行传统的土葬，如果是为了帕措利益打架而死的一般实行火葬。不可预见的死亡又分为未成年人的死亡与成年人的死亡，对未成年人的死亡实行树葬，对成年人的死亡一般实行水葬。（见表 4－1）

---

① 访谈时间：2012 年 11 月。

表4-1　苯教信仰指导下的死亡与葬式分类

死亡类型	死亡原因	葬　式	评　析
可预见的死亡	长寿老死	土葬	很好
	为帕措利益而死	火葬	较好
	中年病死	土葬	一般
不可预见的死亡	摔死、暴毙	水葬	较差
	未成年人死亡	树葬	—

1. 土葬：流行的葬式

土葬在三岩非常普遍。过去人死了以后一般实行土葬，请阿尼来算命，不需要推算葬式，只是推算出殡时间而已。三岩的土葬一般需要使用棺材殓尸。棺材是用青冈木制成的，高90厘米，长度与宽度约50厘米。殓尸时人们先将棺材上面的木板抽出，将死者捆成屈蹲状放入棺木后用绳子把棺材四周缠绕拉紧打结。下葬时将木棺放入土坑后再将绳子解开，然后填土起坟即可。

在三岩人的观念里面，坟场是令人恐惧的场所，一旦尸体被送到那里，则必须尽力安顿好，否则它会带着尸毒回家骚扰家里人。因此，坟场的选址是非常重要的，一个好的坟场可以让鬼魂安静生活，而差的坟场经常会导致村里发生各种各样的怪事，如牦牛无辜跌下山崖、猪发瘟死亡、青稞遭到破坏等。台西寺的白洛活佛说：

> 背阳的小山坡比较适合做坟场，因为鬼魂比较喜欢阴冷潮湿的地方。坟场周边的地势应西高东低，最好北面或者南面有树林或水流，它们不但对灵魂的安息有帮助，而且树木、水流还可以养魂，便于日后灵魂健康转世。①

白洛活佛对土葬选址的解释虽然提到了“转世”的功能，但这种“转世”是以“养魂”为前提的，体现了苯教灵魂复活的鲜明色彩。三岩的坟场很多，但是每个坟场所起的功能都不相同。概括起来，当地的坟场有四种：

> 小孩的坟场。沙东乡一个叫扎玛的坟场就是专门用来埋葬小孩的。这个坟场位于距沙东乡约1 000米处，泥土为金沙江河水的冲积土。坟场的北面约10米处有一条不知名的小溪，东面、南面是一片小树林，树种大

① 采访时间：2012年11月。

多是青冈树，西面是一望无际的庄稼地。坟场呈半月形，占地面积约为56平方米。坟场里面没有“坟墓”，因为人们到这个坟场来埋葬死者时都不建土包，只是简单掩埋以后用土将坑口填平即可。坟场四周散落着许多灵符和糖果，大概是人们送孩子到这个地方掩埋时作为给孩子的礼物。

成年人的坟场。以孔卡坟场为例。该坟场位于雄松乡夏雅村西面约1 000米的那日寺附近，四周全是桃树，坟场呈长方形，占地面积120平方米。这个坟场主要用来埋葬60岁（也有70岁之说）以下的死者，由于这些死者在殓尸的时候用箩筐或者藏式棺材，所以挖的穴比较深，但是填坟以后不用泥土起坟堆，而是用乱石：将几个大小不一的石头放在埋葬死者的地方垒起来，高度约20厘米。乱石堆旁边竖起帐篷状的“小房”，当地人称之为“觉多”。“觉多”是用布制成的，颜色有红、蓝、白三种，高度为1米左右，面积为2平方米左右，里面放着死者生前所穿过的衣服、用过的毛毯甚至碗筷等。当地人说，“觉多”是专给死者的灵魂准备的。据说这里的灵魂有时候会从坟墓里面出来前往阳世，走累了，他们经常在“觉多”休息。

老年人的坟场。在山岩乡劣巴村东面约2 000米的茨卡山半山腰有一处专埋老年人的坟场。坟场呈椭圆形，长直径为10米，面积约78.5平方米。此地泥土为水成土，土质较松软。在这个地方埋葬死者以后会用泥土堆起一个约30厘米高的坟堆，然后将玛尼竿插在坟堆顶上，玛尼竿上挂着经幡与龙达等，坟堆旁边还散落着一些石片，上面刻着“六字真言”。

僧侣的坟场。在三岩，还有些坟场是专门用来埋葬僧侣或者亦僧亦俗的死者的。比如，木协乡一个叫“渡隆栖”的地方就有一座这样的坟场。“渡隆栖”，意为墓葬圈，整个坟场占地面积约75平方米。据当地的老百姓说，它已经有几百年的历史，是麻贡寺的堪布开创的。他在临终前留下遗嘱要求土葬，因此开创了这个坟地，后来逐渐成为附近一带有名的坟地，不少僧侣死后都埋葬在这里。在此地埋葬死者以后不起坟堆，而是用土填平整成平地，并由僧侣们在上面栽树种草。

分析这四处坟场，可以明显看出：第一，土葬是三岩当地最普遍的一种葬式，它的覆盖范围涉及僧俗两界。第二，从小孩、成年人到老年人的坟场，其佛教色彩逐渐变浓。例如，小孩的坟墓多撒着治病抓鬼的灵符，成年人的坟地多放着“觉多”并画有苯教的神，而老年人的坟场多撒着刻上“六字真言”经文的石片。田野调查中也发现，平常念经、转经最勤快的也是那些上了年纪的人。第三，尽管人们在土葬过程中也会念经，但是土葬的核心内涵却是苯教的，其中藏传佛教普通僧侣实行土葬是苯教“含括”佛教的体现。台西寺的白洛活佛对土葬的解释也鲜明地体现了这种思想。他说：

> 火葬不一定好，因为焚尸时浓烟四散，会烧死空气中的很多虫，而且与佛寺的净土圣地不符。土葬可以将躯体喂虫子，也是一种舍身利他的行为。土葬以后，有一个灵魂是专门转世的。[①]

按照佛教教义，藏族人之所以不愿意土葬是担心尸体生蛆，当这些蛆吃完了死者身上的肉以后会饿死，导致死者增添罪孽，使其灵魂掉入十八层地狱而难以转世。但是，在三岩，佛教传入以后面对强大的苯教包围时，也会向苯教做出妥协而接纳苯教所倡导的葬式，但又以佛教舍身利他的教义对此行为进行辩解。

2. 火葬：勇敢的象征

（1）火葬与帕措文化。三岩当地的生态环境恶劣、资源紧张、粮食缺乏，人们要想在这样的环境中生存就必须解决粮食稀缺的问题，唯有依靠帕措集团以武力对资源展开争夺，三岩也因此发展了一套打、偷、抢的帕措文化。依靠帕措组织生活的三岩人要想受到别人的尊重只有一种方式，那就是能打。相反，那些胆小怕事的人不受帕措的人欢迎。打架、斗殴就免不了死亡，而三岩的火葬主要针对那些为了帕措利益打架、斗殴等而死于刀口或枪口下的死者。由于三岩人长期生活在刀光剑影之中，对于这种死亡也司空见惯，因此当地人对这种死亡的评价比较好。格桑老人告诉笔者：

> 为了帕措的利益与别人打架、斗殴而导致死亡虽然比不上正常的老死，但总的来说，这种死亡是一种比较好的死亡。我们三岩人习惯动刀，因此打架被砍死的大家都见怪不怪了。这种死在帕措看来是比较光荣的，死者的灵魂不会进地狱。[②]

当一个人为了帕措的利益被打死时，他所在的帕措就开始着手办理他的后事了。由于这个人是为了整个帕措利益而牺牲的，帕措成员会视他为英雄。在办丧事的时候，如果这个人的家庭出不起钱，那么他的丧事由整个帕措每家每户平摊。如果打死人，两个帕措经过谈判确定了赔偿金额的，那么打死人的一方会召集本帕措的每家每户凑钱支付给死人的一方；而死了人的一方拿到钱以后会将大部分钱给死者的家庭，留下一小部分作为办丧事的花费。帕措内部秉承“有钱出钱、有力出力”的原则，尽可能把他的丧事办得风光一些，以体

---

① 采访时间：2012 年 11 月。

② 采访时间：2012 年 11 月。

现帕措的团结。家住在沙东乡盖果村的扎其就向笔者讲述了一个发生在8年前的事件，沙东乡盖果村两个帕措因为争夺草场发生大规模的械斗而引发死亡：

> 8年前，我们两个帕措打架是因为对方的牛越界过来吃我们的庄稼，我们就把他们的牛抓了起来，他们就来了几个人把牛抢回去，还把我们的人打了。我们咽不下这口气，就纠集本帕措的人一起去报仇。结果我们帕措有一个人被对方打成重伤了，后来我们把他送回家里，但很快他就死了。我知道他死亡以后，就带了50斤糌粑、10斤酥油、30斤白酒去他家慰问。我们这边的风俗是平常死人不用带那么多慰问品的，只需要2～3斤包谷就可以了。但是那一次比较特别，他是为我们的利益而死的，所以就多带一些慰问品去。我到他家的时候，整个帕措的人都来了，有些人带了100斤糌粑向他家人慰问。人们围着屋子议论纷纷，都为他的死感到可惜，但是大家也从心里感激他，大家都说他就是我们帕措的英雄，也纷纷表示举办完葬礼后商量复仇。我当时帮他捆缚尸体，守在他的尸体旁三天三夜，基本上围着尸体睡。最后我们把他的尸体抬到火葬场。这些活我全都做了，我很敬佩他，也想向他表达一份关心。①

三岩的火葬被帕措视为一种比较高级的葬式，操作严格遵守一套程序。在选定火葬的地点以后，人们需要用白石子把场地圈起来。据说这样做能够有效地保护死者的灵魂，使它快速升天。笔者分析，这种观念可能是古羌人白石崇拜观念的遗留。据说，古羌人在南迁的过程中，曾受当地的土著戈基人的围攻几乎濒临灭绝，最后在天神的启示下，拿起白石做武器对戈基人展开大反攻才打败了对方，从此过上安居乐业的生活。② 圈好火葬点以后，人们便架起横竖交错的木柴，再将捆成胎儿状的尸体放到木柴上，由喇嘛推算专门的人为其点火。整个火葬过程中，喇嘛带领帕措成员围着尸体而坐，对死者念经超度，帕措的成员还要一边向尸体添加柴火一边撒青稞、大麦、奶酪、杂豆等。据说这些食物是用来孝敬天神的，同时也可供死者食用。火葬结束以后，死者的亲属要在第二天去捡骨灰并进行专门的处理。

（2）火葬的限制条件。在三岩，火葬并不常见，它是专门用于那些死于刀枪之下的人的。除此之外，还必须考虑三岩地区的生态条件和季节因素。

在生态方面，三岩植被茂盛，当地分布着广泛的树林，为三岩火葬提供了充足的木柴。三岩境内有大型的原始森林，是西南唯一保存完整的高山原始林

---

① 采访时间：2012年11月。

② 参见《羌族词典》编委会《羌族词典》，巴蜀书社2004年版，第382页。

区。森林植物种类繁多，群落组成复杂，受自然条件垂直变化的影响，植物的分布也出现垂直变化。海拔 3 400 米以下多为山地针阔混交林。在金沙江河谷和木协、雄松、罗麦等区域河谷一带，树木主要有铁杉、油松、云南松、槭、桦等；草本植物以早熟禾属、野青茅、刺芒野古草、须芒草、黑穗画眉草等禾本科及其他林间草被为主。海拔 3 400 ～ 4 200 米的地带是高山针叶林带，表现为针叶林多与亚高山草甸交错分布，主要树种为鳞皮冷杉、紫果云杉、高山栎等，与灌木林地镶嵌分布于草甸和灌丛草甸之间。① 三岩树多，这可以与三岩人盖房子所用的木料相互印证。在三岩，每个乡都专门设有林业办，负责核定每个人每年能够免费砍伐的树木数量。

虽然三岩不缺木柴，但是并不等于所有的木柴都适合用于火葬。事实上，人们在火葬的时候对木柴还是有选择的。在三岩，人们喜欢用松木、青冈木做火葬燃料。特别是松木，由于它会流出一种乳黄色的油脂，非常易燃，一根如手臂粗的松木，只需要用火柴点一下有油脂的地方就轻易燃烧起来。显然，松木已经被人们赋予了宗教学上的意义。比如，人们对选用松木的解释就是因为松树的叶子经常在烧香朝佛的时候用到，它们燃烧时会散发出一种清香，神仙闻到这种气味以后会很高兴。至于人们喜欢选择青冈木作为火葬的燃料，当地人解释那是因为青冈木耐烧的缘故。比如，一根手臂粗的长约 30 厘米的晒干的松木可以燃烧 20 分钟，但同样条件下的青冈木燃烧时间是它的 2 倍。如此一来，万物生长到秋叶落下这段时间就限制了三岩的火葬，因为这个季节松树与青冈树一般都含有水分，很潮湿，不能立即用来生火。即使勉强点燃了，也会冒出乌黑的浓烟。三岩人将此归结于宗教的原因，担心这些烟雾会熏死昆虫，激怒天神降冰雹打坏庄稼。因此，当一个人夏季因打架而死，人们通常会采取保留尸体的做法，以一定的防腐技术对尸体进行处理，然后装入一个木箱里面，放在家里的某个角落，等夏季过了以后再选择一个合适的日子将其火葬。如果此期间遇到本帕措还有人死亡的，火葬时不分彼此，可以将两具以上的尸体同时放在一起火葬。

（3）火葬：天神崇拜的信念。考察三岩的火葬，虽然目前它已经渗透了佛教的教义，但是笔者认为其本质核心是萨满信仰的天神崇拜。这种推论来源于以下三大证据：首先，火葬的对象是那些为了帕措的利益斗殴而死的人，就老百姓对其评价是“光荣的”这一点来看，它无疑符合古羌人“以战死为荣，病终为不祥”② 的思想。其次，古羌人在天神崇拜的观念下发展的火葬在三岩的火葬中仍有保留。譬如，火葬时往死者身上扔青稞、大麦等食物，其目的是

① 参见西藏自治区贡觉县地方志编纂委员会《贡觉县志》，巴蜀书社 2010 年版，第 46 页。
② （南朝·宋）范晔：《后汉书》卷 87，中华书局 1986 年版。

敬奉天神和死者，很明显，它蕴含了死者灵魂与天神同在的隐喻；而火葬时避开夏天另一个最重要的原因是害怕天神发怒而降祸于人类，这也是天神崇拜的反映。最后，火葬在三岩是帕措强化身份认同的一种手段，这种手段与当今川西北一些羌寨的情况类似。在三岩，同一个帕措的人员死后可以一起抬到火葬场进行火葬，而不同帕措的成员死后绝不能一起火葬。火葬有固定地点，即火葬场，分为宗族火坟场、村寨火坟场和火葬坪。宗族火坟场是按各家族设立火坟场地，一般用石砌围而成，有碑记载宗族姓氏及始建年月等，专供本族人使用，仅限本族人进入；村寨火坟场凡本寨人死后均可入内；火葬坪无火坟，人死焚后不捡骨灰。① 这些做法无非是通过火葬这种特殊的丧葬方式强化同一骨系的血统。虽然金沙江两岸的三岩人是藏族而非羌族，但是藏族与羌族的族源中皆有一支来自于古羌。② 这一点是毋庸置疑的。

3. 水葬：低贱的代名词

（1）水葬的对象。在三岩的“地方性知识”体系中，水葬经常用来葬那些自杀死亡或者意外摔死的人，尤其是用来葬那些因难产而死的孕妇。其实，这种情况我们在许多民族那里也有发现。例如，在我国台湾地区排湾人的观念中，“难产死亡的产妇被比喻为‘像粉状的米糠’，视同废物，尤其是当婴儿尚未脱离母体产妇已告死亡的情形。若婴儿已脱离母体，则产妇之死可以一般室内葬方法行祭；反之，则家中成员必须弃家屋而去，不可带走任何一件东西，因恐物品被死灵污染；产妇尸体亦将被弃置于村外”③。

三岩的水葬程序比较简单：家里有人去世以后打算对其实行水葬的，家属会刻意把丧事办得低调一些，下葬的速度比较快。例如，当天去世，可能第二天就下葬了，省去了长长的念经、守尸等环节。之所以省去这些环节，是因为人们认为这种死亡不洁，具有非常强的污染性，它可能会像传染病一样把这些晦气传染给那些前来吊唁的人。通常情况下，在殓尸之前，人们也不会替死者洗尸，仅以死者平常睡的一张毛毯将尸体包裹后放入箩筐中就抬往水葬点。到了河流高处，众人将尸体从箩筐中移出，举起尸体往河里投掷，尸体瞬间就被冲走了，水葬便结束了。在这个过程中，个别家属也会请喇嘛来帮助念经。

三岩拥有丰富的水资源，金沙江作为四川与西藏的界河，在境内流程 181 公里，贯穿三岩全境。以三岩东岸的白玉县为例，其一级支流——降曲河全长约 40 公里，由西北向东南流淌，穿过萨玛乡和盖玉乡，水流急，落差大，约

---

① 参见《羌族词典》编委会《羌族词典》，巴蜀书社 2004 年版，第 384 页。

② 参见石硕《西藏文明东向发展史》，四川人民出版社 1994 年版，第 45 页。

③ 许功明：《排湾族古楼村丧葬制度之变迁：兼论人的观念》，见黄应贵《人观、意义与社会》，“中央研究院”民族学研究所 1993 年，第 403 ~ 404 页。

为每公里 10 米。河水的补给主要来源于高山融雪与地下水。每年夏季，高山上的冰雪融化，顺着山间往下冲入河流，使河里的水冰冷刺骨；而进入雨季以后，天天下雨，河床迅速抬高，水位跟着升高，流量大增，极易冲走尸体。入冬以后，三岩境内所有金沙江支流的水位都会下降，水流量同时减少，无法迅速冲走一具成年人的尸体，这时候若要进行水葬，必须在死者的尸体上绑一块重几十斤的石头，然后把尸体连同石头一起扔到河里。

（2）水葬：毁灭之象征。尽管三岩有丰富的水资源，但不等于凡是有水的地方都可以实行水葬，除了前面所讲的必须具备足够大的水流量与足够高的水位以外，一个水葬点的风水也是至关重要的。只要仔细观察那些适合做水葬点的地方的河水流动情况，皆可发现它们有大大小小的旋涡，而且很多时候这种旋涡状都呈现逆时针而非顺时针，类似于雍仲的“卍”符号。众所周知，雍仲的“卍”符号与佛教的“卐”符号刚好是相反的。前者是朝逆时针方向旋转，而后者是朝顺时针方向旋转。那么，人们为什么要选择旋涡状的流水处理这些尸体呢？对此，不同的报道人给出了不同的解释。一些人认为，把尸体葬在那些旋涡状的流水中有利于加速死者灵魂的转世。还有一些老百姓认为，那样做可以使家里的财富不外流。他们的解释是，旋涡状的水流就像把外面的许多金银珠宝卷入自己的家中一般。笔者相信，持这种解释的老百姓多是受佛教教义影响比较深的佛教徒。例如，73 岁的阿尼容尼告诉笔者：

> 自杀、摔死、产妇难产而死是他们得罪鲁神的结果，这种神住在水里面，它能导致你患传染病。比如，一个人的皮肤溃烂就是因为你得罪它，它往人的身上下药的结果。这种死亡肯定是一种不好的死亡，死者的身体不干净，因此亲属不愿意给死者洗尸，只能把尸体丢在有旋涡的地方，旋涡状的水流只会促使死者的灵魂走向毁灭，这样能够有效地把一切传染源和人类生活的地方隔离起来。因此，水葬点比坟场还恐怖，因为葬在那里的死者都比较脏，死后都会成为厉鬼。①

为什么佛教徒的解释和阿尼的解释如此不同，甚至完全相反呢？这个问题我们在下文再行讨论。② 事实上，在三岩，大多数的老百姓认为水葬所针对的尸体是由于自杀、摔倒而死的人，这是一种非常差的死亡，因此，死者的尸体在老百姓的观念中总是不干净的。这种观念与台湾地区的排湾人相似，在排湾人的死亡观念中，凡蓄意或过失致死的为非常严重的恶死状况，女巫无法干涉

---

① 采访时间：2012 年 11 月。

② 笔者认为，两种矛盾的解释大致可以反映三岩人的宗教信仰，即他们秉承的复合信仰有佛高于苯的时候，也有苯高于佛的时候（详见本章第四节的讨论）。

或行祭仪弥补。人们认为，此类死者之魂终将成为恶灵或邪神而危害人间，即使家属为其献祭仍无法使之避免成为飘浮不定的坏祖先。[①]

学术界普遍认为雍仲符号出现于藏族文化中的最早材料是岩画，其在藏族文化中所具有的寓意是“永恒不变”、“坚固不摧”、“吉祥万德”等。这种寓意在较早时期（而不是最初）源自“雍仲苯教”，始于距今2 000年之前。[②]但是，向左与向右旋转所代表的文化内涵完全不同，“右旋者为善神象鼻天的象征符号，代表阳性本原，代表着在白天从东至西运行的太阳，并且是光明、生命、荣耀的标志”，而左旋者“乃是女神时母的象征符号，它代表着阴性本原，代表着在黑夜从西至东在地下世界运行的太阳，并且是黑暗、死亡、毁灭的象征”[③]。就三岩的水葬选址来说，选择那些往左旋转的水旋涡是有一定含义的，从这一点来看，三岩水葬体现的核心信仰仍然是苯教信仰。

4. 树葬：未成年人的复活之礼

（1）死亡与“迷信”。三岩地处深山峡谷，当地生存条件恶劣、卫生条件差，相比其他地方，人们的健康更易受威胁，寿命也比其他地方短，尤其是那些未成年的孩子。一份来自当地卫生防疫站的统计资料显示，在2011年共有24个婴儿出生，但是这一年中死亡的就有6人，死亡率达到1/4，可见死亡的比例是比较高的。在当地，稍微有点医学常识的人都将其原因归于三岩人的“迷信”。那么，这种所谓的“迷信”是什么呢？在田野调查期间，笔者找到以下个案：

> 6岁的阿追是雄松乡夏雅村人。5月的一天，他突然感觉到肚子痛，接着发低烧，连续拉了三天肚子，精神恍惚。他的父母第一反应就是认为阿追的灵魂丢了。由于当地人有人的灵魂在头发一说，阿追的父母更是将阿追的病情与头发联系起来。他们认为，前段时间帮他剪发的时候，那些剪下来的头发没有保存好，可能被来串门的人拿走了，找回灵魂的方法就是到亲戚朋友家“偷”别人的一根头发或者从其他动物身上剪一些毛回来塞到阿追的床底下，但是这项工作只能由他的父亲来做，并且不能让别人知道。

在乡卫生院不少干事看来，阿追父亲的这些做法就是一种迷信。但在现实生活中，当宗教信仰无法有效保护孩子的成长时，巫术手段也会层出不穷。巫

① 参见许功明《排湾族古楼村丧葬制度之变迁：兼论人的观念》，见黄应贵《人观、意义与社会》，“中央研究院”民族学研究所1993年，第403页。

② 参见夏格旺堆《白伦·占堆“雍仲”符号文化现象散论》，载《西藏研究》2002年第6期。

③ 熊文彬：《白居寺壁画风格的渊源与形成》，载《中国藏学》1995年第1期。

术与宗教最大的不同在于它更加强调人类的主观能动性，它是人类面对变幻莫测的大自然时试图以同类联想的方式控制自然界的一种尝试。

三岩的巫术与苯教信仰密切相关，三岩人把 13 这个数字作为成年人与未成年人的分界线就是一个明证。与金沙江入口的玉树一样，在三岩，孩子到了 13 岁以后也会举行成年礼——给孩子佩刀。在三岩人看来，13 与 1 等同，因为它是十二生肖新一轮开始的第一个数字，很关键，孩子到了这个年龄刚好发育完整，在这个崭新的时刻，他开始接受一切新鲜事物，天神也最愿意在这个时候将光辉的智慧传授于他们没有受污染的心灵。如果一个未满 13 岁的孩子夭折，一般要实行树葬。

（2）树葬的程序。未成年的孩子夭折以后，家长会用酥油将死者的手掌点红。据报道人说，13 岁以下的孩子死亡是偷生鬼造成的，人们在死去的孩子手掌上点红点是为了方便偷生鬼辨认尸体，当他钻入这个尸体以后，就不会再对其他活着的孩子造成伤害。家属在替死去的孩子做完上述事情以后，就开始殓尸了——把死者的双手交叉放置于胸前，双膝靠拢卷成胎儿状塞进一个长宽均为 0. 8 米的正方形木箱或者竹箩筐里，有些家庭还会往木箱里塞一些孩子生前喜欢吃的糖果、穿过的衣服或者用过的棉絮等。

装好尸体后，人们根据喇嘛打卦的时间把尸体抬往树葬点。三岩的树葬点大多在靠近金沙江的一些支流的小树林里面，这些点都是当地的喇嘛通过观察地形后选择出来的。就这些小树林的树种而言，山岩乡大多以松树为主，而克日乡以青冈树为主。虽然树种不同，但是选择的圣树都有一个共同的特点，那就是以树枝笔直、树干粗壮为好。笔者在田野调查中了解到，这些类型的树主干直径有 1 ～ 2 米，普遍高 10 米左右，中间长出许多和枝叶，其分枝长度与主干长度相当，主干和分枝还长出许多根须，垂吊到地面上。树冠犹如一顶大伞展开，树干长满了很多树瘤，借着这些树瘤可以轻而易举地攀爬。但是，并不是每一棵这样的树都可以做圣树，这与它所处的地理位置有密切关系，其中蕴含着生命重生的丰富意义。

譬如，在山岩劣巴村西面约 8 公里处有一个叫若佶的地方有一片小树林，其中两条小河交错而流，在河水的交汇处，流速平缓，水深 1 米左右，清澈见底。当地人认为，岸边那些树之所以长得粗就是因为吸收了充足的水分。在两条河流交汇处生长的那些树或者在十字路口交错地方的那些树比较适合做圣树。因为河水交汇之处往往聚集有风、土、水，一个属火的孩子葬在这里，就结合了自然界中的风、土、水、火四大要素，那么他的灵魂就能快速转世成人，来世像树一样茁壮成长。而十字路口有助于考验死者的灵魂，在他去阴间之前做出正确的选择，当他的灵魂再一次复活返回人间，以后就不会误入歧途，且能够成大器。

尸体到达树葬点以后，就要开始挂棺，面向无疑是最重要的。报道人告诉笔者，向东方最好，因为那是太阳升起的地方，可以迅速驱散阴气，这样他转世也会快一些。但是，不是每个孩子都适合朝东的，这主要看孩子的生肖和死亡时间与哪个方位吻合。如果不能向东，那么也要尽量使其棺木朝向河流或者有白石的地方，那样也有利于他们转世。挂棺过程中人们最忌讳的是把一根还没有干枯的树枝折断，这意味着家里还会有人死亡，因为每一根树枝代表一个有气息的人，如果人为把它折断了就意味着家里有人会在不久的将来死亡。挂棺主要有两种方式：第一种是捆绑式挂棺，即将装有尸体的木棺或者竹箩筐紧贴大树的分枝，然后用牛皮绳或者铁丝缠绕木棺与树枝几圈，最后打死结即可；第二种是悬挂式挂棺，即先用铁丝或者牛皮绳将木棺或者竹箩筐缠绕几圈，然后向上拉起，将多余的部分打死结，最后悬挂在大树的分枝上。如果是冬天，树的叶子全部落下后，仅看到一个个悬挂的小木棺，就像树枝结出的果实一般。这种情况与广西大瑶山的瑶族对夭折孩子实行的挂葬不同。在广西金秀大瑶山茶山瑶族看来，刚出生即死亡的婴儿，其灵魂将回到花婆神（即儿童保护神）处，等待第二次投胎转世。尸体不朽，灵魂就不能离体，故用破絮、破衣包裹尸体，置于竹筐内，挂于林中，促尸体速腐，灵魂速离此身躯，快转来世。[①] 很明显，广西金秀大瑶山的挂葬包含了更多的佛教信仰，体现了尸体消失与灵魂转世的关系。三岩的树葬虽然也体现了销毁尸体的特征，但是如果人为地将尸体毁坏并不是好事，它预示着这个家庭会倒大霉。因此，三岩人也会利用这种思想实行一项巫术活动：如果两个家庭有仇，当一个家庭的孩子死亡实行树葬以后，仇家会拿木棍偷偷地到树底下把对方的木棺捅下来，企图使这个家庭断子绝孙。

（3）树葬[②]：苯教信仰。从三岩树葬的整个程序来看，有一个细节特别值得注意，它是我们理解三岩树葬核心的突破口，即三岩地区的树葬在绑缚棺木的时候可以用铁丝，甚至一些棺木还使用了铁钉。这一点从藏传佛教不杀生的观念看来是不可思议的，它绝不是“在后工业时代人们为了实际的便利，也会部分地放弃一些传统的宗教理念”[③] 的行为，而是苯教信仰的体现。据《北史》记载，苏毗贵人就有用铁器做棺材的习惯。[④] 苯教信仰也一直有“弓箭为

---

① 参见郑传寅、张建《中国民俗词典》，湖北辞书出版社 1985 年版，第 422 页。

② 本部分内容笔者先前已在期刊公开发表（参见叶远飘《川滇藏峡地的树葬比较研究——以奔子栏和三岩为例》，载《中国藏学》2013 年第 1 期）。

③ 岳小国：《从丧葬习俗看藏族地方社会的历史及文化——以四川甘孜藏族自治州山岩树葬为例》，载《北方民族大学学报》2009 年第 3 期。

④ 参见（唐）李延寿《北史》卷 96，中华书局 1974 年版。

栏，上祭天神，下祭水神，中祭厉神”[①] 的说法。因此，铁丝、铁钉这种具有杀伤性的武器不但不在忌讳之外，而且还是丧葬中的主要工具。而从苯教与13这个数字的关系来看，树葬体现的也是苯教信仰。卫藏地区有关苯教的起源传说是这样的：“在西藏第一代赞普聂赤赞布以后六代的赤德赞普（即思赤赞普）时，卫部翁雪纹有辛氏家族一童子，13岁时被鬼牵引，遗迹藏地13年，于26岁时返世人中间。这时，他对人们说，什么什么地方，有什么什么鬼神，能作如何如何的祝福。他还对人们说，只要对鬼神进行供祀、禳祓、祭送，便可得到鬼神的保佑。”[②] 三岩人为什么要对未成年人实行树葬呢？当地流传着三种说法：

第一种说法认为，树葬可以防止偷生鬼投胎。孩子的脑袋是空的，他们没有灵魂，阴间的那些偷生鬼就是趁着人还没有灵魂的时候钻入其脑袋里。由于这个孩子的身体长期被偷生鬼的灵魂占据，其真正的灵魂就没有地方成长，而当偷生鬼的灵魂暂时离开这个孩子的时候，他就会死亡。人们用酥油给尸体双掌点红点是为了方便偷生鬼辨认出来，因为它已经习惯了这个孩子的身体，会再次回来找他。如果找不到，它就知道是孩子的母亲将孩子藏起来了，它就会钻进母亲的肚子里，等待母亲再次怀孕的时候，顺利钻到下一胎婴儿的脑袋中。把尸体挂在圣树上的目的就是让偷生鬼在树上下不来，从此不能再作恶。

第二种说法认为，自然界由风、土、水、火四种物质组成，风最大，因为风可以刮走泥土、掀起暴雨、吹灭火苗。人的生命来自于风，树葬就是风葬，孩子死亡实行树葬就是把他送还风神，与风神交换，乞求风神再交给人们一个成熟的生命。如果实行像成年人那样的葬法，风神得不到（尸体）不高兴，它就不会再让人类怀孕，人口就会减少，而且庄稼也得不到好的收成。

第三种说法认为，孩子没有成年，灵魂像气体一样，只能停留在树上，这样有利于投胎，尽快脱离六道轮回，来世像树一样茁壮成长。

以上三种说法中，第一种说法最流行，其认为的“鬼魂可以钻进孩子的脑袋或者母亲的肚子”显然是一种巫术的说法。但是，与古老的巫术相比，三岩的巫术又明显融入了佛教的思想。例如，偷生鬼的灵魂在尸体里面，为了避免亵渎神灵，出殡时间应选择在天没有亮之前。可见，在三岩人的观念中，

① 云南省中甸县地方志编纂委员会编纂：《中甸县志》，云南民族出版社1997年版，第227页。

② 善慧法日：《宗教流派镜史》（油印本），刘立千译，西北民族学院研究室1980年，第186页。

鬼似乎比神还要厉害，神拿鬼没有办法，只能靠喇嘛选择的圣树摔死偷生鬼，佛祖似乎成为巫术制敌时所借用的一种工具。

第二种说法认为的“把孩子送给风神，否则影响庄稼收成”也带有巫术的成分，这种说法与隋朝之前在金沙江峡谷地区活动的苏毗人所举行的一种“以人祭树神”的巫术活动似乎很接近。据《隋书·女国传》记载，苏毗“俗事阿修罗神，又有神树，岁初以人祭，或用猕猴。祭毕，入山祝之，……有粟则年丰，沙石则有灾”。据考证，苏毗地界在今西藏昌都与青海玉树相连的区域。在吐蕃东扩过程中，“玉树则被列为以贝嘉德十二部为主力的中勇部（军区），担负南攻南诏、东下洮湟河陇之责任，而玉树居民苏毗人等成为组成吐蕃军队的主要人员”①。显然，历史上苏毗人顺着金沙江峡谷由北往南迁徙。

第三种说法表现的也是萨满的信仰类，因为类似的信仰在我国流行萨满信仰的东北很普遍。例如，赫哲族认为人有三魂，分别是生命魂（奥任）、思想魂（哈尼）和转生魂（法扬库）。其中转生魂的作用是转生：好人死后仍变为人，父子互相更替不绝；次者则变为家畜；恶人则变为蒿子秆上的疙瘩，永远不得再投胎为人。② 三岩的树葬也体现了这种价值取向。其中父与子可以相互更替是很重要的，因为三岩的帕措社会就是以父系为继嗣原则的。女性被认为如男人的衣服一般，只是一种附属物；男性是一个家庭甚至一个帕措的核心力量，不但起到保护帕措的作用，也是帕措人口不断繁衍的重要力量。三岩的树葬体现一定的佛教信仰，其中的转世轮回就是明证，但是这种思想比较淡。或许当两种信仰结在一起时，它才显示出三岩地方巫术与佛教思想融合时所体现的强大张力。

二、三岩红教与新兴的天葬

（一）三岩红教的传播状况

红教即所谓的藏传佛教宁玛派，这个派别是藏传佛教后弘期形成的最早的一支教派。在藏语的发音里面，“宁玛”是“古”和“旧”的意思，因该派僧徒在修法过程中常戴红帽，俗称“红教”。据《贡觉县志》记载，宁玛派传入三岩的时间约为公元12世纪70年代，它开创了三岩佛教的历史。③ 目前，一江两岸的三岩区域共有25个藏传佛教宁玛派寺庙：其中金沙江东岸的山岩乡有尼更寺；金沙江西岸的木协乡有麻贡寺、日朗寺、江村寺和曲持寺，雄松

① 周希武：《玉树调查记》，吴均校释，青海人民出版社1986年版，第1页。

② 参见凌纯声《松花江下游的赫哲族》，上海文艺出版社1990年版，第102～103页。

③ 参见西藏自治区贡觉县地方志编纂委员会《贡觉县志》，巴蜀书社2010年版，第743页。

乡有巴日寺、噶举寺以及朗日寺，敏都乡有台西寺、根沙寺和扎玛寺，沙东乡有拉多寺、贡嘎寺、朗措寺以及仁青寺，罗麦乡有达松寺、亚青寺、罗根寺、列根寺以及果根寺，克日乡有卡洪寺、多卡寺、莫卡寺、牛卡寺以及西德寺。

三岩历史上的藏传佛教寺院是否是红教一枝独秀呢？在有关三岩历史寺院的记载中，清末的刘赞廷写道：

> 白日根寺在本城，黄教喇嘛一人；南格寺在南格村，红教喇嘛五十余人；色热寺在宗巴村，红教喇嘛六十余人；察拉寺距城东南二百里，黄教喇嘛四百余人；郭觉卓贞在堆达村，女尼五十余人……俄热寺在亚巴村，黄教喇嘛二十余人。①

以上资料中的红教所指的是藏传佛教的宁玛派，黄教指的正是藏传佛教格鲁派。但事实上刘赞廷笔下的“三岩”范围比今天的“三岩”范围要广，所以这则文献并不是三岩核心区域宗教情况的真实记录。譬如，他所记载的3个黄教寺院都不在今天三岩的核心范围内，其中俄热寺位于今四川省石渠县蒙宜乡蒙格村；察拉寺位于今芒康县；至于白日根寺，刘氏说它在“本城”，而“本城据西康之中央”②，那么可以推断出这个黄教寺庙位于今天四川省巴塘县。据当地的藏传佛教僧人和老百姓的说法，三岩在历史上一直就有红教，从来没有黄教。③

宁玛派传入三岩以后，对三岩人的信仰产生了较大的影响，使三岩人过的许多节日都沾上佛教的内容。譬如，人们不管是庆丰收还是耍坝子，都会抽出一定的时间集体念经。在三岩，还形成了许多与佛教相关的节庆，比如观音大师、莲花生大师的生日等。每当这些节日，三岩所有的老百姓都会自发到寺庙去布施、转经和烧香，场面很是热闹。期间，寺院的活佛会亲自穿上白、红、黄三种不同颜色的衣服扮成莲花生大师跳神。白色服装代表莲花生大师曾经担任过皇帝，红色服装代表他是大喇嘛的身份，黄色服装则代表他法力无边，而能够亲眼目睹活佛扮演莲花生的每个人在来年会获得好运气。在此期间，那些上了年纪的老人还会对自己年轻时犯下的一些错误进行忏悔，以求得死后有一个好的转世。更虔诚的信徒在此期间不吃肉、不喝酒，表达其向佛的决心。日

---

① （清）刘赞廷：《武成县志·寺院》，1910年。

② （清）刘赞廷：《武成县志·寺院》，1910年。

③ 这与三岩的地理环境、社会结构密切相关，由于黄教在发展过程中主要靠清王朝的武力支持，而三岩易守难攻，直到民国还属于权力的真空地带，加上互不隶属的帕措组织可以随心所欲地选择信仰，因此比较“正统”的黄教不可能在当地有任何发展。笔者之所以提出此问题，是因为藏传佛教各教派融合当地土著宗教的手段不同，其对丧葬及死亡观所产生的影响也不同。此问题在本书第六章第三节“诠释：金沙江峡谷丧葬文化模式的差异”将作详细讨论。

常生活中，念经与转经是每个人每天必修的课程。笔者在田野调查期间发现，人们无论走到哪里，左手总是拨动着佛珠，嘴里不停地念“六字真言”，出门凡是经过白塔时也会转上几圈，他们坚信，这样做不仅有利于今生的身体健康，同时对死后自己得到好的转世有事半功倍之效。

（二）红教在三岩推行的葬式

1. 红教对死亡的认识

佛教传入三岩以后，对三岩原本的丧葬文化形成了较大的冲击。佛教强调念经积德、以业报轮回来评价一个人的种种行为，所以它关于死亡的解释与苯教不太相同。白洛活佛说：

> 死亡没有好与差的区别，有好坏之别的只是灵魂的转世。在人的一生中，念经从善很重要，如果你多念经、常从善，那么你死的时候灵魂就可以进入三善趣。相反，如果一个人生前不念经，还到处做坏事，那么他死后灵魂就会进入三恶趣。活佛的死亡是最好的死亡，因为他已经超越了人生的苦乐，登入了极乐世界。喇嘛、僧人的死亡肯定要比其他人好一些，他们有机会进入天界。那些年纪比较大的老年人，几乎每天都在白塔转经。他们的死亡不算太差，但比不上僧人的死亡，因为僧人不仅自己念经，还会帮助动物念经。那些生下来就夭折的婴儿的死亡就比较差，因为他们还没有念过一次经就死了，死了以后很难转世成人，也没有机会再念经了，其实这都是他的前世造成的。①

在佛教传入三岩以前，当地老百姓非常自然地将年纪与死亡联系起来，认为年纪大才死亡的就是好的死亡。佛教反对以长幼来划分死亡，而是以念经积德的多少对死亡进行重新评价。但是，两者并不总是矛盾的。例如，苯教认为一个刚生下来的婴儿死亡比不上一个80岁老年人的死亡好，在大多数情况下，佛教也是认可的，因为从常理来说，刚出生的婴儿念经的次数肯定比不上80岁的老年人。笔者在田野调查中发现，在各个乡村里面，对佛事活动最积极的总是那些上了年纪的老年人，他们不像年轻人一样需要干各种各样的活，很多老年人在闲下来的时候左手总是拨动佛珠念经。较之年轻人，这些老年人对佛教比较虔诚，因此他们对死亡的认识也与年轻人有很大不同，最明显的就是将以前对死亡的一套看法与佛教对死亡的看法融合在一起重新解释死亡。例如，在苯教信仰的影响下，他们将那些因意外而导致的死亡归于得罪某种神灵或者

① 采访时间：2012年11月。

鬼的结果，又在藏传佛教信仰的影响下把得罪神灵或鬼的原因往前推一步，认为是少念经、做坏事、少积德的结果。这种观念冲击了传统上人们对死亡的分类，也注定对传统上将不同死亡原因与不同葬式相对应起来的做法形成一定的影响。

2. 红教在三岩推行的葬式

佛教一方面对那些圆寂的高僧实行塔葬，一方面在平民中推行火葬、水葬与野葬。但是，具体到三岩的宁玛派，由于其势力单薄，并且在传播过程中遇到苯教猛烈的抵制，因此无法将这些葬式所具备的完整的葬式一一传入。在佛教内部，尤其是对于那些喇嘛的死亡，佛教徒要对其实行塔葬以显示喇嘛的高贵，从而维护佛教的神圣。事实上，宁玛派在内部推行这种葬式也不会遇到太多的阻力，但是要想在老百姓中推行另外三种葬式则显得不是那么容易。诚如前文所述，尽管火葬与水葬在今天已经或多或少披上了佛教的外衣，但是葬式体现的核心内涵仍然是苯教的信仰。这时候，宁玛派只能在三岩推行野葬——天葬。

（1）天葬在三岩的发展。三岩的天葬兴起于何时？田野调查中笔者听到许多说法。一些报道人说是20世纪90年代以后才兴起的；但另一些报道人认为祖上就曾经实行过天葬，近年越来越流行，是受拉萨的影响。距敏都乡台西寺左侧3公里的廖格山半山腰有一个凹地，凹地上的一块很大的岩石曾经是天葬台，但现在已经废弃。近20年以来，三岩人外出的慢慢多了起来，他们到过昌都、拉萨等地，看到那里的藏族人都是天葬，所以觉得天葬好，回来也向村民宣传天葬。许多三岩人到过拉萨的天葬台，他们认为自己是藏族，并坚持认为天葬是藏族的传统，所以也接受天葬。关于老百姓接受天葬，白洛活佛将其归结于实行天葬的好处：

> 佛法高深的僧人与普通人的死亡不同。对于佛法高深的僧人来说，他们圆寂后灵魂可以直接前往净土之地。但是，普通人的修为不够，无法实现这一点，所以，他们的灵魂注定要进行轮回。天葬有利于轮回，因为每个凡人在一生中不可能都不做错事，在死的时候把自己的身体奉献给秃鹫是悔悟的表现，这样他在下一世灵魂会进入三善趣。①

白洛活佛的解释体现了宁玛派在推行佛教葬式时善于结合三岩社会的实际状况。事实上，这位活佛就是这样做的，如他每年都会在人们要坝子庆丰收的场合扮演格萨尔王和苯教的一些神灵为群众祈福。

---

① 采访时间：2012年11月。

笔者在田野调查中了解到，三岩的天葬并不像玉树巴塘乡有那么多的限制。在三岩，不管什么样的原因导致死亡，包括可预见的死亡和不可预见的死亡，只要家属愿意的都可以实行天葬。更有甚者，死者在死之前遗言要天葬的，死亡以后不需要请任何宗教人士来打卦，而只要直接把尸体抬到天葬台就可以天葬了。造成这种现象的原因是：三岩人长期在刀光剑影中生活，帕措与帕措之间为了争夺资源经常械斗，伤亡在所难免。如果宁玛派推行的天葬像玉树巴塘地区一样，把死于刀口、枪口之下的人排除在外，可以想象会遇到多么大的阻力！因此，宁玛派改变了做法，不把天葬与死者的具体死因对应起来，而是以天葬能快速使灵魂转入三善趣为理由，将一切死亡都囊括在其中，体现佛教突破苯教包围的一个策略。

个案一　拉斯仁则，男，42岁，系山岩色巴村夏戈大帕措支下泰拉帕措组织的人。2006年，其所在帕措与其他帕措因争夺虫草发生纠纷，双方大动干戈，在打斗过程中拉斯仁则死亡。后来，通过三岩的民间法谈判，其所在的帕措得到了较大数额的赔偿，双方头人便在九兄弟山的面前发誓不再复仇，该帕措就集中精力为死者办丧事了。按照三岩的传统，这种死亡一般要实行火葬，但是帕措头人在请山岩乡尼更寺的喇嘛前来打卦时，喇嘛推荐了天葬。喇嘛认为，拉斯仁则是在打架的时候死亡的，如果还实行火葬，他的灵魂不会安静，怨气太重，日后对家庭很不好，还可能会引发大的纠纷。既然双方都已经谈判化解了干戈，就没有必要实行火葬了。如果实行天葬，将自己的肉身奉献给秃鹫，死者的灵魂会得到一个不错的转世。同时喇嘛答应帮助死者念最大的经文以超度死者的灵魂。帕措头人觉得喇嘛的话有理，于是便与家属商量，大家决定给拉斯实行天葬。

个案二　泽窝，女，70岁，系雄松乡夏禾村人，2007年患病去世。在雄松，人们认为一个人活到60岁就已经算是长寿了，按照传统的做法，这类人的尸体应该运到村里最高海拔的坟场去埋葬。但是，喇嘛打卦以后却极力劝家属实行天葬。喇嘛认为，泽窝之所以长寿是因为她一心向佛，平常念的经也比较多，如果死亡以后再行天葬，则灵魂可以很快转世为人。家属最后也听取了喇嘛的建议，为泽窝实行了天葬。

个案三　多杰，男，41岁，系山岩乡叶巴村人，生前好酒。2007年12月，他的一个朋友家里杀猪过年，邀多杰前往帮忙，早上9点钟杀完猪以后，多杰一直在其朋友家喝酒，直到第二天凌晨1点，醉醺醺的他才启程回家；但是，由于醉酒过度，在回家路途中失足掉入金沙江的降曲河溺亡。这种类型的死亡在三岩人看来是“凶死”，传统上一般实行水葬。在三岩人看来，死者溺水死亡表明他日后会变成水里的“蛙神”，那是一种很凶的厉鬼。于是，家属在请喇嘛来打卦时希望实行天葬，以免多杰的灵魂变鬼，喇嘛打卦后也认可了家属的要求。

三岩各寺庙附近建有天葬台，人们实行天葬时提前告诉喇嘛时间，确定时间以后的第二天一大早就由本帕措的十几个成员用一张毛毯将尸体裹住送到天葬台去天葬。其过程与玉树巴塘乡的类似，都遵守着念经、煨桑、解尸的程序。但是，三岩的天葬没有专门的天葬师，在天葬过程中，家属也没有索要肩胛骨，家属只关心亡者的尸体是否能处理干净。

（2）天葬遭遇的瓶颈。自天葬在三岩兴起以后，三岩各地寺庙在附近建了多个天葬台。但是，笔者在田野调查中了解到，天葬在发展过程中并不顺利。目前，三岩当地许多天葬台都已经丢弃了。有关天葬在三岩衰落的原因大致有三点。

首先，秃鹫数量不稳定，有时多有时少，这种情况增添了家属的心理负担。在三岩，人们实行天葬时普遍的说法是，喇嘛召来的秃鹫数量多少要与尸体的大小相符。如果召来的秃鹫数量太少，它们不能够把尸体吃完，意味着死者的灵魂无法顺利转世；如果召来的秃鹫数量太多，则意味着死者家里还会再死人。因此，死者家属不太放心把尸体交给那些法力不强的喇嘛。例如，家住木协乡夏雅村的布文向笔者表示了这种担忧。2007 年 11 月，他的父亲去世，他也给父亲实行了天葬，地点就在麻贡寺山腰的一处天葬台，但是，当他们把尸体运到那里以后，喇嘛念了很多经文都没有召到秃鹫，最后不得已放弃了天葬，又把尸体重新运回村里的坟场实行了土葬。布文说他之前认为天葬很好，但自那次以后，他开始觉得天葬也不是像别人说的那样好；相反，有时候还折腾人，不如实行土葬来得方便。对于召不到秃鹫的原因，布文并不认为是自己的父亲生前作恶太多导致秃鹫不愿意吃，而认为是喇嘛的功力太弱所导致的。其实，从客观原因分析，秃鹫数量不稳定首先与气候有关。如前文所述，木协乡平均海拔仅 2 500 米，而秃鹫一般生活在海拔更高的地方，尤其是在冬天，它们只是偶尔才到海拔低的地方觅食，这对木协乡的天葬构成了一定的限制。有趣的是，在木协乡的一些阿尼看来，秃鹫不来啄尸与喇嘛的法力无关，而是由于在建天葬台的时候大多数喇嘛并没有专门祭拜过神山，没有得到神山的同意，所以神山才是限制秃鹫的主因。阿尼的解释反映了苯教信仰的特色。

其次，由于三岩境内各天葬台都没有专门肢解尸体的专业天葬师，因此到天葬台实行天葬的尸体都是由死者所在帕措的成员肢解的。而帕措成员毕竟不专业，他们在肢解尸体时没有像玉树巴塘乡的天葬师那样遵循特定的程序，所以经常会出现尸体处理不干净的情况，这也在客观上限制了三岩天葬的发展。在死者的家属看来，尸体处理不干净，留有遗骸，表明死者生前的罪恶没有洗净，其灵魂将无法获得好的转世。在实际操作过程中，若家属为去世的亲人实施天葬发生这样的情况，会给他们的心理带来极大的压力，所谓“一朝被蛇咬，十年怕井绳”，他们会在以后的葬式选择中剔除天葬。

最后，三岩的苯教信仰氛围仍然浓厚，对天葬的发展构成了一定的限制。在三岩，不少老百姓虽然信佛，但是由于传统的惯性使然，他们并不热衷于佛教倡导的天葬。笔者在调查中就听说一些猎人仍然有猎捕秃鹫的行为，在佛教徒看来，这是不可饶恕的罪恶。54 岁的尼松老人告诉笔者：

> 以前我们这里的猎人大多有从事捕秃鹫的活动，现在虽然少了，但还是有。听说秃鹫的内脏可以用来治疗胃病，它们的毛可以用来做皮衣，所以秃鹫在外面的市场上可以卖到很高的价钱。捕秃鹫一般要用铁丝制成的网，在比较空旷的地方放一点带腥味的肉，秃鹫闻到以后就会落地前往啄食，猎人就可以用网把它们罩住。现在捕秃鹫的行为少了，猎人多跑到海拔较高的地方去，而且不让喇嘛看到。①

佛教徒视秃鹫为神鸟。在广大的藏族聚居区，人们不会轻易冒犯秃鹫，但是三岩存在猎捕秃鹫的现象说明这里的佛教信仰相对淡一些，这也成为佛教在推动天葬时的一种阻碍。事实上，三岩人对天葬的选择是十分矛盾的。一方面，基于藏族认同，他们对天葬表现了欢迎的态度；另一方面，由于无专业肢解尸体的人员，再加上秃鹫的数量不稳定，因此他们又不敢轻易实行天葬。

第三节　葬礼与葬式：红黑兼容与红黑之争

历史上的三岩地处偏僻，苯教信仰氛围浓厚，使得佛教在三岩的传播困难重重。在这种情况下，佛教为了发展自己，就不得不走一条与古老的苯教教义融合，甚至直接把苯教教义拿为己用的道路。其实，三岩的情况与前弘期佛教在吐蕃的传播类似。当时“为了使吐蕃人众相信佛经所说，松赞干布在闹市之中分别化现病人、医生、占卜者、苯教师、飞上天空之鹿等。病人因诵经而痊愈……市上众人方才相信”②。在三岩，红教与苯教出于竞争而发生相互学习彼此的教义和修持的行为，使双方你中有我、我中有你；具体到丧葬的情况

① 采访时间：2012 年 12 月。

② 达仓宗巴·班觉桑布：《汉藏史集》，陈英庆译，西藏人民出版社 1986 年版，第 101 页。

而言，两者之间既有合作又有斗争。

一、三岩葬礼：红黑信仰交融的体现

尼玛系山岩乡叶巴村的普通农民，今年58岁。他于两年前某一天的下午发觉喉咙痛，吃不下东西，只能喝一些青稞面汤，后来发展到全身疼痛，面黄肌瘦、脸无血色，病情一天比一天重。在患病期间，家人曾经到县城的卫生院给尼玛抓过几服药，但是没有特别的疗效。于是，尼玛的家人又先后找到邻村的一名阿尼和尼更寺的喇嘛为他治病。阿尼根据尼玛的生肖推算，尼玛之所以患病是因为他被阴间一种叫"聂"的恶鬼附身了。这种鬼阴气太重，不能赶，只能通过祭拜神灵祈祷神灵保佑。言下之意，尼玛的病是否能治愈要看天意。而尼更寺的喇嘛为尼玛卜卦以后却给了另一番不同的解释，认为尼玛患这种病是"前世"引起的。据说他的前世喜欢打猎，枪法很准，每次打猎的时候一枪就能打中动物的喉咙让动物毙命，但是他的前世最后患了喉疾而死亡，现在他患的这个喉疾就是这样得来的。言下之意，尼玛的病很难治好了，应该回去多念经，以赎前世之罪，为来世做准备。当阿尼和喇嘛都对尼玛的病表示无能为力以后，尼玛的家属就开始积极为尼玛准备后事了，其后事也处处渗透了两种信仰。

（一）死亡前的准备

死亡本身是一种感觉，然而自身感知与他人感知是两回事。尼玛的长子阿布告诉笔者，在尼玛死亡的前一个星期，他的心里就莫名有了某种预感，似乎知道父亲就要离他们而去（听说类似的情况在许多家庭都出现过）。当这种预感愈来愈强烈时，他们就会在屋里的角落处铺一张约2米长的木板，然后把病得奄奄一息的尼玛从藏床上搬下来，让他睡在这块平整的木板上，尼玛平时盖的棉被和穿的衣服也一并放到这里。这个时候，患者躺的这个位置一直到去世都不能移动了，由家里的某个成员专程守护。按照三岩当地老百姓的说法，人是不能死在藏床上的，那样的话他的灵魂将来无论去到哪里都会背着一张重重的床，走路很不方便。这时患者的灵魂是非常虚弱的，它需要家庭成员小心呵护。因此，家庭成员不能大声说话以免惊动灵魂出逃到外面迷路回不了家，日后变成孤魂野鬼。病人死亡以后，亲属并不需要特意将家里死人的事公开，哪家准备办丧事一般仅在本帕措内部进行非正规的传达。由于村庄小的缘故，病人死亡以后消息会在一天内传遍整个帕措，这时帕措的成员就会主动前来慰问并帮忙。

（二）对尸体的照顾

直到出殡之前，家人要尽一切可能给予尸体最好的照顾，照顾尸体大体分为殓尸和守尸两个环节。

由于三岩的寺院大多在偏远的荒山野岭，在很多情况下，病人死亡之前喇嘛都不能及时赶到，因此，藏族常有的“抛哇”仪式在三岩并不普遍。尼玛死亡时正在冬天，必须迅速殓尸，以防止温度过低引起尸体发凉而导致这项工作无法顺利进行。殓尸大致分成三个步骤：其一是洗尸。烧一桶水象征性地为死者擦身，擦拭的部位主要是死者的手心、脚心和胸口。这里还有一个值得注意的情况——为死者洗尸的人被认为是第一个接触死者尸体的人，这项工作经常由死者的女儿来做，没有女儿的由媳妇来做。至于为什么要由女性做这项工作，据老百姓说，洗尸意在为死者洗去罪恶，让他干干净净地上路。在洗尸之前，死者身上还是有罪恶的，只能由女人做。很明显，这项工作是社会对女人歧视的侧面体现。其二是包裹与捆缚尸体。洗尸结束以后，由儿子阿布用一种类似毛毯的叫“戈”的东西来包裹尸体；紧接着由死者的儿子阿布带头，亲属们帮忙捆缚尸体。捆缚尸体所用的绳子通常是死者生前经常用的腰带，宽10厘米、长约3米。首先将腰带的一端打一个大的空心结，套入死者的脖子，然后往下拉紧；将尸体的双脚平行并拢，呈蹲坐姿势，额头向前倾斜靠在突起的双膝处，腰带穿过死者双膝底部往上拉；再将死者的双手交叉放置于胸前，腰带从左到右缠绕两只手打死结，捆缚尸体的工作就算结束，这具尸体便以胎儿状呈现在人们面前。其三是将尸体装入棺材。在三岩，用什么样的棺材装尸体主要根据所采用的葬式来决定。通常情况下，天葬、水葬都不需要装入棺材，只需要把尸体放回原来睡的那块木板就行了；如果是土葬、火葬一般会用立体的藏式棺材来装尸，贫穷人家用不起棺材的也可以用箩筐代替。尸体放入棺材以后便放到屋内的某个角落，直到出殡前再也不能挪动。死者尼玛家里的经济能力并不差，而且打算给他实行土葬，所以孩子们给他制作了一个藏式棺材；在装尸入棺的时候，尼玛生前所穿的一些旧衣服也同时被装入，主要是用来填充棺材的空间，而那些好的衣服则作为日后向穷人布施的物品。

尸体入棺后，死者家属要做的最核心的一项工作是守尸。很显然，这时候的尸体是承载着灵魂的重要载体，对尸体的照顾其实也就是对灵魂的照顾。家属在死者尼玛的身边点上一盏不灭的酥油灯，旁边还点上几根松香，使房屋弥漫着一种清香。据说人死以后，灵魂就开始喜欢闻这种香的味道，这样他才不会乱跑。三岩人还认为阴间又冷又黑，点酥油灯的目的是为了方便探路，如果没有灯，灵魂在走路的时候就会迷失方向。家人还在酥油灯的旁边放一张喇嘛像，其目的是希望有佛在身边，灵魂可以获得佛的保佑，不会感到害怕。照顾尸体吃饭是一项必不可少的活。家属要在死者的面前摆上一张凳子，上面放3个碗筷、3个茶杯，家里人在吃饭的时候也必须盛相同的饭菜摆在那张凳子上。只不过给死者盛饭菜的动作与给活人盛饭菜的动作是相反的，因为阴间与阳间的一切都是相反的，只有反着给死者盛饭他才能吃得到，否则饭菜全都会洒落在地上。

守夜是一项重要的工作。三岩的守夜由帕措的成员来承担，女性是不参加这项活动的。男人们一般聚集在死者附近聊天、喝酒打牌，没有太多悲伤的气氛，反而有点像过节。阿布说，无论一个人与死者生前的感情有多好，在守夜的时候是绝对不能哭的，如果灵魂听到家属悲伤的哭声，他日后就舍不得离开，这样会阻碍灵魂在阴间的生活甚至日后的转世；不但如此，家属也不能流眼泪，即便流了眼泪也要立即擦拭，不能让眼泪掉到地上，否则这些泪水将会在阴间化作暴雨，阻挡灵魂上路。守夜还有一个重要目的，那就是防止猫狗等动物前来打搅死者的灵魂。在三岩，据说如果动物骚扰灵魂，会让灵魂不安，到处乱跑，看到这种情景的人都会因此撞邪，最后导致死亡。所以，灵魂刚离开尸体的时候最忌讳看到动物。再则，灵魂还需要本帕措成员的呵护，人多他才不会感到孤单，如果没有人守夜，灵魂会因为孤单而感到害怕，他也会跑到屋外去；外面漆黑一片，他很快又迷路了，许多孤魂野鬼就是这么变成的。

（三）出殡下葬

出殡的具体日子由喇嘛或者阿尼推算。三岩与藏族其他地方不同的是，人死以后，家属既请藏传佛教的喇嘛，也会请民间的那些阿尼来为死者算命。譬如，尼更寺的喇嘛算出尼玛的出殡日期是初五、初八、十二、十八，家人在请阿尼算的时候就会问阿尼这几个日子哪个更合适一些，阿尼将三个家属的属相结合起来推算，推算出了十二这一天比较合适，家属遵照他的意见从事。另外，出殡的日期定下来以后，阿尼还会就具体出殡的时间进行推算，比如尼玛出殡的时间就是早上9点15分。

田野调查还发现，虽然死者出殡的时间由阿尼推算，但是几乎所有的死者都会在早上10点之前出殡。阿尼对此的解释是，在清晨的时候，很多好的神灵都会出来活动，这个时间出殡比较好；而傍晚就不同了，那个时候那些善良的神灵都回到自己的住处去休息了，留在世间活动的只有恶魔鬼怪，如果这时候出殡，不仅亡者的灵魂容易受到惊吓，而且送葬的人也会被那些鬼怪附身从而丢掉性命。

尼玛的出殡过程还发生了一个小插曲。据阿尼说，他死亡的时间与天上的一颗煞星相冲，为了避免克死家里的人，他的尸体出门不能超过7步，但是在正常情况下，从尼玛尸体处走到门口也要十几步。其解决方法就是由儿子阿布和本帕措的一个人抬着尸体行 7 步走到一个窗户边，打开窗户，用藏语说“我们已经出去了”之类的话，即象征尸体已经从窗户抬出；然后，再把棺材放回原来的位置重新抬起往家门口走，到了家门口后放下。这时，家属全体成员已经在门外等候，他们齐齐跪下，向尸体磕了 3 个响头。长子向尸体做最后告别。他说：“父亲，你在世的时候我们已经好好地照顾了你，你放心上路吧。”这时，送葬队伍便出发了。

三岩的送葬队伍与藏族其他地方不同，家属一般不参加送葬。据阿尼说，这是为了避免他们过度悲痛，在路上发生意外。而抬棺材的人都是本帕措的人员，由两个人一组，大家轮流换着抬。在三岩，人们普遍相信，抬棺材会为自己的下一世积德，所以大家都会抢着抬。抬棺材的人承担着非常重要的角色，他们在整个过程中是不能回头看的，据说是因为此时他们的灵魂和死者的灵魂会发生交换，如果他回头看，死者的灵魂也会跟着回头看，导致死者留恋家里甚至不走。另外，送葬队伍里面不能有女人。最独特的是，送葬过程中，喇嘛和阿尼同时领队。在尼玛的葬礼中，尼更寺的喇嘛走在送葬队伍的最前面，他的身上系着一个锣鼓，边走边敲；而阿尼紧跟在喇嘛的后面，负责摇钹铃（见图 4－1）。

图 4－1　喇嘛与阿尼共同主持出殡仪式

尼玛实行的是土葬，地点就在村里传统的坟场，土坑通常在下葬的前一天由本帕措的成员去挖。三岩的土质坚硬，挖穴并不是一件容易的事，那里有很多石头，必须先由十几人轮流用铁锹先把石头敲碎，然后才能把那些石头挖上来。如果遇到非常坚硬的石头，还要用炸药才能把石头炸开。据三岩老百姓的说法，如果挖穴的时候遇到很多石头，表明死者离去不顺，会对家人造成不吉利，补救的方法就是日后多念经。当送葬队伍把棺材抬到了土葬点以后，僧人在旁边念经超度，大家把装有尸体的棺材垂直放入土坑中，打破棺材的底部，然后进行掩埋，在埋葬点堆起一个小包，整个下葬仪式至此结束。送葬队伍回到死者家吃饭，这顿饭没有讲究，煮一大锅杂菜拌上面条或者糌粑吃。在吃饭期间，死者的儿子当着众人的面极力地追忆死者生前积下的阴德，他感谢父亲养育了他，并对父亲生前为这个家庭的付出表示由衷的感激，同时期望父亲死后有个美好的未来，他还不时对众人的帮忙表示感谢。

（四）遗物的处理

尸体处理结束并不等于整个丧葬程序结束了，在尸体下葬的当天晚上或者第二天早上，人们一般要处理死者的遗物。亲属们认为，这些遗物是死者的，它们与死者存在着千丝万缕的联系，因此如何处理死者的遗物不仅关系到活着的人的生活质量，还关系到死者灵魂的去向。

尼玛的遗物大体分为两种：一种是他生前穿的衣服、盖的被子，另一种是他生前佩戴的藏刀、银手镯、松石等。一般情况下，那些比较新的衣服能够作为布施之物品，家属会在接下来的“七七”仪式中拿去送给穷人或寺庙。他们乐于接受这些衣服，也不会问这些衣服从何而来，即使知道是死者的，他们会认为死者和他们没有联系，不会对他们怎么样。换句话说，物品是否“干净”不在于它本身，而在于其物品背后所体现出来的关系：对于接受布施的一方来说，他只是把衣服当作一种媒介而已，这期间只体现布施者与被布施者两者之间的关系；但是，对于布施者来说，他是在借布施活动达到安抚死者之灵的目的，因此，“死亡所引起的不洁影响所及最主要的并不是死者家属里面的人，而是和死者有关系之人，不论其身在何处”[①]。而那些破烂一点的衣服是不适合做布施的，早就随着殓尸同时作为填充物装入棺材了，如果棺材都塞满了，那么只能把这些东西扔到偏僻的山沟里。那些银手镯、松石等物品比较贵重，亲属会把它们送给喇嘛以表达对喇嘛的尊敬。

另外，死者的遗照要在处理尸体的当天下午或者第二天早上烧掉。总而言之，死者的遗物尽量不留。尼玛的儿子阿布告诉笔者，他的父亲有一对玛瑙，大小有手臂一般粗，价值绝不在1万元以下，即便如此，他们也不能把它留下。对此，阿布的解释是，这些东西曾经沾染过父亲的“气”，据说人死以后

① （法）路易·杜蒙：《阶序人：卡斯特体系及其衍生现象》，王志明译，远流出版事业股份有限公司1992年版，第116页。

有可能变成鬼，他生前用过的东西不干净，这些东西放在家里，如同打扫干净的土地被墨水污染一样，看到遗物晚上睡不着觉，会给家人带来不祥。在田野调查中，笔者还听到另一种说法，据说保留遗物会使死者留恋人世，不利于死者的转世。前者的解释着重体现了苯教信仰在三岩的遗留，而后者很明显体现了一种佛教信仰。

（五）对灵魂的安抚

在藏族的“死亡文化”知识体系中，死亡往往与重生相辅相成，藏族人并非将生命理解成一具血肉之躯，在多数情况下，这具血肉之躯背后的精神控制（灵魂）才是他们理解生命的重点。因此，在尼玛的整个丧葬仪式中，家属所做的一切都是为了给他的灵魂寻找一个好的归宿。由于三岩的老百姓信仰佛教，又信仰苯教，因此家属对死者灵魂的安抚也体现了两种信仰。

在苯教看来，人死亡以后，灵魂要到阴间继续生活，以待将来复活。这个观念在死者下葬的当天体现得非常清晰：将死者掩埋以后，人们会在坟前生一堆火，而且点火的人必须是阿尼，其作用是给死者送火取暖。在阿尼看来，阴间比阳间冷，如果不给死者送火，这些灵魂是没有办法在阴冷的环境中生存的。事实上，火的作用不仅在于可以给死者送去温暖，更重要的在于有了火种以后，灵魂在阴间便可以生火做饭，不用吃冷食。在将死者掩埋的当天晚上，家属用白色的纸糊成一个人的形状放到一个盆子当中，然后往里添入细小的松树枝，松树枝呈“井”字排列；再把纸塔放在“井”字上面，倒入酒水，再把几粒青稞碾碎撒入纸塔当中。在烧纸塔的过程中，家属还会杀死一只猪，然后由阿尼作法，将猪的内脏连同纸塔一起烧掉。阿尼的解释是，必须先将青稞碾碎、把猪杀死，然后才能把这些东西放到火里烧，因为它们与人一样，也有灵魂，只有将它们“杀死”，其灵魂才离开，它们在阴间才会被死者的灵魂支配。换句话说，古老苯教的“动物祭祀”场面在三岩仍可发现。

除了苯教信仰以外，佛教信仰对于人们安抚灵魂的行动也是至关重要的。例如，念经就集中体现了佛教信仰，念什么样的经主要由喇嘛决定，而喇嘛也通常根据死者死亡的原因选择不同的经来念：对于那些怨气太重的、在激动情绪之下死去的，要念专门的经以消除死者的怨气；而像尼玛这样的老年人是在很平静的情况下死去的，只需要念一般的经。如果从死者咽气之日算起，正常情况下，亲属要分三个阶段为他念 11 天的经，所有这些活动必须在一年之内完成。第一个阶段是从死者死亡之日起，在喇嘛的带领下，家属为尼玛念 3 天的经。第二次念经是在死者下葬以后的七七四十九天内，每 7 天念一次经，这期间念经由阿尼带领。当然，家庭条件不好的也不一定要念到“七七”，可以念到“三七”即可，不过对于那些“凶”死的人则必须念到完整的“七七”。

第三个阶段在死者的一周年忌日举行，这时候一般是请那些稍微有名气的活佛来主持。“人死后满一年时，死者家人和亲朋好友都要做性质如‘七七’期那样的祭祀活动”①，这是对“七七”念经仪式的延续，整个程序与七七四十九天的念经程序没有什么不同，但是气氛明显比前面轻松一些。一方面，时间已经把亲人离开的悲伤修复得差不多了；另一方面，死者的灵魂这时也已经在另一个家庭作为婴儿获得新生，这给亲属的心理带来了不少的安慰。

从尼玛的整个葬礼过程可以看出，期间既掺杂着苯教的信仰又夹杂着佛教的信仰，是佛苯信仰融合主持下的一场葬礼。但是，观其整个葬礼，我们仍然可以体会到佛教文化因子与苯教文化因子在葬礼不同阶段所占的比例是不同的。在具体的葬式方面，苯教信仰占的比例更重一些；而在下葬前后的念经活动中，佛教信仰占的比重更大一些。其实，除了苯佛信仰的融合以外，双方的斗争无处不在，复合葬就是最鲜明的体现。

二、三岩复合葬：红黑信仰争夺的隐喻

如果说在三岩的每一场葬礼中都体现了红黑兼容的话，那么在具体的葬式中体现更多的是红黑之争，两种信仰的争斗在三岩的各种复合葬中有鲜明的体现。

必须指出，此处所谓的复合葬，是指把两种以上的葬式结合起来对尸骨进行处理的行为。因此，在讨论复合葬之前，有必要将它与二次葬做一些区分。《北史》在记载苏毗贵人的丧葬风俗时曾写道：“剥取皮，以金屑和骨肉置于瓶内而埋之。经一年，又与其皮纳于铁器埋之。”② 这种葬法就是二次葬，它仅是分两个阶段使用同一种葬式对死者进行埋葬的。一般认为，二次葬仅是一种葬礼，而不是一种葬式。③ 在苯教时代，皇室贵族还普遍遵循着一种丧葬习俗，即人死以后不立即下葬，而是停柩一段时间后再行大葬，许多贵族阶层的男性死亡一般停柩长达3年甚至5年之久，而女性死亡也多停柩1年到2年。④ 这种丧俗可能与苯教信仰中关于灵魂复活的观念有关，这种风俗既不能称为二次葬，更不能称为复合葬。由于我们没有发现任何关于苯教时代三岩地区复合葬的文献记录，似乎可以认为，三岩的复合葬是在佛教传入以后才流行的。

---

① 冯智：《慈悲与纪念——雪域丧葬面面观》，青海人民出版社1998年版，第113页。

② （唐）李延寿：《北史》卷96，中华书局1974年版。

③ 参见袁晓文、陈东《送魂：民族学视野中的“二次葬”习俗——从民族志材料看“二次葬”的定义及原因》，载《广西民族大学学报》2011年第5期。

④ 参见褚俊杰《吐蕃本教丧葬仪轨研究（续）——敦煌古藏文写卷P. T. 1042解读》，载《中国藏学》1989年第4期。

（一）三岩的两大复合葬

大体来说，三岩的复合葬有两种：第一种是先土葬，数年以后待尸体腐烂，再将骨头挖出来烧，将骨灰撒到名山河流中去；或者不烧骨头，而是直接将骨头装好放入江河中。当地人把这种葬法称为土火复合葬或者土水复合葬。第二种是先火葬，然后将骨灰或者没有烧尽的骨头捡起来放到一个小型的匣子中，在自己家附近的田地找一块地方将匣子掩埋并建一个小坟包，当地人将这种葬法称为火土复合葬。分析这两种类型的复合葬，我们可以概括出其基本的程序：先以某种葬式处理死者的尸体，待尸体腐烂以后再对死者的骨骼进行处理。

个案一　拖斯，男，47 岁，雄松乡人。家里有五口人：他和妻子、2 个儿子、1 个女儿，孩子都还没有成家。拖斯的父亲早年患高血压死亡，实行了水葬。他的母亲则死于意外，是在一次外出放牛的途中摔倒后当场死亡的。由于人们把她的尸体运回家里时天色已晚，一时找不到喇嘛和阿尼前来打卦。当地有死在外面的人的尸体不能进屋而应尽快下葬的风俗，于是拖斯一家就在第二天为其母亲选择了土葬。两年以后，拖斯在镇上做生意发了财，便想到为母亲实行复合葬。他找来旺吉喇嘛询问是否可以将其母亲火葬，喇嘛详细问明了他母亲去世的缘由、生肖与死亡时间后，为他母亲打了卦并确定火葬的日子。据拖斯说，火葬那天，一共请了 3 个僧人和 3 个阿尼帮助念经，旺吉喇嘛也在现场，主要负责念经超度并指挥人们点火。整个火葬过程花了两个半小时，烧去 20 斤酥油、几百斤柴火。火葬结束以后，家属用一张黑布盖住骨灰，拖斯则在第二天天没有亮的时候去揭布查看，发现上面有一只小鸟的脚印。拖斯感到很后悔，他说想不到这么多年了母亲的灵魂才转世，期间一定经历了不少折磨，应该早一点就给母亲实行火葬的。

个案二　三宝，男，35 岁，山岩乡叶巴村人。家里有六口人：他们两个兄弟共妻，育有 3 个孩子。父亲是在一年前病死的。三宝说父亲走的时候嘱托他们为自己实行火葬。后来，他们请来喇嘛为死者推算葬式，喇嘛详细问了死者的死亡原因和生肖、时间后，拿出一本书反复翻看，然后说死者生肖属火龙，不能够火葬，如果非要进行火葬的话最好先实行土葬，等尸体腐烂后再进行火葬。于是，三宝为父亲实行了土葬，一年以后又在喇嘛的指导下，算了一个比较吉利的日子对父亲进行了火葬。

个案三　尼朗，男，50 岁，山岩乡色巴村人。家里有六口人：他和妻子及 4 个孩子。目前家里有 30 头牦牛、2 匹马、2 头驴、15 只羊，还有5亩田地，生活比较富裕。尼朗的妻子在当地是大家公认的比较能干活的妇女，她一个人可以放养30头牛，所以家里的放牧工作基本由她承担，但因过度操劳，他妻子于2009年累倒，据说是在农田干活的时候累倒在地上去世的。他妻子去世以后，尼朗将妻子的生肖、死亡时间报给阿尼后就问阿尼是否可以土葬。阿尼经过推算以后认为可以，于是尼朗给妻子选择了土葬。尼朗之所以给妻子土葬，并非是要将妻子的灵魂打入十八层地狱，而是他觉得妻子一生太操劳，为他和这个家作出了巨大的贡献。他希望土葬以后再实行火葬或者水葬，据说这样可以办多次仪式多念经，对妻子的转世有帮助。2010年，尼朗又为妻子举办了火葬；火葬结束后不久，他请来了喇嘛为妻子念经，并在金沙江边撒骨灰，即进行所谓的水葬。这样，尼朗为他的妻子办了3次丧事，念了3次经，因此他在当地受到人们的好评。

个案四　饶喜，女，58岁，木协乡果乐村人。家里共有七口人：她与3个孩子、1个媳妇和2个孙子。家里有50头牦牛，家庭经济情况在木协乡属于上等水平。2011年底，她患风湿病去世。家属首先找了麻贡寺的喇嘛为死者推算葬式，推算的结果是火葬好；又找来阿尼推算，结果是土葬好。于是，家属就将这两种葬式结合起来，先给死者实行火葬，然后再埋骨灰。

以上4个个案基本上将三岩人选择复合葬的动机概括出来了。其原因不外乎三点：第一种情况是由于一个人死于意外，尸体不能进家门，而当地又有死于意外的人要尽快下葬的风俗，于是只好按照传统的葬法给死者土葬，待将来有条件的时候再给死者进行火葬或水葬。第二种情况是因为一个人的死亡时间不好无法实行火葬，但是死者生前又想实行这种葬式，就先采取土葬的方式，过渡一段时间以后再实行火葬，以了却死者的心愿。第三种情况是特意实行土葬。为的是将来可以进行火葬或者水葬。前文所分析的尼玛也属于这种类型。第四种情况是喇嘛推算的葬式与阿尼推算的葬式不相同，人们往往采取综合的手段将两种葬式吸纳进来。

仔细分析这些情况，可发现土葬在当地人观念中并不是一成不变的。就第一种情况而言，土葬在社会控制系统中有一种防御功能，人们认为意外死亡是因为鬼作祟，尸体具有污染性，这时候只有尽快把尸体掩埋，才能够有效地将鬼与人隔绝起来。很明显，在人们的潜意识中，人们这时掩埋的并不是尸体，而是鬼。因此，从深层意识方面说，这种做法有点巫术的味道。在这种情况下，复合葬并不是一种必然的选择。很多时候，人们将死者葬了以后就不会再进行复合葬了；除非像主人公拖斯那样生活突然变得富裕了，看到别人都为自己的亲人实行复合葬，或者更多接受藏传佛教的灵魂转世观以后，心里激起了对亲人的某种思念，才会为死去的亲人实行复合葬。如果这个家庭在经济方面没有任何改善，人们也会将其原因归于死者，认为死者身上附有某种邪气，从而给活着的人带来不幸。像前面提到的一种偷食鬼——“扎棱”很多时候就是在这种情况下跟随着某种邪气回到家里来偷吃的。第二种情况的功能与第一种情况的类似，由于死亡时间不好导致人们赋予尸体一种“不干净”的观念，因此人们会选择用泥土将尸体掩埋，对尸体进行过滤，过了一段时间以后再实行复合葬，以了却死者的心愿。第三种情况体现了佛教教义的影响。人们实行复合葬主要是为了多念经，这样既有利于死者的灵魂转世投胎，又给活着的人一种心理安慰。在三岩，如果一个家庭实行土葬是为将来的火葬或者水葬做准备，那么第二次安葬的时候念经会比第一次安葬规模大。第四种情况颇能体现三岩的特色，它是三岩苯教与佛教斗争的体现，同时也表明了人们面对苯教信仰与佛教信仰时表现的一种妥协。这种情况在今日藏族聚居区其他地方并不多见。

（二）对复合葬原因的解释

三岩的复合葬后面隐藏着什么样的逻辑呢？笔者认为，应该回到宗教信仰和生计模式两个方面对此进行解释。

1. 复合葬与复合信仰的关系

我们首先来看第一个问题，即宗教信仰的问题。毫无疑问，土火复合葬表现了两种信仰，即苯教信仰和佛教信仰。

笔者认为，土火复合葬第一阶段的土葬无疑表现了更多的苯教信仰，因为在三岩传统的葬式中，苯教一直是支持土葬的；即使佛教传入三岩以后，一些藏传佛教僧人死后也实行土葬，但那毕竟是受苯教的影响。同样的道理，土火复合葬第二阶段的火葬更侧重于佛教信仰，理由在于这一次的火葬相对于前一次的土葬来说，人们念的经更多。更重要的是，在这一次的火葬里面，人们一定要请喇嘛来推算日期，而不是请阿尼来推算日期。从结果上看，在三岩老百姓实行的土火复合葬里面，三岩人最终还是采取了销毁尸骨的方式结束一生。但是，我们不能就此认为三岩人的信仰只存在“佛教高于苯教、佛教‘含括’苯教”的一面，否则我们就跳不出以下逻辑的矛盾：既然佛教对土葬是排斥的，人们为什么还要对死去的亲人实施土葬呢？事实上，三岩人完全可以不使用土葬而选择天葬、火葬等葬式去葬那些死去的亲人。因为从佛教的教义来看，天葬、火葬等丧葬方式可以让尸体迅速消失，让灵魂快速转世，他们完全没有必要先给死去的亲人实行土葬再实行天葬、火葬等方式。在佛教教义看来，实行土葬其实就是让灵魂在地狱中煎熬。如此说来，三岩人在实行土火复合葬的时候总是先让亲人的灵魂在地狱中煎熬那么多年再销毁尸骨让灵魂转世？试想，让亲人的灵魂在地狱煎熬如此长的时间，他们又于心何忍、于意何安呢？所以，笔者认为，三岩人在实行土葬的时候所秉承的不是一种“佛教高于苯教、佛教‘含括’苯教”的信仰体系，否则我们就解释不了以下问题：在三岩，为什么土葬以后再实行火葬或者水葬的复合葬形式不是一种必然的选择？为什么今天仍有不少家庭把土葬视为一种传统的永久性葬式，一旦他们选择对自己死去的亲属实行土葬以后，就没有复合葬之说？换句话说，土葬与火葬、水葬相互比较，它并不总是最差的葬式，三岩人在判断几种葬式的好坏与否时处于一种动态之中，而这种动态表现在实行土火复合葬第一个阶段时，三岩人秉承的是苯教高于佛教的信仰观念。在本书的第二章第三节，我们曾经讨论过苯教所支持的丧葬方式。事实上，在苯教看来，它不认为土葬是一种差的葬式；相反，苯教认为土葬是一种高贵的葬式，这才是他们心安理得给死去的亲人实行土葬的原因。因而，三岩不仅存在佛教高于苯教、佛教“含括”苯教的一面；事实上，三岩还存在苯教高于佛教、苯教“含括”佛教的一面。否则，我们只能解释土火复合葬的信仰体系，而无法解释火土复合葬的信仰体系。我们再来看下面这个鲜活的个案：

扎里布郎，男，69 岁，系山岩乡色巴村的普通牧民。他于 3 年前某天下午突然喉咙痛，后来发展到全身疼痛，多次到乡卫生院抓药治病均无疗效，不久便去世了。扎里布郎去世以后家人为他选择了火葬，当时骨头也烧得干干净净的，只剩下一些骨灰；但是，第二天扎里布郎的儿子朗则到火葬场去揭布时没有发现人的脚印，也没有发现动物的脚印，因此亲属们心事重重。自死亡之日算起每七天，家属都会积极请和尚到家里来为他念经。除此之外，他们还把扎里布郎所有的遗物拿去布施给寺院和穷人家庭，目的就是为了扎里布郎的灵魂得到一个好的转世。

但是，在“五七”的时候，他的儿子到寺庙去打卦问状况时，喇嘛告诉他，扎里布郎年轻的时候多次和别人打架，动过不少刀子，怨气比较重，所以灵魂还没有完全脱离六道，希望他们继续念经。扎里布郎的儿子回来以后念了几场经，但他同时悄悄收集父亲的骨灰装入一个匣里并带到了自己的田地埋了。本来那些骨灰是要带到拉萨的名山大河去撒的，但是扎里布郎的儿子认为父亲的灵魂没有顺利转世，因此把骨灰撒向大自然是没有意义的，不如在自家的田地掩埋。这样还有一个想念父亲甚至照顾父亲的地方。

又过了 100 天，扎里布郎的儿子再次到寺院中就父亲的灵魂状况问卦。喇嘛经打卦后告诉他，由于他们帮助父亲念了很多经，父亲可以转世为人了，现在已经投胎在一户人家了。这次他欣喜万分，回到家后他又把父亲的骨灰从农田挖出来，并且找来喇嘛念经。这次念经的目的是向佛表示忏悔和赎罪，他害怕之前因为埋葬骨灰的做法而导致父亲和自己的灵魂在下一世坠入地狱，并于念经后的第二天把父亲的骨灰带到雅鲁藏布江一带去撒。

从行为上看，以上个案中的埋骨灰与撒骨灰是一对矛盾，然而我们却发现扎里布郎的儿子似墙头草一般摇摆于两者之间。如果单纯从“融合了苯教信仰的佛教信仰”这种单向性的思想体系出发，那么朗则简直就像患了神经病的病人一般：一方面，既然念经布施可以让灵魂转世，又何必埋骨灰？另一方面，既然埋了骨灰不利于灵魂转世，又为何还要念经呢？然而，在主位解释当中，三岩人自有他们内在的逻辑。朗则是这样向笔者解释的：

我们藏族人和其他民族不一样。其他民族只有一个灵魂，但是，藏族人有两个灵魂：一个灵魂比较硬，它像毛发一样，会停在人的骨头里面；还有一个灵魂像气一样，游走于人的全身。两个灵魂都没有生病，那么这个人才可能健康。如果在骨头的那个灵魂生病了，那么你的骨头就会痛；如果像气一样的那个灵魂生病了，那么即使你的身体健康无大碍，你也会感觉不舒服，整日坐立不安。人死以后，比较硬的那个灵魂会待在骨头里面，那个像气一样的灵魂会离开身体，找一个合适的地方停留。这时候，你要照顾好那个停留在骨头里面的灵魂，因为这个灵魂对人世有留恋，它还会变成鬼，回到家里找像气一样的灵魂。如果那个像气一样的灵魂在喇嘛的带领下进入三善趣的话，鬼就不会回来，因为鬼是进不了三善趣的。①

以上资料为我们提供了一条关于解释佛教与原始萨满信仰交融基础上产生的新型复合信仰中的灵魂观念的线索。佛教由印度的释迦牟尼所创，这位早年过着优越生活的王族公子在目睹了人世间的种种生、老、病、死后，感觉人生无常，遂遁入空门，他所思索的问题并不是前世今生，而是如何超越人生的一切矛盾。因此，佛教虽然承认轮回，但是最初的轮回只不过是建立在一种“无常”的基础上而已；它实行销毁尸骨的葬式，正是为了实践生命的“无常”观。因此，佛教不承认灵魂的存在，诸如萨满信仰所谓的灵魂永生，在佛教看来是不可思议的，因为“永生”的观念是对佛教“无常”观念的否定。

---

① 访谈时间：2012 年 12 月。

当佛教信仰传入藏族地区时，受到原始萨满的强烈排斥，这时候佛教为了发展自己，不得不吸收并改造萨满信仰的教义，那就是佛教为自己提出的“轮回”找到了一个主体，这个主体就是“灵魂”。

如前所述，萨满信仰秉承的是一种“命魂在骨骼里、浮魂升天、真魂永生”的三位一体灵魂观念。① 那么，佛教认为这个“转世”的灵魂是萨满信仰的命魂、浮魂还是真魂呢？由于佛教实行销毁尸骨的葬式，而萨满认为人的灵魂在骨骼里，所以佛教只能以命魂转世加以解释。换句话说，佛教将萨满信仰“命魂在骨骼里、浮魂升天、真魂分解入命灵与浮魂”的灵魂观念改造为“命魂转世、浮魂升天、真魂分解入浮魂”的思想观念。如此一来，佛教与原始萨满具有共同点，即双方都把命魂看成最根本。于是，保护尸骨与销毁尸骨就成为双方争夺的焦点：原始萨满信仰要求保留骨骼，留住命魂；而佛教恰恰相反，它以六道轮回的三善趣与三恶趣定位灵魂的转世，并从“业”缘入手对灵魂的转世方向做出了指南。按照《西藏度亡经》的说法，人死之初，灵魂对尸体还有一种相当强烈的依恋心理，它总是不肯离开尸体，所以这时候人们应该尽快销毁尸骨，以利于灵魂的转世；如果一个人死后尸骨不能完全回归自然，则表明亡者的灵魂还在六道轮回中煎熬，家属这时候更应该积极念经让尸骨回归大自然，而不是埋葬尸骨，这样才利于命魂的转世。

图 4 -2 为萨满信仰与佛教视野下灵魂与尸骨的关系。

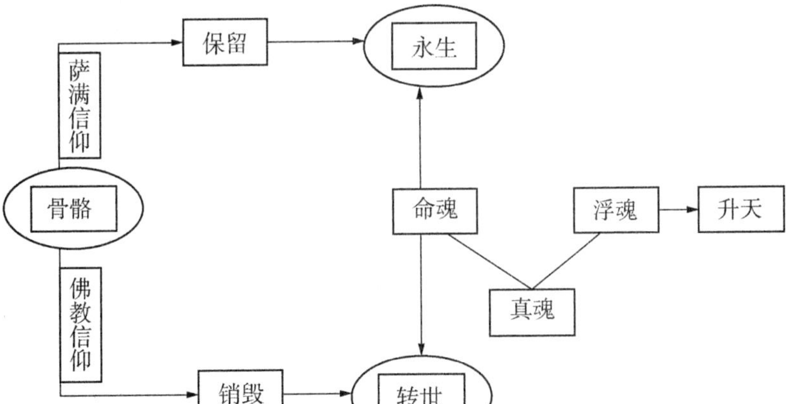

图 4 -2　萨满信仰与佛教视野下灵魂与尸骨的关系

---

① 参见郭淑云《原始活态文化——萨满教透视》，上海人民出版社 2001 年版；乌丙安《神秘的萨满世界》，上海三联书店 1989 年版。

很明显，扎里布郎的儿子朗则一开始为父亲实施火葬明显受到佛教信仰的影响，能够证明这一点的就是火葬第二天的揭布仪式，他希望父亲的灵魂能够获得一个较好的转世。当这种愿望落空以后，他选择了埋骨灰，这种行为带有一种祭骨的倾向。事实上，这种祭骨的心理就是原始萨满（或者苯教）信仰关于“人的灵魂在骨骼里”的体现。朗则也承认了这一点，如他说他埋葬骨灰是想留住父亲的一个灵魂并照顾它，使它不至于变成鬼。那个时候转世的灵魂还在六道中，如果这个灵魂丢了，也会影响转世的灵魂实现投胎转世。在朗则看来，在坟墓（骨灰）的那个灵魂比转世的那个灵魂更重要，这种思想明显是苯高于佛的体现。换句话说，当人们发现按照佛教教义去做但没有达到效果以后，就会转而求助于原来的苯教信仰或者萨满信仰。但是，当朗则再次得知父亲的灵魂转世成功以后，坟墓的那个灵魂就显得无足轻重了，他最终决定把父亲的骨灰撒向大自然。这时候，在他的信仰体系中，佛教信仰又明显高于苯教信仰，其中请喇嘛念经赎罪就是最好的证明。

三岩的土火（水）复合葬以及火土复合葬中表现的正是佛教与原始萨满信仰交融后产生的一种新型的复合信仰。在这种新型的复合信仰里面，佛教灵魂观与原始萨满信仰的灵魂观有共存的一面。但是，正如法国人类学家路易·杜蒙所言，不同价值观念之融合不代表它们是一种平行关系，这些不同的价值观念之融合是“含括”在一个有等级的阶序之下的。因此，灵魂最后是以何种葬式得到最终安息的，就表明哪种信仰是最高的。如果说土火复合葬在宗教信仰方面体现了佛“含括”苯、佛高于苯的一面，那么火土复合葬所体现的就是苯高于佛、苯“含括”佛的一面。

2. 复合葬与生计变迁的联系

我们也必须认识到，仅仅考虑宗教信仰的因素是不够的，我们不应该忽略生计模式对葬式的影响。换言之，三岩的复合葬在葬式方面起着连接各种葬式的枢纽作用，不同葬式之起源与一个地区的人们所实行的生计模式相关。当然，不同的葬式背后也体现了不同的宗教信仰，因此复合葬既是一种生计模式向另一种生计模式转变的体现，也是人们的一种信仰观念转变为另一种信仰观念的体现。

在山岩乡叶巴村，笔者对最近8年以来实行过土火复合葬的家庭生计情况进行调查，发现了一些有趣的现象：第一，实行土火复合葬的家庭经济收入来源中牧业收入占的比例比农业收入占的比例大；相反，那些实行火土复合葬的家庭经济收入来源中农业收入占的比例比牧业经济收入占的比例大。第二，就整个三岩地区的复合葬比例来看，实行土火复合葬的比例要远远超过实行火土复合葬的比例，这与三岩以牧业为主的半牧半农的生计方式不谋而合。

笔者认为，土火复合葬是伴随三岩历史上从农业生计方式过渡到牧业生计方式而出现的，它在本质上体现的仍然是三岩生计方式的改变：在农业时代，土地长出来的庄稼养活了人们，从而使人们产生了一种泥土情结，在丧葬方式上很自然就实行土葬。但是，随着气候越变越冷，大多数土地冻土层增加，适宜种植庄稼的土地越来越少，三岩逐渐由以农业为主的生计过渡到以牧业为主的生计。与生计模式发生改变相互呼应，作为上层建筑的丧葬文化也会发生相应的改变，呈现了由较稳定的土葬过渡到不稳定的火葬的趋势。但是，这种转变不是一蹴而就的，丧葬作为一种上层建筑，相比经济基础而言会出现超前性或者滞后性。就土葬而言，其作为三岩当地的一种传统葬式，稳定下来以后会呈现一种惯性力量，这样就使人们无法在一瞬间完全抛弃土葬，于是在当地生计模式的转型时期就有了土火复合葬或者火土复合葬等多种葬式。

第四节　死而不死：随心所欲地再生

一、复合信仰：红高于黑或黑高于红

显然，三岩存在佛教信仰，但也有大量的苯教信仰和巫术活动。在很多情况下，这些不同的信仰交织在一起，其冲突是非常激烈的，情况类似于早期吐蕃腹地的佛苯之争。《西藏王臣记》一书中在提到文成公主向吐蕃传播佛法时写道：

> 白天所修的建筑物，晚间即遭鬼神捣毁……文成公主依据中原的《八十种五行算观察法》来细推观察，而知道雪域西藏的地形，俨若罗刹魔女仰卧的形状……她在罗刹魔女的左肩上建察珠寺，在右足上建章丈寺，在右肩上建噶察寺，在左足上建仲巴江寺院等，这是镇压四边的四大寺院……从此，佛教也随之兴盛起来。①

很明显，这些故事其实就是佛教与苯教斗争的晦涩反映，其中的鬼神破坏寺庙建筑物隐喻苯教对佛教的阻挠。而从这个传说本身来看，佛苯之争的结果最终是身为佛教徒的文成公主以佛法镇住了罗刹女鬼，佛法的威力毫无疑问地凸显了出来。与其他藏族聚居区相同，三岩也存在类似的传说。据说，三岩其实是一名仰卧着的女鬼变成的，在女鬼的熏陶下，三岩人养成了偷、抢、盗的风气，他们的佛法观念很弱。早些年曾经有多位喇嘛前来向三岩人传经，但他

---

① 第五世达赖喇嘛：《西藏王臣记》，刘立千译，民族出版社 1982 年版，第 37 ～ 38 页。

们白天背诵的经文过了一个晚上以后总是忘记得一干二净。后来，一名叫葛阿业当巴的喇嘛看了三岩的地形以后，制作了一个锅盖——罗麦的亚吉寺，盖住了女鬼的头，又制作了一把剑——沙东乡的朗措寺插入了女鬼的心脏，最后制作了一对镣铐——敏都乡的宫九杰寺锁住了她的双腿，此后，女鬼被制服得服服帖帖。从此，三岩人的佛法观念变强了，人们乐于念经和转经。笔者在田野调查期间还听到家住在贡觉县城的76岁老人金宝关于雄松乡地形的另一种说法：

雄松那个地方是三岩大瓶子的口，只有一条路进去，进去以后出来也很难。陆地从海里升上来的时候，观音菩萨就把恶鬼赶进瓶子让他们出不来。所以，现在你发现雄松人是最凶的。几百年前，有高僧到三岩去传法，它一眼就看出了问题，接二连三在雄松那里建立了3个寺庙把鬼的邪气全部镇住。现在，雄松人不敢到寺庙附近去抢东西，因为喇嘛会咒法让冰雹打坏他们的庄稼。①

表面看来，三岩的情况似乎也是佛教对苯教取得了压倒性的胜利。但是，我们不能就此认为三岩人已经把苯教信仰融入佛教信仰的体系中。因为，在三岩人的观念里面，鬼并不总是被佛镇住的，有时候它们非常厉害。三岩人认为，要是一个人在平时走路的时候被恶鬼缠身就容易丢掉性命，特别是夜晚当人们走在偏僻的道路时非常容易与恶鬼相遇，恶鬼对人的折磨就是慢慢黏附在人的身上，无声无息地喝此人的血，久而久之，这个人就开始生病。这时候，此人去找医生治疗是不起作用的，如果恶鬼厉害，就算找喇嘛念经也不一定能挽救自己的性命。当最终没有办法找到一个切实可行的解决方案时，此人就会走向死亡。在三岩，人们最害怕的是那些在坟场生活的鬼。报道人格桑老人曾用阴森的语气向笔者讲述道：

坟场的鬼沾有传染性非常强的尸毒。如果你经过坟场的时候听到有人在叫你的名字，这时候你千万不能答应，不能停留，也不能回头看。因为那是鬼发出的一种气体——尸毒在叫你，如果你答应的话回到家里会立刻患病，严重的话会死亡。如果家里有哪个亲属快去世了，你经过那个地方时也会感觉有人用石头砸你的后背，这时候找喇嘛和阿尼都没有用，只能为家人准备后事。②

① 采访时间：2012年11月。
② 采访时间：2012年11月。

以上例子清晰地表明，在三岩人的信仰体系里鬼的威力极大，它能够给人间带来各种各样的灾难，这些鬼灵厉害到什么程度呢？——“找喇嘛和阿尼都没有用”。可见，有些恶鬼比佛的道行要深。或许是因为有这样的认识，人们在日常生活中并不总是求助于宗教。如果一个人因为鬼缠身而生病了，念经不起作用的话，人们就会转而求助巫术，试图把鬼驱赶走。比如上文提到的“扎棱”是一种饿鬼，人们可以通过巫术驱赶它，甚至把它杀死。

除了鬼以外，三岩的神又如何呢？三岩人认为神有很多种，每种神的法力也不一样，大多数的神不会对人类使坏，他们都是善良的，不仅如此，很多神都已经在佛的感化下充当了人类的保护神。例如，三岩就流传着灶神在观世音的点化下将青稞种子带给人类的传说。事实上，类似的情况在卫藏地区非常普遍。例如，《青史》的说法就是“莲花生大师首先和西藏的十二女神较量，运用威力慑服诸女神，令其受灌顶而许誓守护正法，渐次前来北道，使塘拉等神立誓护法”①。这些情况说明，先后历经苯教与佛教洗礼的藏族人在宗教信仰方面普遍呈现了一种佛教信仰高于苯教信仰，或者说苯教信仰融入佛教信仰的情况。但另一方面，三岩人也认为，佛的法力并不总是大于神的法力。许多三岩人认为，神灵是不能够随便得罪的，包括喇嘛也不能得罪神灵，特别是神山。如果有老百姓不小心得罪某个神灵，他们很快会遭到神灵无情的鞭挞。这时候，老百姓需要请大喇嘛出面向神灵企求原谅。喇嘛所用的办法是通过作法、念经与神灵沟通，然后道歉、忏悔，恳求神灵的谅解，让他们收回一切惩罚，不要给村里下冰雹。不过，这项法事不是随便哪个喇嘛都能做得到的，那些道行一般的喇嘛无法达到与神灵沟通的地步。

这个例子清晰地表明了在三岩人的信仰体系里苯教神灵的威力，它能够给人间带来各种各样的灾难。苯教的神灵达到什么程度呢？——一般的喇嘛法力有限，无法与它们沟通；而那些法力高深的喇嘛与神灵沟通的方式不是压制、驱赶这些神灵，而是以道歉、忏悔的方式获得神灵的原谅，这说明喇嘛的法力是不如神灵的。不仅如此，如果神山看中了一个普通人，还能够让他成为法力高深的喇嘛。例如，山岩乡叶巴村就流传着这样的传说。据说几年前，该村的一个老百姓在上山砍柴的时候突然被意达神看中了，被意达神带到一个山洞里住了许久，在那里吃的、喝的食物都与家里不同。当意达神离开他的时候，从来不识字的他突然看懂了许多经文，会念很多经，后来，他成为一名法力非常高深的喇嘛，由此获得了全村老百姓的称赞。老百姓都认为他就是意达神的化身。意达，即叶巴村一座神山的名字。该山位于叶巴村东北方向，海拔 5 200 米，是叶巴村附近最高的一座山，神山能决定一个平常人变成喇嘛的传说在藏

① 廓诺·迅鲁伯：《青史》，郭和卿译，西藏人民出版社 2003 年版，第 29 页。

族聚居区的其他地方并不多见。上述两个例子体现的内在逻辑已经非常明显了，那就是苯教信仰高于佛教信仰的复合信仰体系。

简而言之，三岩有多种信仰并存，但并没有出现哪一种信仰绝对高于另一种信仰的情况。在佛教、苯教与巫术里面，三岩人会根据他们所面对的对象来选择其中一种信仰为主导，将另外一种或者两种信仰作为主信仰的辅助工具，从而实现他们预设的目标。表面看来，这套信仰体系似乎杂乱无章，三岩人可以随意使用，但事实上，他们对此也有大致的分类。报道人金宝认为：

宇宙中有佛、神还有鬼，他们与人有千丝万缕的联系。一个健康的人如果生病，大致由几种原因造成：其一是平时念经太少，这类人生的病大多是小病，如感冒、拉肚子、发热等。其二是得罪地上的年神或水中的鲁神，这两种神都会降罪于人，但是惩罚方式稍有不同：地上的年神主要让你的耳朵烂掉、手脚骨折、眼睛失明；而水中的鲁神主要让你的皮肤溃烂、肚子长疮、脸上长疙瘩或者将一些传染病传到你的身上。其三是被各种各样的鬼附身，每种鬼附身的表现都不同，但有一点是相同的——这些鬼会夺走人的灵魂，使这个人会变得虚弱无力、脸色苍白、吃不下饭、睡不了觉，整天胡言乱语、疯疯癫癫，时间长了就死掉了。

由于发病的原因不同，所以只要从一个人患病的情况就可以大概知道是什么原因造成的。不同的原因要使用不同的方法治疗。如果是感冒、拉肚子这样的疾病，只要自己在家里的经堂多念经，再吃点药就好了；如果是因为得罪年神或者鲁神的，必须及时到大喇嘛那里，让喇嘛帮忙念经。通常情况下，喇嘛会念一种叫《协》的经文，“协”的意思就是以一种下等的姿态面对神灵，请求神灵的原谅，这样病才能够好。如果是被鬼附身，要看是什么样的鬼，平常人看不出来，但是大喇嘛可以看出来，他可以打鬼并把鬼赶跑。有时候喇嘛会念一种叫《嘎》的经文，就是专门驱鬼的，鬼被驱走以后，人的病也就好了。但是，阴间的鬼和人一样，也有强弱之分。对于那些打架死亡而变成的鬼，由于它们的怨气太重，不可强行驱赶，而要请阿尼作法把它们送走。①

二、“插花地式”的复活手段

由于三岩地域的复杂性，使得不同信仰的传播程度与深度不尽相同。不同的信仰又相互斗争，彼此融合，显示了强大的张力。一方面，不同的宗教信仰

① 访谈时间：2012 年 11 月。

可能支持不同类型的葬式，也有可能支持相同的丧葬方式；另一方面，不同的丧葬方式可能体现了相同的死亡观，相同的丧葬方式也可能体现了不同的死亡观。由于这里的佛教信仰、苯教信仰与巫术信仰并不存在谁绝对“含括”谁的问题，因此它们各自支持的葬式和死亡观就会呈现出此起彼伏的现象，其消长或兴衰取决于隐藏在丧葬类型背后信仰的拉锯战，三岩人的死亡观时常摇摆于苯教信仰与佛教信仰之间。

苯教的死亡观是以灵魂复活为核心建构起来的，它体现的是灵魂不死的信念；而佛教的灵魂观则是以业报轮回为基础建立起来的，主张轮回转世。于是，三岩藏族人在处理各种尸体时就会根据具体情况在这两种死亡观中为死者的灵魂归宿进行选择。

如果纯粹从佛教的观点来看，“在藏传佛教中，一般信徒最高的愿望是前往极乐世界，其次则是进入三善趣（其中以人为重，因为有修法的机会），而恶趣是极力要避免的”①。台西寺的白洛活佛说：

> 轮回也就是三岩老百姓常说的投胎，投胎到哪个空间要看这个人生前的业力。生前勤于行善、念经、布施的人死后会转世到三善趣，三善趣中以人为好，因为可以继续念经，让下一辈子进入极乐世界。生前作恶太多的人死后灵魂可能会下地狱，但是他可以在家人的帮助下多做布施和念经，这样可以补救，让他的灵魂脱离苦海转世为人。②

在佛教教义看来，帕措文化所主张的偷盗、抢劫很明显是一种恶，但是这种恶并不可怕，因为这些人死后灵魂可以不用下地狱，只要死者临死前大彻大悟并以自己的躯体广结善缘。麻贡寺的喇嘛说：

> 如果一个人生前作恶过多，但死后能诚心悔悟，以自己的血肉之躯去拯救生命、广结善缘，同样可以使自己的灵魂脱离三恶趣。天葬是一种方法，土葬也是一种方法，因为将自己的躯体奉献给泥土的虫子同样是广结善缘。③

但是，也有部分高僧不认同这种说法，他们给笔者讲述了灵魂转世的另一种方法：

---

① 才让：《藏传佛教民俗与信仰》，民族出版社 1999 年版，第 226 页。
② 采访时间：2012 年 11 月。
③ 采访时间：2012 年 11 月。

要想灵魂脱离六道，前往极乐世界，有很多种方法。生前做善事，死后让家属多布施是一种方法。有些人家没有钱，不用布施；如果他经常劳动，也不需要天天念经。但是，他要对佛祖有一颗虔诚的心，这种“心”不是用物质能够表达的。去年，有一个老太太信佛，她也没有天天念经，只是每天外出干活经过村子的白塔时绕着白塔转半圈再过去，结果她死后灵魂很快得以投胎。①

以上两种说法虽然有差异，但有共同点，那就是要求人们一心向佛。然而，三岩人认为，一心向佛不是使灵魂脱离苦海的唯一途径。75 岁的格桑老人告诉笔者：

人死后，灵魂何去何从不单单取决于念经布施。有时候布施念经有用，有时候一点用也没有，这要看情况。我们每个人的生活都依靠帕措，我们年轻的时候整个帕措到外面去抢劫，相互打架、动刀动枪是常事。如果一个人为了帕措的利益杀死了冤家，他就是英雄，他死后就不需要布施，因为他灵魂可以升天成为神，而不是下地狱成为鬼；相反，那些胆小的人死后才需要家属去布施。还有，如果一个人不是为了帕措的利益去杀人，他死后家属也要去寺庙布施或者给穷人布施，但是我们厌倦接二连三地布施，一是生活并不富裕，二是折腾不起这些时间。去年，我们这里有一户人家就是这样，他们到尼更寺去布施好几次了，但另外请喇嘛来算命的时候又算出亲人的灵魂没有转世成功。前几个月，他们一家人又跑到昌都那边去布施。要是我，还不如找阿尼作法来得方便。②

就三岩人的信仰而言，一旦人们认为念经布施不起作用，他们可以完全抛弃六道轮回中的三恶趣之观念，转而求助苯教信仰，如实行土葬、保存骨头或者请阿尼作法。

事实上，三岩藏族人将帕措文化中的抢劫、偷盗视为光荣的行为，无疑受到苯教信仰浓厚遗风的影响，因为苯教并没有用偷、抢、杀的行为去评价一个人的善恶。不仅如此，在苯教看来，只要经常祭祀，死去的生命就会复活。毫无疑问，祭祀已经具备了特殊的功能——避免灵魂坠入三恶趣。

在三岩，由于苯教关于灵魂可以复活的观念保存得比较完整，人们乐于实行土葬，无形中也把土葬作为拯救灵魂的手段了。土葬能够拯救灵魂，但是不

① 采访时间：2012 年 11 月（报道人：藏传佛教僧人，地点：台西寺）。
② 采访时间：2012 年 11 月。

等于说销毁尸骨就不能拯救灵魂。譬如，人们对于那些为了帕措利益斗殴而死于刀口枪口的死者实行火葬，火葬时向天空撒青稞、糌粑等去孝敬天神也是拯救灵魂的一种手段。这样，拯救灵魂的目的同样可以达到。图4－3是三岩人在苯教死亡观与佛教死亡观之间有目的性地做出选择而构建的一套符合帕措文化的死后世界观。

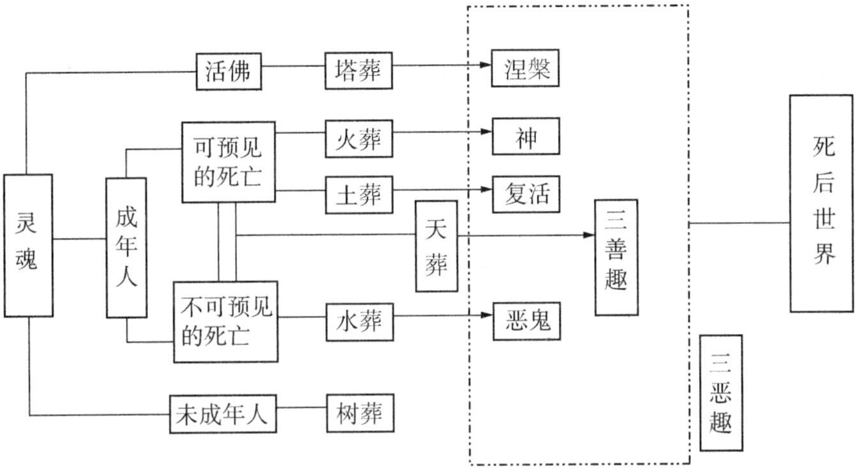

图4－3　三岩复合葬文化模式建构

三岩的复合葬文化模式是依赖于半牧半农的生计模式并在离散的帕措社会结构基础之上生成的。半牧半农的生计在自然环境方面表现了巨大的差异性，而离散的帕措社会结构里，人们可以根据提前设定的目标随心所欲地选择葬式，因此三岩的丧葬显示了纷繁复杂的一面，笔者以复合葬命名之。

这套丧葬文化模式有以下几个特点：第一，苯教信仰与佛教信仰在所支持的葬式方面有明显的区别。与其说两者是兼容的，不如说两者之间有斗争更确切一些。苯教信仰所支持的火葬、土葬与水葬分别将灵魂送往天上、地上（复活）与地下的观点，明显是古老的苯教等级观之重现，然而佛教无论死亡原因全力推行天葬，无疑将这种等级观打破了。第二，虽然这一套死亡观中呈现了六道轮回的三恶趣，但在三岩人看来，任何死者的灵魂都不太可能进入此循环。喇嘛在推行天葬时会保证为死者念经超度，全力帮助死者的灵魂进入三善趣。但是，佛教主张业报轮回，人死以后灵魂能否进入三善趣在很大程度上取决于一个人的善业；而帕措文化却视偷、抢为光荣的行为，于是在逻辑上立即产生了一个悖论，即生前做出偷盗、斗殴等种种行为的人实行天葬也未必就能进入三善趣。在田野调查中，笔者发现不少家属在给那些死于刀口下的人实行天葬以后到喇嘛那里去算命，仍然算出这类人的灵魂在三恶趣中。这种情况迫使三岩人转而求助古老的苯教或者萨满信仰，因为在这些更古老的宗教看来，此类行为是解决人类生存的一种方式，无所谓善恶之分。因此，在三岩人的信仰体系里，死者的灵魂不可能进入三恶趣，除非这个人做出令整个帕措丢脸的事情而被帕措开除。第三，三岩人所构建的死后世界只是将佛教六道轮回的三善趣继承了下来，对三恶趣几乎视而不见（笔者将三恶趣画在虚线外面），所谓对灵魂的惩罚更多的是依赖于古老的苯教信仰（水葬）。因此，三岩人在涉及死亡问题时最忌讳出门摔死。但是，只要个人在帕措组织受到别人尊敬，即使发生此类现象，整个帕措也会为其实行天葬将其灵魂送入三善趣。

第五章　土火二次葬文化模式：在孝道中实现转世

第一节　云南羊拉乡：一个河谷农业区

本书的第三个田野点是位于云南省迪庆藏族自治州德钦县的羊拉乡。提起羊拉乡，读者或许感觉陌生；但是，说起香格里拉，众所周知。这个距云南省会昆明590公里、作为迪庆藏族自治州首府的城市因《消失的地平线》① 一书早已声名鹊起，吸引着全球旅游者的目光。

由香格里拉沿214国道往西再行驶3小时便可到达奔子栏。奔子栏，又称"崩子栏"，藏语发音系"公主起舞的乐园"之意。按当地的传说，奔子栏名称的由来与唐朝入藏的文成公主有很深的渊源。据说，文成公主曾由此路进藏，途经奔子栏时停留了很长时间，她不但把汉人的舞蹈传授给了奔子栏的藏族，亦在此地学会了藏族的舞蹈。虽然已有的历史研究成果不足以证明文成公主由此入藏②，然而此传说在滇西北流传之广，足以表明历史上的奔子栏在汉藏文化交流方面曾扮演着重要的角色。这有文稿印证：

> 自墩出中甸差役夫马等，□□人共顾（雇）夫马，由奔（子栏）送至中甸交界贤道地方止，由中甸去墩，自奔（子栏）送□，头人顾（雇）

---

① （英）詹姆斯·希尔顿：《消失的地平线》，胡蕊、张颖译，云南人民出版社2006年版。该小说讲的是20世纪30年代4名西方人闯入了神秘的中国藏族聚居区，在一个虚构的世外桃源——"shangri－la"（汉语译音"香格里拉"）生活的故事。此书出版后引起无数人寻找书中所描述的世外桃源，而云南省迪庆藏族自治州的中甸县甚至将自己的县名改为"香格里拉"。

② 参见苏雄娟《唐朝与吐蕃和亲研究》（博士学位论文），云南大学历史系2001年，第56～61页。

送于阿墩子止。①

由于扼滇藏交通线的咽喉，奔子栏自古以来就是茶马古道的中转站。目前，奔子栏是由香格里拉至德钦的必经之地，客人们无论从香格里拉还是从德钦出发，到了奔子栏必定要停车吃饭，或者留宿一晚，奔子栏镇也因此成为滇藏交界一带最红火、最热闹、最繁华的城镇之一：

> 由滇入西藏之必经要道，并为西康与滇人贸易之市场，此间人民，因习康藏内地之情形，往往用马骡贩运滇省出产之茶、布、红糖、铜锅等前往贸易，而贩回毛毡、褥子及虫草、麝香、贝母、知母等药材到丽江等地出售。②

其实，奔子栏不仅在汉藏沟通方面起到枢纽的作用，它更是以其独特的地理位置把中西的商业贸易早早连接了起来。今天，穿行于奔子栏一条仅500米左右长的街道，我们还会惊讶地发现这里有许多“洋货”。据说那些摆在地摊上卖的葡萄酒，就是百年前法国传教士从遥远的欧洲带来的“玫瑰蜜”，而且这种“玫瑰蜜”在欧洲已经绝种。由此不难想象，这里从来都是一个充满生机与活力的世界。也正因为如此，奔子栏与升平镇的藏族人很早就有了强烈的商品经济意识。20世纪30年代，刘曼卿在滇藏行程中做了以下记录：

> 本地妇女不农不牧，专靠与阿觉哇交易为生。最可奇者，阿敦妇女每年春间，观诸天象征兆，常评断本岁阿觉哇来敦之多寡，犹似农人之望秋，此亦怪事也。③

由奔子栏沿金沙江北上便是本书调查的田野点——羊拉乡（见图5－1）。历史上，羊拉对外的交通要道有两条：其一是向南走大约80公里的路程到达奔子栏，然后向东入汉地；其二是向西南走约120公里的路程来到德钦升平镇，再由此地朝西入藏地。换言之，羊拉藏人只要外出，必经过茶马古道重要的中转站——奔子栏与德钦升平镇。其实，在下文中我们将发现茶马古道的商品经济意识在很早以前就沿着这些交通要道流入羊拉，尽管这里曾经被媒体称

---

① （清·光绪）《奔子栏一带地方番老民》呈文稿，转引自王恒杰《迪庆藏族社会史》，中国藏学出版社1995年版，第149页。

② 和永惠：《云南西北之康族》，载《西南边疆》1940年第8期，第71～74页。

③ 刘曼卿：《国民政府女密使赴藏纪实——原名〈康藏轺征〉》，民族出版社1998年版，第150页。

为“云南最偏僻、最边远的乡”。

图5－1　云南羊拉乡的地理位置

一、茶马古道旁的羊拉乡

羊拉乡在行政上属迪庆藏族自治州德钦县管辖，地理坐标为东经99°05′23.7″、北纬28°54′58.8″，因地处滇、川、藏三省（自治区）的结合部而素有“鸡鸣三省”的美称。全乡约1 087平方公里，辖4个行政村，分别为甲功村、羊拉村、规吾村和茂顶村，人口8 216人，藏族占到99%以上，也因此被称为

"纯藏族乡"。[①] 图5－1显示，羊拉乡北部与西藏芒康县的徐中乡山水相连，东与得荣县的贡波乡隔金沙江相望。

境内除了河流以外便是山峰，多沿金沙江分布。比较著名的山峰有：察里雪山，海拔5 000米，其中垭口4 799米；白马雪山，海拔5 213米，其中垭口4 352米；甲午雪山，海拔5 220米，其中垭口为4 693米；闰子雪山，海拔5 384米，其中垭口5 034米。这些山峰在藏族群众心目中都是神圣不可侵犯的神山，其间还生活着一些名贵的动物，如滇金丝猴、林麝、盘羊、黑熊、藏马鸡、马鹿等。高山上的草场除了可供畜牧业发展，还盛产名贵药材，如虫草、贝母 、知母、丹皮、当归、雪茶、雪山一枝蒿、黄连等。

气候方面，来自印度洋的湿润气流顺河谷北上遭遇横断山脉的阻挡，使气流越过横断山脉时湿度开始变小，导致羊拉乡的气候表现为炎热、干燥和少雨的特征。一年中冬季长，夏季短，春季升温快但不稳定，秋季降温迅速；昼夜温差大。年平均气温为15摄氏度左右。羊拉乡年降雨量是374毫米。很明显，羊拉的降雨量是偏少的，而且降雨期多集中在每年的5月到6月，因此，羊拉是典型的干热河谷气候。除了降雨，羊拉还有一个特点就是刮风，多集中于每年10月至翌年的5月，这段时间刮大风非常频繁，刮风时气温会随着地势的升高而升高，而且在海拔高的地方容易发生火灾。

在当地流传甚广的传说中，"羊拉"这个名字有着诗一般的意境。据说很久以前，这一片土地上产有大量的牛，这些牛的角慢慢化成一座座神山。其中，西北有一座叫"达冬"的神山陡峭而向内弯曲，是牦牛左角变成的；右边有一座叫"绒宗"的山与其对称，是牦牛右角的化身；而中间还有一座叫"南冬"的山向前突出，又粗又大，是牦牛头变成的。"羊拉"由此得名。在藏语的发音中，"羊拉"就是"牦牛角"的意思。已有的研究成果证明，唐代之前的金沙江峡谷是"白狼羌"的活动范围。据和志武的考证，"白狼羌"就是"牦牛羌"的一支。[②] 换句话说，古羌人是羊拉乡最早的先民之一，尽管在羊拉乡普通老百姓的记忆中，他们将自己的祖先追溯到吐蕃时期从卫藏前来戍边的士兵。

二、以农业为主的生计模式

一个社会的生产离不开特定的时间与空间，而这些时间与空间在很大程度上又受到峡谷自然环境的影响。与上述自然生态相适应，羊拉人的生计模式表

---

① 数据来源于羊拉乡政府提供的资料。

② 参见和志武《藏文化对纳西文化的影响》，见《藏族学术讨论会论文集》，西藏人民出版社1984年版。

现为以农业为主的特点。但是，这种以农业为主的生计模式也许并非从来就有的。羊拉乡茂顶村75岁的老人扎巴向笔者讲起了羊拉人学习种水稻的故事：

> 很早的时候，我们的祖先只会养牛和放羊，不会种地。但是，“绒仲”（指纳西族）来了以后，他们就挖水池，在金沙江河谷那些低的地方开垦出一块块的土地，并且使用我们的牛去帮他们犁田种水稻。渐渐地，我们就跟着他们学习种田。后来水稻长起来了，它的产量高，比糌粑好吃，所以我们就慢慢将水稻作为主食了。但是茂顶的土地有限，不能大面积地种植水稻，于是我们开垦那些高海拔的荒地，但是“绒仲”说海拔高的地方长不起来。我们就改在那些地方种青稞和大麦、小麦。年复一年，慢慢地，原来放牧的地方都开垦成种植的地方了。现在我们这里放牧的已经很少，每家每户还是有牧场的，主要是3月的时候才去，但是去那里不是放牧，而是采羊肚菌。放牧比较麻烦，因为你必须住在那里，家里的人还要定时带粮食上去；种地比较省事，农田都在自家的附近，方便照料家务。①

茂顶村位于羊拉乡南部，与奔子栏接壤，海拔仅2 500米，气候介于湿润、半湿润之间，适合精细的农业耕作。这里不仅生产青稞、大麦、小麦、马铃薯和杂豆等，在靠近金沙江河谷更低的地方还可以种植水稻。现在茂顶村的老百姓一日三餐有两餐是吃米饭，糌粑只是在早茶的时候才食用，饮食习惯亦可体现出农业生产结构。除了农业种植以外，羊拉还以种植水果作为副业，如种植核桃、石榴、苹果、黄果等。

由于采取以农业为主的生计，羊拉人的生产时间体现了一种生态规律。例如，习惯于将各种不同类型的生产与自然界的变化联系起来：他们经常通过观察山峰上雪线所在的位置来判断采集的季节，又通过辨认昆虫的叫声来判断春耕的时间。表5-1是他们一年的经济生产安排。

---

① 访谈时间：2011年9月。

表5－1　羊拉乡藏族群众年度经济生产安排

时　间	年度经济生产安排
春季（1—3月）	找猪草、牛草与小麦叶子，养护果树，做家务，春耕，播小麦
夏季（4—6月）	给果树浇水、找猪草与牛草、做家务、收割小麦、种杂豆、到山上采集、饲养牛羊
秋季（7—10月）	收获杂豆、玉米、核桃、苹果、梨，积肥料，准备冬天给牛羊的干草
冬季（11—12月）	修房子、砍木料、砍柴、打扫房屋、杀猪过春节

概而言之，羊拉藏族群众一年中的生产主要是围绕农田进行的。然而，这些生产含有许多商品经济的交换观念，主要包括插秧、播种、收割、修房等生产行为。

“交换”的行为可以发生在劳动力之间，也可以发生在劳动工具之间。劳动力之间的交换包括“换工”与“买工”。“换工”是指在农事生产上双方相互交换劳动力的行为。例如，每年收割小麦之际，甲家派出1个劳动者帮乙家做1天的工；轮到甲家收割小麦时，乙家也会派1个劳动者前往帮1天忙。表面上看，“换工”体现的人情味很浓，其实不然，每个家庭的主人心里都记有一本经济账：如甲家这次派出2个劳动力帮乙家收割1天的小麦，轮到甲家收割小麦时，如果用不上那么多劳动力，甲家便主动向乙家提出只需要1个劳动者帮忙，这时候，乙家很明显还欠甲家1人1天的劳动量，他需要寻找机会将所欠的劳动时间还给甲家，如在甲家修房子或从事别的生产的时候主动前去帮1天忙。如果说“换工”只是一种隐性的交换，那么“买工”就是一种显性的交换了。所谓“买工”，就是指东家以付现金的方式买入劳动力从事劳动的行为。如某个家庭需要松叶子积肥料又没有足够的劳动力，便以每“背”松叶50元的价钱雇人帮忙。

劳动工具的交换也时有发生。例如，羊拉乡乡民过去在耕地的时候主要使用牛，但近些年来，从香格里拉县传入的犁地机因劳动效率高而大受青睐，因此一些没有犁地机的家庭通常在等待别人犁地结束以后以租赁的方式向东家租用犁地机。其交换原则是，租用犁地机1天应付给被租借人40元，在使用犁地机的过程中，租借人还承担其在使用犁地机过程中所耗费的油钱，颇具商品经济的色彩。

农业生产中大范围存在的种种交换行为无疑深深影响了当地的社会结构。譬如，以普遍受学术界关注的藏族男性群体与女性群体的关系而言，“在当地人看来，与其他地区的藏族女性相比，当地的女性似乎已经自然具备了一份显著的权利。这就是广泛从事商业贸易活动以及与家庭以外社会更多地接触，因为在迪庆文献中的很多地方，这两个领域是尤其禁止女性涉入的"①。事实上，羊拉社会并不存在诸如玉树巴塘社会那样明显的部落等级结构，也不存在诸如川藏三岩区的那种离散的帕措组织；相反，商品经济所要求的平等观念充分地体现在羊拉人的思维中，羊拉的社会结构体现了法国社会人类学家迪尔凯姆笔下的"有机团结"。

第二节　黄"含括"儒：土火二次葬文化兴起

12世纪以后，藏传佛教在吐蕃的腹地卷土重来，并开始向迪庆大规模传播，由此引发了迪庆丧葬文化的变革。

一、从白教到东巴：分肢水葬与等级火葬的呈现

（一）白教南传与分肢水葬兴起

1. 噶举派入主滇西北

1147年，藏传佛教噶举派黑帽系一世活佛到康区传教。期间，该系二世活佛噶玛拔希从大都到康区传教的时候曾路过德钦，并写下著名的卡瓦格博祷文，尊称"绒赞卡瓦格博是一切智慧和世间的神殿"②。噶举派由此成为入主滇西北最早的一支藏传佛教教派。14世纪以后，逢木氏土司经营康区，木氏对噶举派礼遇有加，大力扶持，邀请红帽系二世活佛喀觉布的得意弟子曲贝益西的徒弟支梅巴充当了木氏土司的"国师"。③ 噶举派因此实力大增，直到木氏土司退出康区，德钦所有的藏传佛教寺院几乎都属于噶举派。

噶举派入主滇西北的同时，将佛教所推行的丧葬文化也传入迪庆。由于噶举派在经营滇西北期间得到木氏土司的支持，两者构成了一个庞大的统治阶层。这时候，羊拉的丧葬格局也呈现了浓厚的等级色彩：火葬是最高贵的葬式，基本上是高僧、木氏等有身份、有地位的人士所使用的；而土葬是最下贱

① 王天玉：《论多偶制度下藏族妇女的角色与地位：以滇西北德钦县的尼村为例》（博士学位论文），中山大学社会学与人类学学院2012年，第61页。

② 迪庆藏族自治州民族宗教事务委员会：《迪庆藏族自治州宗教志》，中国藏学出版社1994年版，第6页。

③ 参见杨福泉《纳西族与藏族历史关系研究》，民族出版社2005年版，第137页。

的葬式，一般仅用于奴隶阶层。

2. 分肢水葬的兴起

与噶举派传入滇西北的同时里，天葬在滇西北也逐渐风行起来，“阿敦子以上，人死延喇嘛诵佛经三日，吹笳而雕至，剖肉抛而食之”① 便是明证。然而，天葬毕竟受限于地理环境，迪庆面积颇大，整个地区海拔高度不一，垂直差异明显，在一些海拔低的地方，譬如金沙江支流的河谷地带，由于缺乏天葬中所必需的司仪——秃鹫，因此无法实施。于是，分肢水葬便应运而生。羊拉58岁的水葬师尼追在谈起他做水葬师的经历时说道：

> 我是25岁开始做水葬师的，我的祖祖辈辈都从事葬师这个职业。我父亲在10年前去世了。听他说，他的祖父以前就是天葬师，只是后来没有天葬了，他才做水葬师。天葬与水葬在肢解程序上大体一致，在水葬的时候要把尸体肢解成108块。这是因为108块肉可以布施给宇宙间的一切生物，能够拯救宇宙间所有有生命的灵魂。②

从田野调查的情况看，羊拉的分肢水葬点多集中在海拔较低的河流地带，从生态环境方面考虑，那些地方确实不适宜天葬，因为天葬所必需的秃鹫一般生活在海拔3 300米以上的地区。在噶举派入主滇西北之前，当地是否盛行水葬已无从得知，但有一点是毋庸置疑的，那便是今天茂顶地区的水葬很明显是模仿天葬创立的。

首先，分肢水葬与天葬都由专职人员实施。玉树的天葬有专门的天葬师，而羊拉的水葬有专门的水葬师。无论是天葬师还是水葬师，他们都不是来自民间，而是寺院的普通僧人。其次，从分肢水葬与天葬的程序和步骤来看，两者也存在明显的关联。例如，分肢水葬对尸体下第一刀的部位与玉树天葬的相同。另外，茂顶村在实施分肢水葬时以将尸体分解成108块为吉，水葬师认为这是为了死者的灵魂顺利转生所做的。其实，根据史料也可以看出噶举派与108这个数字的联系。例如，历史曾明确记载噶举派的创始人琼波南交在传法之时就立志在香地建108座寺院的说法。③ 在金沙江上游的玉树巴塘乡，当噶举派创始大师觉哇久丁桑贡建立巴塘天葬台时，为了把诸神鬼活动的场景刻下来，就在施尸台下放着108块长方形的石板，同样，在玉树巴塘乡天葬时也是把尸体砍成108块。这一切巧合恐怕不能用“偶然”二字给予解释。最后，从当地人的解释来看，两者之间的关联性也是存在的。在茂顶，肢解水葬之所

---

① 王恒杰：《迪庆藏族社会史》，中国藏学出版社1995年版，第185页。

② 采访时间：2011年10月。

③ 参见魏强《藏族宗教与文化》，中央民族大学出版社2002年版，第206页。

以流行，一个重要的原因就是老百姓认为这种葬式可以将自己的肉身喂水中的鱼虾，这无疑是受到佛教关于“易肉饲鸽”的故事的影响。在茂顶老百姓的观念中，他们将水葬与分肢水葬区分得很清楚。一般而言，他们将整个尸体投到河流中被河水冲走的葬式称为水葬，而把这种分肢水葬称为天葬。

羊拉地区的分肢水葬与天葬存在一脉相承的关系，也得到了则母寺堪布的证实。他说：

> 分肢水葬也就是天葬，只不过前者将尸体布施给河里的鱼蟹，后者将尸体布施给秃鹫，本质并没有什么区别。中游河在闰子雪山的山脚下，以前闰子雪山的半山腰有一个天葬台，一些云游的僧人也在那里零零散散主持过天葬。后来，那些僧人走了，生态环境也恶化了，秃鹫越来越少，有时只能召到几只秃鹫，不能吃尽整具尸体，人们只好把尸体从天葬台搬到中游的水葬台进行处理，所以羊拉的人们把这种水葬叫作天葬。①

不难推测，在白教入主滇西北以后，这里的丧葬格局大体分为两种：第一种是在高海拔地区形成了以天葬为主的天葬文化区；第二种是在低海拔地区出现了以肢解尸体方式实行的水葬文化区。

（二）东巴教北扩与等级火葬重现

1. 纳西族屯垦康区

噶举派传入滇西北后期，丽江木氏土司也在此地掀起了一场规模庞大的军事斗争。木氏在取得明朝中央政府的支持下于明代万历年间兵犯康区，并向这些地方移民屯垦。其统治范围如清人余庆远所说：“自奔子栏以北皆降，于维西及中甸并现隶四川之巴塘理塘，木氏皆有之，收其赋税。”② 很显然，处于川、滇、藏交界区的羊拉就在这个范围之内，羊拉受纳西文化的影响可以从此地广泛流传的“木天王圈地”之传说得到印证：

> 迎藏大臣在护送文成公主进藏的时候与她在羊拉乡甲功村发生了关系，他们走到羊拉村以后生了一个男孩，由于害怕事情败露，于是将这名男孩放在木盆里，顺金沙江漂流而下。该男孩到了丽江石鼓地区被一户人家救起，这个孩子就是后来叱咤风云的纳西族木天王。有一天，天神来到了他的身边，问他想要什么。木天王回答只想要一张牦牛皮大的地方。于

---

① 访谈时间：2011 年 12 月。

② （清）余庆远：《维西见闻录》，见于希贤、沙露茵选注《云南古代游记选》，云南人民出版社 1988 年版，第 123 页。

是，天神就给了他一张牦牛皮。但木天王很聪明，他得到牦牛皮以后就用剪刀将这张牦牛皮一圈圈地剪成像钢丝那样细细的牦牛皮丝，用于圈地，结果把西藏的盐井都圈起来了，所以人们就称他为“牦牛王”。“牦牛王”长大以后，就去西藏找他的母亲。他一边走，一边叫人修建城堡，用以传递信息。但是当他走到西藏的盐井以后，天神就对他说，你用牦牛皮圈的地到此为止，前面不属于你的地盘了，不能再往前走了。“牦牛王”没有找到自己的母亲，于是带着失望的心情回到了丽江。①

结合历史，我们会发现当年木氏北扩的路线基本沿今日的 214 国道一路向西，羊拉显然受木天王的统治。事实上，木天王圈地的传说就是对木氏沿江北扩之历史的晦涩反映。羊拉乡目前还有大量据说是磨些人留下的烂房子和废弃的土楼：通常只有一两道墙，大多采用稻草、黄泥和碎沙石搅在一起夯实。

众所周知，纳西族的祖先是从河湟地区南下的古羌人的一支——摩沙夷。他们与游牧的古羌人一样，很早就形成了以天神崇拜为中心的原始信仰。元末明初，纳西族的原始信仰融入了喇嘛教和道教的文化因子形成东巴教以后，以天神崇拜为中心的信仰则成为东巴教的核心，祭天台则是东巴教的象征。据民国《中甸县志稿》记载：“摩些人所在村落，必于附近高阜筑一天坛，定于每岁旧历正月初四、五、九日，集众醵金延请东跋，杀牲祭天一次。”② 这些祭天台如今在羊拉仍可发现。位于甲功村西北方向约 20 公里的地方，便有一处坍塌严重的祭天台遗址。经笔者的现场观察，该座祭天台由三层台阶组成，台阶是用黄泥搅拌杂草铺成的，下层长约 8 米、厚大约 0.5 米，中层长 6 米、厚 0.5 米，上层长 3 米、厚 0.5 米，整个建筑坐南朝北。这座残旧的祭天台目前已经成为活佛讲法之地。笔者在羊拉调查期间，恰遇羊拉村阿木年举行全乡的佛法宣扬活动，他们就是集合全体来宾到这里听喇嘛讲法的，而过去坐在祭天塔上的祭师已经由当今的活佛取代。

设想，木氏自遭遇和硕特部的打击兵退丽江以后，大批磨些人跟着他们退出，那么有几户人来不及随大军撤离，留守当地是完全有可能的。据民国《中甸县志》记载：“中甸……在元以前，本为吐蕃游牧之地。惟至明季，确经丽江木氏移民渡江，作大规模之屯殖。今观磨些族群分布情形及藏蕃所筑之碉堡营垒遗迹，则木氏之实力，实已北通巴塘，西北越阿墩子而达藏边。足见伏居江曲之建塘地面，曾归木氏长期管理焉。及至明末清初，藏蕃势力又膨胀，逐渐南徙，而木氏日渐式微，莫能御之。于是磨些屯兵又渐渐退回江边；

---

① 访谈时间：2011 年 9 月（报道人：阿宝，男，52 岁；地点：羊拉乡）。

② 段绶滋纂修：《中甸县志稿》（稿本），1939 年。

亦有服藏人之服，语藏人之语，而强化于藏者。”[①]

图 5－2 为明代磨些人在羊拉建造的城堡。

图 5－2　明代磨些人在羊拉建造的城堡

2. 等级火葬的重现

随着纳西族带来他们自己的宗教信仰，纳西族的丧葬文化因子也随之在羊拉扩散开来。

纳西族信仰东巴教。学术界普遍认为，纳西族的东巴教与藏族的苯教属于同源异流的关系。[②]因此，在宇宙观、死亡观和灵魂观方面，两教有许多相同的地方。“在东巴教的经典中，反映的统一教义就是世界分为天神、人间、鬼世三个世界。天神世界的神是与人为善的，是保护人类的。鬼的世界是专门与人间世界作对，给人类造成灾难。而天神世界的神就是为了拯救人类世界的苦难。”[③] 这样，东巴教将死亡的世界描绘成一个幸福的天堂，因而死亡也就成为痛苦的解脱。

有关纳西族的丧葬，据《东巴经·寻找父母死后葬法》记载，纳西族原来不懂葬礼，他们是在董神和塞神教导下学会了火葬：男死用九筒柴火焚烧，女死用七筒柴火焚烧。[④] 事实上，纳西族是南下的古羌人的一支，伴随着逐水草而居的生计模式而产生火葬也是必然的。唐宋以后，迁徙到丽江一带的纳西族已经过上了定居的生活。元末明初，磨些社会的经济取得了长足的发展，逐

① 段绶滋纂修：《中甸县志》，段志诚、和泰华标点校注，《中甸县志》编纂委员会办公室 1991 年刊印，第 16 页。

② 参见杨福泉《纳西族与藏族历史关系研究》，民族出版社 2005 年版，第 156 页。

③ 云南省编辑组：《云南民族民俗和宗教调查》，云南民族出版社 1985 年版，第 252 页。

④ 参见和湛《丽江文化荟萃》，宗教文化出版社 2000 年版，第 159 页。

渐确立封建农奴政权。在木氏北扩占领羊拉以后，羊拉乡的火葬表现了另一种特点：和以前相比，葬礼更加隆重，特别是以木氏为首的奴隶主阶级，在火葬仪式中出现了大量的“动物祭祀”和“木偶陪葬”等现象。关于这方面，羊拉的一些老年人还能够说出一二。笔者在羊拉乡调查期间，向导阿登金巴多次向笔者表示他们的祖辈是纳西族，笔者还特意对他的祖父进行了一次访谈。在丧葬仪式这件事上，他的祖父向笔者表示：

> 我们的祖先年轻时在木老爷的手下带兵。我小的时候听祖父说，祖先也是实行火葬的，但是和现在不同，根本不是像现在这样烧法（指火葬），现在烧了都是把（死者）东西全送给喇嘛或者送到寺院去做布施了。听说祖上是把家里值钱的东西一起烧掉，有时还要杀马取一条腿出来烧就可以了，否则那些马到了底下（阴间）就不听他的话，他就回不到祖先那里。烧的时候，东巴在旁边作法，使马的灵魂全部走开，这样，马属于死者了，他在底下（阴间）可以继续享用他的东西，然后按东巴念的路线回去找祖先。①

翻阅史料，笔者发现当时以木氏为首的奴隶主阶级的火葬仪式确实不同寻常，其中就出现了大量的“陪葬”现象。例如，乾隆年间编撰的《丽江府志略》记载的：“杀牛羊致祭，亲戚男女毕集，以醉为哀。”②“动物祭祀”这种现象的出现与吐蕃苯教所主持的丧葬仪式不谋而合。但是，与苯教相比较，东巴教的动物陪葬现象并不像苯教那样普遍，更没有出现“人殉”的现象。这也从侧面说明，随着明代社会生产力的发展，人的价值得到了基本的尊重。那么，东巴教的动物祭祀表达了什么样的丧葬观念呢？《云南图经志书》的描述可以提供一些线索。其曰：“其土官死，则置于床，陈衣服玩好鹰犬于前，以死者之马令奴颜帕驰骤，谓之招魂。当焚骨之际，则以鞍髻玩好付诸火，其马则以斧击杀之。”③ 很明显，动物祭祀与吐蕃苯教所主持的丧葬仪式之功能是等同的，主要是为死者“招魂”、“赎身”，以免死者灵魂受妖魔鬼怪的伤害。

非常明显，这里火葬的含义与佛教所倡导的火葬含义是明显不同的，它与我们在前文论述过的古羌人的火葬也有一定的区别，但是总的来说又是一脉相承。火葬是羌人天神崇拜与游牧经济结合而生的一种丧葬方式。纳西族是古羌人的一支，火葬无疑有天神崇拜的观念在里面，但是纳西族在明代已经步入了封建等级社会，所以在火葬中出现了诸多陪葬品，它是天神崇拜与社会等级观

---

① 感谢阿登金巴的翻译。

② （清·乾隆）《丽江府志略》（下卷）《礼俗略·风俗》。

③ （明·景泰）《云南图经志书》卷五《宝山州》。

念相互结合的一种体现。不仅如此，木氏在统治滇西北期间，为了稳固统治，与噶举派相互利用，创造了类似于玉树巴塘乡那样的等级制度，将火葬提升到了一个前所未有的高度。有关木氏对藏传佛教的推崇，我们可以从德钦县志办公室主办的一份志讯上的材料略窥一二：

> 阿墩名义始自唐时。丽江木氏征蕃，得释迦佛铜像一尊，其大犹人，涅槃而坐，重不过百余斤。其奇者，至墩之街旁德钦寺旧基，有土墩台高数尺，翠竹清泉幽雅成趣。木氏休息其间，至晨欲行，其佛忽重至往日数倍，马车不能载。木氏于是建寺召僧，彼时之马鹿银厂、茂顶金厂均旺，并为川藏必由之路，故而陆续商集成市，即以其台名……①

以上资料是关于阿墩子名字来源的解释。阿墩子，即今天的升平镇，这份材料表现的意义是非常深刻的：遥想当年，木氏的军事实力是何等强大，政权是何等稳固，但是他们为了一尊佛像不惜花重金雇请人马千里迢迢搬运，由此可知木氏对藏传佛教的笃信程度。随着藏传佛教成为木氏主要的信仰，火葬无疑成为他们表达自己高贵身份的重要手段。

二、黄白之争：等级火葬流入平民阶层

（一）格鲁派入主滇西北

格鲁派是藏传佛教后弘期比较晚才产生的一个派别，“格鲁”一词在藏语中的意思是“善规”，指该派倡导僧人应严守戒律，因该派僧人戴黄色僧帽，故又称黄教。格鲁派的教理源于噶当派，注重显宗的修持，故又称新噶当派。

格鲁派自 16 世纪由宗喀巴创立以来发展迅速，永乐七年至十二年（1409—1414年），宣德元年到九年（1426—1434 年），格鲁派弟子绛钦却杰前后两次到北京朝见明朝皇帝，并得到赏赐。1575 年，青海地区的蒙古族首领俺答汗邀请格鲁派三世达赖索南嘉措前往讲经，并送给他“圣识一切瓦齐尔达赖喇嘛”的尊称，格鲁派迅速在青海蒙古族地区传播并取得主导地位。1578 年，木氏土司为巩固自身在康区的统治，利用格鲁派宗教势力，也邀请索南嘉措开始到滇西北藏族地区传教，迪庆正式出现格鲁派僧人传教的身影。1580 年，三世达赖再次前往康区的巴塘和理塘传教，并于当年在木氏的支持下修建了理塘最大的格鲁派寺庙——理塘寺。此后，格鲁派以此为据点，不断派遣大量僧人沿金沙江南下中甸传教，有些格鲁派僧侣还潜入中甸一些寺庙修

---

① 《德钦县志》办公室：《德钦志讯》，1989 年第 4 期，第 9 页。

行。例如，当时位于奔子栏镇的东竹林寺系噶举派，但《红坡寺如意宝瓶底簿》就有“红坡寺东竹林寺原系噶举派寺院，当时东竹林寺内有格鲁派出家人在彼修行”[①] 的记录。格鲁派的这些举动对噶举派的统治地位构成了一定的威胁，引起了噶举派的强烈不满，两派因此不断出现纠纷，双方关系十分紧张，并爆发了大规模的流血冲突。关于两派的纷争，以下史料有较翔实的记载：“仁宗睿皇帝时，署丽江知府张宝和奉檄察堪布（指噶举派）、黄二教喇嘛情形。尝于嘉庆十二年奏记大府曰：‘承恩寺红教[②]喇嘛，平日耕地纳粮，安分焚修，夷人疾病招往打鼓念经，不与争较谢资，非若黄教索谢必须牛马重物，是以夷民敬重红教。而黄教喇嘛总是非其同类，恃强构衅，不许红教招徒，屡经开导，坚决不从。’”[③] 可见，格鲁派来势汹汹，它传教的目标绝不是为了与其他教派平分天下，而是要一统天下，清除所谓的“邪教”，以恢复佛学光辉。

然而，由于噶举派的众多阻挠，格鲁派在滇西北的传播困难重重。更重要的是，在两派纠纷的过程中，木氏土司挺身而出，坚决站在了噶举派这一边。木氏不但笃信噶举派，而且还采取一系列武力措施，帮助噶举派阻挠格鲁派在云南滇西北地区的传播。例如，木氏在焚烧格鲁派的一些寺院后放出“谁敢送子弟（到格鲁派寺院）当喇嘛，就砍掉其子弟的头颅、手足，由父母背走”[④] 的话语，格鲁派由此在滇西北遭遇灭顶之灾。这个时候，格鲁派为了生存，只好向笃信自己教派的军事势力——青海地区的蒙古和硕特部求援。1640年，蒙古和硕特部固使汗挂帅亲征，一路进军康区，在巴塘、理塘一带击败了木氏土司的军事力量[⑤]，并协助重建格鲁派在康区的理塘寺。然而，木氏不甘心失败，于1659年在吴三桂率清军入云南后向吴三桂表忠，并纠集滇西北各地的噶举派的僧侣和自己的残余势力发动反抗格鲁派的战争。这一战使和硕特部与五世达赖对噶举派痛下杀手，他们组成的蒙藏联军在平定叛乱以后采取了一系列措施将噶举派赶出滇西北。蒙藏联军没收德钦三大寺庙的全部寺产，解散噶举派僧人，强令三所寺院改宗格鲁派。[⑥] 自此以后，迪庆地区“黄教止达

① 转引自迪庆藏族自治州民族宗教事务委员会主编《迪庆藏族自治州宗教志》，中国藏学出版社1994年版，第6页。

② 此奏记中所说的“红教”指的是噶举派的红帽系，并非宁玛派。本节所用之史料言红教者，皆指噶举派红帽系。

③ 转引自王崧《道光云南志钞》，刘景毛校、李春龙审定，云南社会科学院文献研究室1995年，第287页。

④ 转引自阿旺钦饶《木里政教史》，鲁绒格丁译，四川人民出版社1993年版，第5页。

⑤ 参见赵心愚《和硕特部南征康区及其对川滇边藏区的影响》，载《云南民族学院学报》2002年第3期。

⑥ 参见冯智《明至清初云南藏区的政教关系及其特点》，载《中国藏学》1993年第4期。

赖喇嘛一种，皆古宗出家者。阿墩子之寿国寺、杨八景寺，奔子栏之东竹林寺，千余人皆是也”[①]。而“将红教喇嘛番僧剿除，并拆毁红教各寺，以绝根株”[②]，噶举派几乎全被消灭。可以说，德钦几乎所有的格鲁派寺院都是在噶举派的基础上改宗的。

（二）格鲁派统治期间葬式的变化

噶举派成立之初，改变苯教信仰所支持的葬式是非常成功的，又在木氏的支持下统治滇西北地区的丧葬达400余年，因此有着相当深厚的民众基础。格鲁派将噶举派寺院强行改宗以后，也要面对如何处理尸体、拯救百姓灵魂的问题。在这方面，格鲁派以“佛教正统”的姿态自居，秉持佛教教义中关于“灵肉分离”的思想，试图在丧葬方面引导人们回归印度佛教所倡导的三种葬法，即野葬、水葬与火葬。这一点在清人余庆远的《维西见闻录》中记载得非常清楚。他说：“人死不棺，生无服，延喇嘛卜其死之日，或案之乔木食鸟，或投之水食鱼，或焚于火，骨弃不收。”[③] 结合当时的社会背景，我们对这则材料解读如下：第一，水葬与树葬采用一种自然的方式毁尸，无论是把尸体投入水中还是放到树上，都不实行人工解尸的做法。或许由于这个原因，至今，羊拉、奔子栏一带的藏族人还将树葬称为天葬。第二，当时火葬作为三种主要葬式之一在普通民众中间流行，也说明了格鲁派并不认同噶举派与木氏将火葬高贵化的做法。

在格鲁派推行印度三大葬式的同时，羊拉一些埋在文化底层的丧葬因子重新以新的面貌出现，其中表现了三大倾向：一是天葬和分肢水葬逐渐衰退，二是树葬这一源于萨满信仰的葬式向野葬靠拢，三是土葬借国家力量实现复兴。

1. 天葬消失与分肢水葬的锐减

据说，羊拉乡历史上比较完整的一处天葬台位于归吾村。该村海拔3 876米，被誉为“云南省海拔最高的自然村”。在村民的历史记忆中，他们的祖辈曾经实行过天葬。

该村的天葬台在村的后背山上，由一块重几百斤的圆形大石头构成，高为0.5米，面积约8平方米，石头表面布满了泥土，周围也长满了各种杂草。据村民说那就是从前人们实行天葬的地方，但现在羊拉已经没有天葬了。事实上，不仅是羊拉乡的归吾村，甚至整个迪庆州，清代以降都呈现了天葬衰退的

---

① 云贵总督彰宝：《为审拟具奏事折》，乾隆三十六年（1771年）八月十二日。

② 云贵总督彰宝：《为审拟具奏事折》，乾隆三十六年（1771年）十月二十七日。

③ （清）余庆远：《维西见闻录》，见于希贤、沙露茵选注《云南古代游记选》，云南人民出版社1988年版，第123页。

迹象。在笔者来，这主要基于以下三个方面的原因。

首先，受格鲁派与噶举派军事冲突的影响。格鲁派以武力方式夺得了滇西北的控制权，并视噶举派等一干教派为“异端”给予清剿，逼迫所有治下的寺院强行改宗，使大批原本在噶举派寺院出家的天葬师、水葬师还俗，使天葬、分肢水葬缺乏实施肢解尸体的职业人士而呈锐减趋势。关于这一点，东竹林寺的例子可以给我们一些线索。该寺位于德钦县奔子栏书松附近，是则母寺的主寺，始建于1667年。该寺在历史上本属于噶举派，参与反格鲁派的战争失败后，原有的僧人全部被解散遣返回家，与其他几个教派的小寺院一起被改宗为格鲁派。[①] 笔者曾经到过奔子栏书松地区东竹林寺采访，多名藏传佛教僧人也对笔者表示，东竹林寺后面的山上以前也有天葬台，但是改宗以后天葬师与原来噶举派的僧侣被遣返回家，天葬的风俗就时断时续，后来就没有了。羊拉乡政府的乡长立青农布向笔者提供了一个佐证：他的家乡位于德钦县的佛山乡，那里平均海拔3 200米，当地原来也有天葬，但是同样在清末的时候就消失了。2008年，他的岳父去世之前就告诉他们，“佛山乡的藏族祖祖辈辈死后都是天葬，但是后来没有天葬了，不过我希望去世后恢复藏族的传统实行天葬”。由于当时整个德钦县都已经没有天葬了，他们为了遵从老人的遗愿，不远千里花费巨资雇车把死者的尸体送到了500公里远的昌都芒康县的天葬台去天葬。

其次，清代以降代表国家正统思想的儒学向地方的渗透在一定程度上阻挡了这些葬式的推行。清乾隆年间，朝廷对滇西北实行改土归流政策，排佛尊儒的流官们对那些与儒学思想格格不入的丧葬极为排斥，尤其是对天葬与肢解尸体的水葬更是大加鞭挞，认为这是在砍尸、毁尸。为了达到所谓“净化风气”的目的，流官报朝廷批准，制定相关法律阻止这些葬式的实施，规定：“凡父母之死……择其不受水冲、不受火烧之地而埋之，乃合大皇上之制度，倘敢不遵示谕……提案治罪，决不宽贷，各宜禀遵！”[②] 清廷推行的这些政策在一定程度上也影响了滇西北地区格鲁派对这些葬式的看法。格鲁派在清代之所以得到快速发展，主要靠的就是清廷的支持，而朝廷不支持这些有异于土葬的葬法，使这一地区的黄教在推动天葬与分肢水葬的态度上消极了许多。迄今为止，羊拉乡格鲁派寺院里，一些高僧仍然认为“砍尸”有点残忍，是不好的。对于西藏一些地区藏族人流行的关于“人死以后实行天葬，灵魂可以快速到达极乐世界”的说法，他们也持有不同的看法。其中，藏传佛教僧人认为：

① 参见王恒杰《迪庆藏族社会史》，中国藏学出版社1995年版，第128页。

② 格桑群觉：《赵尔丰对川边的统治及措施》，见《四川省文史资料选辑》（第2辑），四川省志编委会1979年刊印，第673页。

一个人死后实行什么样的葬式主要根据他的生辰八字、死亡时间和原因等来推算，这其中比较复杂，各种葬式没有高低好坏之分，主要看是否合适。有些人明明死亡时间不好，不能实行天葬，如果硬要实行天葬，也会给家里人带来灾难和祸害，所以不能说天葬就一定能让亡灵迅速升入极乐世界。佛教提倡灵魂与肉体越快分离越好，但是天葬不是唯一能够让灵肉分离的葬式。佛祖释迦牟尼圆寂的时候也没有实行天葬，而是实行火葬，难道我们比佛祖更有智慧吗？①

可见，这名高僧还是将“尊重天葬”与“提倡天葬”进行了明确划分，其观点具有普遍的代表性，它清晰地表明了一部分黄教僧人对尸体处理的一种态度。在这些僧人看来，“灵肉分离”与“砍尸”是有严格的界线的，这也从侧面说明了清廷推行的儒学思想对这一地区的影响比其他地区更深远。虽然格鲁派并不强烈排斥天葬，但是也没有对天葬进行积极的推动，这是天葬在滇西北锐减的一个原因。

最后，生态环境的恶化也不容忽视。一些学者认为，德钦没有天葬并不是因为这里的藏族人不想用这种方式来结束自己的人生，而是德钦的海拔不够高，召不到秃鹫来食尸。② 但在笔者看来，这种解释是有待商榷的。因为秃鹫主要生活在海拔 3 000 米以上的地区，而德钦的平均海拔不低于 3 000 米。因此，海拔高度并不是导致天葬消失的原因，而近代以来这一地区生态环境的恶化才是问题所在。以羊拉的实际情况而言，由于境内的土壤年龄较短，属于棕壤，只适合黄林树、桷斗及灌木丛生长。而羊拉的泥土为第四纪松散堆积物，土质松散，出露在江面以上 20 ～ 100 米，不同的基岩平台上形成河床堆积砾石层及洪积砾砂土层，这些土层砾石大部分是大砂岩、变质砂岩、粉砂岩，呈半胶结泥状态，在新构造运动、地震等诸多因素作用下岩层节理发育，造成羊拉乡纳那贡、格亚顶出现地裂、崩塌、滑坡、错落现象。③ 近代以来，随着人们生计方式向农业转变，土地稀缺，大规模开荒导致水土流失、草场退化，很多地方甚至已经成为不毛之地。因此，即使羊拉有足够适合秃鹫生存的海拔，这种环境也不利于秃鹫生存。归吾村的许多老年人向笔者表示：

我们在很小的时候就看见过秃鹫，但那时候我们村基本上没有草场了，周围的山也全是光秃秃的，没有多少树木。听说秃鹫是专吃老鼠的，

---

① 采访时间：2011 年 11 月。

② 参见李志农《文化边缘视野下的云南藏族丧葬习俗解读——以德钦县奔子栏村为例》，载《云南社会科学》2009 年第 5 期。

③ 参见德钦县志编纂委员会《德钦县志》，云南民族出版社 1997 年版，第 23 ～ 25 页。

草原退化，老鼠也变少了，所以秃鹫没有食物吃，它们经常飞到村子西面的那条臭水沟去找食物。我们对秃鹫都很尊敬，为了不让它们挨饿，在杀牛羊时经常会往那条水沟投放肠肚供它们吃。后来，秃鹫越来越少，现在在归吾很少看到秃鹫了。①

归吾村众多老年人的说法得到县环保局一名工作人员的认同。他给笔者提供的一份资料表明，20 世纪德钦发现的秃鹫数量保守估计也有 300 万只，但到今天可能只有几千只，而且它们仅分布在德钦的梅里雪山一带，其他地方并未发现；而秃鹫锐减的元凶就是生态恶化，高海拔地区的牧场退化，使得许多原本生活在这一带的土拨鼠向低海拔的地区移居，秃鹫的食物链出现断裂。②笔者在迪庆州香格里拉的调查也为这种说法提供了佐证。迪庆香格里拉县城向北 5 公里处有一个寺院，名字叫松赞林寺。它建于康熙十八年（1679 年），属于藏传佛教格鲁派，是云南省最大的藏传佛教寺院，有“小布达拉宫”之称。据王恒杰的考证，它是在毁掉原来的一个噶举派红帽系的小寺的基础上建立起来的。③ 在寺院正前方约 400 米远的一个小山坡上，与松赞林寺正门隔着一片沼泽地有一个天葬台，海拔 3 200 米，是目前整个云南藏族地区唯一的一个天葬台。有天葬的时候，松赞林寺的僧人要划船过去，但是这个天葬台目前已经处于半休息的状态，只有在冬天的时候才会偶尔举行天葬。寺院主持天葬的僧人告诉笔者，2011 年他们只在天葬台实行过几例天葬，秃鹫是从几百公里的地方飞来的。8 月份的一天，在给一个死者实行天葬时，竟然没有召到秃鹫，最后只能放弃改为水葬了。这件事传出去以后对香格里拉的藏族人影响很大，导致大家实行天葬的积极性降低了，因为害怕召不到秃鹫而改变葬式增添麻烦，所以香格里拉地区的藏族人实行天葬的也越来越少。

一个地区天葬的发展与两个因素分不开，在客观上应该有足够高的海拔，并有利于秃鹫生存的生态环境，在主观上应该有僧人的推动。很显然，羊拉在近代以来并不具备这样的条件。如果说天葬的消失是政治与生态互动的结果，那么分肢水葬的锐减则完全是政治所造成的，是天葬发生“多诺米骨牌”效应的结果。由于分肢水葬是模仿天葬建立起来的，当天葬的比例不断下降以致最后彻底消失，这种模仿天葬而建立起来的葬式也就失去了存在的基础。事实上，黄教与白教在斗争过程中，为了争取民心排斥对方，相互将对方创立的葬式一并排斥是理所当然的，历史的机缘巧合致使格鲁派在滇西北地区不推动天

---

① 采访时间：2011 年 10 月。

② 电话访谈：访谈对象为拉玛，访谈时间为 2011 年 12 月。

③ 参见王恒杰《迪庆藏族社会史》，中国藏学出版社 1995 年版，第 127 ～ 130 页。

葬，这又恰恰成为他们打击噶举派的切入口。

2. **野葬从兴起到消失**

（1）树葬①向野葬靠拢。由于格鲁派标榜自身为佛教正统，因此对待尸体处理的态度倾向于印度佛教的三大葬法。在这种教义的指导下，佛教提倡的野葬兴起了。许多村民就向笔者表示，羊拉过去有树葬，起源不甚清楚，也确实流行过一段时期，但是在他们的印象中，树葬基本属于佛教提倡的野葬范围之内。这种情况的出现是因为羊拉许多寺院的高僧不提倡人工分尸的天葬、水葬，而提倡以自然的方式对尸骨进行销毁。在这个意义上，树葬其实只是天葬的替代品。在羊拉的归吾村和茂顶村，多位村民向笔者谈起了这种葬式。现在笔者综合他们的说法，还原羊拉消失的树葬如下：

> 羊拉过去树葬针对的对象，既可以是夭折的婴儿，也可以是成年人。程序大致由殓尸、出殡和安葬三个步骤构成。家里有人死亡以后需要实行树葬的，先烧一桶水为死者洗身，将死者的双手交叉放置于胸前，双膝靠拢卷成胎儿状塞进一个长约 2 米、宽约 1 米的长方形白色编织布袋，布袋无需装任何随葬品。尸体装入布袋以后，用尼龙绳将布袋口打结，然后将布袋放入竹箩筐中等待出殡。随后，由喇嘛根据亡者的生肖、死亡时间等信息打卦决定出殡时间。茂顶村的树葬点就位于村落西面 20 公里处的卡令雪山森林。那里树木繁多，根深叶茂，阳光不易照射进去；里面还有众多小溪，纵横交错，显得阴暗寒冷。走进森林，可看见乌鸦等飞禽在树杈上活动，同时也可以听到一些不知名的动物的叫声。过去人们多采用"坐落式"的方法对尸体进行安置，即将装有尸体的白色编织袋安置在几根树杈的中间。尸体安置以后，把编织袋底部的线抽出来，使编织袋露底。据说这样做可以方便死者的灵魂出入，否则灵魂出不来，下辈子还憋在编织袋里。最后，人们用野生藤或尼龙绳的一头缠绕布袋，另一头绑住树杈以固定尸体，远望就像一个人睡在树杈上一般。这个时候，装有尸体的箩筐就不与尸体一起放到树上了，在葬尸体前即可丢弃，所以这一带的人们实行树葬时很少用棺木。

从报道人对树葬的描述来看，羊拉的树葬有以下几个特点：第一是安置尸体的时候特意撕开白色编织袋的底部。第二是葬具相对简陋，箩筐一般只用于送尸，不用于葬尸，夸张一点说，他们形同"裸葬"。第三是以销毁尸体为

---

① 此部分关于树葬的内容笔者已经在期刊发表（参见叶远飘《川滇藏峡地的树葬比较研究——以奔子栏和三岩为例》，载《中国藏学》2003 年第 1 期）。

吉，把尸体放在树上不是为了保留尸体，而是为了让飞禽吃掉尸体，这种观念明显有悖于“树葬……是远古时代的人为了避免森林陆地上猛兽的袭击，在树上搭棚居住的一种反映”① 的解释。羊拉乡大多藏传佛教僧人对笔者表示：

> 在藏族地区，天葬是通过人工的方法使尸体向秃鹫做布施，而树葬、水葬（不砍尸）是通过自然的方法向大自然的动物做布施。树葬也是一种纯洁的丧葬方式，死者在前往极乐世界之前还把肉体奉献给飞禽走兽，其实为世间做了最后一件功德的事，他们的灵魂在六道轮回中就会转世得非常快。所以，尸体腐烂从树上跌下来并不是一件好事，这说明尸体不干净，不能布施，这才是老百姓担心的。②

这种说法在清末民初一些对金沙江峡谷的文献记录中可以得到佐证。例如“死……雇人负之山麓，麓有竖木，系尸颈焉，……时则鹘鸟云集，攒食尸肉，食尽，僧徒乃散。鸟或不食，食或不尽，则以为不祥，乃诵经，以刀裂肉喂鸟”③，非常清晰地指出了树葬是为了喂鸟，若鸟不吃，才会以人工的方法裂肉。这说明，藏传佛教传入峡谷以后，确实已经把“坐落式”的树葬改造成了天葬的一种形式，因此羊拉人在树葬的时候仅使用一个白色编织袋而不用木棺，并且对尸体采用“坐落式”的葬法。这是否是因为尸体装在木棺里不利于飞禽走兽食尸而不采用呢？事实上，树葬后来的发展也证明了笔者的推测——羊拉人后来安置尸体的方法慢慢改变了，他们不再把尸体放在树上，而是放到了树下：找到符合条件的大树以后，在泥土上放几块石头（包含不让尸体接触泥土，以免灵魂掉入地狱之意），然后把尸体从箩筐里搬出来横放在树底下，抽掉编织袋底部的线，葬仪便算结束了。对于这种转变，则母寺的堪布说：

> 羊拉树葬的内涵与天葬并无太大不同，只是天葬台遭到废弃之后人们所采用的一种变通方式：把尸体放在树上是给飞禽吃，把尸体放在树下是给走兽吃，这些都是奉献，都是佛教提倡的舍己救人的方式。

换言之，尸体安置的逻辑在于佛教倡导的“普度众生”。正如当地老百姓所说，树葬仅是藏族实行的众多丧葬方式之一。藏族实行水葬是喂鱼，实行树葬是喂鸟及其他动物，实行火葬发出的气味也可以喂昆虫。实行树葬，无论把

---

① 夏之乾：《从树葬看树居》，载《民族研究》1983 年第 4 期。

② 访谈时间：2011 年 10 月。

③ 周希武：《玉树调查记》，吴均校释，青海人民出版社 1986 年版，第 86 页。

尸体放在树上还是放在树下都是一种奉献，本无好坏之别。但是，从实施的过程来看，把尸体放到树上确实比放到树下要麻烦一些。另外，尸体放到树上也不如放到树下消失得快，因为树下有猛兽，它们食尸比树上的飞禽要快。所以，接受了藏传佛教教义后的老百姓就乐于将尸体安置于树下而非树上，这表明起源于原始萨满信仰的树葬在羊拉已经完全向野葬过渡，并逐渐表现出野葬色彩。因此，人们对树葬的解释充满了“投胎”、“转世”等观念。

（2）野葬的消失。虽然野葬被羊拉藏族人视为一种比较好的葬式，但是野葬的实施必须要有相应的生态环境。根据藏传佛教的说法，尸体消失得越快越有利于死者灵魂的转世，这就决定了安置尸体的地方多是原始森林，因为只有在原始森林才有可能出现虎豹豺狼，比起那些小动物，这些大型的生猛动物更容易销毁尸体。因此，野葬并非专靠藏传佛教格鲁派就能够推动，一旦生态环境恶化，野葬也与其他古老的葬式一样走向消亡。

羊拉野葬的消失是最近 100 年的事，而气候变暖是最重要的原因。笔者在羊拉调查时，晚上睡觉需要挂蚊帐，因为当地有一种藏名为“巴斯”的蚊子咬人很厉害。据乡防疫站的工作人员说，这种蚊子本来只生活在热带地区，过去羊拉没有，只是最近十几年才出现的。天气变暖的另一个证据是葡萄、苹果、桃子等一些本来在寒冷地区不能种植的经济作物在数十年前已经成为羊拉的经济作物，而且这些果实的成熟期通常比 5 年前要提前 1 个月。

气候变暖是不利于森林成长的，尤其是持续干旱会导致灌木丛变得越来越矮，草木覆盖率越来越低，森林的界线也不断往高海拔区域移动，且森林面积越来越小。以羊拉乡保护区土地面积为例，其总面积为 4 839 公顷，林地面积为 2 393. 8 公顷，但非林地面积却为 2 445. 2 公顷。在保护区中的林地面积如此，更何况非保护区的林地面积。对林木的过度砍伐使羊拉地区的森林退化很快，以致引起政府的重视，将此工作纳入对地方官员的考评当中。来自羊拉乡林业站的资料显示，羊拉的退耕还林总面积为 133. 3 公顷（其中 2003 年退耕还林 53. 3 公顷，2005 年退耕还林 80 公顷），经济造林达 246. 7 公顷。[①] 这固然能说明羊拉的退耕还林工作做得好，但是也从侧面表明森林的破坏已经到了非治不可的地步。

森林退化的另一个原因与当地人的生产方式息息相关。在羊拉林业站工作的农布今年 58 岁，是地地道道的羊拉人。他向笔者归纳了生计方式对生态环境的破坏：

新中国成立前，羊拉许多农民还停留在刀耕火种的生产方式上，农民

① 数据来源于羊拉乡政府提供的资料。

> 要开荒种田就必须先砍树，而羊拉的地质比较脆弱，很多树砍了以后就无法重新生长了。20世纪80年代以后，药材值钱了，大家又去采挖，很多人挖药材的时候不懂得把土填回去，水土流失非常严重。近10年来，家家户户建房子，也要到森林去采伐林木，还有很多人偷偷采伐树木拉到外面去卖，所以森林退化得比较快。在60年代的时候，我们还看见过老虎，曾经闯到羊拉村吃掉了一匹马，被村民们围捕。另外，山上的豹子也经常跑到老百姓家吃老百姓养的猪。但现在基本上看不到这些生猛的动物了。以前干活回家害怕遇到虎豹，现在就算翻山越岭故意去找它们，也找不到，不但找不到虎豹，就是连兔子、山鸡也找不到了。①

森林的退化、大型生猛动物的消失对羊拉人的野葬产生了影响。住在茂顶村79岁的老人扎巴向笔者回忆他40年前老伴去世实行野葬时的情形：

> 老伴去世的时候就是实行树葬的。她死亡以后请了喇嘛来念了3天的经，然后把她的尸体抬到森林里，连同箩筐一起放到了树底下。人刚死的时候，灵魂会停在尸体里面不肯走，如果久了它还会藏到骨头里面，就要尽快销毁尸骨，这样她的灵魂才能快一点转世。但是，那时候森林里已经没有什么吃人的动物了，在"一七"的时候，我的儿子到安置尸体的那个地方发现尸体还是完整的，儿子回来说了这个事以后大家都很慌，于是赶紧请喇嘛来念重经，最后不得已对尸体实行了火葬，大约从那个时候开始村里人就不怎么实行树葬了。②

其实，扎巴所说的树葬就是格鲁派推行的野葬。这表明羊拉丧葬格局的变动并非是格鲁派单方面能主导的，即使它在信仰方面占统治地位，它也必须顾及其他方面的因素。与野葬消失相伴的是国家权力大规模渗透与外来文化的不断输入，羊拉的各种葬式再一次发生了深刻的变化。这期间最突出的是土葬的复兴。

三、黄"含括"儒：土火二次葬兴起

在噶举派统治滇西北期间，土葬就已经被人们视为一种下等的丧葬方式。以"佛家正统"地位自居的格鲁派在取代噶举派的统治地位以后，对土葬的打击更为彻底，从清代余庆远在《维西见闻录》中的记载来看，土葬已经基

---

① 采访时间：2011年10月。
② 采访时间：2011年10月。

本被消灭干净。然而，土葬毕竟在当地藏族人的心里有相当的基础，一旦在恰当的时机受外来文化因子的刺激，土葬也会死灰复燃，这一事件的导火线是清雍正四年（1726 年）迪庆地区发生的改土归流。

1726 年，云贵总督鄂尔泰上书建议取消西南地区少数民族土司的世袭制度，委任流官管理，以加强中央对地方的管辖权，奏折获得雍正帝的批准以后，迪庆随即卷入了清廷的改土归流事件当中。至雍正九年（1731 年），迪庆地区的改土归流基本结束，步入了流官统治的时代。流官们在取代土官实行管辖以后，对藏族人的天葬、火葬和水葬风俗极为藐视。他们认为这些砍尸、焚尸、淹尸的做法惨无人道，有悖伦理，因此下令藏族人移风易俗。乾隆五十八年（1793 年），清朝政府制定了严禁天葬、水葬的政令，命令丧家有庄田的在本庄田内择地安葬，无庄田的贫民可在新设的义冢公地掩埋，如仍有天葬、水葬，将死者子孙凌迟处死。普通藏族人遇有人死，或用棺木装殓，或用衣、席卷裹，一概报关埋葬。政府还将此作为永久规定刻石立碑。[①] 可见，清政府对藏族丧葬的改革力度之大。为使这一项改革能够持续，流官们软硬兼施，不遗余力地编写各种顺口溜，对除了土葬以外的一切丧葬形式给予鞭挞。例如，咸丰十二年（注：历史上无咸丰十二年，引文如此）九月十一日贴出一张告示：

> 丽江军民府正堂兼中甸抚彝府 辛
> 云南维西协右营分驻中甸副将 马示
> 恨尔天葬，尸饱豺狼，
> 恨尔水葬，尸浸汪洋，
> 恨尔火葬，尸尽飞扬，
> 更有甚者，解尸弃荒。
> 父母生前，敬爱徘徊，
> 父母死后，残毁捐场，
> 斩决枭示，尔罪相当。
> 今与尔约，土葬最强，
> 寿棺八尺，趁躯短长，
> 生土归土，滋润汪洋，
> 既得地气，子孙繁昌，
> 功名富贵，永远无疆。
> 告尔奢民，各劝村乡，
> 人生转瞬，早谋遑遑，

① 参见杨福泉《纳西族文化史论》，云南大学出版社 2006 年版，第 366 页。

各改土葬，以礼居丧，
免得身死，自受害戕。
更有一术，释尔惑狂，
五生生克，只取相仿，
乾坤离卦，牌挂棺傍，
准天水大，最为吉祥。
尔地树多，木价非昂，
再用小棺，惠及夭殇，
设有乡愚，祸福鼓簧，
逞其新说，欲变新章，
一访访拿，立毙公堂，
此示之后，勉保天民。
右仰通知。

咸丰十二年（注：引文如此）九月十一日 告示。[①]

排斥天葬、强推土葬的做法从乾隆年间开始一直持续到清末。然而，1911年辛亥革命爆发，清朝政府垮台，这些措施也最终沉于历史之底。即使如此，以流官为代表的国家权力对土葬的大力推行却在某种程度上唤醒了藏在人们内心深处的土葬风俗。不过，这时候的土葬与之前苯教的土葬含义已经完全不同。清政府所谓的土葬是从儒家思想的视角出发，将土葬视为孝敬父母的一种手段。儒家思想不承认灵魂的存在，也就无所谓神鬼之言了。孔子说“未知生，焉知死?”便是最好的证明。可以说，土葬的改革显示了以流官为代表的清政府排佛尊儒从而达到“以夏变夷”的目的，正所谓“使非教以礼仪，导其知识，将何以格犛㹀之氓，而启文明之化”[②]。很显然，这项改革在迪庆取得了一定的成果，能够证明这一点的就是这个时期官府接到了大量藏族群众联名一起控告喇嘛的诉状，甚至出现300个藏族群众联名控诉归化寺的官司。[③]由此可见，改土归流后，随着儒学思想的传入，藏传佛教在迪庆藏族群众心中的地位一度出现动摇，但是土葬在羊拉的推行远未结束。民国年间，各地军阀混战不已，全国的局势动荡不安，羊拉也数度划归西藏、四川、云南等不同的

① 转引自王恒杰《迪庆藏族社会史》，中国藏学出版社1995年版，第252～253页。

② 四川省民族研究所《清末川滇边务档案史料》编辑组：《清末川滇边务档案史料·扎打箭炉厅饬明正土司等设夷民学堂》，中华书局1989年版，第247页。

③ 参见王恒杰《迪庆藏族社会史》，中国藏学出版社1995年版，第194～195页。

省（自治区）管辖，但再也没有发生大规模的军事冲突，也没有发生大规模的移民。

虽然民国政府将南起迪庆、北至玉树的广大康区划为西康省，但也无心管辖。至西藏获得和平解放以后，康区人民才过上了安居乐业的日子。人们不再把土葬视为下等的葬式，但藏传佛教信仰本身又排斥土葬，两种观念冲突、整合，使羊拉地区先土葬再火葬的二次葬流行开来。至此，羊拉乡的丧葬文化模式基本定格。

第三节　死亡人群、原因与葬式分类

目前，羊拉仅存在三种丧葬类型，分别是土葬、火葬与水葬。水葬有两种，一种是整具尸体投入河中，另一种是肢解尸体后投入河中。一般来说，死者实行哪种葬法由喇嘛结合死者的死因和家庭成员的属相等因素打卦决定。因此，老百姓对葬式的选择灵活度很高，但也并非没有规律可循。来自田野调查的资料表明，在羊拉人的“地方性知识”里面，他们选择的葬式往往体现了儒家思想，但是经过藏文化改装的儒家思想与汉族的儒家思想又有所区别。

儒家思想对待生与死的观念可以总结为一个字，那就是“孝”。主要强调人口的繁衍，特别是男丁的繁衍，所谓“不孝有三，无后为大”就是这个道理。在这个意义上，儒学向汉人指出了人生的意义。关于死亡，儒家否认灵魂，所谓“未能事人，焉能事鬼”指的就是这个道理。可知，儒家强调的是现实的关怀，而否认来世的存在。对于尸体处理，儒家推行土葬，反对除土葬以外的一切毁尸的丧葬类型。在这点上孔子也有清晰的表达。他说：“身体发肤，受之父母，不敢毁伤，孝之始也。立身行道，扬名于后世，以显父母，孝之终也。”儒学思想融入藏传佛教的教义以后，在羊拉的表现就是藏族群众表达了对繁衍生产力的渴望以及对销毁尸体的犹豫态度。

由于羊拉是一个农业区，土地贫瘠，耕作农具仍然简单，人们增加生产的办法就是不断拓荒，这就要求数量庞大的劳动力，人们也因此把劳动力看得特别重；而劳动力从根本上依赖的是女性的生育能力，所以羊拉女性的地位并不像其他藏族地区那么低。笔者在羊拉进行田野调查期间收集到一则非常有趣的传说，版本如下：

羊拉乡政府所在地位于海拔 3 165 米的甲功村。根据当地藏语的发音，“甲”是“睡觉”的意思，“功”指的是女子的“子宫”。“甲功”一

> 词结合起来读就是姑娘怀孕的地方。在当地人的观念中，这个名称的由来与文成公主有密切关系。据说文成公主入藏的时候经过羊拉的甲功村，与护送她的一个藏族大臣产生感情，当天夜里两人就有了实质性的男女关系，所以这个地方就叫“甲功”。第二天他们继续往西走，这名大臣以各种借口带文成公主绕道，所以他们进藏比实际预定时间晚了一年。他们到了羊拉村以后生下了一个女儿，但是很不幸，这名婴儿出了羊拉以后，在西藏芒康县的徐中乡死掉。“徐中”的藏语发音即为“死亡”之意。据说，文成公主为了纪念这名婴儿，在徐中乡建立了一座转经塔，取名“木马确顶”，藏语系“永生”的意思。现在，羊拉乡一些没有生育能力的百姓还会到芒康县徐中乡的“木马确顶”去转塔求女。听说如果连续转3年，就会有奇迹发生。①

为什么文成公主与这位大臣生下来的是女孩，而不是男孩呢？当地老百姓向笔者表示，到“木马确顶”去转塔就是为了生女孩。此里永追大姐是笔者在羊拉认识的一个报道人。她早年丧子，后来与丈夫离异，如今又与另一藏族人成家，目前已经结婚两年了，还没有孩子。她向笔者表示，如果明年还不怀孕，她也会到“木马确顶”转塔。在此里永追看来，到“木马确顶”转塔是为了生女孩。她说：“只要第一胎生了女孩，以后生男孩也就是自然的了。”可见，生育对于羊拉人口发展之重要。笔者从羊拉乡政府拿到的一份人口统计资料表明，羊拉乡男女人口的比例为6.5∶3.5，这说明羊拉乡的男女人口比例失调。不过，这种失调通过一妻多夫的婚姻制度给予消化了。

在儒家思想渗透与劳动力缺乏的双重作用下，人们会自觉地将有后续生产力的人群与没有后续生产力的人群区分开来，并对这些区分赋予宗教意义的解释，使它成为老百姓选择各类葬式的依据。

在羊拉的“地方性知识”体系中，所谓有后续生产力的人群有三层含义：第一层意思是指一对夫妇有了孩子并且其中至少一个孩子已经成了家；第二层意思指的是一对夫妇育有数个孩子，即使孩子们都没有成家，但是在生产方面已经能独当一面；第三层意思指的是即使一个人没有结婚成家，但他有私生子（女），而且这个私生子（女）已经长大成人，在生产劳动方面能独当一面并且乐于认他（她）为私生父（母）。正因为这个原因，当地的私生子女是不受社会歧视的。羊拉人将以上三种情况称为有子嗣的人群。

在羊拉的“地方性知识”体系中，有子嗣的人死亡在丧葬类型方面可以选择土葬、水葬与火葬。然而，有子嗣的人死亡又分为正常死亡与意外死亡两

---

① 访谈时间：2011年9月（报道人：格容，男，41岁）。

种。一般情况下，正常死亡的人可以选择先土葬再火葬或者直接水葬的丧葬方式，而意外死亡的人一般实行火葬。（见表 5 –2）

表 5 –2 羊拉乡藏族群众对死亡与葬式的分类

死亡类型	有子嗣人群	无子嗣人群
正常死亡	土火二次葬、分肢水葬	水葬
意外死亡	火葬	水葬

一、有子嗣人群死亡的葬式

（一）正常死亡的葬式

1. 正常死亡的范围

什么是正常死亡？报道人给出的答案不尽相同。譬如，村民格容认为，正常死亡指的是一种自然的死亡，即老百姓常说的老死；另一报道人旺堆却说，所谓老死的人也是因为身体有病，如果一个人身体健康，就不会死亡，所以病死应该算是一种正常死亡，除了那些患重大传染病而导致的死亡以外；还有报道人认为 60 岁以上的人死亡就是正常死亡，而低于 60 岁以下的人死亡则是意外死亡。

笔者综合以上几种说法，大致可以归纳羊拉人对正常死亡的判断，即人们可预见的死亡就是正常死亡。这些可预见的死亡在田野调查中可以根据当地人的一项行动加以判断。例如，子女或亲属会提前 1 ～ 2 年为这类人买好寿衣或定制棺木。正常死亡的丧葬类型主要有两种：第一种是先土葬后火葬，第二种是水葬。在实际操作过程中，那些有子嗣的多采取第一种丧葬方式，这也是羊拉最流行的一种丧葬方式；第二种丧葬方式多数情况下只是一种补充。

2. 最流行的葬式：土火二次葬

（1）土火二次葬的程序。羊拉的老百姓流行先土葬后火葬的二次葬。土葬的程序大致由入殓、出殡以及下葬组成。①入殓。家里有人去世，首先要报丧。家属在自家门口用石灰画两条与门口等宽的白线，这是向乡邻报丧的一种方式，也是引导亡灵告别今生、走向来生的表达。在入殓之前，家属先烧一桶水，并往水里加入香柏叶为死者洗尸。按照当地老百姓的说法，这是洗去死者在尘世间的一切罪恶，让他干干净净地上路。此外，家属还要为死者穿一件白色的寿衣，这件寿衣是子女们早在一两年前就准备好的，寿衣没有任何扣子和铁器，但有一根腰带起着扣衣服的功能。家属为死者穿上寿衣后再将尸体的双膝并拢、额头向前突出与腿部接触，以胎儿状的姿势装入高 90 厘米、宽 45 厘米的正方体藏式棺材中。停尸期间，家属接受乡民和亲戚朋友的吊唁。②出殡。具体的出殡日期由喇嘛打卦决定。日期定下以后，出殡的时间多定在早晨。出殡那一天很多细节都要讲究，如棺材由谁抬出家门、必须在多少步之内走出家门等都由活佛打卦推算后交代家里人严格执行。专人将棺材抬到家门口的时候要放下停一会，由家属上前磕头，与死者道别，然后喇嘛往棺材盖再点 3 次圣水才起抬。抬棺的人由 4 人一组轮流执行，这些人的生肖属相不能与死者相克，喇嘛在事先都会一一交代。③下葬。墓穴在出殡的前一天晚上就已经挖好，下葬的时候由和尚带领送葬队伍念“六字真言”、烧香以及摆放贡品。下葬以后填土，再用潮湿的泥土堆起一个小包，四周抹以泥巴，然后在旁边插上经幡即可。

羊拉人虽然实行土葬，但是不过清明节。在土葬后一年里，家属可以在任何时间到坟前祭拜，特别是在正月初一，一家人通常会到坟前祭祀死者。祭祀的时候只需要拿些水果、点心做贡品，偶尔也会烧香，但是不放鞭炮。很明显，土葬能够暂时地安抚家属们思念亲人的情绪，但是也反映羊拉人对土葬显示出担心的一面。所以，一个人如果要实行土葬，就必须进行第二次葬。或许是因为这个原因，羊拉土葬的选址不太讲究，当地没有专门的坟场。土葬的时候家属可以任意找一个地方做墓穴之用，只要不影响别人的生产即可。因此，羊拉人多将土葬选在某个小山坡上，有些也会选择在自己家背后的土地里，或者在自己家的农田里。

羊拉第二次葬的时间通常是在土葬一年之后。第二次葬比第一次葬要隆重一些。先请和尚[①]到家里念 3 天经，第四天早晨由喇嘛带领，家属到墓前将尸骨挖出洗净，然后架在早已经准备好的松树枝上焚烧。烧毕以一块黑布将骨灰覆盖。隔天一大早，死者的长子（女）要趁大家没有起床再次来到火葬点揭开黑布观察骨灰上有没有动物或者人的脚印。按照当地老百姓的说法，如果有动物的脚印就表明死者转世成了动物，如果有人的脚印就表明转世成了人。如果骨灰上没有任何足迹遗留的话，人们还要去找活佛算一算死者的转世情况，要再念经、布施，直到发现足迹为止。

第二次葬以后，人们对骨灰的处理也很有讲究，有些人将骨灰扫进一个坛子，再把这个坛子带到拉萨一带抛撒在有名的大山或者大河当中。但是，也有个别人将骨灰收齐装入坛子，在原来的坟墓附近挖一个小坑进行埋葬。有条件的人还会用水泥在此地筑一个圆形的小包，前面建成花坛，在花坛里种花。

---

① 和尚，即藏传佛教普通僧人。在德钦奔子栏、羊拉一带，老百姓把这些僧人称为和尚，把活佛称为喇嘛；但是，在金沙江的三岩和玉树巴塘乡，没有和尚这个称呼。

（2）对土火二次葬的解释。事实上，二次葬的程序是非常复杂的。笔者在田野调查时不断思考的一个问题是，为什么羊拉人要进行如此繁琐的丧葬程序？首先，从目的上看，土火二次葬与直接火葬无非是殊途同归，两者最终都符合藏传佛教关于毁灭尸身的要求。其次，从经济花费上看，土火二次葬很明显要比直接火葬花费多。因为二次葬是为一个死者办两次丧事，念两次经，而且第二次的规模比第一次的还大，在经济上明显是划不来的。笔者在田野调查中收集到三种说法。

第一种说法认为，土火二次葬是一种最高的施舍方式，有助于帮助死者的灵魂转世。40 岁的泽里顿珠大姐认为：

> 人死后先土葬可以把自己的血肉奉献给土地下的虫子。但是，一年以后必须要挖起来，如果不挖起来会生蛆，这样就会有杀孽。挖起来以后用火烧，烧的时候发出一种气味又可以喂空中的虫子。二次葬有这个好处，以死者有限的肉身尽可能挽救大自然的各种动物，使灵魂能够进入极乐世界。①

无疑，这种说法受藏传佛教影响比较深。

第二种说法认为，土火二次葬可以加强兄弟姐妹的团结。32 岁的巴纳桑这样向笔者阐述道：

> 长辈突然过世，作为子女的在情感上有点适应不过来，实行土葬是因为有一个地方可以供我们兄弟姐妹聚在一起想念他，和你们汉族过清明的情况差不多，只不过我们不一定要清明才去上坟，平常任何时间都可以去。但最终我们还是要火葬的，因为我们藏族不像你们汉族那样家里立有祖先的牌，我们也没有族谱，时间久了就没有人照顾这些坟墓了，尸体埋在那里挺可怜的。②

第三种说法认为，土火二次葬是一种无奈之举。41 岁的妇女依追说：

> 我们藏族信仰藏传佛教，人死以后肯定不能留下尸骨，因为那样灵魂留在骨头里面会阻碍转世。土火二次葬与直接火葬虽然都能达到转世的目的，但是我们不能直接火葬，因为直接火葬的人一般都是那些不好的死

① 采访时间：2011 年 11 月。
② 采访时间：2011 年 11 月。

亡、意外的死亡。①

从客观的条件来分析，笔者认为羊拉藏族人实行土火二次葬的原因主要有以下三点：第一，羊拉藏族人表现的是农业为主的生计模式，古语云“活人吃土欢喜乐，死人吃土苦连天”一语道出了其中的玄机，那就是农业民族对土地形成的眷恋情结。羊拉大多数土壤属于棕壤，又处于地质的大断裂带，土地非常贫瘠。来自羊拉乡政府的一份统计资料表明，羊拉全乡可耕地面积为591公顷亩，但是旱地占226公顷亩，占的比例高达38%。这些旱地土质不好，粮食大多三年两熟，其他好一些的水浇地农作物两年三熟，产量并不乐观。走进羊拉，随处可见人们在河谷周围的山坡上开荒，以求增加耕地的面积。可以说，羊拉人对土葬形成的依赖情结与土地的贫瘠这一矛盾决定了土葬只能作为一种过渡性葬式。第二，以儒家为代表的思想体系对藏族旧有土葬观念形成冲击。清朝以降，格鲁派的发展得益于中央王朝的支持。因此，格鲁派势力所到之处无不体现了清王朝权力的渗透。清末改土归流，流官在羊拉强行推行土葬，直到1959年相关部门在羊拉乡建立革命烈士公墓，将土葬抬至荣誉的层面，都在一定程度上冲击了羊拉藏族人视土葬为下等葬式的旧有观念。第三，格鲁派所宣扬的佛家正统丧葬方式是羊拉藏族人最终以火葬形式销毁尸骨的根本原因。格鲁派将火葬视为佛教正统且有意识地在羊拉地区推行，但是直接火葬被羊拉人认为是不对的，两种观念相冲突。因此，只能选择焚烧尸骨的方式使灵魂能够轮回转世，毕竟相对于烧一具尸体而言，烧尸骨所耗费的木柴要少。

正如笔者在导论中引用法国人类学家杜蒙的“阶序”概念一般，这些思想都为佛教教义所“含括”。在青海的玉树地区，老百姓普遍认为，葬式与灵魂的转世有密切的关系。他们不愿意土葬，一是担心土葬使自己的身体生蛆，随着尸体腐烂，这些蛆也终将死掉，造成更大的杀孽；二是害怕土葬会使自己的灵魂掉入十八层地狱，永世不得超生；三是噶举派大力推行天葬，他们认为只要天葬，灵魂就可以迅速登入极乐世界。这些原因造成天葬的风行与土葬的式微。但在羊拉，格鲁派主张灵魂是否下地狱不取决于丧葬方式，而是取决于人生前的所作所为。所以，老百姓实行土葬可以暂时寄托对亲人的思念，但最终灵魂要轮回转世。藏族没有立牌，过了3代就忘了祖先，所以这也是当地老百姓在短时间内实行土葬的原因。

3. 分肢水葬

（1）分肢水葬的程序。目前，分肢水葬不是羊拉人流行的葬式，在多数

① 采访时间：2011年11月。

情况下只是土火二次葬的一种补充。一般来说，只要是有子嗣且正常死亡的，人们多优先考虑土火二次葬。但是，正如上文所指出的，土火二次葬偶尔会受到季节的限制。譬如，一些发生在夏季的死亡，人们不会轻易实行土火二次葬，因为夏季尸体容易发臭、腐烂而长蛆，土葬将会造成杀生，不符合藏传佛教从善的教义。更重要的是，发生在夏季的死亡实行土葬以后一年也无法实行火葬，因为羊拉人认为夏季火葬会烧死空气中的许多昆虫，招致天怒。因此，即使在夏季为正常死亡，羊拉人也只能对尸体实行分肢水葬。

人死以后，由喇嘛打卦需要进行水葬的，首先用盐水加上乳白色的牛奶为死者洗尸，然后将尸体捆成胎儿状，用一张长宽约 3 米的白布裹尸，再将尸体装入棺材出殡，前往水葬点进行水葬。羊拉的分肢水葬多在金沙江支流中游河举行，那里离茂顶村有 10 公里，是羊拉乡传统的分肢水葬点。水葬点水深约 0.5 米，河水流速不大，若不肢解，水流是无法冲走尸体的。水葬点竖有白色、蓝色和黄色三种经幡，是那些葬了死者的家属竖起来的，在河水旁边有一块面积约 6 平方米的白色巨石，为肢解台。尸体抬到肢解台后便开始肢解。整个分肢水葬过程不允许妇女和小孩参与。当地人认为，妇女和小孩都比较脆弱，他们不适宜出现在那种场合。

（2）水葬点的选址。就水葬实施的必要条件来看，水葬首先要有水。在这方面，金沙江贯穿羊拉全乡，流域长达 80 公里。大小支流有 8 条，均由西向东流入金沙江。这些支流比较大的有中游河、当达河、阿东河以及珠巴鲁河等。长期流水的小溪有 20 余条，水资源比较丰富。因此，全乡大多数地方都有实行水葬的便利条件。但是，这并不等于任何一条河或者任何有水的地方都能水葬。羊拉村的格容老人告诉笔者，水葬在羊拉是非常普遍的丧葬方式，但是水的下面住着许多水鬼，因此人们对水葬点的要求非常严格，稍微出错，就会祸及全家甚至整个乡村。羊拉的水葬点都是法力高深的喇嘛定下来的。喇嘛在确定水葬点的时候要进行打卦；法力极高的喇嘛则只需要侧卧在河流岸边，用左边的耳朵贴着泥土就可以听到水底的世界，也就能够确定这个地方能不能水葬了。则母寺的堪布对笔者说：

> 中游河那里的水葬点主要通过河流的水面高度和沙滩下的石头来确定的。它们位于中游河河水流量最大的地方，对岸有高大的山峰，海拔比中游河水面的平均海拔要高，当早上太阳跃出对岸山峰的一刹那，第一缕金色的阳光就照到了那里。岸边的沙滩 0.8 米以下的石头，其光泽和色度都非常好。水葬台是两条小溪的交汇处，像活佛一双有力的臂膀一般将死者

环抱。在这里埋葬亡者可以使其灵魂顺利转世，没有阻碍。①

目前，整个羊拉乡比较大的水葬点有10个，其中有6个位于中游河不同的地段，这些水葬点是老百姓公认的水葬点。但在实际操作过程中，也有的家庭征得喇嘛的许可寻找新的水葬点。茂顶村的经师拉曲告诉笔者，水葬点的水要清澈透底，像金沙江那样浑浊的水是不能水葬的，因为有一种"晦气"在里面。羊拉乡的水葬点是活佛根据风水选定的，但是风水轮流转，一个水葬点的风水通常在60年之后就完全变化，那时候就不能再用来水葬了。还有一种情况是，一个水葬点如果葬了超过99个死者，也不适合再用来葬后来的死者。因此，当地人时常会积极地寻找新的水葬点。

笔者通过对羊拉乡多个水葬点的考察发现，这些水葬点都存在着几个共同的特征：第一，远离居民的饮用水源。例如，羊拉村有一个叫"则布"的水葬点就建在羊拉河支流的下游，而这条河的上游就是羊拉村的居民用水之源。其他水葬点无一例外都遵循这条规律，它们都不在居民生活用水的范围内，甚至不在老百姓生活村庄的视野范围内。第二，大多数水葬点都设在河流水速最湍急的地方，这些地方都在两河交汇之处或者水深拐弯的地方，其象征意义正如报道人所叙。事实上，在羊拉，金沙江支流皆由西北向东南急冲而下，在地势稍微高的地方就会受岩石阻拦，然后拐弯。因此，这个拐弯的地方同时受到来自不同方向的几股水流冲击，水流颇大，很容易将物体冲走。以羊拉村的"则布"水葬点为例，笔者亲自测出这里的水流速度是0.4米/秒，这相当于一个游泳高手在水中前进的速度，因此，就算一个活生生的人在河里也很难逆流而上，更何况是一具尸体。第三，这些水葬点的鱼类比较多。笔者在一些水葬点现场就见到长约0.5米的大鱼在河里游动，这可能是佛教出于布施的考虑进行的方便鱼类等吞食尸体的举措，以免污染下游。

（3）水葬的限制条件。水葬在羊拉乡的大范围流行与羊拉丰富的水资源有密切关系。但是，田野调查发现，水葬在实际操作过程中也会受到一系列因素的影响，这些因素主要来自季节性的环境变化与人们深层次的意识形态。

一方面，羊拉境内的大多数河流的水源来自海拔几千米的高山融化的冰雪。每年春夏之交，阳光普照，冰雪融化，大量的融水从高山流入境内的河流与小溪，这时候众多河流水量大增、流速加大、冲击力强，能够在瞬间将尸体吞没。由于峡谷内的藏族人普遍遵循一条铁的规律：万物生长到秋季落叶期间不能实行火葬。因此，水葬在这个季节无疑成为羊拉老百姓处理尸体的首选。一旦炎热的夏季过去，高山上的冰雪就会相对减少，这也导致境内各河道的水

---

① 采访时间：2011年10月。

量缩减，流速变小，一些河流甚至会断流。2011 年 10 月，羊拉乡归吾村的一条河就几乎出现断流的现象，严重影响了这个村庄的老百姓实施水葬。在严寒的冬季，海拔相对高的河流水面会结冰，这也成为老百姓实行水葬的阻碍。当地的老百姓告诉笔者，羊拉每年的气候变化很大，据说二三十年以前，河水结冰的情况很鲜见，但是近年这种现象多了起来。例如，2011 年的冰期就来得很早，12 月 18 日那天，茂顶村一名叫阿金的年轻人因病去世，按羊拉的老规矩应实行水葬，而且家里人请来了喇嘛为其打卦，卦象也显示水葬较好。但是，当人们把尸体抬往茂顶村一个叫“里卡”的水葬点进行水葬时，却发现这里已经结冰了。不过羊拉人信佛，只要是喇嘛说过的话他们都会尽量想办法履行，于是家属又雇车把尸体拉到了甲功村中游河的水葬点勉强把死者水葬了。事后，死者的兄弟与父母都觉得很悲伤，他们认为这是死者的前世作孽过多，导致今世死的时候差点找不到葬身之处，于是积极地前往寺院布施，为死者弥补前世的罪过。一些老百姓告诉笔者，就算羊拉境内河流全部结冰，他们也可以雇车把尸体运往金沙江对岸——四川巴塘县地巫乡的郎格龙村、热思普村与四川得荣县贡波乡的布则村和汝得共村的水葬点进行水葬，因为那里的海拔比羊拉低一些。

因此，羊拉的老百姓认为，没有子嗣人群的死亡也是分好的死亡与差的死亡的。总的来说，春季与夏季死亡的比较好，而秋季和冬季死亡的都属于比较差的。但是，事情也有例外，夏季也有无法水葬的时候，像泥石流大面积滑坡阻断河水就是一个例子。如果某人死亡要实行水葬的时候遇到这种情况，老百姓大多归咎于死者前世所造的孽，这时候死者的亲属一般都会积极布施以赎死者生前的罪恶。

另一方面，水葬主要来自老百姓的意识形态。在羊拉，老百姓信佛，但是在他们的信仰深处，多少还保留一些苯教的东西。例如，个别家庭认为凶死的人不能进行水葬，理由在于凶死的人身体里面附有厉鬼，而水下面住有害人的水鬼，尤其是河水浑浊的时候更不能行水葬。在苯教教义的影响下，水多与凶神发生联系，藏族人对水本来就怀有畏惧的心理，遇到河水浑浊更说明水葬点是不可接触、不可冒犯之地，因此不敢轻易将尸体碰水。许多人认为，当将一具凶死者的尸体投入凶神恶鬼所在的地方会危及整个乡村。

（二）有子嗣人群意外死亡的葬式

1. 意外死亡的范围

羊拉人认为，意外死亡是一种非正常的死亡。它的范围大致包括以下三种：绝大多数人认为被枪杀、刀杀而死的就是一种意外死亡；但也有人认为突然患了重大传染病导致的死亡才算意外死亡；还有个别人认为出门撞车、摔下山崖等意外所导致的死亡是意外死亡。在羊拉的地方性观念中，他们将这类死亡称为“凶死”。事实上，在任何一个民族的文化观念中，意外死亡都被视为一种“凶死”，因为它是一种极其罕见的死亡，而常见的死亡一般不会被定义为“凶死”。

“凶死”概念的存在是人类社会企图运用文化手段对死亡进行规避的反映。例如，把枪杀列为“凶死”在某种程度上是羊拉良好治安的反映。从羊拉乡派出所2009年至2011年的报案记录来看，3年里仅发生过一件刑事案，被枪杀或者被刀杀导致死亡的人数仅有两人，每年的比例不到万分之二，应该说是非常低的。[①] 把患传染病而导致的死亡列为“凶死”也可以和羊拉乡卫生院的疾病控制成果相互印证。据卫生防疫站站长的说法，羊拉乡在20世纪50年代前曾局部流行麻风病，但是现在这种病已经有了疫苗，这些年也没有再发生过能够致人死亡的传染病。笔者在调查中了解到，羊拉乡的卫生防疫范围近年来一直维持在95%左右，每个村都有1个村医诊疗室，接受乡防疫站的指导，遇到拿不准的病会及时上报上一级，村民看病的积极性也比较高。如果说以上两种死亡是罕见的死亡，那么第三种死亡，即出门发生各种意外所导致的死亡目前仍不少见。金沙江所处的地理位置决定了境内道路交通的复杂性：两岸皆为高山峻岭，坡度一般在35度以上，有的甚至达到80度，山的海拔高度至少在4 000米以上，连一些飞鸟都难以逾越，极其陡峭。而羊拉通往外界的每条道路就是从山底蜿蜒而上，雨后泥石流、滑坡等现象很容易发生，所以交通事故频繁。再加上年轻人好喝酒，酒后驾驶的现象突出，当地人戏称陆地交通事故为“空难”就是最好的明证。

2. 意外死亡的葬式：火葬

（1）火葬的程序。在田野调查中笔者了解到，过去羊拉藏族群众处理那些“凶死”的尸体也有实行土葬的，不过方式非常奇特。村民旺堆说：

> 人死以后把尸体捆绑起来塞进一个麻袋里面，然后撒满盐、灶灰和麦秸。不等喇嘛打卦便立刻出殡，一般用牛驮到人迹罕至的地方埋葬。埋葬时先挖一个大坑，在坑底铺上一层厚厚的荆棘，将死者头朝下脚朝上放进坑里，然后铺上黄连刺，再掩土。我们听说，“凶死”的人不是人，其实是恶鬼，因此要想尽一切办法防止恶鬼再次投胎。至于驮尸体的那只牛是不能再跟人们回家了，只好让其自生自灭。[②]

---

① 数据来源于对羊拉乡派出所教导员周伟明的访谈（访谈时间：2011年12月）。

② 采访时间：2011年11月。

近几年，用火葬对付“凶死”开始流行起来，这与僧人的推动不无关系。2011 年 11 月，甲功村 61 岁的此里仁布在出门干活的时候不小心摔下山崖死亡。消息瞬间传遍整个乡村，他们陆陆续续从家里带些玉米、青稞、白酒等到死者家慰问。由于意外死亡的情况比较特殊，家属对待此事也很重视。此里仁布的儿子当天就请来了布顶寺的活佛为死者超度并打卦。活佛打卦以后认为应在第三天的上午 10 点实行火葬为佳，于是一家人就开始忙碌起来。

火葬首先要选址。羊拉境内没有专门的火葬场，通常情况下，火葬的地点由家人决定。但是，乡民普遍遵循的规矩是，火葬点不能靠近别人的家，也不能影响村民的生产（如靠近别人生产的农田是绝对不行的）。死者此里仁布的大儿子认为应选在自己家后面的小山坡上，而二儿子认为应选在死者出事附近的山坡上。由于大家意见不统一，没有办法定下来，于是征求活佛的意见。活佛认为大儿子的意见比较可取，于是大家就将火葬的地点确定下来。接着要购买各种用品，请和尚来念经，在老人死后的第三天，就实行了火葬。死者的二儿子向笔者描述了当时的情形：

> 火葬不需要棺材，人死以后为死者擦身，然后捆成胎儿状放入箩筐内。火葬那天，前往送葬的亲戚朋友每个人都会象征性地抱一捆柴和一瓶油到现场交给家属。把箩筐抬到火葬点以后，先清理出一块地方，在南面、西面与北面各放一块石头做支架，架上木柴，呈“井”字形，架起来的木柴有一米多高。柴火架上去以后再把尸体从箩筐抱出来，解开绳子，使尸体横卧在木柴上方，然后再添些柴盖在尸体上方。活佛会拿一些药水洒在死者身上，这种药在遇到火的时候可以发出一种清香，掩盖尸体烧焦的味道。点火的人主要由喇嘛打卦来定，男女不限，最好是男的，女的也可以，但是那些结婚后还没有孩子的就不行，而且点火的这个人的生肖和五行都不能和死者相克。点火的时候，和尚与经师围着尸体坐下念经，为死者超度。在火葬过程中，还要一边添柴火，一边洒油。我父亲的火葬持续了 3 小时，从上午 10 点开始，到下午 1 点才结束。火葬结束后的第二天必须到火葬点砍松树枝，即把附近那些带尖形状的树枝砍掉。①

（2）火葬的意义：驱除邪恶。在羊拉，火葬是专门针对意外死亡而实行的一种葬式，因此当地人对火葬的评价并不好。许多人认为，人之所以“凶死”要么是上辈子的“孽”缘造成的，要么是今生念的经不够或者积的德不够。然而，死者家属的内心是极其复杂的，纵然他们内心深处希望死去的家人

---

① 采访时间：2011 年 11 月。

能获得一个好的转世，但是他们不会像对待正常死亡的死者一样定期到活佛那里打卦询问死者的转世情况。对这类家属来说，唯一能做的就是不断请僧人到家里念经，而且必须是念重经，以消减死者上辈子的“罪孽”。显然，死者家属不愿意面对他们的转世情况，因为他们清楚，这类人的灵魂最可能进入三恶趣中。诚然，在羊拉人看来，只要是凶死，其灵魂是无法立即进入三善趣的，无论是实行什么样的葬式或者做多少布施也无法改变其灵魂的转世，这就要求一个人在世时必须多念经、多行善、多做好事。或许是因为这个原因，羊拉藏族人在性格方面没有三岩藏族人的那种剽悍；相反，他们更多的时候给人一种温顺的感觉。然而，我们会立即发现这样一个矛盾：既然家属无论做多少布施都无法使死者的灵魂立即进入三善趣，那么他们为什么还要做大量的布施呢？一方面，从活人的角度考虑，亲属认为布施是一种行善，这样能够使自己的今生不会出现“凶死”的情况，当自己死亡时，自己的灵魂也会进入三善趣；另一方面，从死者的角度考虑，亲属所做的布施行为还能够为死者赎罪，以使他的转世在下一次死亡以后灵魂能够重返三善趣。

至于对意外而死之人行使火葬的原因，有报道人告诉笔者，佛教发明火葬可以镇鬼驱邪。也有老百姓以布施对此进行解释。他们认为，如果一个人行善不够，在死亡后应该更积极地奉献自己的肉身去挽救那些幼小的动物；而火葬恰恰可以满足这一点，因为火葬发出的气体可以喂昆虫，自然界中有很多昆虫就是通过闻火葬发出的气味来生活的。显然，与水葬相比，其功德要大得多。因为水葬只能向河里的鱼布施，但是向鱼布施显然比不上向昆虫布施所积的功德大。那是因为比起鱼，大自然中那些幼小的昆虫更需要挽救，一具有限的肉体只能够救活几百条鱼，但是可以救活千千万万只昆虫。则母寺的堪布对笔者说，火葬有助于更快实现灵肉分离，它是佛教的传统葬式。意外死亡的人是因为前世积福不够，他们死后实行火葬是理所当然的，可以将火葬视为追随佛祖的决心；他们前世作孽太多，但佛家并没有抛弃他们，实行火葬代表遵循佛教正统，下辈子转世时就能够尽快跳出轮回之苦。

（3）火葬的条件限制。在羊拉，火葬是意外死亡的首选葬式，但在实际操作过程中也会受到各种条件的限制。据笔者的调查，这种限制主要来源于以下两个方面：第一是受死亡时间的限制，第二是受经济条件的限制。

关于第一点，羊拉的老百姓普遍遵循一条铁的定律，即夏季到秋收这段时间不能行火葬。报道人告诉笔者，这是因为在干燥的天气实行火葬会得罪老天爷，使原本干燥的天气更加干燥，影响农作物的生产，导致乡民们颗粒无收。如果把人们观念中那层薄薄的窗纱掀开，从客观角度分析，我们很容易得出一个结论，即在这个季节实行火葬极易发生火灾。笔者在田野调查期间发现，家家户户的门上都挂着德钦县消防局印制的关于严防火灾的布告，这也从侧面表明峡谷内历史上发生火灾的几率比较大，才导致有关部门将防火作为头等大事来抓。特别是峡谷内低海拔的村落尤其容易发生火灾，这与金沙江河谷的自然条件有密切的关系。由于金沙江两岸处于干热河谷地带，属亚热带季风气候，夏秋季干热现象突出。“当这些地区的水汽凝结时，引起热量释放和水汽湿度降低，并使空气温度增加。在地形封闭的局部河谷地段，水分受干热影响而过度损耗，这里的森林植被难以恢复，缺水使大面积的土地荒芜，河谷坡面的表土大面积丧失，露出大片裸土和裸岩地。”① 与这种气候相生相伴的是气象学意义上的“焚风”② 现象。如果程度较轻，能增加当地热量，缩短水稻和果树的成熟期；但如果程度重，则会发生火灾。笔者在田野调查期间曾经历过一次“焚风”。那是2011年9月3日的下午，笔者与向导阿金登巴在户外聊天，突然感觉全身血液流动加速，胸闷气短，继而感觉异常干燥，全身冒汗，不由自主脱去外套。我们看到几个村民突然往庄稼地里跑，阿金登巴对我说，可能庄稼地着火了。1分钟以后，村民三多路过，向我们证实了这个消息。

关于第二点，就目前羊拉老百姓所实行的所有葬式来说，火葬的开销是最大的。在当地的老百姓看来，由于这种丧葬开销太大，而且非常麻烦，如果不是意外死亡迫不得已，没有人愿意选择这种葬式。例如，前面提到的死者此里仁布的二儿子就给笔者算了他父亲火葬的开销：

> 在入殓阶段就开始请和尚来念经了，姑且不论提供的各种好的饭菜，那时候光是点长明灯就需要1 000盏，花费大概400元。火葬时家里烧掉了1 000斤左右的柴火，这些木柴都是松树木，比较耐烧。幸好这些木柴都是平时自家人上山砍回来备用的，所以这一项不花钱。但是砍柴也是花费力气的，一个人就算把一天的时间全花在砍柴上，不干别的事情，最多也只能砍30斤左右。如果中间不休息，连续砍一个月才能砍900斤柴火。而火葬就烧掉了近1 000斤。另外，整个火葬的过程中还用了近40斤清油和50斤酥油。清油每斤15元，共600元；酥油我们自家有，所以不用花钱，如果折成人民币，也要好几百元。整个仪式请了5个和尚和1个经师来念了3天经，这项花费近1 000元。我们还请了1个活佛，虽然付给

---

① 《深度揭秘：云南遭遇百年一遇干旱的幕后“元凶”》，载《生活新报》2010年3月22日第8版。

② “焚风”这个名称来自拉丁语中的favonius（温暖的西风），在德语中演变为foehn，最早主要用来指越过阿尔卑斯山后在德国、奥地利谷地变得干热的气流。气象专家认为，“焚风”是山区特有的天气现象。它是由于气流越过高山后下沉造成的。当一团空气从高空下沉到地面时，每下降1 000米，温度平均升高6.5℃。这就是说，当空气从海拔4 000～5 000米的高山下降至地面时，温度会升高20℃以上，使凉爽的气流顿时热起来，这就是“焚风”产生的原因。

活佛的报酬没有讲究，但是我们还是尽力表达了我们对活佛的心意。[①]

由此看出，如果不把木柴、酥油与给活佛的报酬算在内，这场火葬的花销就已经达到2 000元。而一份来自羊拉乡政府的经济数据表明，羊拉乡人均年收入仅1 871元，由此可见火葬开销之大。

鉴于以上两个因素的限制，火葬只能说是意外死亡首选的葬式，但不是唯一的葬式。例如，一个人在夏季发生意外死亡，本该进行火葬的，但是这个季节不能火葬，而这个季节正是羊拉境内众多河流水量最大的时候，所以人们只有为这些意外死亡者选择水葬，把尸体抛入金沙江。可见，各种葬式所对应的死亡类型不是固定不变的，人们在运用这些葬式方面显得非常灵活。

二、无子嗣人群死亡的葬式

（一）无子嗣人群的范围

无子嗣的人群指的就是没有后续劳动力的人群。这类人又可以分为三种：第一种指的是出家的和尚。由于和尚不能近女色，也不能还俗、不能结婚，所以没有后代是理所当然的。不过，由于羊拉人信仰藏传佛教的缘故，人们对这个阶层的人群没有表现出明显的歧视。如果一个家庭有两个或以上的男孩，甚至只有一男一女，老百姓都乐意送一个男孩到寺庙出家。第二种是指那些没有结婚没有生育的人，包括未成年人与成年人。由于这类人还没有成家，所以没有子女，在人们看来也是正常的。第三种指的是那些已经结婚多年而没有生育的人群。这类人死亡以后，他们的后事一般由亲属操办，葬式比较简单。

相对于前两种人群，第三种人群很明显受社会的歧视。虽然羊拉普遍不存在男尊女卑的观念，但是不等于说社会对所有的女性一视同仁。在当地的老百姓看来，一个女性是否能获得社会的认可并不取决于她的物质生产能力，而首先取决于她的人口生产能力。在人们的观念中，如果一个妇女还没有生育孩子，那么她就不能算是“成年妇女”。或许是因为这种观念的存在，人们对“私生子女”并不歧视，也不歧视那些未婚怀孕的女子。相反，如果一个妇女结婚多年没有生育，那么各种谣言就会慢慢侵蚀她及其家庭生活。笔者在田野调查中了解到，羊拉乡存在结婚好几年都不能生育的家庭，其中羊拉村就有5个这样的家庭，不过这类家庭并没有获得社会的同情。老百姓普遍认为，这些家庭不能生育是因为夫妇双方前世作孽过多，现在得到了报应，两个前世作孽过多的人今生才可能碰到一起组建一个不健康的家庭。

---

① 采访时间：2011年11月。

在羊拉人的眼中，那些结婚多年没有孩子的夫妇可能是恶鬼的化身，只不过平常人看不出来，但是大喇嘛可以看出。出于宗教观念的恐惧，老百姓在心里总是不太愿意与这些家庭打交道。尽管平常有什么事情，人们也愿意帮助他们，但是老百姓绝不在这些家庭吃饭，也不和这些人一起玩，甚至在路上遇到还会远远地躲避。据说，如果和这些家庭的成员亲近，或者到这些家庭去吃饭、喝水，就会使厄运转移到自己家庭成员的身上，从而导致自己家庭的孩子死亡，成为没有子嗣的家庭。因此，没有子嗣的人群受社会歧视颇深。

（二）无子嗣人群的葬式：整尸水葬

无子嗣人群的死亡，其后事由近亲操办。这类人无论是正常死亡还是意外死亡，都不选择土葬，只能选择水葬，而且不会分肢。

1. 整尸水葬的程序

死者去世以后，亲属会用一张白色的裹尸布将尸体裹起来，然后把装有尸体的白色布袋装入一个竹箩筐或者木箩筐里面，用一根直径约 3 厘米、长约 15 米的粗麻绳反复穿过箩筐两端的端耳，向上拉紧打结，等待出殡。出殡的时间由喇嘛打卦决定，但是这类葬仪通常在天没有亮之前就举行，据说太阳出来以后有许多神灵要到河边喝水，那时候出殡会冒犯神灵。出殡时由几个年轻人组成抬尸队伍，两个人一组一前一后抬箩筐前往中游河水葬点进行水葬。到了水葬点以后，观察水的流速，找一个比较容易将尸体被冲走的地方。

当位置确定下来以后，先在河边浅水处清理出一块地方供僧人念经对死者进行超度。念经结束以后，将装有尸体的箩筐放在浅水处开始处理尸体。首先是把白色的裹尸布除掉，然后将穿在箩筐耳端的绳子解下，在绳子的一端绑一块重十几斤的石头，将这块石头放进箩筐底部让尸体压住，再用绳子将尸体的头部或者颈部缠绕几圈，目的是让尸体在水葬时不至于浮起。缠绕尸体的绳子还多出十几米长，在它的另一端也绑上一块石头。这时，送葬者还捡一些干净的大小不一的石块往箩筐里填充，垒砌尸体。垒砌好尸体之后，由一名僧人和死者亲属中的一位老者领路，十几个年轻人跟在后面拉起绳子的另一端，缓缓地逆流而上，尸体也跟着逐渐进入水中；拉绳的人不断往上游走，绳子也逐渐被水淹没，一直到这根 12 米长的绳子完全被淹没在水中，人们即弃绳上岸。

上岸以后，送葬者还会在水葬点的地方竖两根木杆，一根木杆用来挂经幡，将一根长十几米的细小的反搓而成的白羊毛绳缠绕在另一根木杆上以纪念死者。这时候，整个水葬程序基本结束，送葬队伍可以离开水葬点返回家里。田野调查中还发现，在送葬队伍离开以后，一些老妇人就会走到水葬点的浅水处，左手不断摇“嘛呢”经轮，口里不断念诵超度经文，默默为死者祈祷，久久都不离去。

2. 整尸水葬：不“孝”的表达

在当地老百姓看来，无子嗣的人群死亡之所以选择水葬而不选择土葬，这并非是因为水葬在等级方面低于土葬，而是因为人们考虑到没有后代长时间料理他们的坟墓。至于为何不给死者分肢水葬，这是因为在当地人看来，为死者肢解尸体应是儿女对父母尽“孝”的一种表达。报道人阿金登巴告诉笔者：

> 肢解尸体是一种让灵肉快速分离的葬式，但是这种丧葬花费太大，需要付很多钱给水葬师，如果付钱太少，就有可能出现尸骨处理不干净的情况。除此之外，分肢水葬还需要找功力高深的大喇嘛，要给大喇嘛许多上供。所以，死者如果没有儿女，一般无人愿意帮助他肢解尸体，只能整尸投入金沙江。①

很显然，分肢水葬与整尸水葬已经以“孝”作为区分标准。这种观念的产生与儒学思想在羊拉的传播紧密相关。在羊拉，那些生前得不到儿女善待的老年人很擅长使用这些文化符号——他们在去世前要求自己的子女给自己实行整尸水葬而不是分肢水葬，试图通过这样的丧葬方式来表明孩子的不孝。以下便是这样一个个案：

> 仁桌此姆，女，78 岁，2012 年 1 月 16 日病逝。在临死之前，她把所有的亲戚朋友召来，强烈要求水葬。仁桌此姆死亡的时间是冬天，其实那个时候河流的水位都在下降，一些支流甚至开始结冰了，是不太适合水葬的。按照羊拉的风俗，这个时间应该实行土火二次葬。然而，仁桌此姆做出了与众不同的选择，这是为什么呢？报道人向我道出了其中的秘密。
>
> 据调查，仁桌此姆有 2 个女儿、1 个儿子。但儿子在年轻的时候入赘，后来因病早逝。2 个女儿对自己一点也不好。小女儿在外面打工，一年到头连个人影也见不到，从来不和家里人联系，谁也不知道她在哪里。现在大女儿当家做主，养育有 1 个儿子，今年 30 岁了，这对母子把仁桌此姆当作免费的劳动力使用。在羊拉乡，很多家庭的父母到了 60 岁以后就不用干农活了，至少不用干重活；但是仁桌此姆到了 75 岁还要每天早出晚归，到农田干活，回到家里还要挑水做饭。不仅如此，她在农田干活的时候如果动作稍慢就会被大女儿骂，甚至被打。孙子喜欢喝酒，发起酒疯的时候就会打她。母子俩一直把她当成出气筒，有好吃的也从来不给她吃。平时杀一只鸡，最多是给她喝一碗汤，最好吃的鸡肉全都由这对母子

① 采访时间：2011 年 10 月。

吃了。

所以，仁桌此姆死前要求水葬实际上就是向乡亲们传递女儿不孝的信息，她所表达的意思是自己有儿女，但是却与那些没有儿女的人一样，甚至过得比那些没有儿女的老人还差。

仁桌此姆最后被水葬了，这也算是一种解脱。但是故事远没有结束，乡里的人知道这件事后，都为她感到不平。一些人私下对笔者说，她的大女儿是因为魔鬼上身了，才会这样对待自己的母亲，要是早些时候请大喇嘛来打鬼，仁桌此姆就不会有这样的遭遇了。

在这个故事中，我们看到水葬被扣上了“孝”的字眼，当这种“孝”脱离轨道的时候，人们就把它视为苯教的魔鬼在作祟，而寄希望于藏传佛教，它鲜明体现了藏传佛教格鲁派在压制苯教与整合儒学思想方面的奇特之处。与这种水葬文化相关联的是，人们在实践中积累了丰富的关于水的知识。譬如，利用温泉来治疗不孕不育症就是一个鲜明的例子。羊拉境内许多说不上名字的湖泊错综分布，还有大小不一的温泉。据说位于羊拉铜矿的一个叫“格龙”的温泉能有效接骨，每年都吸引无数骨折的藏族群众前来尝试。此外，笔者的报道人还告诉我，在羊拉村还有一个叫“散美”的温泉能治不孕不育症，许多藏族群众在前往徐中乡转经路过时都会洗一洗。

三、好死与差死：“地方性知识”对死亡的评价①

在羊拉，人们对死亡的评价大体分为两种，即好的死亡与差的死亡。无论是有后续劳动力人群的死亡还是无后续劳动力人群的死亡皆可划归这两种类型。田野调查发现，其划分的类型往往又暗含着羊拉人对生产生活周期性的表达。换句话说，羊拉人对好的死亡与差的死亡基本上是以季节来判断的。

好的死亡指的是发生在秋收过后或冬季的死亡。羊拉人普遍认为秋天和冬天有很多神灵出现，是人神同欢的季节，一些神甚至愿意接走死者的灵魂。笔者认为，这种观念的产生可能与农业社会的生产劳动安排密切相关。一个农业社会的老百姓对季节是非常敏感的，经过长期与自然交换能量，他们将死亡与季节联系起来，并赋予死亡好坏之分。

如果了解羊拉人对农业生产的安排，就不难理解这一点。在羊拉，春种到秋收期间是人们最忙的时候，人们不仅要管理农田，部分人还要到山上采集，这是一年中生产的重要时刻。如果这个时候有人死亡，人们就必须腾出时间来

---

① 此部分内容笔者已经在期刊发表（参见叶远飘《经济文化类型下的藏区土葬习俗解读——以云南省德钦县羊拉乡的土葬为例》，载《云南社会科学》2003 年第 1 期）。

办丧事，死人与活人无疑在抢时间，这对一家人的经济收入造成重大的影响；如果死在夏收时节则是最差的死亡了。2011 年 10 月 2 日，笔者在羊拉调查期间就遇到阿三的父亲死亡，那时候他全家人都忙着收玉米与捡核桃。当我到他家的时候，还看见那些刚从田地里收回来的没有剥皮的玉米堆满了屋子，甚至连客厅都没有位置坐。后来，全村人都赶到他家，主动帮他家剥玉米皮。因此，阿三总感觉是他的前世没有好好念经，今日才拖累了全村人，他对此过意不去。

相反，羊拉人比较青睐秋冬季节的死亡，这主要有两个原因。首先，秋冬季节正是一年中相对闲的时光，他们不需要进行繁重的农业生产，可以用更多的时间来办理死者的后事，把丧葬办得隆重一些，也使自己家庭脸上有光。其次，羊拉流行先土葬后火葬的二次葬。尸体在低温环境中不容易腐烂和长蛆，这时候实行土葬就不会造成杀生，信仰藏传佛教的老百姓可以安心土葬，而土葬一年以后又可以实行二次葬。以一年的时间来算，这时候烧骨头也恰好是在秋冬，避开了夏天不能火葬的禁忌。正因为如此，有后续劳动力的人群如果在夏天死亡，他们不愿意实行土葬，因为夏天尸体容易腐烂，会造成杀生，那时候许多老百姓改用水葬，将尸体施舍给河里的鱼。但对于没有后续劳动力的人群来说，人们的看法恰恰相反，他们倾向认为死在夏天比死在秋冬好，因为这部分人实行水葬，而夏天恰恰是河水最大、最有利于实行水葬的时候。

第四节　从死到生：在孝道中实现转世

一、黄教主导下的复合信仰

以上我们描述的是羊拉在历史过程中丧葬类型的变化，我们绝不是为了描述而描述，而是意在挖掘这些积累在文化层下面的丧葬文化因子。鉴于文化传统的惯性，这些被覆盖的丧葬文化因子并不会永久地消失，它们只是暂时为表层的丧葬文化所覆盖。随着政治的变动、社会的变迁与自然地理的变化，在适当的时机，这些被叠压的文化因子将会重新呈现出来。所以，历史虽已是过去，但会影响未来。

下面，我们将看到羊拉今天的丧葬文化正是这些层层叠加的丧葬文化因子不断冲破彼此之间的文化层异构而来的。但是，异构并不是随意的，异构也要在一定的信仰范围内进行，这里的信仰就是指藏传佛教格鲁派信仰。

（一）复合信仰中的黄教信仰

从今天调查的情况来看，目前羊拉共有7座藏传佛教寺院，是云南藏族聚居区藏传佛教寺院最多的乡，这些寺院全属藏传佛教格鲁派。其中：

> 则母寺，位于羊拉乡归吾村，海拔3 876米，有大殿1座，僧舍4所，僧侣29人。
>
> 布顶寺，位于羊拉乡甲功村，海拔3 200米，有大殿1座，僧舍15座，僧侣15人。
>
> 觉顶寺，位于羊拉乡尼米村西南的山坡上，海拔3 300米，有大殿1座，僧舍9所，僧侣23人。
>
> 扎依寺，位于羊拉乡的西山坡上，海拔3 100米，有大殿1座，僧舍8所，僧侣21人。
>
> 扎加寺，位于羊拉乡南埂行政村，海拔2 882米，有大殿1座，僧舍8所，僧侣20人。
>
> 扎史取林寺，位于羊拉乡南埂行政村，海拔2 987米，有大殿1座，僧舍3所，僧侣6人。
>
> 茂顶寺，羊拉乡茂顶村西北山腰，海拔2 988米，有经堂大殿1座，僧舍26所，僧侣32人。

以上7所寺院中，前5所属于奔子栏东竹林寺的子寺；扎史取林寺的僧侣主要来自于云南地区与西藏芒康，是涉及两个省（自治区）的寺院。

羊拉的各个寺院大殿的正中都挂有标准的六道轮回循环图。图画的主体是一个内外四层的圆圈。从里向外，第一层圆圈中绘有鸽、蛇、猪三种动物，代表贪、嗔、痴。第二层圆圈则阴阳对半，阴面象征着恶趣，阳面则象征着善趣。第三层圆圈由上下六段构成，就是所谓的六道了。其中，上面的三段象征三善趣，它们分别是天界、阿修罗界和人间；下面的三段象征三恶趣，它们是畜生道、饿鬼道和地狱道。六道轮回图栩栩如生地向世人展示了善恶两趣在六道中的情形。事实上，羊拉人对此也有非常清晰的认识。他们认为，除了喇嘛以外，每个人死后其灵魂不可能脱离六道。

与藏族聚居区的其他地方一样，羊拉人也产生了深厚的“活佛崇拜”情结。当地老百姓告诉笔者，茂顶寺的前任活佛功力很深，他只要对着病人吹一口气就可以治好病；不仅如此，他还能分辨哪一个是活鬼，只要活鬼在路上被他碰见，他立刻能把活鬼打成原形。扎加寺的活佛来自中甸，据说他出生的时候家里有异象——屋里正中的那根圆木发出亮光，照亮了整个房屋。他3岁的时候，有一天他的母亲要去农田干活，对他说："你要看好锅里的水，不要让水溢出来。"结果，他的母亲干完农活回到家里，却怎么也掀不开锅，原来是他的儿子用"神力"将锅盖与铁锅"焊"了起来。后来扎加寺选中了他当活佛。他不仅在羊拉有名气，周边地区如中甸、巴塘、芒康很多地方的老百姓做法事也会到羊拉乡来找他。鉴于活佛所特有的灵力，一旦他们圆寂，即会被认为真身返回天上，灵魂永留人间，寺院会为他们实行塔葬①。

1. 一天的宗教活动

（1）祭佛。羊拉全民信佛，无论男女老幼每天都把祭佛作为头等大事。因此，大多数家庭的客厅其实也是经堂。报道人告诉笔者，羊拉人的客厅可以没有凳子，也可以没有电器，但是不能没有神龛。神龛或者摆在客厅正面的小桌上，或者摆在火塘的前面。有钱的人家还专门在三楼修建一个经堂，专供念经用。佛龛上摆有香炉和 7 个净水碗，灯、碗数个，整齐排列。所以，客厅既是招待客人的世俗之地，也是供家人和僧侣念经的神圣之地。有条件的个别家庭会专门在二楼腾出一个干净明亮的小房间设经堂，挂上绘有佛像的唐卡，唐卡的画像主要是释迦牟尼、观世音或者宗喀巴的。也有的家庭把康区一些有影响力的活佛的相片用边框装饰起来，以示他们对佛的尊敬。每天早上 5 点起床，藏族群众所做的第一件事就是到佛龛前点灯祭佛。羊拉人告诉笔者，祭佛的法灯是不能灭的，必须要长明，这样才会得到佛祖的庇护。所以，一旦灯快要灭的时候要赶紧添加酥油，这已经成为羊拉人每天都会自觉重复的动作。

（2）烧香。在羊拉，每个家庭的成员不管是谁，做早饭或者做晚饭的时候都要在火炉里烧香。藏传佛教的烧香方式与汉地不同，汉地一般用的是香炷制成品的"插香"式，而藏族群众一般采用的是"燃烧"式，所以平时做饭的火炉也充当香炉使用。这时，往火炉里添柴是非常有讲究的。一般来说，一根粗细不一的木柴，要先烧细的，后烧粗的。换句话说，应把细的一端先放进火炉里面，他们在点燃木柴以后便往里加柏树枝叶或者松树枝叶，有时还特意添加一些特制的香料。这时候人们一边往里添柴，一边念"六字真言"，在烧香的过程中也把早餐或晚餐准备好了，可谓一举两得。

（3）念经。羊拉人对念经的热情是非常高的，因为念经是一项积功德的大事。在羊拉，无论男女老少，每个人只要口闲下来的时候就会念经。但是，他们并不是对着经文念，而是口里不断地重复着"六字真言"。虽然羊拉人不明白"六字真言"的真正意思，但是他们相信，只要多念"六字真言"，对自己和家庭一定有好处。笔者的报道人说，这些好处有很多，其中最重要的一条

① 关于塔葬的程序可参见本书第三章第三节，整条金沙江峡谷的寺院对活佛都实行塔葬，文化内涵及程序并无任何不同。

就是能够积阴德，以便自己死后灵魂能够再次投胎做人，免受轮回之苦。笔者在田野调查中还发现，羊拉人不仅经常为自己念经，也经常帮助虫子等动物念经。在羊拉人的观念里面，帮助虫子等动物念经其实就等于帮助它们向善，如果念了3亿遍，这只动物死后就有可能投胎做人了。念经是很有讲究的，念经的时候必须口和手相互协调，左手应该握住佛珠先按顺时针方向一个一个地拨，然后再按逆时针方向一个一个地拨，如此反复循环。关于念经，笔者在田野调查中还闹过一次笑话。有一次，笔者右手拿着佛珠跟着自己的朋友念经，立即被他们制止了。随后，一个朋友私下告诉笔者，右手是绝对不能拿佛珠的，因为人主要是用右手来打架和杀生的，右手沾满了血腥，如果用右手拿佛珠，是对佛祖大大的不敬。

（4）转经。在羊拉，每个村落都设置了转经塔供老百姓转经，羊拉人将之称为“嘛尼夺母”。转经塔高大约2米、底座四五米。它的构成大致有两部分：底座用泥土围转经塔一圈，供民众放一些刻有“六字真言”或者藏文的石片。羊拉人相信，藏文与“六字真言”一样，具有同等的功效。转经塔的中部是空心的，里面放有一些佛像，并用玻璃围起。转经塔的顶端则竖起经幡，由白布或彩纸做成条状，上面写着“六字真言”或者其他经文，扎成串绑在一根约碗口粗的木杆上，然后在转经塔上方高高竖起表示祈祷。羊拉的转经塔分布很广，每个村头村尾或者路上几乎都有分布。羊拉人相信转经是一项积功德的活动，所以，只要出门干农活路过转经塔时不能绕着走，必须要转完经才走。转经也有一定的讲究，先顺时针围绕着转经塔转3圈，然后再逆时针围绕着转经塔转3圈。有些老年人每天早中晚都要特意到转经塔转经，一边转一边念“六字真言”，同时左手不断拨动佛珠。

2. 每月的宗教活动

家庭念经活动。在羊拉，每个家庭每个月至少要举行一次家庭念经祈福活动。这场念经活动时间不定，一般根据家庭的生产生活来安排。这场经事喇嘛不一定到场，但念经的日子必须要请喇嘛算。算好日子以后，家庭会根据经济能力请一定数量的和尚和仓巴到家里念经。念经活动大致持续1天，所花的费用颇高，因为家庭要对和尚和仓巴好好招待：早上6点吃过第一餐以后就开始念经；到了上午10点休息，12点吃完午饭以后又继续念；念到下午3点就休息，4点吃完饭以后再继续念；到晚上7点休息，8点钟吃过晚饭以后才散场。主人家还必须送给仓巴相应的酥油、砖茶，还有钱。有经济条件的家庭第二天还要接着念，他们相信，多念经对自己和子孙有好处。

近几年，羊拉人一般是把和尚请到家里的客厅（或者经堂）念经。念的经文通常是根据家庭所出现的事情来选定。比如，秋收的时候要念一种名为“勒堆”的经，这是一种感激上天赐予丰收的表达。但是，如果遇到庄稼发生虫灾的时候，必须念一种名为“德哥”的经，这是一种专门用来驱赶虫灾的经；如果是天气干旱，或者自己家的庄稼无水源快要枯死的时候，他们就会念一种名为“衣因拉”的经，以求龙神降雨到自己的庄稼地上。如果某个月恰好遇到家人生病，那么就会选择一种名为“顶处”的经来念。在春节，他们就念名为“映来”经，表达全家人内心的愉快和喜悦之情。总之，家庭一般都是围绕着五谷丰登、牲畜兴旺、家和人平等方面来选择经书。比较而言，家庭成员在每个月的念经活动更注重解决当前的现实问题，很少涉及死后的灵魂投胎和重生等问题。可以推测，这些是苯教或者东巴教的遗留，但是这些文化因子又必须经过佛教的认可，如要请喇嘛算日子、请和尚到场。

3. 一年的宗教活动

涂尔干指出，宗教体现了一种团结，因为一个特定地区的人遵守某种宗教的规则也就意味着这些人有共同的信仰，他们需要做的事就是宣称自己忠诚于大家共同秉承的信仰，为此，他们需要举行一些和这种信仰相互关联的仪式。[①] 这种观点在解释羊拉人一年的宗教活动方面具有一定的指导意义。在羊拉，以年为单位而举行的宗教活动仍然是念经，但是这种念经活动已经超越了个人与家庭的情感，它还起着一种社会整合的作用。

（1）寺庙布施。对羊拉人来说，到寺院去布施是一件自豪的事。布施分为两种情况。第一种情况是不定时的布施，一般是根据每个家庭的意愿，布施的时间可长可短。例如，一个家庭的成员接二连三出现不好的事情，病了或者发生一些意想不到的灾难时，他们会找喇嘛问明原因。如果喇嘛告诉他们是因为积德太少必须布施的话，他们会积极地付之于行动。第二种情况是在藏历十月二十五日到寺庙去布施。这一天是藏传佛教格鲁派的祖师宗喀巴大师圆寂的日子，羊拉人把这个节日叫作“噶登安曲”。这时候，羊拉各个寺院都会举行盛大的法会。在这一天，全体羊拉人都不能杀生，不能吃荤，只能吃素。羊拉人也乐于在这一天布施。据说这一天布施比任何一天的功德都圆满。一般来说，可以把自家认为好的衣服、上等的好酒好肉送给乡里的困难户；也可以到寺院去布施，给寺院的和尚送一些吃的和用的。在羊拉，最大的布施是放生一头牦牛，用红绳系着一个吊铃套住牦牛的脖子后放生，以后这只牦牛无论走到哪里，都不会遭到捕杀了。

（2）喇嘛讲法。喇嘛讲法是全民性的活动，也是羊拉地区一年中最隆重的佛事活动。羊拉交通落后，寺院大多建在深山老林中。因此，羊拉人平常很少能见到喇嘛。但是，在年关或者开春，一般会有一场大型的喇嘛讲法活动。

---

① 参见（法）爱弥尔·涂尔干《宗教生活的基本形式》，渠东、汲喆译，上海人民出版社 1999 年版，第 50 页。

通常情况下，由一个富裕的家庭发起，把喇嘛邀请到自己的家里，然后向全乡发布关于喇嘛到他家讲法的具体消息。这个消息传开以后，全乡家家户户都盼望那一天的到来，他们早早准备好包谷、酒、奶酪、酥油等在那一天到主人家去。到了主人家以后，先把带来的这些食物送给主人，然后在主人家里吃饭。这餐饭没有太多讲究，主人一般会提供一大碗菜、油饼、奶酪、酒还有酥油茶招待客人。客人席地而坐，就在客厅的木地板上吃饭、喝茶。吃饱以后，三三两两到外面等待喇嘛的到来。而主人早已经在外面的一块宽阔的空地上准备好了给喇嘛的坐垫和小桌子，喇嘛在几个和尚的陪同下到来，接受民众的朝拜。这种朝拜非常讲究：民众双手合掌举过头，自额头到大腿膝盖全身着地，如此反复循环 3 次。喇嘛接受了民众的朝拜以后便开始讲法，教导民众向善。法会一般持续 2 小时左右。每个人在离开之前都会自觉排队经过喇嘛的面前，由喇嘛一个个地摸头顶；如果带有矿泉水或者包谷等食物，都会打开让喇嘛往里吹一口气再带回家。据说，喇嘛吹过气以后的水和食物相当于圣药，在家人生病的时候具备药的疗效。

（二）复合信仰中的苯教信仰与儒学思想

1. 被压制的苯教信仰

史料记载：“公元 680 年，吐蕃在今迪庆维西塔城一带置神州都督，并辖铁桥东西十六城。是时军中有本教巫师，本教为国教。”① 因此，藏传佛教并不是羊拉人唯一的信仰，如同康区的许多地方一样，羊拉也曾流行过苯教。不过，由于格鲁派的强势入主，羊拉的苯教信仰已基本上被格鲁派压制了。譬如，羊拉乡目前也存在一种亦僧亦俗的经师，老百姓将他们称为“安确”。但是这些经师与其他苯教遗风浓厚的地方的阿尼不同，他们没有任何法器，既不会治病，也不会驱鬼，只能在格鲁派僧人的带领下一起念经。

羊拉人苯教观念淡薄还体现在羊拉人不信鬼。即便一些人相信有鬼，也认为宇宙中所有的鬼都被活佛制伏了。在三岩的寺院中我们发现了许多苯教的神转化为佛教的护法神的现象，但是，在这方面羊拉乡的寺庙有所不同：则母寺大殿正门内的佛像主要有释迦牟尼、宗喀巴以及形态各异的几尊罗汉；茂顶寺是羊拉地区颇有名气的寺院，其正殿的佛像是释迦牟尼、宗喀巴和文殊菩萨；位于羊拉与西藏芒康接壤地区的扎史林寺正殿供奉的是释迦牟尼和松赞干布等。这些寺院虽然大小不一，供奉的佛像也不尽相同，但是有一个总的特点，那就是没有任何护法神。这个特点与藏族的许多寺院在正殿或大门口处摆放面

---

① 迪庆藏族自治州民族宗教事务委员会：《迪庆藏族自治州宗教志》，中国藏学出版社 1994 年版，第 1 页。

目狰狞的护法神不同。羊拉流行的各种佛教传说里也找不到护法神的身影，相反，那里流传着大量关于宗喀巴大师派遣使者镇鬼的传说。其中一个版本如下：

据说在很久很久以前，这里有一只很大的动物专门吃人，因此犯了众怒被天神处罚，但众神看到这只动物很饿，不忍心将它杀死，于是想出了一个办法，把它放到丹达河里面。这样既能保存它的生命，又不让它在陆地生活而影响人类。然而，令大家想不到的是，这只动物到了河里面变成了短命鬼，专门吃小孩，时不时掀起狂风暴雨把一些婴儿冲到河里成为它的盘中餐，然后又往水里吐毒液，茂顶村的很多村民喝了丹达河的水以后年纪轻轻就死掉了。很多人都很害怕，人们寿命变得越来越短。于是，他们打算全都逃往四川得荣那边去生活。在危急关头，宗喀巴大师派了一个得道高僧到此。该高僧目睹这一切后，对人们说："河的两岸不太平，你们就算跑到对面去，也无济于事，因为这个短命鬼到处在作怪。"他边说边用手在天空比划，一瞬间，一张写满无数经咒的巨大的网从天而降，贴到了丹达河两岸的石崖上。短命鬼再次来索人命的时候被高僧写的咒经罩住，然后服输了，从此答应不再作恶，高僧答应放它一条生路。可是，这只鬼却恶性不改，一转眼，它又开始吃人了，高僧再一次降服了它。这一次它在高僧面前立下重誓，答应做一只善鬼，但后来还是食言了。到了第三次，高僧不得不把它镇压在河底，永世不得翻身。所以，今天的羊拉人非常重视发誓，如果发誓以后不遵守，死后自己的灵魂将会掉下十八层地狱，就像这只鬼一样。但无论如何，丹达河的水源再也没有被污染了，以后茂顶再也没有发生过水鬼吃人的事件，人们也就慢慢长寿起来了。

事实上，在当地的藏语发音中，"茂"就是"经书"的意思，"顶"是"上层"的意思。"茂顶"一词说的就是"用经书堆起来的村子"。而"丹达"便是"镇住"的意思，可能和这个传说有关，即镇住短命鬼之意。解读这些词语，可以发现佛教与之前的民间信仰（主要是苯教）之间的冲突。与金沙江上游的传说不同的是，这些魔鬼要么被镇在大山之下，要么认输跑了，它们都没有转为佛教的护法神。例如，在康区广为流传的卡瓦格博在密宗莲花生大师的劝导下转化为佛教护法神的传说，羊拉人的叙述方式就明显不同。笔者在田野调查中就这个传说请教了当地的许多老百姓，大多数人向我表示没有听说过这个传说。关于卡瓦格博，羊拉乡流传的传说版本如下：

卡瓦格博是一个人的名字，事实上他是一个活佛，他从小就刻苦钻研佛经，慈悲为怀，一生为民，做了许多好事。他每年都为藏族人祈祷五谷丰登、家畜兴旺，所以深受藏族人的爱戴。他于羊年诞生，圆寂以后舍不得离开这个地方，舍不得他爱护的藏族群众，于是转世成卡瓦格博神山，日夜守护着我们这些藏族人。所以现在我们要去转山，表示对卡瓦格博的尊敬，也祈祷一年风调雨顺。

由此可见，在羊拉流行的各种宗教传说中，苯教的神要么被彻底镇压了，要么就是根本没有踪影。换言之，相对康区其他地方，他们的苯教信仰印迹淡了很多。

2. 被整合的儒学思想

儒学思想在羊拉传播最早可以追溯到唐朝以前的茶马贸易。唐朝年间滇西北地区的茶马互市之兴盛正如唐朝的樊绰记载一般："大羊多从西羌、铁桥接吐蕃界三千两千口将来贸易。"[①] 宋明以后，朝廷北拒蒙古南下，派重兵把守长城一带，同时关闭北方的茶马贸易通道，但是朝廷需要大批马匹充当军备，因此南面的茶马古道成为当时全国少有的贸易通道，刺激了滇西北贸易的繁荣。在清代，吴三桂更是报朝廷批准与达赖喇嘛互市于金沙江边。

茶马古道是一条充满生机的道路，所有的货物交易完全通过马帮来完成，而在茶马古道上行走的马脚子无疑成为贸易的主力军。羊拉与地处茶马古道贸易中转站的奔子栏接壤，这里的藏族无疑成为马帮主要的雇用对象。马帮不仅是货物的输送者，同时也是文化的传播者。笔者在羊拉调查期间，81 岁的扎西此里对笔者讲起了他祖父走马帮的情况：

祖父最远南下大理，北到昌都。从羊拉出发，走到奔子栏需 1 天的时间，然后从奔子栏到丽江要 4 天的时间。到了丽江，等来自大理的东家，东家到了以后他们就帮忙装茶叶、红糖和干酒，然后赶马到西藏的盐井和昌都去换铁器和盐巴。他们投宿的时候，店主经常以大瓶酒、大块肉给予招待。祖父经常在外面行走，结交了不少朋友，后来又带上我的父亲。我很小的时候也跟过父亲在外面走马帮，就是这样学会了纳西语和汉语，甚至能听懂一两句广东话。[②]

茶马古道上，大量的羊拉人充当马脚子，他们常年奔波在藏地与汉地之间，不仅开阔了视野，还接触了不同民族的文化。这条古道就像一个巨大的熔炉，接受了来自四面八方不同民族的文化。这些文化经过古道的交融之后随着

① （唐）樊绰：《云南志校释》，赵吕甫校译，中国社会科学出版社 1985 年版，第 284 页。
② 访谈时间：2011 年 9 月。

人员的流动向四面扩散，对羊拉的突出影响就是，羊拉的藏文化里包含了汉文化的一面。

除了茶马古道的作用，清代以来的改土归流事件和大量的汉地移民流入是汉文化传入羊拉的另一途径。康熙年间，西藏爆发准噶尔之乱，清朝兵分三路由青、川、滇入藏加以平定。由滇入藏这条线经过中甸与德钦，平定准噶尔之乱以后，清朝命令返回的清军常驻中甸与德钦等地。“自清康熙五十八年（1719 年），清军入藏，到 1759 年，随着军、工、匠、找矿的汉族迁入，这些人在生活中既保留了藏族的各种习惯，又继承了汉族的各种风俗，多数同化为藏族。”① 清代以后，中甸、尼西、奔子栏等地又被探出大量的铜矿。据《维西见闻录》记载：“凡矿皆石，而亦有松土成矿者，丽江回龙厂曾有于铜中挖出松土数斗，弃于道旁，色稍异于别土，有识者携之去，煎熬得银数十两。”② 于是，全国各地的民众相继涌入采矿。仅光绪年间，兴办的大小矿厂就有 13 个以上，中甸的经济则呈现了“攻厂驼负为生”的景象。③ 阿墩子则以来自云南汉族地区及两湖、两广、江西、福建、陕西者居多，他们多经商或从事工矿业。在中甸及阿墩子的汉族逐渐同藏族通婚，融为藏族的一部分。④ 这种情况一直到今天仍然没有改变。2002 年，羊拉乡甲功村 40 公里外的地方也发现了万吨级的铜矿。2003 年 6 月 11 日，云南省政府宣布迪庆州政府同云南铜业集团公司共同开发羊拉乡的里农矿段和路农矿段。⑤ 羊拉加快了商业化的步伐，而与之相伴的则是汉文化的渗透。目前，从羊拉流传的大量传说中也可发现藏汉交流的影子：

> 文成公主在唐送亲使江夏王太宗族弟李道宗和吐蕃迎亲专使禄东赞的伴随下，出长安（即西安）到四川。从四川又经过云南迪庆州的香格里拉后沿金沙江逆流北上，途经德钦县的奔子栏镇，过羊拉乡北出西藏的芒康县而到达拉萨。在出云南的北大门羊拉乡前夜，羊拉乡藏族群众盛情把松赞干布的专使禄东赞、唐使李道宗及文成公主留了下来，大家尽情地喝酒、唱歌、跳舞。可能是因为喝醉了酒，到了第二天早上大家醒来时，禄东赞、李道宗、文成公主等一行人已经不知去向，只发现他们留下的释迦佛像、珍宝、金玉书橱、经典书籍等；并留下多种烹饪食物、花纹锦缎、

---

① 云南省中甸县地方志编纂委员会编纂：《中甸县志》，云南民族出版社 1997 年版，第 145 页。

② （清）余庆远：《维西见闻录》，见于希贤、沙露茵选注《云南古代游记选》，云南人民出版社 1988 年版，第 119 页。

③ 参见王恒杰《迪庆藏族社会史》，中国藏学出版社 1995 年版，第 208 ～ 210 页。

④ 参见佚名《云南德钦调查报告》。

⑤ 《迪庆日报》2010 年 8 月 7 日第 2 版。

工技著作、治病药方、各种谷物和青稞种子等等。最奇特的是，在羊拉乡甲功村的东南面，神不知鬼不觉地突兀升起两座山来。有的人说南边的是李道宗，北边的是禄东赞，他们是在这里依依不舍地拉着手辞别的；有的人则说，两者都不是，两山上的众多石头是众多的藏族群众和汉族群众在那里面对面的畅饮、叙情。而更为特别的是进入秋冬，两个山会同时积雪，同时化雪。有人说他们是“有福同享，有难同当”的两架山。所以，当地群众都称他们为“兄弟山”。①

除了这个颇具浪漫色彩的传说能够说明汉文化对羊拉的影响以外，我们再看看藏传佛教本身的汉文化因素，这里最明显的表现莫过于羊拉人以汉传佛教的“和尚”一词来称呼藏传佛教的普通僧人。在羊拉，凡是有条件的人家都愿意送自己的孩子到寺院出家。所谓有条件，指的是家里不少于两个男丁。当长子到了 10 岁，就会被送到寺院去剃度。剃度以后就成为“拜扭”，也有的称为“扎哇”。这些刚入寺的孩子在寺院的等级是最低的，他们主要承担寺院的一些杂事，闲时念经。随着年龄的增长，他们就会逐渐被送到西藏的拉萨去受戒成为正式的僧徒。这时他们有一个称呼，那就是“格龙”。“格龙”在拉萨学成以后一般要回到原来的寺院，根据能力大小在寺院任各种职务，同时承担寺院的各项事务。当然，一些比较富裕家庭的孩子还要继续待在拉萨甚至到印度学习，直至取得佛学的最高学位——“格西”为止。这是藏传佛教等级制度的体现，不过对于羊拉的老百姓来说，他们无法对这些僧侣的等级做出如此详细的区分。羊拉人对僧侣阶层的称呼只有两种：和尚与喇嘛。“和尚”是对普通僧侣的称呼，而“喇嘛”则是人们对活佛的称呼，因此“和尚”的地位并不高。

羊拉乡接受汉文化的影响还突出表现在羊拉人热衷于过春节。羊拉藏族人在除夕当天也会在自家的门上贴春联，也有吃年夜饭的说法。羊拉的春节一共是 15 天，即从农历初一到十五，羊拉人将春节称为“洛色”，即新年的意思。除夕之夜，家家户户用白粉在厨房的梁柱和门上点缀吉祥的图案。大年初一，人们在家吃“布鲁粥”。大年初二，年轻人带上一些酒肉给亲戚朋友拜年祝寿。大年初三以后，人们就可以到外面转经或玩耍了，一直到十五才结束。与春节浓烈的气氛相比，羊拉人不兴过藏历年，甚至很多人根本就没有听说过藏历年。羊拉乡副乡长阿肖是土生土长的羊拉人。他告诉笔者，他从小村里就没有过藏历年的习惯；只是到 20 世纪 80 年代，在政府的号召下，一些干部家庭才过藏历年，但是群众一直没有这个习惯；近年来，干部家庭也不过藏历年了。

---

① 《“兄弟山”：联结千年兄弟情》，载《迪庆日报》2010 年 8 月 7 日第 2 版。

二、“孝”道：通往转世的手段

接受了佛教信仰以后的羊拉人相信人死后灵魂将在六道中投胎和转生。六道，是佛教将宇宙空间划分的六个等级，它们分别是天、人、阿修罗、畜生、饿鬼、地狱。佛教认为，生命不是客观存在的，而是由“色、受、想、行、识”五蕴组成的，这五大元素的聚合运行生成是其在六大空间的重新组合。笔者在羊拉调查期间，属格鲁派的则母寺的堪布向笔者描述了这六道的具体情形。他说：

> 六道中的天道是最好的地方，那里有好吃的、好喝的、好玩的，但是天道的众生过于享乐，他们同样害怕死亡，而且他们在天道中将今生的善全部耗尽，死后进入地狱的可能性很大。
>
> 人道与天道相去不远。此道众生在往生中有善业，但是并没有放下人世间的功名成就和爱恨情仇，他们身上有一种嗔恨的习气，所以不能前往天界，只能以一种似天非天的生命形式存在。人道之苦莫过于生老病死，但是人道有机会修法，有机会做善事，所以是一个好地方，只要持之以恒，必定能脱离苦海，往极乐世界。
>
> 阿修罗道虽然也属于善趣。该道的福气也很大，但是该道的众生妒忌心最强，他们喜怒无常，经常与天界的众生打架，又打不过别人，往往大败而逃，因此他们的生活并不快乐。另外，由于该道的众生没有苦，也只顾享乐，死后会进入三恶趣。
>
> 在三恶趣中，投生畜生道的众生所受的苦相对会少一些，但是也很不好，因为动物不会念经，不能修佛法，只能被宰割，死后还会进入恶趣。
>
> 饿鬼道的众生生活在一片黑暗的世界中，他们又渴又饿，冷风吹来，会晕死一百遍，而且那里是一个相互缠斗、“大鱼吃小鱼”的不平等的地方，势力大的经常会欺负势力小的，生活很不好。
>
> 生前作恶最重的会进入地狱道。地狱道比饿鬼道还要惨，就像坐牢一样，那里有枷锁、铁链把众生锁起来，还有火炭烫他们全身，钢针刺他们的肌肉，会给他们用上各种各样的刑具，非常惨，而且那里的众生要经历几万亿年才有可能脱离地狱之苦。①

由此看来，格鲁派对六道的描述基本上与佛经的描述一致。六道轮回中虽然有三善趣与三恶趣之分，但是总的来说，六道中的苦多于乐，因此佛教劝导

① 采访时间：2011 年 9 月。

众生应勤修佛法，多做善事，这样是为了日后能够跳出六道轮回，脱离苦海，达到涅槃状态，前往极乐世界。然而，为了宣扬活佛的神秘性，等级观鲜明的藏传佛教教义又不得不承认，只有活佛才能达到涅槃的境界，普通群众无论如何是达不到这种修为的。

因此，对于普通民众来说，六道轮回中的三善趣与三恶趣就成为他们死后灵魂的归宿。在某种意义上，灵魂的归宿也是羊拉藏族群众日常行动的准则。一个人死后灵魂会转生到三善趣或三恶趣完全取决于此人生前的业力，这些业力主要包括在死亡之前给寺院布施、为众生念经等。由于羊拉的复合信仰是藏传佛教“含括”儒学思想的信仰，所以这种轮回与转世又很明显渗透着孝。例如，子女把对父母的孝当作善业、把对父母的不孝当作恶业，这些因子与灵魂的转世对应起来，孝与善业从根本上决定一个人在死亡以后其灵魂进入三善趣，而恶与不孝从根本上决定一个人死亡后其灵魂进入三恶趣。这两对概念起着维护羊拉社会正常运行的功能。图 5－3 便是对羊拉这一套丧葬文化模式的表达。

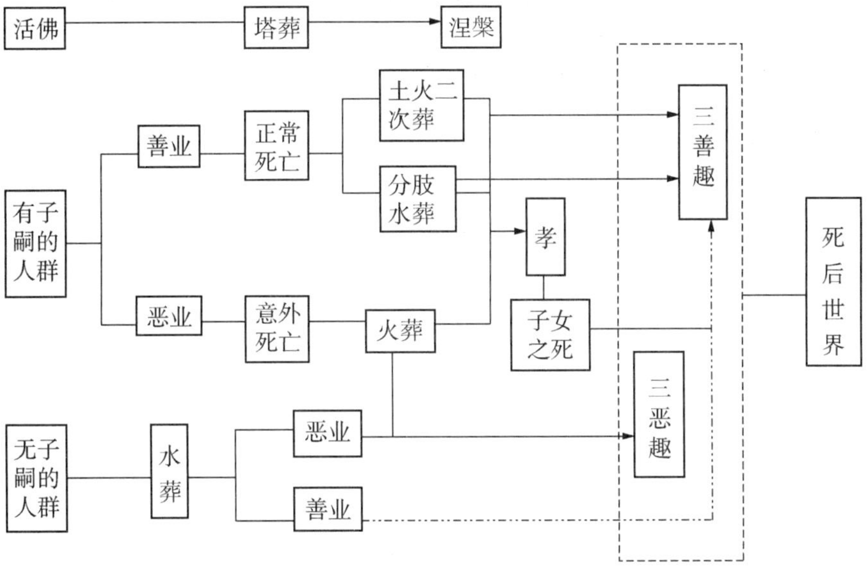

图 5－3　羊拉乡丧葬文化模式

羊拉的丧葬文化基于有机团结的农业社会与藏传佛教信仰，期间夹杂着儒学信仰的文化因子。有机团结的农业社会与藏传佛教信仰对葬式的要求在根本上呈现了两极对立，使人们在葬式方面对“保留尸体”持犹豫不决的态度。这套丧葬文化模式表现了以下四大特点：第一，土火二次葬在这里是最流行、最普遍的葬式，它将羊拉丧葬文化的两大支撑——黄教信仰与农业的生计模式体现出来，我们不妨将羊拉的丧葬文化模式概括成土火二次葬丧葬文化模式。第二，各葬式之间并不存在绝对的等级关系，因为这些葬式与死者的轮回转世并不存在相应的对等关系。但是，葬式与葬式之间基本上是以孝道来区分的，如土火二次葬、分肢水葬与火葬包含子女对长者的孝义。儿女对父母的孝义很明显是与善业画等号的。在大多数情况下，子女依据长辈的死亡情况实行除了整尸水葬以外的其他葬式被认为是行善，这将成为他们在将来死亡时灵魂进入三善趣的充分条件（笔者将子女的死亡到三善趣的连线以虚线表示）。第三，土火二次葬丧葬文化模式是以藏传佛教的六道轮回观建构死后世界的，这种六道轮回观很少渗入地方的信仰体系，体现了人们对生命持无常的看法。在“无常”生命观的影响下，每个人的灵魂转世是依据生前的行为而定的，一个人死后无论家属做什么事情都无法改变。第四，六道轮回观以三善趣与三恶趣的两极对立定位死者灵魂的转世，而死者灵魂转世的好坏又是以善业与恶业作为区分标准的。由于这种转世观渗透着“孝”，所以无子嗣的人群很显然与恶业画上了等号。这从根本上决定了他们的转世无法与有子嗣的人群相比，即使他们一生行善、勤于念经，他们死后进入三善趣的机会也很少，笔者以虚线表示（无子嗣人群的善业行为与三善趣的连线是虚线）。

第六章　魂归故里：实现永生的手段

丧葬作为一种文化现象，将自然环境、社会结构与宗教信仰等诸多要素有机地串在一起，使这些因素在动态层面相互发生作用。在本书的第三章到第五章的人类学描述中，笔者对金沙江峡谷进行分段，分别选取了金沙江峡谷入口的玉树巴塘乡、中段的川藏三岩以及出口的云南羊拉乡作为田野点，并特意从三个不同的视角对其丧葬文化进行了考察：对玉树巴塘乡的考察更多停留于相对静态的社会结构层面，对三岩丧葬文化的考察主要侧重于从藏族社会内部的宗教信仰发展历程，对羊拉的描述则专注于异文化与土著文化的互动关系。事实上，这三种考察维度在每个田野点中皆有涉及，只不过侧重点不同，而这三个田野点也在某种程度上代表了藏族丧葬文化的不同类型，将之综合在一起进行研究，能够对金沙江峡谷的丧葬文化进行比较全面的认识。

第一节　比较：金沙江峡谷丧葬文化展示

一、峡谷丧葬文化的同质性

石棺葬与塔葬两种葬式在三个田野点都有发现。石棺葬布满整条金沙江峡谷，可以证明古羌人沿着金沙江从玉树南迁到羊拉。其具体迁徙路线正如藏族学者格勒所说，从甘青进入四川石渠，然后从“石渠→金沙江流域→沿金沙江而下→白玉→巴塘→德钦……”①。再看塔葬，这种葬式起源于佛教，佛祖释迦牟尼圆寂以后，他的舍利子就被分为 8 份供奉在塔里，它是佛教徒尊奉佛祖的一种表达，塔葬也因此成为佛教里面专门针对佛法达到一定修为的高僧圆寂后所实行的葬式。目前，塔葬在金沙江峡谷的三个田野点皆有发现，并且各地的塔葬都是用于葬那些藏传佛教高僧的，它们都代表了峡谷内藏传佛教高僧

---

① 格勒：《论古代羌人与藏族的历史渊源关系》，载《中山大学学报》1985 年第 2 期。

拥有至高无上的名望和地位。毫无疑问，这是藏传佛教信仰在思想上统治峡谷的具体体现。

以上两种葬式说明了古羌文化与藏传佛教文化曾经沿着金沙江由北往南传播，它们为峡谷文化的同质性奠定了基础。

峡谷的丧葬文化具备同质性，但是这不等于说三个田野点的丧葬文化都相同。在本研究中，笔者特意淡化了“民族”的概念，试图跳出以“民族”来对文化进行划分的视角。事实上，从金沙江峡谷的历史发展进程可以看出，各地的居民虽然名义上都属于藏族，但是同一民族不等于他们的文化是相同的，因为相同的民族其族源也有可能不同。关于这一点，我们将已经“蕃化”的金沙江峡谷居民的丧葬文化与藏文化中心的丧葬文化做一番对比，便可一目了然。

二、峡谷丧葬文化的差异性

今天，在藏文化中心的卫藏地区，其丧葬文化所体现的两大特点是天葬最流行、土葬最低贱。那么，这两种葬式在峡谷内的表现又如何呢？就土葬而言，玉树与三岩的土葬所表达的文化内涵存在一致的价值取向，即两地都把土葬看成一种低贱的葬式，但是羊拉的土葬又表现出另一种价值取向。羊拉藏族人不排斥土葬；相反，土葬是一种流行的丧葬方式，虽然羊拉的土地质地坚硬，不易挖掘，但这并不影响羊拉人对土葬的热情。从宗教信仰的角度来分析，玉树表现出来的无疑是藏传佛教对土葬的排斥观念；三岩的土葬则在苯教信仰与佛教信仰之间来回摇摆，但整体上说，佛教信仰的观念更胜一筹；至于羊拉的土葬，体现的既不是佛教的信仰也不是苯教的信仰，它应该是农业民族对土地眷恋的心理的表现，而这种眷恋在儒家信仰传入以后最终合二为一。可见，土葬所表达出来的佛教信仰观念只是在玉树至三岩段，而在三岩以下的峡谷段则趋弱了。伴随着土葬的衰落，天葬兴起了。今天，玉树已经形成了以天葬为主的丧葬文化区，老百姓把天葬视为灵魂升入三善趣的唯一手段。当这种观念在20世纪90年代传入三岩以后，三岩也开始流行天葬，其秉承的理由几乎与玉树一样，一些家庭甚至为此不惜翻山越岭寻求天葬；但是，在峡谷下游的羊拉，这种观念并不存在。由此可知，玉树巴塘地区的丧葬文化与卫藏地区最接近，三岩次之，而羊拉则完全相反。

理解这种现象并不难。从地域上看，玉树与卫藏基本同属于一个大的地理单元，如两地的海拔大体相当，这无形中为吐蕃文化的传播提供了便利的条件。事实也确实如此，藏文化一次大规模向金沙江峡谷传播是在7世纪，随吐蕃东进而催生，而吐蕃东进的首要目标是控制青藏高原，其顺序“乃先到昌都，首先控制澜沧江上游一带，然后南下怒江与澜沧江之间的察瓦岗，以稳定侧背，再北回至澜沧江与金沙江之间的地区，再控制金沙江与雅砻江之间的地区，东逾雅砻江，北向进入大小金川地区，越大渡河，直抵川边”①。根据史料记载，吐蕃控制苏毗的时间是610年②，苏毗的地理位置大体在今天的昌都至玉树一带。换言之，玉树成为吐蕃对外扩张过程中第一个被占领的区域，吐蕃占领这一片高原以后将其改名为孙波如，并派遣重要大臣坐镇指挥。此后，玉树成为吐蕃王朝东攻吐谷浑和唐朝疆土的军事补给基地。所以，与金沙江峡谷其他藏族地区相比，这里与吐蕃本土在政治、经济、文化上的联系更为密切，联动性更强。③ 换句话说，此时玉树地区的文化在某种程度上就是吐蕃的文化。

吐蕃控制玉树，就等于控制了金沙江的入口，占据了制高点，它便可以利用金沙江峡谷北高南低的地理优势轻而易举地拿下当时活动在金沙江流域的白兰等诸羌部落。634年，松赞干布因怒吐谷浑离间其与唐之关系，致使唐朝不允和亲之请，出兵击吐谷浑，吐谷浑不支，走青海之北。吐谷浑的地理位置在白兰之东北，那么吐蕃攻打吐谷浑的行军路线不可能不经过白兰。从这里可以推测出，吐蕃控制金沙江上游一带的时间最早在610年，最晚不会超过634年，当时白兰等诸羌部落逐渐被吐蕃蚕食，不得不南移。吐蕃最后消灭白兰的时间是656年，那时已经有大量吐蕃士兵随军征战而定居于金沙江峡谷。从吐蕃的战略布局来看，攻打白兰的士兵主要来源于玉树。“松赞干布进兵攻破党项及白兰诸羌，以青海玉树贝嘉德十二部为主力，组成中勇部，南攻南诏，占领藏族地区东南缘结塘部落。《朗氏家族史》载：朗·古容僧格在杰地（今中甸）爆发汉藏之乱时向汉地进军，攻陷汉地的水城扬列（疑为其宗、塔城一带）。”④

简而言之，吐蕃东扩所利用的就是青藏高原西凸东倾的地理优势，沿着金沙江北高南低的地理走势逐渐实现对金沙江峡谷的统治，因此峡谷内的藏文化便跟随这条路线由北向南传播（见图6－1）。卫藏中心的文化首先传入玉树，再由玉树传至三岩，最后传到羊拉。这种丧葬文化随着民族迁徙在峡谷内呈直线形行走，文化传播的强弱与距离成反比。因此，吐蕃的天葬文化传到金沙江峡谷最南端以后就变得非常弱了。

---

① 林冠群：《唐代吐蕃史论集》，中国藏学出版社2006年版，第236页。

② 同上书，第278页。

③ 参见蒲文城《青海佛教史》，青海人民出版社2001年版，第52页。

④ 云南省中甸县地方志编纂委员会编纂：《中甸县志》，云南民族出版社1997年版，第265页。

图6－1　藏文化在金沙江峡谷的传播路线（箭头所指）

第二节　区分：金沙江峡谷丧葬文化的时空演变

以上分析表明，金沙江峡谷的三个田野点在丧葬文化方面具备非常强的同质性，但是基于这种同质性而产生的差异性却是不能忽视的。这些差异性不仅表现在葬式方面，在死亡观方面也有所体现。如果对金沙江峡谷的丧葬文化进行时空区分，大致可以勾勒如下。

一、峡谷丧葬文化的时间区分

从时间上看，整条峡谷的丧葬发展历程大致可分为四个阶段。

第一个阶段是史前时代。在这一时段里，来自西北氐羌的祖先、来自北方草原游牧民族的祖先和西藏的土著民族的祖先纷纷涌入峡谷生活，也为峡谷带来了多种多样的葬式，它们分别是食尸葬、野葬以及居室葬、岩洞葬和瓮棺葬。从死亡观方面看，前两种葬式是在人类的灵魂观念产生之前而形成的所谓“葬式”，后三种是人类产生灵魂观念以后才有的葬式。这三种葬式都在人们的居住区附近实行，事实上，这些葬式是早期人类居住环境的反映。在这一阶段，金沙江峡谷居民的灵魂观念经历了一个从无到有，又从人鬼共居到人鬼分离的过程。

第二个阶段是文字时代到7世纪左右。在这个阶段，以白狼和磨些为代表的西北氐羌、以鲜卑和蒙古为代表的北方民族和以雅隆人为代表的土著三大族系继续涌入金沙江峡谷，并且他们都信仰原始的萨满教，萨满成为主导丧葬的宗教信仰。而此时青藏高原的气候特征是“公元初甚为寒冷，三世纪末至五世纪亦以寒冷为主，都与大的冰进期吻合。同时，二世纪末至三世纪前期却出现一个较短的温暖期”①。显然，这一阶段的气候暖冷皆有，而处于青藏高原第三级海拔的金沙江峡谷气候应比青藏高原偏暖一些，这种冷暖交替的气候为各种葬式的流行提供了可能。一方面，气候寒冷有利于保存尸体，这使史前时代盛行的居室葬、岩洞葬得以继续维持。另一方面，气候偏暖，土层松软，挖坟容易，这是石棺葬与土葬存在的必要条件；气候偏暖也有利于森林树木的成长，这恰恰是火葬与树葬存在的必要条件。此时的金沙江峡谷内石棺葬、土葬、火葬、树葬等悄然流行起来。于是，峡谷内的葬式呈现了丰富多彩的一面，不过其死亡观却出奇一致，皆是基于萨满信仰基础上的魂归故乡。人们认为，人死后，灵魂将回到祖先处与祖先一起生活，而这个“故乡”又将实际的地理名称与虚拟的天空合二为一，体现了原始萨满信仰的朴素观。

第三个阶段从7世纪到12世纪左右，“从公元六世纪起到十二世纪，青藏高原是一个温暖的时期……几百年内该地区极少发现有冰进的遗迹”②。在这个温暖的年代，原始萨满信仰逐渐过渡到等级观念森严的苯教信仰，峡谷内的各种葬式开始受苯教信仰的支配。从自然条件上看，气候温暖湿润最有利于坟墓的挖掘，而作为一种比较稳定的葬俗，土葬保持自兴起以来的惯性，使其在当时的环境中势不可挡，加之作为“国教”的苯教推波助澜，使其演变成为一种上等的葬式；而水葬却很明显成为一种下等的葬式，这与苯教将抛尸作为惩罚政敌的手段不无关系。而其他葬式皆纷纷披上苯教的外衣，烙上等级印迹。这个阶段人们的死亡观都指向复活，把活生生的现实世界原封不动地投射到未来之中。

第四个阶段是从12世纪起到现在。12世纪属藏传佛教后弘期，这个时候的吐蕃政权早已崩溃，藏族地区各地进入封建割据时代。金沙江峡谷也不例外，不同政权扶持下的佛教僧人对佛法的理解也出现了差异，藏传佛教各教派相继兴起，金沙江峡谷地带的丧葬文化由受苯教支配转为受藏传佛教支配。一方面，各教派根据自身所处的社会环境有选择地对原来的葬式进行改造，导致一些复合葬式出现，一些原有的葬式消失，而一些已经消失的葬式复兴；另一方面，各教派尽可能推行印度佛教倡导的火葬、水葬以及野葬（天葬）三大

---

① 吴祥定、林振耀：《历史时期青藏高原气候变化特征的初步分析》，载《气象学报》1981年第1期。

② 同上。

葬式，但在推行过程中又不得不顾及其他诸如社会结构、原始信仰等因素。三大葬式不能完全满足峡谷内人们的需求，人们必须选择其他葬式作为补充，于是峡谷内仍然保持着多种葬式。

这些演变反过来表明了单一佛教信仰不能完全统治峡谷群众的精神领域，而复合信仰才是维持社会运行的有效手段。金沙江峡谷各地的葬式由原先单一宗教信仰支配发展到由复合信仰支配，在复合信仰基础上产生的死亡观丰富多彩。从大的方面说，佛教所谓的六道轮回、投胎、转世等思想是峡谷内老百姓普遍的信仰；但是，在投胎、转世方面三个田野点的老百姓又表现了许多细微的差别。

先看玉树的情况，在那里人们对死亡的看法体现了藏传佛教轮回的死亡观，但是这种死亡观又将原始萨满和苯教的一些死亡观“含括”起来。譬如，人们相信原始萨满教关于灵魂在骨头里的说法，因此天葬的时候多取回死者的天灵盖骨、肩胛骨或者头发，将这些命魂带回家，让死去的亲人的灵魂永远和家人生活在一起；另一方面，这些灵魂久而久之也会变成家里的保护神，而骨头或头发被人们挂在家门口或者当作各种饰品佩挂在身上，它们具有驱鬼保命的功能，甚至喇嘛也以骨头类的东西作为法器以驱邪赶鬼。苯教将死后世界视为现实世界的翻版，在苯教看来，人活着的世界是怎么样的，那么死后的世界也是怎么样的；并且认为，个人命运是由天神决定的，人的主观努力无法改变。其实，印度佛教在这个问题上的看法也是如此，佛教常说“冥冥之中自有定数”就是这个道理，不过佛教所谓的“定数”仍然有变动，其转换的方法就是通过今生行善，个人在今生的主观努力可以令死亡以后灵魂得到新的重生。“含括”了苯教死亡观的藏传佛教噶举派对此并不否定。譬如关于死亡转世的看法，巴塘藏族人虽然认为一只动物死后可以转世为人，反之一个人死后也可能转世为一只动物，但是这种转世不是没有限制的。最突出的例子就是一个普通人无论今生如何行善和修法，他死后永远也不能够转世为大喇嘛。在玉树巴塘乡的“地方性知识”体系中，所谓六道轮回转世观中的“六道”之流动性并不强。喇嘛圆寂后转世成为喇嘛，头人以及社会上有权势的人死后转世多进入天道。普通人死亡以后灵魂的转世范围大多限制于“人道”这一层，而且还一定要通过天葬这种丧葬方式才能实现；稍微一不小心，他们的灵魂就会和那些患了传染病或者死于枪口下的人一样永远坠入地狱受苦。换句话说，这种佛教所倡导的六道轮回死亡观经过本地化改造以后，变成了等级观念更明显的三道轮回死亡观。

三岩的死亡观是一种“插花地”式的，表面看起来杂乱无章，实则自成体系。在三岩，原始萨满的死亡观有非常突出的表现。例如，人们相信人死以后会变成鬼，特别是那些不认同帕措组织的人死后将会变成孤魂野鬼，无处可归。这种死亡观正是三岩社会组织的一种反映。三岩的帕措是人们在现实生活中依靠的组织，人在现实世界生活中靠帕措，死后灵魂继续生活，当然也要靠组织。类似的死亡观在那些萨满风行的地方也可以看见。例如，在我国黑龙江流域的许多民族那里，亡灵的居处是人间想象的“另一个世界”。这个世界与人世间一样有各个种族、各个民族，也是一家一户地居住着；那里也有太阳、月亮和星星，也有黑龙江水在流淌，也有山林、牧场，也有各种动物，亡魂在那里可以打猎、放牧、捕鱼。与人世间不同的是，这个世界的昼夜、季节恰好跟人间相反，人间白天，那里黑夜。[①]此外，苯教信仰关于灵魂复活的表达在三岩也不少。譬如，在三岩很多年龄在70岁以上的老年人中，他们对死亡的理解就是灵魂重生、重走已经走过的路。表面上看，这似乎是佛教的信仰，其实不然。因为持这种观念的老年人普遍认为喇嘛是为阳间服务的，而阿尼才是为阴间服务的。三岩普遍流行的苯教死亡观不等于人们排斥佛教信仰的死亡观。例如，三岩一些村落没有天葬，但死者的亲人宁愿花费再多的钱，再辛苦地翻山越岭也要追求天葬。他们的目的只有一个，那就是为了让死者的灵魂升入三善趣。在这个问题上，三岩与玉树巴塘乡又表现出明显的不同。正如笔者之前所指出的那样，玉树巴塘乡的老百姓实行天葬是为了避免灵魂坠入三恶趣，让灵魂转世为人；而三岩人则认为行天葬能够使亡灵进入三善趣中的任何一层里，甚至能迅速升入极乐世界。因此，尽管三岩民风剽悍，以偷窃抢劫为荣，打架斗殴是常事，但是他们不管之前做过多少坏事，死后灵魂都不会下地狱。无疑，这些死亡观是佛教与原始的萨满信仰融合而生成的新型死亡观。这种新型死亡观是三岩人在现实生活中不惜以打、砸、抢的办法追求财富的保证。

而羊拉人的死亡观基本上是建立在六道轮回的基础之上的，而且更接近印度式的佛教死亡观，这与格鲁派以佛教正统自居的标榜有关。印度佛教以“苦”为理论基石构建了自己的死亡观。所谓“苦”，即是“苦谛”，又称“烦恼”。这里的“烦恼”并非指人们的思想痛苦，而是让人们了解到生命中处处充满矛盾，个体生命的终结事实上就是“苦”，也就是矛盾所导致的必然结果。《阿毗达摩俱舍论》卷十云：

> 渐命终者，临命终时多为断末摩苦受所逼，无有别物，名为末摩。然补身中有异支节，触便致死，是谓末摩。若水、火、风随一增盛，如利刀刃触彼末摩，因此便生增上苦受，从斯不久遂致命终。[②]

---

① 参见乌丙安《神秘的萨满世界》，上海三联书店1989年版，第126页。

② （唐）玄奘译：《阿毗达摩俱舍论》，见《大正藏》29册，第56页。

在印度佛教看来，由于人生充满了“苦”，所以世界上的一切荣华富贵、功名利禄只不过是过眼云烟，转瞬即逝，根本不值得留恋。生命不是恒久不变的，人生无常才是绝对的真理。“死”并不是“生”的对立面，而是像白天与黑夜一般的孪生姐妹。这种死亡观对羊拉人的影响就是使羊拉人意识到人生苦短，于是在世时唯有尽可能行善。有人说，云南的藏族表现了一种柔顺的性格，或许与其所秉承的这种死亡观有关。在生命无常这种死亡观的影响下，羊拉基本上回归印度佛教所倡导的葬俗，主要有火葬、水葬和土火二次葬。这些葬式说到底无非是否定尸体与活人之间的互惠关系，体现销毁尸骨以实现重生的目的。羊拉人认为，人的投胎转世已经由今生的所作所为确定了，个人无法通过葬式来改变。当然，格鲁派的佛教信仰在传入羊拉以后，也与其他思想发生了一定程度的交融，其中最突出的是儒学思想。例如，羊拉人并不怕鬼，但是他们害怕没有子女，这种观念无疑具有汉人的传统特征。而在关于“孝”这个问题上，羊拉人也会选择葬式向社会表达自己的儿女是否孝顺自己。

比较三地藏族人的死亡观可以发现，虽然峡谷内的人们都将死亡视为人生的一个轮回，但有细微的差别。噶举派的死亡观里已经将苯教信仰的死亡“含括”在佛教体系之下；宁玛派则显示出松弛、离散的一面；而格鲁派体现的死亡观则是回归印度佛教关于生命无常的信念。所谓魂归故里，在玉树的“地方性知识”当中，人死后灵魂大多只能在三道轮回的范围内转世；对于三岩人来说，人死以后灵魂有多个去处，如灵魂可以升天也可以下地，还可以回家或者在阴间继续生活，当然灵魂也可以转世；至于羊拉人，他们眼中所谓的故里就是大自然与亲人的心灵深处。

二、峡谷丧葬文化的空间区分

金沙江峡谷丧葬文化的时间区分是空间区分的基础，空间区分是时间区分的结果。峡谷内丧葬文化的空间划分基本上是基于时间划分的第四个阶段成长起来的：金沙江峡谷的入口，天葬最为流行，其他葬式仅为辅助，各葬式之间体现了森严的等级，送魂仪式主要体现的是人们对灵魂进入三善趣的追求，人们多在四道轮回中追求降生于人道，我们暂且将之称为以天葬为主的等级丧葬文化区。峡谷的中端，多种葬式并行不悖，送魂仪式缤纷多彩，人们对死亡的认识不统一，既有苯教信仰所体现的魂在阴间，也有五道轮回、六道轮回，展示的是插花地式的死亡观，我们暂且将之称为多种葬式并行不悖的复合葬丧葬文化区。而峡谷的出口，葬式稀少，人们可选择的葬式也相对少，土火二次葬一枝独秀，人们在死亡观方面表现相对豁达，最接近印度式佛教徒的死亡观，同时带有儒家文化的色彩，我们可以将之称为含括“孝道”六道轮回土火二次葬文化区。

第三节 诠释：金沙江峡谷丧葬文化模式的差异

那么，为什么同在一条峡谷内、同是藏族，丧葬文化会有如此大的差异呢？笔者认为，这可以从三地的生态环境、社会结构、藏传佛教的传播手段以及三地与异文化的互动方式四个方面进行分析。换句话说，金沙江峡谷内由北至南的丧葬文化呈现的异同是这四个因素互动的结果。

一、地理环境对比：高原、山坝与河谷

从地理生态方面看，由于整条峡谷贯穿横断山脉800公里，其北部、中部与南部在自然地理生态方面虽有相同，但是其差异性更大一些。

北段玉树一带海拔为4 000米以上，这种海拔高度与青藏高原基本持平。从气候方面来看，玉树具有高寒、干冷的总体特征。从地貌上看，这里地表切割浅，有岛状冻土，因此不适合农耕，但是高原提供了大片辽阔的牧场，它们是牧民生产的主要场所。在地势上，由于玉树处于青藏高原三阶梯的第一阶梯，在某种程度上代表青藏高原第一阶梯的生态环境，而相似的生态环境易产生相同的文化。从这个意义上说，玉树的文化与卫藏地区的文化基本一致，而与其他藏族边缘地区的文化有着显著的区别，这正是玉树的丧葬文化表现为以天葬为主的丧葬文化模式的基本原因。

自然环境影响交通。就巴塘乡的道路而言，它并不算偏僻，其东面与四川石渠县的真达乡、邓科乡等隔金沙江相望。但是，历史上这两个地方的人属于不同的部落，长期以来存在械斗，历史上留下来的伤痛至今仍然没有完全消除，即使是今天，两地的人也很少有往来。但是，巴塘乡的西北面与结古镇毗邻，文化交流多是经过作为中介的结古。结古是唐蕃古道重要的中转站，在历史上并不具有贸易的功能，而是具有政治的功能。明代，随着南部茶马古道的兴起和川藏线的开通，政府将官道改为川藏北线，唐蕃古道昔日的辉煌逐渐消失，这在客观上影响了玉树巴塘人与外界的交流。

三岩在地势上处于青藏高原阶梯的第三阶梯，其海拔在3 500米左右，明显比玉树低。在三岩，山高谷深，河流纵横，植物茂盛，生长着大片的山地针叶林。由于南北走向的山体挡住了西部印度洋冷气的进入，立体性的气候比较突出。笔者在田野调查中经常发现纬度高一点的地方白雪皑皑，但是纬度低的地方已经春意盎然。同一个地区的人们可以在一天内感受到不同的季节变化。这种立体性的气候使三岩人的生产出现了垂直性的差异。在经济方面，三岩有

适合农耕的土地，同样有大量的土地适合牧业，当地的老百姓采取了半牧半农的生计模式。而半牧半农的生计模式所对应的则是差异性最大化的生态环境，包括森林、草地、耕地、河流等。于是，三岩的生态环境呈现了最大的差异化，它是多种葬式存在并得以保留的基础。

三岩地势险要，山高谷深，两岸的山坡与河谷坡度在65度左右，交通极为险要。即使在今天，进入三岩也颇为困难，从金沙江西岸的西藏贡觉县城莫洛镇到三岩的道路冬天会遇到大雪封山，道路被阻隔。从三岩往东走有一条出该区的道路，即穿越阿尼吊桥来到金沙江东岸，这条道路是在传统的骡马古道上改造的，道路一旁就是千米深的悬崖峭壁，颇有“一夫当关，万夫莫开”的气势，这样的地理环境限制了三岩与外界的交流。历史上到三岩定居的多是逃难而来的人。譬如，在雄松乡祖祖辈辈的记忆中，他们的祖先就是逃难的古格王朝国王的后裔。既然是逃难而来，心里就不存在与外界交流的强烈想法。有关三岩的贸易方面，据史料载，这里“无市场，亦无商贾，尚以往康陕人，携带杂货来此换掉土产，运至康定县出口”[①]。不难想象，零星商人的到来也将外地的文化传播至此，但是三岩人很少走出去，所以三岩的文化传播不是双向的，而是处于一个单向流动的线段之一端。而外界的文化一旦进来，就不容易走出去，从而在当地沉淀并堆积起来，就像平缓的流水遇到巨石的阻碍一样，出现一种回旋的状态。三岩之所以保留从古至今的许多葬式，原因莫过于此。

羊拉在地势上虽然也处于青藏高原的第三阶梯，但是它的海拔比三岩更低一些，其平均海拔仅3 000米左右，在羊拉村以南的大部分村庄，海拔仅为2 500米左右，这样的海拔无疑是适合农业发展的。因此，在羊拉的河谷地区可以看到水稻，而海拔再高一些的地区，农作物则以青稞、小麦为主。人们在经济活动中表现了以农业为主的生计模式。其生态环境往往比较单一，它表现为对土地的珍惜，除了大面积的土地被人们开辟用于种植庄稼以外，其他土地用来种植果树，因此羊拉的水果比玉树和三岩的要多，主要水果有苹果、梨和桃等。这种单一的生态环境是羊拉葬式少于其他两个田野点的基本原因之一。

虽然羊拉地处云南省东北处最偏僻的地方，但是它的交通并不算闭塞。其东面有三个渡口直通四川省的巴塘县，往西越过白茫雪山可直达德钦县城；西南部与作为茶马古道中转站的奔子栏接壤，从羊拉乡政府所在地甲功村乘车到奔子栏只需要6小时的车程，道路平整，车辆基本沿着金沙江岸边行驶，再从奔子栏到香格里拉也只需要3小时的车程。因此，虽然羊拉在行政上归德钦管辖，但是羊拉人非公事一般很少去德钦，他们出门购置物品多到奔子栏或者香

---

① （民国）《贡觉县志·商情》。

格里拉。笔者在田野调查中了解到，不少羊拉人有了钱以后都在香格里拉而不是在德钦买房子。在羊拉乡政府附近有4个商店，店主进货全部是先到香格里拉，再从那里转车到云南的大理或者下关去。可见，交通要道对羊拉乡文化的影响是非常重要的。历史上，奔子栏的瓦卡渡口是滇藏线的重要渡口，自茶马古道开通以来，这里一直就是内地马帮的歇息、补给之地，马帮在这里将各种物资倒卖或者转手，使奔子栏商铺林立。清代以后，政府在此处设驻兵，汉族、白族、纳西族等相继进入，客观上为奔子栏带来了各种文化，这些文化又通过奔子栏这个中介传入羊拉。由于交通便利，文化交流频繁，使远古的文化不易保存；当一种文化出现以后，就会迅速地将原有的文化覆盖。因此，羊拉乡的丧葬文化像急流一般，不断地将原有的原始丧葬文化因子冲刷，导致葬式减少。

二、社会结构对比：机械团结、离散与有机团结

就社会结构而言，三地的差异性非常明显。

玉树的社会结构是在地缘基础之上建立起来的，这里早在14世纪中叶就形成了部落社会，几乎是整个藏族地区最早出现部落的地区。当时，扎武部落统管通天河岸一带，与拉达、迭达和布庆部落为界，后来这几个部落皆被扎武部落兼并。直到1949年以后，国民政府驻军退出玉树，扎武部落百户久迈仍统治这一块地方。后来，他随同囊谦干户将玉树盛产的昂贵药材以及珍贵的马匹献给解放军受到嘉奖，又取得了中华人民共和国政府的支持，当地解放后曾受任青海省的领导，其儿子仁育才仁也曾任玉树州政府的领导。[①]

考察玉树部落的历史可知，在通天河一带唯扎武部落一枝独秀，在发展过程中也没有遇到其他部落强有力的抗衡，催生了扎武部落的权力集中制，造就了巴塘乡社会森严的等级结构。在这个结构中，大多数成员过着游牧的生活，唯有保持同样的习俗，才能使大家意识到同属于一个集体而不产生离心力。换言之，部落头人的任务之一就是使成员尊重部落的传统以维护共同意识，因此头人有必要借助宗教的力量整肃老百姓的思想。而当时的噶举派、萨迦派也卷入了争权夺利的政治斗争，僧俗双方就存在了合作的基础，玉树最大的萨迦派寺院——结古寺里建有头人的红宫就是明证。尽管巴塘乡是一个游牧社会，表面上每个成员在空间中能够体现最大限度的流动性，但事实是每个村庄、每个家庭都拥有自己放牧的地盘，每个人放牧的时候也绝对不能越界。因此，这种流动性是很不充分的，它与巴塘乡森严的社会结构是一致的。由于这种等级结

① 参见陈英庆《中国藏族部落》，中国藏学出版社2004年版，第34页。

构更大程度上依赖于世袭制度，所以各个阶层成员无法使用除此之外的其他手段突破阶层之间的篱笆，社会流动呈现了一种凝固状态。噶举派僧人与有财富、地位显赫的世俗阶层成员连在一起，处于橄榄球状社会结构的巅峰，葬式则成为一种区分身份的手段。因此，弥漫着等级色彩的丧葬文化正是其等级社会结构的反映，丧葬所起的最大功能莫过于维持社会原有秩序的循环运行。

与玉树形成的权力集中制相反，三岩的社会结构呈现了一种离散的状态。

历史上，三岩是权力的真空地带，其社会组织没有发展到像玉树那样更高一级的部落，而是停留在更原始的血缘组织——帕措之上。各个帕措为了维护自身的利益相互打斗，但是每个帕措势均力敌，帕措与帕措在械斗中的胜利都属于一种暂时性的胜利，谁也兼并不了谁。“别看是一个小小的部落戈巴，他仍然有外交、军事的结构，俨然是一个小小的诸侯国。”[①] 其社会运行靠的就是帕措与帕措之间的冲突，笔者以“离散”一词给予形容。由于这一片地区地广人稀、交通闭塞，历史上没有任何王朝对其进行有效管理，三岩人由此形成了一种以偷、抢等与现代法律文明相违背的价值观。无王化历史的三岩长期以来没有形成权力集中制，三岩人习惯了不受约束，他们将自己称为“日格本墨龙巴”，即“无人管”之意。三岩离散的社会结构为宁玛派的传播提供了温床。在藏传佛教所有的教派当中，宁玛派是最特殊的一个派别，该派的僧人一般不脱离生产，他们亦僧亦俗。宁玛派在发展初期，势力比较弱，经济实力也很弱，其发展目标是为了生存，没有太大野心去争权夺利。在三岩，僧人只顾念经，一般不参与政治，这在一定程度上削弱了其政治上的威信，三岩人敢于抢达赖喇嘛的茶包即为明证。宁玛派自身的特点使历来不习惯受约束的三岩人容易接受，这是宁玛派能在三岩社会扎根的根本原因。在丧葬方面，三岩社会的做法就是每个帕措皆可根据自身的具体情况对葬式进行选择，僧人要做的不是决定一个亡者采取什么葬式，而是充当咨询的角色并提供超度的服务。

我们再将目光转向羊拉的社会结构，看到的则是另一番景象。

羊拉人呈现了一种文缘关系，即把信仰藏传佛教当作一种文化资本，以作为他们区别于其他民族的一个标志。羊拉的老百姓多来源于吐蕃入滇时的戍兵，在吐蕃王朝瓦解后没有赞普命令他们返回藏地。自入滇西北以来，他们受管于神川都督府。换句话说，他们很早就接受了政府的管理。身为军人的后裔，他们有较强的法纪观念。在以后的历史发展过程中，特别是在清代以后，经商的、挖矿的汉族移民相继涌入，羊拉频繁经历多次民族融合，这是羊拉没有形成如三岩那样以血缘关系为基础的帕措社会结构的原因。羊拉靠近作为茶马古道中转站的奔子栏，在地理方面有着较早接受商品经济观念的优势，而商

① 范河川：《父系原始文化的活化石：山岩戈巴》，四川大学出版社2000年版，第24页。

品经济正是基于“平等交换”这一原则而建立起来的。在羊拉人的交换中，如果纯粹以经济价值来衡量，交换双方的物品未必就一定是等价的，但这却是羊拉的“地方性知识”认可的。羊拉人交换的是一种人际关系。正因为如此，我们才能解释为什么甲家人办丧事时乙家送5斤包谷酒，而乙家在办丧事时甲家却送给甲家10斤酒，这些显得如此自然的交换正是人际关系平等的明证。很显然，在这一系列的交换体系后面包含的逻辑就是：一个人或者一个家庭与别人交换的频繁程度体现了这个人或者这个家庭与亲戚朋友、乡邻乡亲的关系，这正是羊拉没有形成部落等级制的重要原因。基于这些背景，羊拉的社会结构出现了类似于法国社会学家涂尔干笔下“有机的团结”之状态。

羊拉人的宗教生活受藏传佛教格鲁派统领，说明了清代以后中央王朝的力量已经深入这一片地区，因为在众多藏传佛教教派中，能获得清政府支持的正是格鲁派。[①] 而与三岩的宁玛派僧侣只许念经、不过问社会事务不同的是，格鲁派由于背后有中央王朝的支持，其“寺院的建设从一开始就得到地方宗官、庄园主的支持。寺院建成后，两者立即连成一气、形成一体，涉及整个宗卡的大事”[②]。因此，格鲁派不仅有强大的寺院经济，在政治、社会事务上也拥有最终的决定权。如此一来，其僧侣就不单单是念经那么简单了，滇西北当时的整个社会从根本上说就是受佛爷统治的。于是，格鲁派在葬式方面拥有相当的决定权。笔者在田野调查中遇到过这样的例子：在三岩，一名死者生前不会游泳，小时候被水淹过，因此临终前让家里人不要实行水葬，但是后来喇嘛打卦的结果却显示死者适合水葬。死者的遗言与喇嘛的推算相互冲突，最后家人只能尊重死者的遗言，没有采用水葬。然而，当笔者将上述例子向羊拉老百姓讲述并询问当他们遇到类似的情况该如何选择时，他们异口同声地表示要听活佛的，并当场向笔者表示对上述例子真实性的怀疑。

---

① 据清朝负责处理藏蒙佛教事务的国师章嘉记载：“大皇帝问在西藏有多少不同的教派，这些教派是否都属于佛教，格鲁派比其他教派有何优异之处。章嘉国师回奏说：西藏虽然有许多不同的教派，但只有格鲁派、萨迦派、噶举派和宁玛派最为盛行。它们都是佛教，只是各自在看法、修行等方面有些差异而已。至于其他教派，它们各自的开创者都曾投拜印度的高僧大德，开始传播的都是纯正的经典教诫，后来他们的一些继承者没有弄通本旨，在观点上发生了一些错误。宗喀巴依照文殊菩萨的教授，澄清了西藏佛教中那些没有领会的、被歪曲的和有疑问的污垢，创立了在显密两乘观修的各个方面都毫无错误的格鲁派。宗喀巴的著作内容深广，穷究佛旨，藏地先贤，无人可及。大皇帝本来就十分崇信格鲁派，这次经章嘉国师毫无偏见的介绍，以其非凡的智慧洞悉格鲁派的独特优点。不久，皇上发布命令，在西藏、安多和康区各地宣布以格鲁派的教法和规矩为主要尊崇对象。”（参见土观·洛桑却吉尼玛《章嘉国师若必多吉传》，陈庆英、马连龙译，民族出版社1988年版，第337～338页。）

② 王恒杰：《迪庆藏族社会史》，中国藏学出版社1995年版，第142页。

三、宗教统治手段对比："含括"、交融与排斥

（一）三地宗教信仰状况

虽然三个田野点都发现原始萨满信仰、苯教信仰与佛教信仰，但是这些信仰各自所占的比重在三个田野点是不同的。这一点通过分析田野点内各自的葬式就可一目了然。

1. 玉树巴塘与三岩的葬式对比

就玉树与三岩的葬式而言，相同的葬式有石棺葬、塔葬、瓮棺葬、土葬、火葬、水葬和天葬共7种。在这7种葬式中，石棺葬、塔葬具有相同的文化内涵，而其他葬式所表现的文化内涵则完全不同。

瓮棺葬是史前远古的葬法，是信仰原始萨满的启蒙时代人类的灵魂信仰为人鬼（仙）同居的反映。虽然目前在两地皆发现瓮棺葬，但是从趋势上看，玉树已经在逐步减少，这是原始萨满信仰在玉树衰落的反映。

再看土葬。在玉树中巴塘乡，几乎所有的人都把土葬视为一种最低贱的葬式，认为行土葬的人灵魂会掉入十八层地狱；而三岩人认为土葬只不过是一种传统的丧葬方式而已，对土葬一边倒的评价并没有发生。可知，玉树居民对土葬的看法秉承的是佛教思想，而三岩人的看法保留苯教的成分。这一点仍然可以从两地老百姓对天葬的追求得到印证。作为佛教推行的葬式——天葬，自20世纪90年代在三岩兴起以后一直断断续续，没有像在玉树那样大规模地流行，原因之一就是三岩人保留着较浓厚的苯教信仰。

再看水葬，玉树地区主要用于针对夭折的孩子，这种情况在三岩虽然也可以发现，但只限于金沙江西岸的个别村落而已。三岩广大地区更多地把水葬视为一种差的葬式，专门用来葬那些不好的死亡的人，这种观念同样来自古老的苯教。

那么，两地对待火葬的态度又如何呢？在玉树巴塘乡，火葬是财富、地位与名望的象征，而三岩则更多地用于针对为了团体的利益打架、死于刀口下的人。换言之，玉树的火葬体现的是浓厚的佛教本土化的色彩，而三岩的火葬还停留在古羌文化那种"以战死为荣，病终为不祥"[①] 的原始萨满观念中。

除去同类的葬式，三岩比玉树巴塘多出来的主要有岩洞葬与挂葬，这两种葬式针对的对象皆为夭折的小孩。由此可见，在三岩的"地方性知识"体系里面，针对夭折孩子的葬式非常丰富，它从侧面说明三岩孩子的成活率比玉树低，这是三岩恶劣的自然环境的体现。从宗教信仰的角度来看，岩洞葬与挂葬

---

① （南朝·宋）范晔：《后汉书》卷87，中华书局1986年版。

尽管披着佛教的外衣，但是它在本质上更多体现的是原始的萨满信仰。

可见，佛教信仰在金沙江峡谷的入口比峡谷的中端气氛更浓烈一些。如果金沙江峡谷存在佛教的传播关系，那么，这种文化在入口到中端呈现的是递减的趋势，相反原始萨满信仰呈现的则是递增的趋势。

2. 三岩两岸与云南羊拉的葬式比较

在葬式方面，两地均发现有石棺葬、塔葬、火葬、土葬、水葬，除去文化内涵完全相同的石棺葬和塔葬，那么两地的火葬、土葬与水葬所体现的文化内涵既有相同之处，也有不同之处。

首先看火葬。三岩的火葬有两种情况：一种是用于为了维护帕措的利益打架而死的人群，人们对这种火葬的评价比较好，很明显，这是羌人在接受了苯教的等级观念以后，使“以战死为荣，病终为不祥”的文化传统得以发扬光大的真实写照；另一种是针对意外死亡的人群，人们对这种死亡的评价比较差，这种情形与羊拉类似，其文化内涵更多体现的是原始萨满信仰的天神崇拜观念。历史上，古羌人一直生活在寒冷的高原，南迁过程中屡屡被恶劣环境包围，火成为他们驱赶寒冷与猛兽最有力的武器，于是古羌人将火视为一种能够驱邪的正义的化身。与正义相对，意外死亡是因为邪恶作祟，必须用代表正义的火才能将恶魔烧掉。

除了火葬以外，两地的土火二次葬也值得注意。三岩人先土葬再火葬的方式体现了佛苯互动过程中佛高于苯、佛“含括”苯的思想。羊拉土火二次葬中的土葬虽然很少体现苯教的思想，更多的是基于农业民族对土地的眷恋情结，且在汉文化传入以后又蒙上了一层儒学的色彩，但是作为一种复合葬，其最终结果是以火葬的方式了却死者的今生，仍然体现了佛教信仰高于儒、佛“含括”儒的思想。但是，必须注意，三岩的土火二次葬是有选择性的，而羊拉的土火二次葬是必须的。从这个意义上说，在土火复合葬里面，苯教信仰在三岩有更多的保留。另外，三岩还存在火土复合葬，即先火葬然后再埋尸骨的做法。很明显，这是一种苯高于佛的思想体现。

至于水葬与土葬，三岩与羊拉表现了完全相反的态度。在三岩，水葬一般是用来葬那些诸如头痛、难产等原因导致死亡的人，是一种很不好的葬式，体现的是苯教色彩；而羊拉的老百姓虽然认为水葬不如土火二次葬好，但至少没有把水葬视为下等的葬式，体现的是佛教信仰。在三岩，尽管有部分老百姓认为土葬是一种传统的葬式，但也有部分老百姓认为土葬是下等的葬式，体现的既有苯教信仰，也有佛教信仰。在羊拉，老百姓流行土葬，只不过羊拉处于河谷农业区，土地贫瘠，植物群落结构简单，土地对于人们的生产生活至关重要，这从根本上决定了羊拉人不把土葬作为一种永久的葬式。

三岩比羊拉多出的葬式为天葬、树葬、居室葬以及瓮棺葬。天葬是 20 世纪90年代以后才传入的，而且受苯教的影响时续时断。三岩的树葬主要用于葬那些年幼夭折的孩子，体现的是萨满信仰，而羊拉的树葬体现的是佛教信仰。这里特别值得一提的是，羊拉树葬的消失并不是因为佛教信仰，而是基于生态的原因。三岩的居室葬与瓮棺葬表达的都是前萨满时代人鬼共居到人鬼分离的观念，而这一系列观念在羊拉并未发现。

可见，佛教信仰的气氛在金沙江峡谷的中端比金沙江峡谷的出口淡得多，而原始萨满信仰或苯教信仰则比峡谷出口浓厚。有关这一点，我们可以从三岩人对土葬的评价中得到印证。在三岩，尽管有部分老百姓认为土葬是一种传统的葬式，对这种葬式持中性的态度，但自从天葬传入三岩以后，部分老百姓也依佛教观念开始对土葬持抨击的态度。

3. 玉树巴塘与云南羊拉的葬式比较

最后，我们比较一下玉树与羊拉的葬式。除了前面谈到的远古的石棺葬以外，两地皆发现的葬式有水葬、火葬与土葬。

首先看水葬。玉树的水葬主要针对夭折的孩子，而羊拉的水葬更多用于那些没有子嗣的人。很显然，夭折的孩子也包括在没有子嗣的人群里面，但是两地所体现的文化意义是完全不同的。玉树的水葬更多体现的是“投生”观念，充满了佛教色彩，而羊拉的水葬主要是出于没有人照料坟墓的同情心理而使用的。

再看火葬，羊拉主要用于针对那些意外死亡的死者，更多体现的是萨满信仰的天神崇拜观念；而在玉树的巴塘乡，火葬已经成为财富与地位的象征，是佛教本土化的重要体现。由此可见，在同类的葬式中，玉树巴塘乡的佛教色彩更浓厚一些。

至于土葬。事实上，土葬在历史上既是玉树也是羊拉的主要丧葬方式，那是因为过去峡谷内的气候比现在更温暖湿润，由于土葬涉及挖坟穴，而挖坟穴的难易程度无疑在某种程度上影响土葬实施的范围。从今日的情况来看，在高原牧区，土葬稀少与自然环境的变化有莫大的关系。自12世纪以后，冰川气候沿着西北高东南低的地理走势波动，很快覆盖藏北全境，包括玉树地区，泥土表层都裸露出许多石块，质地坚硬，不易挖掘，加之下雪时有大量冻土，更增加了挖墓穴的难度，无疑使土葬无法成为民间流行的葬式。相反，由于金沙江峡谷中段以下有沿南北分布的横断山脉，这些山脉成功阻挡了冰川气候的侵袭，使这一片地区在气候上表现了完全不同于藏北的情况。当藏北高原被冰川覆盖而成功转型为牧业经济以后，藏东、藏南峡谷的许多地区即使受吐蕃中心文化扩散的影响过上游牧生活也没有放弃传统上以农业为主的经济生活，从而决定了土葬的延续。从宗教信仰的角度来看，玉树土葬的衰落主要受佛教的打击，而羊拉土葬的兴盛与佛教并没有太大关系。

另外，玉树比羊拉多出来的葬式主要有瓮棺葬、水土葬、地葬和天葬等。过去的瓮棺葬体现的是前萨满时代的信仰，但是玉树巴塘乡用于葬头人的瓮棺葬明显是对佛教高僧实行塔葬的一种模仿，具有浓厚的佛教色彩，羊拉不存在瓮棺葬说明这种文化在传播过程中影响力趋于衰竭。

玉树的水土葬与水葬一样，都是用于葬夭折的孩子的，蕴含着投胎的文化内涵，与羊拉出于无人照料坟墓而对孩子实行的水葬相比较，前者具备鲜明的佛教本土化特色。

在玉树，地葬与天葬一脉相传，是佛教本土化最明显的特征。羊拉没有天葬，但是有分肢水葬，它也是对天葬的一种模仿。这无疑说明了同质文化在传播到峡谷不同的生态环境时会发生变异，其变异的动力来自于人们对生态环境的依赖。通过对比两地葬式所表达的文化内涵，可以得出结论：金沙江峡谷入口处的佛教本土化色彩比出口处的更浓。

表6－1为金沙江峡谷各种葬式体现的核心信仰。

表6－1　金沙江峡谷各种葬式体现的核心信仰

葬式	巴塘	三岩	羊拉
老人居室葬	佛教	萨满	—
岩洞葬	—	萨满	—
儿童瓮棺葬	萨满	萨满	—
石棺葬	萨满	萨满	萨满
火　葬	佛教	萨满	萨满、东巴
土　葬	苯教	苯教	—
水　葬	苯教	苯教	佛教
树　葬	—	萨满	佛教
塔　葬	佛教	佛教	佛教
天　葬	佛教	佛教	—
地　葬	佛教	—	—
水土葬	苯教	—	—
土火复合葬	—	佛教	佛教
火土复合葬	—	苯教	—

通过比较三地葬式所表达的文化内涵，我们可以得出以下结论：第一，原始萨满信仰在峡谷内有所保留，从玉树到三岩呈现了增强的趋势，但从三岩到羊拉则趋于减弱。第二，苯教信仰在峡谷内也有保留，从玉树到三岩呈现了趋强的走势，但从三岩到羊拉却趋于减弱。第三，佛教是整条峡谷内老百姓的主要信仰，但并不是单一的佛教信仰，而是以佛教信仰占主体地位的复合信仰。这种信仰从玉树到三岩呈现了趋弱的走势，但是从三岩到羊拉又呈现了趋强的走势，而且峡谷入口处的佛教本土化色彩比出口处的要浓。

总而言之，金沙江峡谷中端的丧葬文化保留着更多的苯教信仰色彩，峡谷入口处更多体现的是佛教的本土化信仰，而峡谷的出口又向世人展示了较为接近印度式佛教的信仰。

图 6－2 为各田野点的宗教信仰状况。

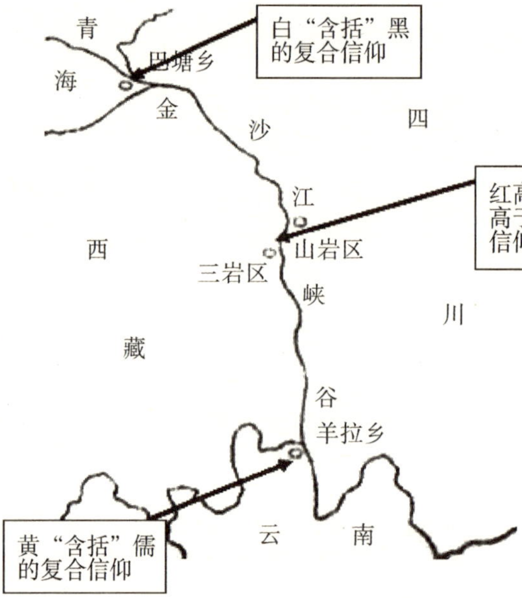

图 6－2　各田野点的宗教信仰状况

（二）三地佛教对本土宗教的融合手段比较

三个田野点宗教信仰为什么会有如此不同的现状呢？笔者认为，这可以从藏传佛教三个教派与苯教的融合情况分别对这种现象进行解读。

首先看玉树地区噶举派传播时所用的手段和方式。噶举派注重密法的传承，它的经典和教法在源流上皆来自于印度的四大语旨。噶举派在发展过程中不但不否定苯教的一些教义，而且对苯教的教义与仪轨进行大量的吸收和改造，而且这种改造比其他任何一个教派都要彻底。关于这一点，噶举派的创派祖师玛尔巴和米拉热巴的行动可以说明。

玛尔巴，原名塔玛旺秋，生卒年为 1012—1097 年，他自幼习法，先后 3 次赴印度、4 次赴尼泊尔取经，返回西藏后创立噶举派，是噶举派的开山祖师。据《玛尔巴译师传》记载，玛尔巴在创立噶举派的过程中，为了赢得众多信众，曾大量表演过“夺舍法”。例如，玛尔巴的儿子达玛多德骑马摔倒在地上，眼看就要死去，玛尔巴立即用“夺舍法”将儿子的“识”（灵魂）转移到了一只鸽子的脑袋里，在这只鸽子快要死亡的时候，玛尔巴又派它到尸陀林去找一个 13 岁的刚死的小男孩，又把鸽子的“识”（灵魂）迁移到那个男孩的脑袋中，使他复活。① 因此，噶举派是藏传佛教众多教派中第一个实行活佛转世的教派，后来的藏传佛教实行的所谓活佛转世制度从根本上都得益于噶举派的“迁识法”（“夺舍法”）。然而，噶举派所谓的“迁识法”并不新鲜，其实这只是对苯教“灵魂外寄”的一种继承而已。我们知道，苯教的“灵魂外寄”是指一个人在死亡之前可以将灵魂寄在许多物体上，而噶举派对这种思想进行了继承并发展成为“借尸还魂”的手法。噶举派作为藏传佛教的一个派别，它的思想教义来源于印度佛教，而印度佛教承认轮回。换句话说，它在某种意义上承认了死后世界的存在，但是印度佛教所谓的生命轮回不等于灵魂不灭。佛教所谓的“轮回”只不过是建立在一种“无常不断”的基础上而已。诸如苯教所谓的人死后灵魂不灭的观点在佛教看来是不可思议的，因为“灵魂不灭”从根本上否定了佛教的“无常不断”。“灵魂不灭”意味着“生命有常”。在这个意义上，佛教与苯教是非常矛盾的一对。于是，噶举派在发展的过程中成功吸收了苯教的“灵魂外寄”观念，并对其大肆发挥，这为佛教的轮回找到了一个主体，那便是“灵魂”。

噶举派对苯教的改造还表现在仪轨方面。关于这一点，我们可以噶举派另一重要创始人米拉热巴的十万道歌作为例子。米拉热巴（1040—1123 年）是玛尔巴的徒弟。他的成佛之路并不顺畅。早年，他的父亲被害死，因此他的母亲命令他学习苯教的黑巫术。米拉热巴学成后回乡下，并使用黑巫术杀死了 35 人。除此以外，他还念“放雹法”咒术毁坏乡里的庄稼。② 米拉热巴皈依佛教后终成一派宗师。据说有一次，一个患了重病的富商在治病时打算杀羊来赎回丢失的灵魂，恰好被米拉热巴发现，他及时制止了。他对那位患了重病的富商说治病需要苯教的仪式，但是这种仪式不需要杀生，仅仅是以佛教的口诀

① 参见查同结布《玛尔巴译师传》，张天锁、申新泰、文国根等译，西藏人民出版社 1989 年版。

② 参见王森《西藏佛教发展史略》，中国社会科学出版社 1997 年版，第 110～111 页。

唱苯教仪轨歌即可以治好他的病。富商按照他的说法去尝试，终于治好了自己的病。[①] 由此可知，噶举派众多高僧对苯教知根知底，懂得如何用佛教的思想对苯教进行改造，以致最后将其“含括”。

再看三岩人的宗教信仰。目前，三岩地区的老百姓接受的是藏传佛教宁玛派信仰，与别的教派相比较，宁玛派最大的一个特点就是修行密宗。宁玛派虽然成立于10世纪以后，但是它的教法与前弘期的法统是一脉相承的。“宁玛”在藏语的发音系“古”或“旧”，这里的“古”、“旧”就是西藏前弘期佛教相对后弘期佛教而言的。宁玛派注重挖掘伏藏的经典，其教义与古老的苯教教义非常像，在发展的过程中与苯教越走越近而离佛教越来越远，以致藏传佛教其他教派并不认为宁玛派属于佛教。

为什么宁玛派会出现这个特点呢？这主要与藏传佛教前弘期的社会背景有关。公元7世纪以后，虽然佛教已经传入吐蕃社会，但是它的进程并不顺利，其中一个最大的原因就是受到藏地普遍流行的苯巫信仰的排斥。在佛教前弘期，苯教这种古老的宗教信仰不但有吐蕃政权的达官贵族撑腰，在民间也有大批的信众。而佛教当时作为外来者，不但在信仰层面备受民众的质疑，在经济方面也没有形成后来的寺院经济实体，传播之路寸步难行。在这种情况下，佛教为了发展自己，不得不走密法的道路。所谓密法，是印度佛教在大量吸收印度民间宗教的巫咒与仪轨的基础上形成的。[②] 密法的修行与苯教很像，比如僧人可以不出家而专门在家传教、不脱离生产、娶妻生子、崇尚咒术等，这使宁玛派在与实力雄厚的萨满巫术斗争的过程中更容易吸收其巫咒与仪轨为己所用。宁玛派与苯教有相似之处不仅是因为宁玛派主动向苯教靠拢，而且是苯教也向宁玛派靠拢。三岩的宁玛派在教义方面与苯教发生兼容以后，与苯教实际上已混为一体，实现了“你中有我，我中有你”的格局。在这样的环境下，宁玛派信仰与苯教信仰结合所生成的新型复合信仰显示的张力就更大，使早期苯教信仰所支持的丧葬方式得以比较完整地保存下来，并且这些葬式所体现的原生的丧葬观念更完整一些。

转向羊拉的格鲁派信仰，这个派别与苯教的关系不如宁玛派亲密，也不像噶举派那样将苯教“含括”在佛教的门下，因为格鲁派要做的就是清除一切所谓的“邪教”以恢复佛学昔日光辉。

那么，格鲁派为什么会以这样的手段进行传播呢？这就要从宗喀巴改革佛教的社会背景说起。自14世纪开始，与政权结合紧密的各藏传佛教教派僧侣

---

① 参见褚俊杰《论苯教丧葬仪轨的佛教化——敦煌古藏文写卷P. T. 239解读》，载《西藏研究》1990年第1期。

② 参见褚俊杰《阿底夏与十一世纪西藏西部的佛教》，载《西藏研究》1989年第2期。

因为有统治势力撑腰而胡作非为，无心佛事。《土观宗派源流》说：“从天竺来的名为红阿闭黎和蓝袍班智达等人，倡育蹂躏妇女为‘合修’，杀死敌方为‘救度’，遂有号称为‘合度’的邪法出现。又有许多名为掩秘咒而实则行污秽之法的，如是等等颇为盛极一时。”[①] 正是在这种背景下宗喀巴，对藏传佛教进行改革。在教义方面，其改革的核心为先显后密。宗喀巴虽然提出先显后密，但事实上他并不支持僧侣修习密宗，之所以提出这样的口号完全是为了照顾当时的社会现实：在几乎所有的教派都主张修行密宗的情况下，格鲁派在改革之初不可能直接提出反对密宗的口号，那样无疑自寻麻烦。德国学者恩斯特·卡西尔指出：“宗教就必须履行理论的功能，同时又履行实践的功能……它们结合并共同融化那种基本的感情。”[②] 因此，只提倡表层的密宗教义而不提供实践的修炼场所，这是格鲁派改革藏传佛教的一大特点，由此可见，宗喀巴改革宗教的良苦用心。格鲁派的绝大多数教义来自主修显教的噶当派，其与原始苯教水火不容。格鲁派在发展的过程中几乎靠的是蒙古和硕特部强大的军事武力和清朝政权的支持，它通过军事斗争、武力打压，彻底从思想上压制别的教派教义，屡次禁止萨满教男女巫师进行活动。[③] 1639 年，格鲁派在蒙古和硕特部的军事支持下传入云南迪庆，遂遭到了来自丽江木氏土司所支持的噶举派和苯教的联合抵抗。[④] 1667 年，噶举派和苯教寺院均被当时前来镇压噶举派、苯教僧侣和木氏发动的反黄教（格鲁派）暴乱的蒙藏联兵摧毁，寺院及其庄园与居家顿巴的房屋、土地财产等均被没收，僧侣被迫还俗，多数居家顿巴被镇压。自此，县境无苯教僧侣，亦无杀牲祭祀的“顿巴”。[⑤] 格鲁派一统天下以后在行动上强制要求当地人放弃苯教和巫术信仰，甚至从根本上压制这些信

---

① 土观·罗桑却吉尼玛：《土观宗派源流》，刘立千译，西藏人民出版社 1984 年版，第 84 页。

② （德）恩斯特·卡西尔：《人论》，甘阳译，上海译文出版社 1985 年版，第 12 页。

③ 参见罗志平、白翠琴《试论卫拉特法典》，见卢明辉等编《蒙古史研究论文集》，中国社会科学出版社 1984 年版，第 195 ～ 217 页。

④ 过去一些学者在论述这一事件时，只考虑到木氏土司与和硕特部的政治斗争，很少顾及宗教的融合度。如赵心愚在《和硕特部南征康区及其对川滇边藏区的影响》（载《云南民族学院学报》2002 年第 19 卷第 3 期）中说：“推崇苯教的康北白利土司不仅企图联合藏巴汗，与却图汗也曾有过密切联系，信奉的宗教不同并未成为这种关系的障碍，这实际上已说明当时这些军事行动的真正目的并不是宗教信仰。”但是，自佛教传入藏族地区以来，佛苯之争，势不两立。为什么推崇噶玛噶举派的藏巴汗与却图汗能够和苯教联合起来对抗格鲁派呢？假如我们从历史上看，噶举派与苯教双方在发展过程中早已经形成了“你中有我，我中有你”的格局。噶举派主修密宗，是在吸收了宁玛派教义的基础上形成的，据说，噶举派的创派主师米拉热巴（1040—1123 年）在学习佛教教义之前就曾受母亲之命学习黑巫术，并使用黑巫术杀死了 35 人，除此以外，他还念“放雹法”咒术毁坏乡里的庄稼。（详见王森《西藏佛教发展史略》，中国社会科学出版社 1997 年版，第 110 ～ 111 页。）

⑤ 参见云南省中甸县地方志编纂委员会编纂《中甸县志》，云南民族出版社 1997 年版，第 227 页。

仰所支持的丧葬习俗。正因为藏传佛教格鲁派在与萨满信仰的斗争中走的不是兼容之道，更多体现了取代原始信仰的趋势，因此当格鲁派取得绝对性的统治地位时，这个地方的许多原始苯教信仰被清除，佛教信仰一枝独秀，从根本上压制了许多苯教信仰所支持的葬式，所以人们可选择的葬式更少。

具体到三地丧葬差异的问题，笔者认为可以将这些现象理解为藏传佛教在传入峡谷以后与当地原有的萨满信仰发生交融的强度不同所致的差异性。一段时间以来，学术界在研究藏族的丧葬文化时只是笼统地提到受藏传佛教的影响，而对藏传佛教各个教派与原始宗教的融合程度之强弱以及这种强度对丧葬的影响如何很少提及。事实上，如果继续对这种状况视而不见或者视而不答，则无助于我们从根本上理解丧葬的本质。正是因为藏传佛教各教派在传入金沙江峡谷时所采取的方式、方法与手段不同，它们与当地的原始信仰发生的交融程度也不同，导致峡谷内产生的复合信仰也不同，致使表面上同是受藏传佛教教义支配的同一葬式显示了不同的死亡观。

表 6 -2 为形成三种丧葬文化模式的原因对比。

表 6 -2　形成三种丧葬文化模式的原因对比

原因	巴塘	三岩	羊拉
生态地理环境	高原	山坝	河谷
社会整合基础	地缘	血缘	文缘
社会整合状态	机械团结	离散	有机团结
社会整合方式	统治	冲突	交换
佛教统治手段	“含括”	兼容	排斥
最流行的葬式	天葬	混合葬	土火二次葬
与异文化互动	较少	无	频繁

第七章　死亡、个体意识与社会结构

在本书的前六章中，笔者从历时性与共时性两方面入手，已经尽可能地对三个田野点的丧葬文化模式进行完整的描述，并从地理环境、社会结构与宗教信仰三方面分析了促成三个田野点丧葬文化模式差异的原因。

行文至此，本书似乎已经可以告一段落，但是这些毕竟是笔者根据田野调查资料所进行的描述，因而笔者仍觉得有必要从田野中走出来，跳出就几个田野点就事论事的描述工作，而将这些发现置于更宏大的学术视野之中去审视，本章便是根据这一理念展开的。这样做，一方面，可以借此机会检验本人在金沙江峡谷的田野工作；另一方面，可以借此机会与前辈学者展开学理的探讨，提供某种启发或者建议，其目的和意义在于进一步揭示人类学在不久的将来有可能对丧葬开展研究的新路径。为了实现这一学术“野心”，笔者回到本书在导论中所提出的两个问题，即金沙江峡谷丧葬文化的来源问题及其背后的逻辑意义。

一、传播：金沙江峡谷丧葬文化的来源

处于横断山脉地区的金沙江峡谷是青藏高原向东南延伸的一条线，在历史上是著名的民族走廊。自有人类记录以来，民族迁徙、战争、通商等事件在此地频繁上演，与这些事件相伴的是各式各样的民族文化传入峡谷，它们相互影响、彼此借鉴，并在此地沉淀下来，造成了文化的堆积，而丧葬文化便是这些文化堆积的结果。

（一）传播的路线

金沙江峡谷的丧葬文化有三大源头，即来自西北的氐羌族系、来自北方草原的游牧民族以及来自其西面的吐蕃土著族系。因此，要想搞清楚金沙江峡谷的丧葬文化，就必须先搞清楚这三大族系在进入金沙江峡谷的时间里所秉承的丧葬文化。基于文化传播与民族迁徙的路线的关系，笔者在本研究中对此进行了尝试：首先从考古资料与文献资料出发，确定三大族系涌入金沙江峡谷的时间以及在这些时间段内各族系所秉承的丧葬文化，然后结合田野材料层层追

踪，勾勒出金沙江峡谷的丧葬文化模式。

让我们来做一个形象的比喻：将这条峡谷比作一条狭长的水槽，那么这条水槽大致有三个特点。其一，就整体而言，整条水槽北高南低，导致水自北往南流；其二，整条水槽大致分为三段，在水平宽度方面北面的端口比较宽，南端的开口比较狭窄，在深切度方面中端比两端深许多；其三，整条水槽两旁有许多大小不一的缺口，就像峡谷两岸高山峻岭之间有许多大小不一的垭口一样。（见图 7－1）

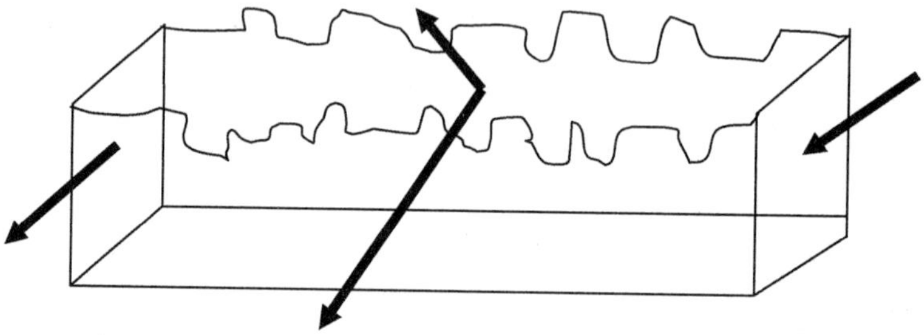

图 7－1　金沙江峡谷水槽示意

图 7－2 为金沙江峡谷横切面示意。

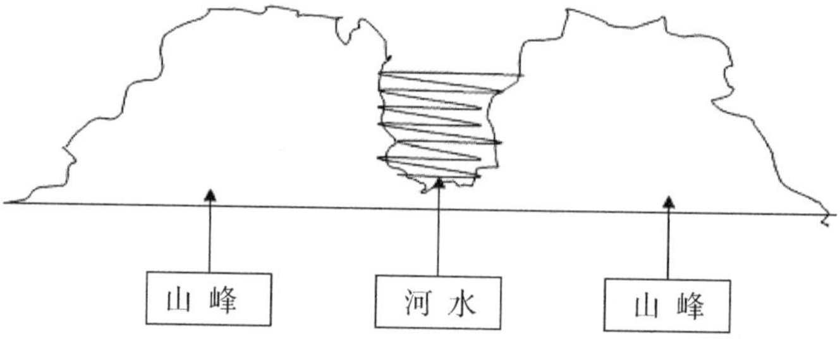

图 7－2　金沙江峡谷横切面示意

在这样一个水槽里面，民族的迁徙有两种走法——S 形行走与直线行走，两种走法导致文化的传播出现两种不同的轨道。所谓 S 形的行走，即峡谷内的民族可以从那些叫不上名字的大大小小的雪峰垭口走出去，或者峡谷外的人群可能通过这些垭口走进去，其动力来自于峡谷外的推力与峡谷内的引力。峡谷外的推力主要是战争、饥荒、瘟疫及灾害等，而峡谷内的引力便是峡谷内拥有比峡谷外更多更好的生存资源（如今天藏族聚居区的一些名贵药材），因此贸易经商等是主要的引力。如果民族的迁徙呈现出 S 形的路线，则丧葬文化传播会呈现出S形的路线，那么我们在峡谷的某个田野点能看到的丧葬文化在另一个田野点里完全看不到也就不足为奇了。例如，在三岩发现的葬式如居室葬、岩洞葬以及多种复合葬，在其他田野点均未发现，这就是丧葬文化呈S形传播的结果，这也充分说明了三岩地理是比较封闭的，没有太多的缺口供居民沿S形的路线迁徙。

除了S形的文化传播路径以外，金沙江峡谷还有直线形的传播路径。而且，从金沙江的民族迁徙活动来看，许多民族都是在金沙江峡谷的入口——玉树巴塘乡进入峡谷以后，沿金沙江水流的方向而走。之所以出现这种走法，是因为河流具有指南针的功能，沿河流迁徙容易辨别方向，并且能够很好地解决长途迁徙过程中人与牲畜饮水的问题。诚如考古学家张光直所言："考古遗址总是沿河岸分布，亦在于跨地区的联系常被清晰的沿河流的方向而探寻出。"① 直线行走意味着丧葬文化为直线传播，石棺葬与塔葬布满金沙江峡谷无疑就是最好的证明。比起S形的传播路线，直线形传播路线更重要，它是峡谷文化传播的主要手段。所以，我们说峡谷丧葬文化的同质性比差异性要大。

（二）传播过程中的变异

然而必须指出，注重丧葬文化传播规律的同时，要注意文化在传播过程中发生的变异。诚如笔者在本书的导论部分所叙述的那样，丧葬作为一种文化，包括尸体处理、仪式以及死亡观三个方面的内容。在丧葬文化传播的过程中出现了葬具改变而观念不变的现象，这经常与当地的自然环境相关。例如，三岩和羊拉的瓮棺葬主要用于葬夭折的孩子；两地存放尸体的位置都被人们视为"不干净"的地方；一段时间以后，两地都把尸体移出。但是，在三岩一些很少有陶瓮的村落主要使用木箱子代替瓮棺。这是因为瓮棺葬曾经随民族迁徙在峡谷内传播，但是由于峡谷内各地的自然环境不同，当瓮棺葬文化传入三岩以后，半牧半农的自然环境决定了人们在继承制陶技术方面没有农业社会的羊拉人积极，所以三岩只能改变物质方面的葬具，把瓮棺葬的精神内涵继承下来。此类传播在玉树与三岩的瓮棺葬比较中也可以得到佐证。由于三岩没有很好地继承制陶技术，因此当地对80岁以上老年人实行壁葬。事实上，三岩的壁葬与玉树针对头人的瓮棺葬体现的内涵基本一致：两地都将尸体放在家中比较神圣的地方，它们都体现了一种荣誉。

在传播过程中还可以出现因葬式改变而随之观念改变的现象。巴塘乡从火葬转变为天葬就是一个例子。在金沙江峡谷的入口——川、青、藏交界区的玉树巴塘乡，当地人的记忆中就没有火葬。笔者在巴塘进行田野调查期间，许多

---

① 张光直：《古代中国考古学》，印群译，辽宁教育出版社2002年版，第440页。

老百姓说，火葬只是有钱人家才使用的，他们的祖先从古到今实行的就是天葬。然而，我们翻阅巴塘乡的历史，却发现在战国时期，大量的羌人迫秦兵之威移居此地，有关羌人实行火葬的文献资料数不胜数。那么，这种现象如何解释呢？结合当时的气候条件来看，那个地方根本就没有条件提供充足的木柴为这些迁徙的民族进行火葬。这里，我们要跳出一个刻板的印象，即不能把火葬与羌人对应起来，因为笔者的田野调查工作已经表明，迁徙到巴塘乡的那部分羌人并没有实行火葬的条件，而这些游牧民族又无法携带一具尸体四处游牧，他们唯一能够做的就是改变葬式，即实行野葬——难怪巴塘乡的老百姓一直把天葬视为他们祖先的传统葬式，其实道理很简单，野葬与天葬存在一脉相承的关系。葬式的改变也会引发死亡观的转变。就迁徙到巴塘乡的那部分羌人而言，最初的火葬是为了适应游牧的生活而携带骨灰行走，因为他们认为灵魂在骨头里面。迁徙到高原以后，没有了火葬的条件，在极其矛盾的情况下，高原上生存的大批狼狗、秃鹫出现了，为他们解决了携尸的难题。很自然，这些动物就成为携带灵魂飞天的使者。

文化在传播的过程中虽然会发生变异，但这些变异并非毫无规律可循，在一条比较封闭的峡谷中，导致文化发生变异的最大因素是生态环境的变化。事实上，金沙江峡谷的丧葬类型之多，一方面固然与迁徙到这里的民族之多有关系；另一方面也不能忽视峡谷内多样化的自然环境，因为任何一种文化绝不是凭空出现的，它与其周围的地理环境息息相关。正是因为峡谷内有多样化的自然环境，才使整条峡谷的丧葬类型各异。生态环境的变化影响到人们生计的变化，进而影响到作为上层建筑的丧葬。总的来说，游牧民族在处理尸体方面大多以销毁尸骨为主；农业民族大多实行保留尸骨的葬式；半牧半农的民族在这两种尸体处理方式中摇摆，在同一时间葬式表现得更纷繁杂糅。但是，从金沙江峡谷的整个大环境来看，人们的生计模式是“从农业向牧业过渡，而不是从牧业向农业过渡”①。因此，那里的人们在丧葬方式上采取的是销毁尸骨而非保留尸骨，相信这一趋势在今后将持续下去。

二、“中间场”：丧葬文化传播过程的再创造

笔者虽然承认了金沙江峡谷丧葬文化是传播的结果，但并没有否认一些丧葬文化因子在传播时会重新异构，生成新的丧葬文化。这就是我们在峡谷内能看到一些与这三大族系完全不一样的丧葬文化的原因。事实上，峡谷内丧葬文化是在传播的基础上通过“中间场”的作用发生了变异。这些文化“共同处

---

① 霍巍：《论卡若遗址经济文化类型的发展演变》，载《中国藏学》1993 年第 3 期。

在一个大江流域的地理环境内……必然会发生互相影响、碰撞和交融，甚至产生新的文化形态”[①]。换句话说，峡谷内的一些丧葬甚至可能是世界上独一无二的。因此，即使我们清楚它的源头，我们仍然无法用某个族系的某种葬式所体现的内涵和峡谷内相同的葬式进行一一对应。

例如，三地的水葬在这方面就体现了“中间场”的强大功能。从田野调查的结果来看，水葬在峡谷内的三个田野点皆有发现，但是每个田野点却各有特色。其具体表现为：玉树巴塘乡的水葬主要用来葬夭折的孩子；在三岩，除了金沙江西岸的个别村落用水葬葬那些夭折的孩子外，其他乡村的水葬都是用来葬那些意外死亡的人；羊拉的水葬有更多的灵活性，既可用来葬意外死亡的人，又可用于葬那些正常死亡的人，特别是那些无子嗣的死者。仔细比较这三地水葬的文化内涵可知，玉树巴塘乡有关水葬的“地方性知识”体现了对夭折的孩子的一种怜悯与关爱；而三岩却视水葬为一种低等下贱的丧葬方式，它反映出水葬保留着极强的苯教色彩；羊拉的水葬体现的是销毁尸骨的主张，具备更多的佛教色彩。相同的葬式在同是藏传佛教信仰主导的地区竟完全不同，这便是文化在峡谷内发生变异结合新的元素重新生成的结果。这一点再次提醒我们，应该注重田野调查，将研究的主体放在田野而非书本之上。按这种思路走下去，笔者将回答学术界目前没有回答的问题，即藏传佛教不同的教派对藏族丧葬文化的影响究竟有何差异？对此问题的回避或者统一概以“六道轮回”观来进行回应都不符合事实。

其实，从藏传佛教的本义来说，几个教派在死亡观方面并无明显的区别，即它们都信守生命的轮回，更确切地说，是在佛教教义所谓“六道”中进行轮回。但是，我们深入金沙江峡谷发现，金沙江峡谷在藏传佛教各教派进入之前盛行浓厚的苯教信仰，甚至在佛教进去以后一些地方还有儒学思想的渗透。这些信仰能够存在于一个大系统中并非互不冲突，恰恰相反，它们正是通过冲突实现整合。这些冲突的价值观彼此吸纳，其结果就是以一种价值观作为主导“含括”其他价值观。[②] 例如，噶举派对苯教基本上是采取一种“含括”的手段，我们发现巴塘乡的藏族人在接受了“含括”苯教宇宙观的藏传佛教以后把死后的六道轮回空间改为三道轮回空间。宁玛派力量单薄，组织涣散，无法与噶举派相提并论，它更多的是借用苯教的教义与修持，无法从根本上“含括”苯教，以至于藏传佛教其他教派在很长的一段时间内不认为宁玛派属于佛教，于是我们看到三岩人死后只有三善趣与可供生命复活的空间，而灵魂永

① 李绍明：《金沙江文化简论》，载《中华文化论坛》2002 年第 4 期。

② 参见夏建中《文化人类学理论学派——文化研究的历史》，中国人民大学出版社 1997 年版，第 148 页。

远不会掉入三恶趣。如此说来，其死后的空间也不再是六道轮回了。格鲁派的势力非常强大，对苯教的基本态度是打压，于是羊拉藏族人对佛教的六道轮回观理解得比其他两个地方的藏族人透彻，但是这种六道轮回又渗透了儒学的因子。换句话说，各教派根据自身的实力对苯教实行不同的策略，导致藏传佛教本身的六道轮回观发生了许多变异，这种轮回观在结合“地方性知识”以后形成了不同的死亡观，这便是藏传佛教各教派对藏族丧葬文化造成的不同影响。

三、重生：金沙江峡谷丧葬文化的逻辑结构

自古以来死亡就是活着的人不得不思考的问题，总体而言，东方哲学强调死亡的社会性和伦理意义，而西方哲学则强调其个体性与不可替代性。[①] 就人类学本身对死亡的研究来说，人类学坚持认为，死亡并不是生物学意义上的概念，它涉及一个社区的知识、法律、道德、习俗等诸多文化方面的庞大的综合体。传统上，人类学对死亡的研究有两点值得今后的学者关注：一是注重死亡与生命的关系，二是注重死亡与组织的关系。在前者的研究倾向里面，学者们普遍认为，死亡并不是一种偶然性事件，它与生命存在着一种取代或者转换的关系。对于两者之间的关系，人类学家列维·布留尔用了“互渗律”这个词加以解释。所谓“互渗”是建立在空间向度上的，即空间方位与“原始人”的思维在这一特定时刻力图弄清的那种东西之间必定存在着某种神秘的关系。[②] 而在后者的研究路径当中，学者们普遍认为，死亡具有社会属性，个体的死亡将会导致原本完整的社会结构失序，人们正是通过葬礼对这种混乱的状态进行调节，使社会结构恢复原本的面貌。

（一）重生：死亡与个体意识的关系

有生必有死，这是一个常识性的问题。近年来，医学界提出了所谓更标准、更科学的概念——“脑死亡”来判断个体的生命之终结。所谓脑死亡，指的是“包括大脑、小脑、脑干在内的全脑机能完全的、不可逆的停止，无论心跳、呼吸和脊髓机能是否存在，皆可认定个体生命终结，宣告个体死亡”[③]。在现代社会，西方科学技术已经深入到生活的方方面面，因此现代人对死亡的看法基本上都遵循着这些定义。在此基础上，现代人对死亡的看法是单向性的，即认为死亡是一个人人生旅途的终点，是一个人生命之终结。文学

---

① 参见段德智《西方死亡哲学》，北京大学出版社2006年版，第31页。

② 参见（法）列维·布留尔《原始思维》，丁由译，商务印书馆1997年版，第276～277页。

③ 陈霆宇：《脑死亡，当代医学新的死亡概念》，载《山东医科大学学报》1996年第3期。

家鲁迅就曾经说过："我很确切知道一个终点，就是：坟。"[①] 于是乎，人们对死亡产生了一种本能的恐惧心理，一个生命垂危的病人借助医学手段去求安乐死便是对这种恐惧的本能反应。"宗教在传统上非常关注死亡与丧葬，然而当科学对死亡的解释取代了宗教的解释以后，死亡成了'尴尬的，私人的心灵伤害'，在这期间，除了亲属以外，几乎所有来自外人的抚慰都被看成对亡人亲属的侵扰。"[②] 在实践过程中，对于每个人来说，当亲戚朋友死亡时便会脱口而出"节哀顺变，人死不能复生"这种话语，因为对死亡的单向性理解使现代人认为那是对死者家属的最好安慰。然而，这种单向的思维方式却使他们对人为什么要活着的意义之思考陷入了一种迷茫：既然每个人都知道自己会死亡，既然每个生命都有终点，最后都会烟消云散，那么人们为什么还要活下来？尤其是对那些处于困境之中的人来说，活着还有什么意义呢？习惯以西方科学技术为导向进行思考的现代人是无法回答这个问题的，而金沙江峡谷的田野调查则提供了现成的答案。

事实上，金沙江峡谷的藏族人并非不害怕死亡，他们与现代都市人一样对死亡有一种本能的排斥。例如，在三个田野点中我们都可以发现人们对死者表示出相当的敬畏——即死者死亡以后，无论村里的亲戚还是朋友，他们在日后的谈话中要绝对地避免提及死者的名字，村里若有与死者名字相同的人，则要么会改名，要么别人会以其名字中的某个字对他进行指代。然而，人总是会死亡的，那么在金沙江峡谷里，害怕死亡的藏族人是如何"避免死亡、实现永生"的呢？答案在于藏族人对死亡的理解表现为一种双向性的思维，即死亡等于再生。在青海玉树巴塘乡的天葬文化模式体系中，人们相信生命是永恒的，人死后将会很快获得重生，而重生的空间是天上、地上或者地下。如果重生的生命再次死亡，很快地，他又重新回到这三重空间中生活。也就是说，无论何种情况，人的生命都不会消失，消失的只是躯体而已。在金沙江三岩的混合葬文化模式里面，虽然人们可以在较大的范围内解释死亡，但是这个范围同样离不开生命的重生——个人死了以后他将在不远的将来实现复活，或者在三善趣中得以再生。在云南德钦的羊拉土火二次葬文化模式里面，生命重生的概念仍然主导着人们对死亡的看法，藏传佛教的六道轮回观保证了人们死后生命以新的形式出现在六道空间便是明证。

总而言之，金沙江峡谷的藏族人早已经跳出了"生"与"死"所构成的矛盾，他们把死亡与新生视为一对如白天与黑夜般的孪生姐妹。这里的逻辑在于：既然一个人能从生存走向死亡，那么为什么不能从死亡再走向重生呢？因

---

① 《鲁迅全集》（第一卷），人民文学出版社 1981 年版，第 284 页。

② B. Wilson. *Religion in Secular Society*. Penguin，1969：93.

此，任何人只要来到这个世界上就不可能烟消云散，人的生命是没有尽头的，因为每个生命都在反反复复地进行轮回。这种死亡观在很大程度上使害怕死亡的藏族人坦然面对死亡，甚至成为支撑他们在恶劣的环境中好好地生存下来的理由，即便在最困难的环境中也没有必要采取极端的方式结束自己的性命，因为人不可能真正地“死”去。退一步来说，即使你以极端方式结束了自己的性命，但是你到了另一个世界不是照样还要生活吗？于是，这种以极端的方式去自杀的行为就显得没有必要了。因此，我们可以发现在三个田野点的丧葬文化模式结构当中，人们都是反对自杀的，因为在当地人看来，自杀是一种非正常的死亡。由于在当地人的信仰观念中，死亡是另一种新生的开始，那么非正常死亡也就意味着这个人以后非正常出生，于是，非正常死亡会使死者在另一个轮回中过着非正常的生活。在金沙江的上游——青海玉树的巴塘乡，人们将会对那些以自杀方式结束自己生命的人实行土葬，意味着将其灵魂打入十八层地狱，使他在下一个轮回中无法重返人间，只能在暗无光日的地狱中度日——这便是非正常的生活。当然，非正常死亡不限于自杀一种，事实上，这个概念是与当地的社会文化紧密相连的，这种观念的创造从根本上来说是人们试图运用文化手段去控制死亡，从而引导人类生存与繁衍的体现。由于每个民族所处的地理环境、历史人文环境都不同，所以在划分正常死亡与意外死亡方面就有了差异。在美国，据说有 80% 的学生认为被枪击死是正常死亡，而被火烧死则是非正常死亡。这种观念的产生是因为美国社会已经视枪击为正常现象，它是美国社会对枪支管理松懈与将防火作为头等大事的反映。由此，我们也可以理解金沙江峡谷的中端——三岩为什么视那些因打架而死的死亡为正常现象了，其实这只是帕措文化崇武尚勇的反映。

希望死者永生的同时，生者也有强烈的永生的渴望。从这个意义上说，金沙江峡谷早期的丧葬现象中出现的那些对尸体种种安抚的做法其实并不是真正关心死者，而是生者认为那些死者会妒忌他们，会回来叫他们下去陪伴自己。为了防止这种现象，活人就会采取一系列措施。例如，用石棺对尸体进行密封，一方面是为死者安置一个舒心的休息之地，以免日晒雨淋；一方面是让死者无法爬出来害自己。接受了轮回观以后的藏族人在处理尸体时也常常体现了让自己实现永生的思想。在峡谷的出殡仪式中，每个人都会争相抬棺材，因为每个人都在想，今天我处理别人的尸体，让他实现好的轮回，而明天有可能就是别人处理我的尸体，让我得到好的轮回。因此，我为死者服务也就等于别人为我服务了。当然，那些生辰八字被推算与死者相冲的人是不能碰尸体的，事实上也是这种观念的体现，因为在当地的“地方性知识”里面，生辰八字与死者相冲的人碰了尸体，就会让死者的灵魂感到害怕和迷惘，得不到好的转世，并且在不久的将来变成孤魂野鬼，而这个孤魂野鬼日后定会回来害他。

（二）重组：死亡与社会意识的关系

重生的观念其实并不仅仅存在于当地藏族人的思想当中，它还深深地嵌入了当地的社会结构当中。换句话说，丧葬仪式里体现的重生观念并不仅仅是一种象征，而是一种客观存在。

就死亡导致的社会结构之变动而言，罗伯特·赫兹认为，只有那些在社会结构中扮演重要角色的人死亡才会引起社会的重视，“一个婴儿死亡几乎不会引起注意，也几乎没有任何葬礼……因为他在社会中并没有承担重要的角色和地位，他的死不会对社会结构造成任何影响，因此社会对他们的死亡漠不关心”①。这种论断与金沙江峡谷的实际不符。在金沙江峡谷，我们看到的恰恰是人们对孩子的死亡太过于重视，以至于当地人专门针对孩子的死亡发展了那些富有鲜明地方特色的葬式。例如，在青海玉树的天葬文化模式和三岩的复合葬文化模式当中，当地人对夭折的孩子实行一套专门的丧葬程序。似乎可以肯定的是，在金沙江峡谷，孩子在社会结构中扮演的角色是非常重要的，而这种重要性来源于社会意识之下的生命重生观。在玉树巴塘乡，人们对夭折的孩子实行水葬；在三岩，人们对夭折的孩子实行树葬。就玉树巴塘乡的水葬或水土葬来看，人们特意选择那些两条河的交汇处，即含有孕育生命之意。很明显，这些象征意义是人们对生命再生的渴望，因为水具备清洗的功能，流动的水有活力，能冲走一切污渍。与流动的水相反，静止不动的水无论如何清澈，日久以后总会变得浑浊。当人类基于这种自然观念而建立起来有关生命与死亡的思考时，往往会把生命、死亡和流动的水与静止不动的水对应起来。同样，三岩人实行树葬也有这种思考，因为他们看到一棵树在一年四季的轮回中经历了发芽、变绿、枯萎与落叶的过程，好比一个人在一生中经历过出生、成长、衰老和死亡的过程。

人们对生命的渴望与对人口再生产的追求息息相关，而人口的再生产势必与社会结构有密切的联系，首先受到原有社会结构的影响。

以巴塘乡男性地位比女性地位高的情况来看，巴塘人将人口再生产的任务集中于男性身上。周希武曾经描述道：“妇女过劳，则不任生子，且因是女多男少，淫佚无度，则不适生子。”② 此一观念在当地的一项求子仪式中也有清晰的表现。在巴塘乡铁力角牧委会东南方向靠近通天河的地方有一座山，当地老百姓将之称为“格日尼”，专供那些结婚后没有孩子的夫妻转山求子。在转

① Robert R. Hertz. “A contribution to the study of the collective representation of death”. In *Death and the Right Hand*. Cohen West, 1960: 76～84.

② 周希武：《玉树调查记》，吴均校释，青海人民出版社 1986 年版，第 71 页。

山求子的过程中，夫妻双方必须严格遵守转山的规矩：丈夫应骑马空手走在前面，而妻子必须步行并且手里还要抱一块石头或者背一块石头跟在后面。据当地的传说，“格日尼”是一个俊俏的美男子，他在天上主管生育方面的事务；“格日尼”非常乐见男人们搞男女关系，一个男人搞的男女关系越多，他就越喜欢。很明显，这种话语本身具有某种象征的意义。在中原的许多地区，求子的神灵一般都是女性的化身，比如求子观音就是典型的母亲形象，这是因为妇女承载着生育的任务。但巴塘乡明显不同，这里的求子神灵竟然是俊俏的美男子，而且在传说中鼓励男的多搞两性关系，很明显这些对生命追求的渴望是来源于社会意识的。因为在巴塘乡的地方性观念中，人们普遍认为男性的地位比女性高。三岩的情况与此类似。在三岩，人们对人口再生产的追求体现出更多的主观能动性，他们习惯使用巫术的力量。而且，这项活动要到山岩乡八学村以东 30 公里的一个山洞里面举行。那里有个“赐子神山”，山上有一水晶洞，山洞是子宫，石柱是阳物。不孕妇女经常到“赐子神山”上亲吻男石像……还有的石头大小和真的阳物一样大，女人们也会在上面坐一坐。① 这种行动具有与神进行交配的意识在里面，此意识则来源于三岩的社会组织。因为在一个资源匮乏的山区，人们为了获取更好的生活资源，除了发挥主观能动性之外别无他法。在羊拉，人们以儒家的孝道来区分生命重生的好与差。在当地的藏族人看来，一个人有无后代事关重大，因为后代的成长在某种意义上是自己死亡以后生命的重生，自己的后代尽心处理好自己的尸体也能够保证死者与他本人的第二重生命顺利实现轮回。很明显，这与土地分散的农业社会所形成的小农经济生产方式是相适应的。

然而，重生的信念并不仅仅来源于社会意识，它反过来还会创造社会意识，使社会结构得以重组。

在玉树巴塘乡，亲人为了死者的灵魂能够在三善趣中得到重生，不惜将一生所有的积蓄都耗尽，他们大规模地向寺院、穷人、天葬师布施，无形中使财富在社会中实现重新分配。在这种情况下，以经济实力划分的社会阶层就有可能发生重组，现实生活中一个原本富有的人也许因为这样变得贫穷，而一个原本穷困潦倒的人也会因此过上丰衣足食的生活。在玉树巴塘藏族人的观念逻辑当中，布施是最高的功德，布施的目的主要是为了破除个人吝啬与贪心，以免除来世的贫困。换言之，一个原本富有的人如果因为布施而贫困，且其社会地位发生改变并不可怕，因为现实的贫困可以换取来生的幸福，这正如自然界的能量守恒一般。因此，个体愿意耗尽自己一生的积蓄去布施，正是为了创造自己在重生的社会结构中的地位。以笔者所见，金沙江峡谷的葬礼不单单是表现

---

① 参见范河川《父系原始文化的活化石：山岩戈巴》，四川大学出版社 2000 年版，第 44 页。

悲伤的场合，它同时为青年男女社交提供了绝好的机会。峡谷内户与户、村落与村落之间沟壑纵横，人们普遍过着日出而作日落而息的生活，平常很难有机会相识；而在葬礼中，一些青年男女发生感情，进而进行性行为，因此而怀孕的女性绝不堕胎，在某种意义上她为社会结构的重组提供了元素。必须指出的是，由个体生命的重生而引发的社会结构之重组并不意味着社会结构发生根本性的转变。这一结论同样适合于三岩的情况。在三岩的父系帕措社会结构当中，女性是被排除在外的。例如，A 帕措即使有女性嫁给了 B 帕措成员，也并不影响两个帕措之间的打斗，在这个过程中，没有人会关注这名女性的地位；但是，如果这名女性为 B 帕措生了一个男孩，她同样会教育这个男孩长大后向 A 帕措报仇，这时候这个女人所扮演的角色就有了明显的转变，但这只是个人在社会结构中的位置变化而已，对三岩整体的社会结构来说并无影响。

在对民族志写作的看法上，笔者赞同美国著名人类学家格尔茨对民族志所下的定义。他指出："民族志……规定它的是它所属于的那种知识性努力：经过精心策划的对'深描'的追寻。"[①] 在格尔茨看来，这种"深描"的追寻，目的便是理解"地方性知识"。而笔者在金沙江峡谷的工作正是努力地践行着这项定义。在田野当中，除了通过参与、观察、访谈等工作收集资料以外，更重要的是站在当地人的角度上看待问题，深入他们的思想中理解那些隐藏在尸体处理背后的文化逻辑或者意义结构——那便是对金沙江峡谷的丧葬文化进行模式的建构。诚然，这种模式的建构不可能通过实验来考察，更不可能通过量化、数字、强度或者频率来测量，因为在人类学看来，我们寻求社会问题的答案就是强调社会的经验是如何被其中的人群创造并赋予意义的。金沙江峡谷的上段、中段与下段的丧葬文化模式虽然不同，但是我们不难理解这些丧葬模式有着相同的意义结构。换言之，三个田野点的老百姓实行着不同的丧葬，但是支撑他们选择各种葬式的是基本相同的文化逻辑，这种文化逻辑就是当地人的观念体系中关于死亡与重生的转换逻辑，这个逻辑是借助灵魂这一中介实现的。因此，个体生命的死亡所导致的个体意识之重生与社会结构之重组便是所有金沙江峡谷丧葬文化模式背后的意义。

① （美）克利福德·格尔茨：《文化的解释》，韩莉译，译林出版社 1999 年版，第 6 页。

参考文献

一、学术著作

[1]（后晋）刘昫．旧唐书［M］．北京：中华书局，1975.
[2]（唐）玄奘，辨机．大唐西域记［M］．季羡林，校注．北京：中华书局，1985.
[3]（唐）道宣．大正藏［M］．范祥雍，校．上海：上海古籍出版社，1978.
[4]（唐）樊绰．云南志校释［M］．赵吕甫，校译．北京：中国社会科学出版社，1985.
[5]（唐）李延寿．北史［M］．北京：中华书局，1974.
[6]（梁）释慧皎．高僧传［M］．汤用彤，校．北京：中华书局，1992.
[7]（北宋）乐史．太平寰宇记［M］．北京：文海出版社，1979.
[8]（北宋）欧阳修，宋祁．新唐书［M］．北京：中华书局，1985.
[9]（北宋）王钦若，等．册府元龟［M］．郑州：中州书画社，1985.
[10]（南朝·宋）范晔．后汉书［M］．北京：中华书局，1986.
[11]（清）清实录［M］．北京：中华书局，1985.
[12] 辞海：中册［M］．上海：上海辞书出版社，1979.
[13]《迪庆藏族自治州概况》编写组．迪庆藏族自治州概况［M］．昆明：云南民族出版社，1983.
[14] 迪庆藏族自治州民族宗教事务委员会．迪庆藏族自治州宗教志［M］．北京：中国藏学出版社，1994.
[15] 方国瑜．云南史料丛刊：第五卷［G］．昆明：云南大学出版社，1998.
[16] 方国瑜．云南史料目录概说［M］．北京：中华书局，1984.
[17] 格勒：甘孜藏族自治州史话［M］．成都：四川民族出版社，1984.
[18] 西藏自治区芒康县地方志编纂委员会．芒康县志［M］．成都：巴蜀书社，2008.
[19] 四川省巴塘县志编纂委员会．巴塘县志［M］．成都：四川民族出版社，1993.
[20] 四川省得荣县志编纂委员会．得荣县志［M］．成都：四川人民出版

社，1995.
［21］石渠县志编纂委员会．石渠县志［M］．成都：四川人民出版社，1996.
［22］四川省民族研究所《清末川滇边务档案史料》编辑组．清末川滇边务档案史料［G］．北京：中华书局，1989.
［23］《羌族词典》编委会．羌族词典［M］．成都：巴蜀书社，2004.
［24］青海省地方物志编纂委员会．青海省志（六十九）文物志［M］．西宁：青海人民出版社，2001.
［25］青海省编写组，《中国少数民族社会历史调查资料丛刊》修订编辑委员会．青海省少数民族社会历史调查资料汇编［G］．西宁：青海人民出版社，2005.
［26］《玉树藏族自治州概况》编写组．玉树藏族自治州概况［M］．北京：民族出版社，2008.
［27］青海省编写组，《中国少数民族社会历史调查资料丛刊》修订编辑委员会．青海省藏族蒙古族社会历史调查［M］．北京：民族出版社，1985.
［28］西藏江达县志编纂委员会．江达县志［M］．拉萨：拉萨出版社，1996.
［29］《西藏研究》编辑部．清实录藏族史料（著作前引）［G］．拉萨：西藏人民出版社，1983.
［30］西藏自治区贡觉县地方志编纂委员会．贡觉县志［M］．成都：巴蜀书社，2010.
［31］云南省编辑组．云南民族民俗和宗教调查［M］．昆明：云南民族出版社，1985.
［32］德钦县志编纂委员会．德钦县志［M］．昆明：云南民族出版社，1997.
［33］云南省地方志编纂委员会．云南省志·文物志［M］．昆明：云南人民出版社，2004.
［34］云南省编辑组．云南少数民族社会历史调查资料汇编［G］．北京：民族出版社，2005.
［35］云南省中甸县地方志编纂委员会．中甸县志［M］．昆明：云南民族出版社，1997.
［36］云五社会科学大辞典（第十册）人类学卷［M］．台北：台湾商务印书馆，1971.
［37］中国科学院青藏高原综合科学考察队．西藏河流与湖泊［M］．北京：科学出版社，1984.
［38］（奥）勒内·德·贝内斯基·沃杰科维茨．西藏的神灵和鬼怪［M］．谢继胜，译．拉萨：西藏人民出版社，1993.
［39］（德）恩斯特·卡西尔．人论［M］．甘阳，译．上海：上海译文出版社，

1985.
[40] （德）利普斯. 事物的起源［M］. 李敏，译. 西安：陕西师范大学出版社，2008.
[41] （法）列维·布留尔. 原始思维［M］. 丁由，译. 北京：商务印书馆，1997.
[42] （法）爱弥尔·涂尔干. 宗教生活的基本形式［M］. 渠东，汲喆，译. 上海：上海人民出版社，1999.
[43] （法）费尔南·布罗代尔. 菲利普二世时代的地中海和地中海世界［M］. 唐家龙，曾培耿，等，译. 北京：商务印书馆，1996.
[44] （法）拉法格. 思想起源论［M］. 王子野，译. 北京：生活·读书·新知三联书店，1978.
[45] （法）路易·杜蒙. 阶序人：卡斯特体系及其衍生现象［M］. 王志明，译. 台北：远流出版事业股份有限公司，1992.
[46] （法）石泰安. 敦煌吐蕃文书中有关苯教仪轨的故事［G］//国外藏学研究译文集：第四辑. 拉萨：西藏人民出版社，1998.
[47] （法）石泰安. 西藏的文明［M］. 耿昇，译. 北京：中国藏学出版社，2005.
[48] （美）C. 恩伯，M. 恩伯. 文化的变异——现代文化人类学通论［M］. 杜杉杉，译. 沈阳：辽宁人民出版社，1988.
[49] （美）克利福德·格尔茨. 文化的解释［M］. 韩莉，译. 南京：译林出版社，1999.
[50] （美）托马斯·C. 帕特森. 马克思的幽灵——和考古学家会话［M］. 何国强，译. 北京：社会科学文献出版社，2011.
[51] （美）张光直. 古代中国考古学［M］. 印群，译. 沈阳：辽宁教育出版社，2002.
[52] （挪威）帕·克瓦尔耐. 西藏苯教徒的丧葬仪式［G］. 褚俊杰，译//国外藏学研究译文集：第五集. 拉萨：西藏人民出版社，1989.
[53] （意）杜齐，（西德）海西希. 西藏和蒙古的宗教［M］. 耿昇，译. 天津：天津古籍出版社，1989.
[54] （英）A. R. 拉德克利夫·布朗. 原始社会的结构和功能［M］. 潘蛟，王贤海，刘文远，等，译. 北京：中央民族大学出版社，1999.
[55] （英）马林诺夫斯基. 巫术　科学　宗教与神话［M］. 李安宅，译. 北京：中国民间文艺出版社，1986.
[56] （英）马凌诺斯基. 西太平洋的航海者［M］. 梁永佳，李绍明，译. 北京：华夏出版社，2002.

[57] (英) 维克多·特纳. 仪式过程：结构与反结构 [M]. 黄剑波，柳博斌，译. 北京：中国人民大学出版社，2006.
[58] (英) 查尔斯·柏尔. 西藏志 [M]. 董之学，傅勤家，译. 北京：商务印书馆，1940.
[59] (英) 麦克唐纳. 旅藏二十年 [M]. 孙梅生，等，译. 北京：商务印书馆，1936.
[60] (英) 塞缪尔·特纳. 西藏扎什伦布寺访问记 [M]. 拉萨：西藏人民出版社，2004.
[61] (英) 泰勒. 原始文化 [M]. 蔡江浓，译. 杭州：浙江人民出版社，1988.
[62] (英) 詹姆斯·C. 斯科特. 农民的道义经济学：东南亚的反叛与生存 [M]. 程立显，刘建，等，译. 南京：译林出版社，2001.
[63] (英) 詹姆斯·希尔顿. 消失的地平线 [M]. 胡蕊，张颖，译. 昆明：云南人民出版社，2006.
[64] 阿旺钦饶. 木里政教史 [M]. 鲁绒格丁，译. 成都：四川人民出版社，1993.
[65] 才让. 藏族民俗汇编 [G]. 兰州：甘肃民族出版社，1998.
[66] 才让. 藏传佛教民俗与信仰 [M]. 北京：民族出版社，1999.
[67] 才让太. 苯教研究论文选集：第一辑 [G]. 北京：中国藏学出版社，2011.
[68] 蔡志纯. 活佛转世 [M]. 北京：中国社会科学出版社，1992.
[69] 查同结布. 玛尔巴译师传 [M]. 张天锁，申新泰，文国根，等，译. 拉萨：西藏人民出版社，1989.
[70] 常青霞. 论西藏本教的类属 [G] //藏族史论文集. 成都：四川民族出版社，1988.
[71] 曹学佺. 蜀中广记·边防记 [M] //景印文渊阁四库全书：第591册. 台北：台湾商务印书馆，1983.
[72] 赤列曲扎. 西藏风土志 [M]. 拉萨：西藏人民出版社，1982.
[73] 陈立明，曹晓燕. 西藏民俗文化 [M]. 北京：中国藏学出版社，2003.
[74] 敦煌本吐蕃历史文书 [M]. 陈践，王尧，译注. 北京：民族出版社，1992.
[75] 陈英庆. 西夏与藏族的历史、文化、宗教关系试探 [G] //藏学研究论丛：5. 拉萨：西藏人民出版社，1993.
[76] 陈英庆，高淑芬. 西藏通史 [M]. 郑州：中州古籍出版社，2002.
[77] 陈英庆. 中国藏族部落 [M]. 北京：中国藏学出版社，2004.

[78] 达仓宗巴·班觉桑布．汉藏史集［M］．陈英庆，译．拉萨：西藏人民出版社，1986.
[79] 第五世达赖喇嘛．西藏王臣记［M］．刘立千，译．北京：民族出版社，1982.
[80] 第吾贤者．第吾宗教源流［M］．拉萨：西藏古籍出版社，1987.
[81] 丹珠昂奔，周润年．藏族大辞典［M］．兰州：甘肃人民出版社，2003.
[82] 丹珠昂奔．藏族神灵论［M］．北京：中国社会科学出版社，1990.
[83] 丹珠昂奔．藏族文化发展史［M］．兰州：甘肃教育出版社，2001.
[84] 东嘎·洛桑赤列．论西藏政教合一制度［M］．郭冠忠，王玉平，译．拉萨：西藏人民出版社，2008.
[85] 段德智．西方死亡哲学［M］．北京：北京大学出版社，2006.
[86] 范河川．父系原始文化的活化石：山岩戈巴［M］．成都：四川大学出版社，2000.
[87] 费孝通．人的研究在中国［C］//费孝通文集：12卷．北京：群言出版社，1990.
[88] 费孝通，张之毅．云南三村［M］．北京：社会科学出版社，2006.
[89] 冯智．慈悲与纪念——雪域丧葬面面观［M］．西宁：青海人民出版社，1998.
[90] 格桑群觉．赵尔丰对川边的统治及措施［G］//四川省文史资料选辑：第2辑．成都：四川省志编委会，1979.
[91] 郭淑云．原始活态文化——萨满教透视［M］．上海：上海人民出版社，2001.
[92] 和宝林．东巴文化论［M］．昆明：云南人民出版社，1985.
[93] 何国强．围屋里的宗族社会——广东客家族群生计模式研究［M］．南宁：广西民族出版社，2002.
[94] 和湛．丽江文化荟萃［M］．北京：宗教文化出版社，2000.
[95] 和志武．藏文化对纳西文化的影响［C］//藏族学术讨论会论文集．拉萨：西藏人民出版社，1984.
[96] 霍巍．西藏古代墓制度史［M］．成都：四川人民出版社，1995.
[97] 廓诺·迅鲁伯．青史［M］．郭和卿，译．拉萨：西藏人民出版社，1985.
[98] 赖建诚．布罗代尔的史学思想解析［M］．杭州：浙江大学出版社，2004.
[99] 李连，霍巍．世界考古学概论［M］．南京：江苏教育出版社，1990.
[100] 李茂春．新编迪庆风物志［M］．昆明：云南出版社，1999.

[101] 李绍明."藏彝走廊"研究与民族走廊学说[G]//石硕.藏学学刊:第2辑.成都:四川人民出版社,2005.
[102] 李远.青唐录[G]//古西行记选注.银川:宁夏人民出版社,1987.
[103] 李曾伯.可斋杂稿·帅广条陈五事奏[M]//景印文渊阁四库全书:第1197册.台北:台湾商务印书馆,1983.
[104] 莲花生.西藏度亡经[M].徐进夫,译.拉萨:西藏人民出版社,1998.
[105] 林冠群.唐代吐蕃史论集[M].北京:中国藏学出版社,2006.
[106] 林耀华.民族学通论[M].北京:中央民族大学出版社,1997.
[107] 凌纯声.松花江下游的赫哲族[M].上海:上海文艺出版社,1990.
[108] 刘曼卿.国民政府女密使赴藏纪实——原名《康藏轺征》[M].北京:民族出版社,1998.
[109] 罗开玉.丧葬与中国文化[M].海口:三环出版社,1990.
[110] 罗志平,白翠琴.试论卫拉特法典[G]//卢明辉,等.蒙古史研究论文集.北京:中国社会科学出版社,1984.
[111] 马长寿.氐与羌[M].上海:上海人民出版社,1984.
[112] 毛佑全,李斯博.哈尼族[M].北京:民族出版社,1989.
[113] 尕藏才旦,格桑本.天葬——藏族丧葬文化[M].兰州:甘肃民族出版社,2000.
[114] 裴文中.旧石器时代之艺术[M].北京:商务印书馆,2000.
[115] 蒲文成.青海佛教史[M].西宁:青海人民出版社,2001.
[116] 任乃强.羌族源流探索[M].重庆:重庆出版社,1984.
[117] 任乃强.四川上古史新探[M].成都:四川人民出版社,1986.
[118] 石硕.吐蕃政教关系史[M].成都:四川人民出版社,2000.
[119] 石硕.西藏文明东向发展史[M].成都:四川人民出版社,1994.
[120] 苏玉熙.中国丧葬文化[M].北京:中国文史出版社,2006.
[121] 童恩正.南方文明[M].重庆:重庆出版社,1998.
[122] 土观·罗桑却吉尼玛.土观宗派源流[M].刘立千,译.拉萨:西藏人民出版社,1984.
[123] 土观·洛桑却吉尼玛.章嘉国师若必多吉传[M].陈庆英,马连龙,译.北京:民族出版社,1988.
[124] 王川.西藏昌都近代社会研究[M].成都:四川人民出版社,2006.
[125] 王恒杰.迪庆藏族社会史[M].北京:中国藏学出版社,1995.
[126] 王明柯.羌在汉藏之间——川西羌族的历史人类学研究[M].北京:中华书局,2008.

[127] 王铭铭．中间圈："藏彝走廊"与人类学的再构思［M］．北京：社会科学文献出版社，2008.
[128] 王森．西藏佛教发展史略［M］．北京：中国社会科学出版社，1997.
[129] 王崧．道光云南志钞［M］．刘景，毛校．李春龙，审定．昆明：云南社会科学院文献研究室，1995.
[130] 王文光，薛群慧，田婉婷．云南的民族与民族文化［M］．昆明：云南教育出版社，2000.
[131] 王沂暖．格萨尔王传：世界公桑之部［M］．兰州：甘肃人民出版社，1983.
[132] 魏强．藏族宗教与文化［M］．北京：中央民族大学出版社，2002.
[133] 乌丙安．神秘的萨满世界［M］．上海：上海三联书店，1989.
[134] 夏建中．文化人类学理论学派——文化研究的历史［M］．北京：中国人民大学出版社，1997.
[135] 许功明．排湾族古楼村丧葬制度之变迁：兼论人的观念［G］//黄应贵．人观、意义与社会．台北："中央研究院"民族学研究所，1993.
[136] 徐嘉瑞．大理古代文化史［M］．昆明：云南人民出版社，2005.
[137] 徐仁．珠穆朗玛峰地区第四纪古植物学的研究［R］//珠穆朗玛峰地区科学考察报告：第四纪地质．北京：科学出版社，1976.
[138] 姚伟钧．丧葬习俗［M］．武汉：湖北教育出版社，2001.
[139] 严汝娴，陈久金．普米族［M］．北京：民族出版社，1986.
[140] 严汝娴，刘宁．中国少数民族婚丧习俗［M］．北京：商务印书馆，1996.
[141] 杨福泉．纳西族文化史论［M］．昆明：云南大学出版社，2006.
[142] 杨福泉．纳西族与藏族历史关系研究［M］．北京：民族出版社，2005.
[143] 杨明．四川藏族地区的本波教［G］//藏学研究论丛：第二辑．拉萨：西藏人民出版社，1990.
[144] 于希贤，沙露茵．云南古代游记选［G］．昆明：云南人民出版社，1988.
[145] 张云．唐代吐蕃史与西北民族史研究［M］．北京：中国藏学出版社，2002.
[146] 郑传寅，张建．中国民俗词典［M］．武汉：湖北辞书出版社，1985.
[147] 郑作新．中国经济动物志——鸟类［M］．北京：科学出版社，1933.
[148] 周苏平．中国古代丧葬习俗［M］．西安：陕西人民出版社，1990.
[149] 周伟洲．唐代吐蕃与近代西藏史论稿［M］．北京：中国藏学出版社，2006.

[150] 周希武．玉树调查记［M］．吴均，校释．西宁：青海人民出版社，1986.
[151] 李家平．昌都“锅庄”浅析［G］//西藏民族民间音乐舞蹈文集．拉萨：西藏自治区民族艺术研究所，2004.

二、学术论文

[1] 边铎．青海玉树与西藏［J］．开发西北，1934，1（4）.
[2] 方范九．青海玉树二十五族分区调查［J］．新青海，1933，1（3）.
[3] 方范九．青海玉树二十五族之过去与现在［J］．新亚细亚，1935，9（1）.
[4] 和永惠．云南西北之康族［J］．西南边疆，1940（8）.
[5] 黄举安．玉树二十五族巡礼记［J］．蒙藏月报，1940（12）.
[6] 俊逸．玉树二十五族略［J］．西北世纪，1949，4（1）.
[7] 李得贤．青海风俗杂记［J］．文史杂志，1941，1（10）.
[8] 李式金．玉树民俗［J］．西北学术，1943（1～2）.
[9] 李式金．云南阿墩子——一个汉藏贸易要地［J］．东方杂志，1944，40（16）.
[10] 黎小苏．青海之经济概况［J］．新亚细亚，1934，8（2）.
[11] 倪云杰．玉树二十五族之现状［J］．边疆通讯，1943，1（3）.
[12] 倪锴．玉树二十五族［J］．边疆通讯，1943，1（3）.
[13] 潘荣中．玉树概况［J］．蒙藏月报，1938，9（3～6）.
[14] 潘荣中．玉树概况［J］．蒙藏月报，1939，10（1～3）.
[15] 吴均．玉树区藏族部落之变迁［J］．西北世纪，1949，4（6～7）.
[16] 文郁．玉树风土纪略［J］．海泽，1934（2）.
[17] 羊泽．三岩概况［J］．康导月刊，1939，2（1）.
[18] 佚名．青海玉树二十五族与环海八族［J］．蒙藏月报，1934，1（4）.
[19] 佚名．青藏川边境番民之状况［J］．西北研究，1931（3）.
[20] 佚名．青海各县番族之调查［J］．新青海，1934，2（10）.
[21] 佚名．青海玉树之风尚［J］．新青海，2（9）.
[22] 张文群．玉树扎武家跑马会［J］．边疆通讯，1948，5（10～11）.
[23] 阿旺．阿坝藏区钵佛二教考略［J］．西藏民族学院学报，1983（4）.
[24] 巴卧·祖拉陈哇．《贤者喜宴》摘译［J］．黄颖，译．西藏民族学院学报，1980（4）.
[25] 边巴次仁．浅谈藏族丧葬文化［J］．西藏研究，2010（6）.
[26] 边巴琼达．浅析西藏天葬习俗的成因及文化含义［J］．西藏研究，2005

(1).
[27] 陈华文. 关注人类的最终归处——以20年来丧葬文化研究著作为例[J]. 民俗研究，2004 (1).
[28] 陈霆宇. 脑死亡，当代医学新的死亡概念 [J]. 山东医科大学学报，1996 (3).
[29] 陈星灿. 史前居室葬俗的研究 [J]. 华夏考古，1989 (2).
[30] 陈卫东. 2005年度康巴地区考古调查报告 [J]. 四川文物，2005 (6).
[31] 陈艳萍. 云南少数民族死亡观的起源 [J]. 云南民族大学学报，2008 (1).
[32] 陈宗祥. 川西少数民族丧葬制度试探 [J]. 西南师范学院学报，1985 (1).
[33] 郭周虎. 西藏贡觉县发现的石板墓 [J]. 文博，1992 (6).
[34] 费孝通. 关于我国民族识别问题 [J]. 中国社会科学，1980 (1).
[35] 费孝通. 谈深入开展民族调查问题 [J]. 中南民族学院学报，1982 (3).
[36] 冯学红，东·华尔丹. 藏族苯教文化中的冈底斯神山解读 [J]. 中国边疆史地研究，2008 (4).
[37] 冯智. 明至清初云南藏区的政教关系及其特点 [J]. 中国藏学，1993 (4).
[38] 冯智. 东巴教与滇西北苯教流行史迹试探 [J]. 中国藏学，2008 (3).
[39] 格勒. 论古代羌人与藏族的历史渊源关系 [J]. 中山大学学报，1985 (2).
[40] 格勒. 藏族本教的巫师及其巫术活动 [J]. 中山大学学报，1984 (2).
[41] 华锐·东智. 华锐藏区的丧葬习俗浅论 [J]. 中国藏学，2008 (2).
[42] 黄盛璋. 清代西北省界及其引起的黄河流经四川问题 [J]. 四川大学学报，1957 (1).
[43] 霍夫曼. 西藏的本教 [J]. 李翼诚，译. 西藏研究，1986 (3).
[44] 霍巍. 西藏高原史前时期墓葬的考古发现与研究 [J]. 中国藏学，1994 (4).
[45] 焦治平，陈昌文. 论地理和宗教在藏族丧葬风俗中的作用 [J]. 西藏研究，2003 (3).
[46] 何国强，岳小国，杨晓芹，等. 三岩藏族体质特征研究 [J]. 人类学学报，2009 (4).
[47] 坚赞才旦. 再论三岩藏族的居室葬 [J]. 中国农业大学学报，2010 (4).

[48] 江道元. 西藏卡若文化的居住建筑初探 [J]. 西藏研究，1982 (3).
[49] 雷中庆. 史前葬俗的特征与灵魂信仰的演变 [J]. 世界宗教研究，1982 (3).
[50] 李普. 用古地磁方法对元谋人化石年代的初步研究 [J]. 中国科学，1976 (6).
[51] 李绍明. 金沙江文化简论 [J]. 中华文化论坛，2002 (4).
[52] 李绍明. 藏彝走廊研究中的几个问题 [J]. 中华文化论坛，2005 (4).
[53] 李宗放. 明代四川蒙古族历史和演变略论 [J]. 西南民族大学学报，2004 (4).
[54] 李志农. 文化边缘视野下的云南藏族丧葬习俗解读——以德钦县奔子栏村为例 [J]. 云南社会科学，2009 (5).
[55] 刘国祥. 兴隆洼文化居室葬俗再认识 [J]. 华夏考古，2003 (1).
[56] 洛桑扎西. 藏族曾普遍实行过火葬 [J]. 西藏研究，1997 (2).
[57] 欧熙文. 古藏王墓——兼谈西藏的丧葬制度 [J]. 西藏历史研究，1978 (4).
[58] 任树民. 吐蕃军事力量概述 [J]. 西藏研究，1990 (3).
[59] 仁真洛色. 甘孜藏区丧葬习俗的地方性与民族性 [J]. 中国藏学，1990 (1).
[60] 仁真洛色. 甘孜藏区丧葬漫谈 [J]. 康定民族师范高等专科学校学报，1990 (1).
[61] 石硕. 附国与吐蕃 [J]. 中国藏学，2003 (3).
[62] 石硕. 藏彝走廊的历史文化特点 [J]. 西南民族大学学报，2007 (1) .
[63] 石硕. 藏彝走廊地区石棺葬所属人群探讨 [J]. 康定民族师范高等专科学校学报，2005 (1).
[64] 孙林. 西藏传说时代的"绝地天通"事件与苯教的制度化 [J]. 西藏民族学院学报，2007 (6).
[65] 宋兆麟. 云南永宁纳西族的葬俗——兼谈对仰韶文化葬俗的看法 [J]. 考古，1964 (4).
[66] 汤惠生. 藏族天葬和断身仪轨源流考 [J]. 中国藏学，2001 (1).
[67] 童恩正. 近年来中国西南民族地区战国秦汉时代的考古发现及其研究 [J]. 考古学报，1980 (4).
[68] 童恩正. 西藏考古综述 [J]. 文物，1985 (3).
[69] 童恩正，冷建. 西藏昌都卡若新石器时代遗址的发掘及其相关问题[J]. 民族研究，1983 (1).
[70] 王建新. 宗教文化类型——中国民族学・人类学理论新探 [J]. 青海民

族研究，2007（4）.
[71] 汪宁生. 仰韶文化葬俗和社会组织的研究 [J]. 文物，1987（4）.
[72] 王尧. 喇嘛教对藏族文化的影响 [J]. 青海民族学院学报：社会科学版，1979（Z1）.
[73] 韦韧. 丧葬习俗的地理学研究：以西藏天葬为例 [J]. 人文地理，2006（6）.
[74] 吴祥定，林振耀. 历史时期青藏高原气候变化特征的初步分析 [J]. 气象学报，1981（1）.
[75] 许韶明. 论三岩的树葬 [J]. 西藏研究，2008（1）.
[76] 席忠祥. 火葬溯源 [J]. 民俗研究，1988（3）.
[77] 夏格旺堆，白伦・占堆. "雍仲"符号文化现象散论 [J]. 西藏研究，2002（6）.
[78] 夏之乾. 从树葬看树居 [J]. 民族研究，1983（4）.
[79] 夏之乾. 风葬略说 [J]. 内蒙古社会科学，1982（4）.
[80] 谢继胜. 藏族萨满教的三界宇宙结构与灵魂观念的发展 [J]. 中国藏学，1988（4）.
[81] 星全成. 民主改革前藏族丧葬制度 [J]. 青海民族学院学报：社会科学版，1997（1）.
[82] 熊坤新，陶晓辉. 天葬起源之探索 [J]. 西藏研究，1988（3）.
[83] 熊文彬. 白居寺壁画风格的渊源与形成 [J]. 中国藏学，1995（1）.
[84] 许宏. 略论我国史前时期瓮棺葬 [J]. 考古，1989（4）.
[85] 杨虎，刘国祥. 兴隆洼文化居室葬俗及相关问题探讨 [J]. 考古，1997（1）.
[86] 杨效平. 天葬新议 [J]. 青海社会科学，1980（1）.
[87] 叶远飘. 川滇藏峡地的树葬比较研究——以奔子栏和三岩为例 [J]. 中国藏学，2013（1）.
[88] 叶远飘. 经济文化类型视野下的藏区土葬习俗解读——以云南省德钦县羊拉乡的土葬为例 [J]. 云南社会科学，2013（1）.
[89] 岳小国. 从丧葬习俗看藏族地方社会的历史及文化——以四川甘孜藏族自治州山岩树葬为例 [J]. 北方民族大学学报，2009（3）.
[90] 张窗. 西藏丧葬风俗的演变及其原因 [J]. 西藏研究，1986（2）.
[91] 张锴生. 我国古代氏族社会二次葬 [J]. 中原文物，1999（1）.
[92] 张泉. 康定：乱世迷城 [J]. 锦绣，2010（12）.
[93] 赵心愚. 和硕特部南征康区及其对川滇边藏区的影响 [J]. 云南民族学院学报，2002（3）.

[94] 赵心愚．吐蕃入滇与滇藏交通的发展［J］．西藏研究，2006（2）.
[95] 朱建中．苏毗诸部浅析［J］．民族研究，1996（4）.
[96] 褚俊杰．论苯教丧葬仪轨的佛教化——敦煌古藏文写卷 P. T. 239 解读［J］．中国藏学，1990（1）.
[97] 褚俊杰．吐蕃本教丧葬仪轨研究——敦煌古藏文写卷 P. T. 1042 解读［J］．中国藏学，1989（3）.
[98] 褚俊杰．吐蕃本教丧葬仪轨研究（续）——敦煌古藏文写卷 P. T. 1042 解读［J］．中国藏学，1989（4）.
[99] 洲塔．论天葬产生的思想渊源及对藏族社会的影响［J］．青海民族学院学报，2009（3）.

三、报纸、互联网资料

[1] 德钦县境内发现石棺墓［N］．迪庆日报，2011－12－27（2）.
[2] 深度揭秘：云南遭遇百年一遇干旱的幕后"元凶"［N］．生活新报，2010－03－22（8）.
[3]"兄弟山"：联结千年兄弟情［N］．迪庆日报，2010－08－07（2）.
[4] 羊拉兄弟［N］．迪庆日报，2010－08－07（2）.
[5] 朵藏加，德吉卓玛．藏族天葬起源窥探［N/OL］．西藏网．
[6] http：//baike. baidu. com/view/24233. htm.
[7] http：//baike. baidu. com/view/24233. htm.
[8] http：//baike. baidu. com/view/640574. htm.

四、学位论文

[1] 陈东．西南民族中的"送魂"习俗研究［D］．成都：四川大学历史系，2005.
[2] 陈洲．金沙江畔三岩的纠纷解决机制研究——社会控制规范化的一个视角［D］．广州：中山大学法学院，2008.
[3] 李海波．死亡学视野中的中国佛教死亡观研究［D］．西安：西北大学哲学系，2005.
[4] 苏雄娟．唐朝与吐蕃和亲研究［D］．昆明：云南大学历史系，2001.
[5] 王天玉．论多偶制度下藏族妇女的角色与地位：以滇西北德钦县的尼村为例［D］．广州：中山大学社会学与人类学学院，2012.
[6] 赵心愚．纳西族与藏族历史关系研究［D］．成都：四川大学历史系，2003.

五、英文文献

[1] Weiner Annette B. Wowen of value, men of renown: new perspectives in Trobriand exchange [M]. Texas: University of Texas Press, 1989.

[2] Barber Paul. Vampires, burial, and death: folklore and reality [M]. New Haven: Yale University Press, 1988.

[3] Lomnitz-Adler Claudio. Death and the idea of Mexico [M]. New York: Zone Books ,2005.

[4] Harrison J. Themis [M]. Cambridge: Cambridge University Press, 1912.

[5] Siu H F. Agents and victims in South China: accomplices in rural revolution [M]. New Haven: Yale University Press , 1989.

[6] Leach E R. Two essays concerning the symbolic representation of time [M] // Rethinking anthropology. London: Athlone Press, 1961.

[7] Malinowski B. The role of magic and religion [G] //Lessa W, Vogt E R reader in comparative religion. Evanston: Row, Peterson Co , 1962: 86 – 99.

[8] Huntington Richard, Metcalf Peter. Celebrations of death [M]. London: Cambridge University Press, 1979.

[9] White Richard. The middle ground: Indians, empires, and republics in the Great Lakes region, 1650—1815 [M]. Cambridge : Cambridge University Press, 1991.

[10] Wilson B. Religion in secular society [M]. Harmondsworth: Penguin, 1969: 93.

后　　记

本书的写作肇始于中山大学人类学系何国强教授的邀请，历经三载，终得完稿。在此期间，多少欢乐与艰辛都已随时间流逝，但是每一个对本书写作提供过帮助的人都值得笔者记住一辈子。倘若没有他们的支持，鄙人的精神或早已崩溃。在此，笔者想一一记下他们的名字以表感谢。

本书所涉及的田野材料有两大来源：一部分是笔者进行田野调查获取的，另一部分是由何国强教授提供的（何国强教授提供的田野材料主要涉及三岩）。据笔者所知，何教授是较早进入金沙江峡谷从事田野调查的学者之一，时间大约在 2005 年。2006 年以后，何国强教授又将他门下的多名研究生带入金沙江峡谷的三岩指导他们进行调查，而且无偿把自己所调查到的材料提供给了他所带的研究生进行论文写作。他在指导藏学方面有着较深的造诣，因此，本书的写作也得益于他的指导。

本书得以顺利完成，还应感谢那些在田野调查中给予帮助的人。师弟李何春得知笔者要去藏族聚居区调查，便动用了自己的私人关系亲自将笔者领到了那里，还曾与笔者一起在藏族聚居区度过了 20 多天。在那些日子里，他不仅帮助收集调查材料，还在精神上给予鼓励，这种帮助之大是无法用言语来表达的。当调查资金紧张时，华南农业大学艺术学院的魏乐平副教授慷慨给予了物质上的支持，此举令笔者深为感动！当然，生活在金沙江峡谷的报道人也应享受这份喜悦，但出于对他们隐私的考虑，我无法一一写出他们的名字。还要感谢的是那些不知名的藏族群众，他们不但是本书的主角，而且还是笔者在藏族聚居区生活的导师。在那样艰苦、恶劣的环境中他们保持着乐观向上的精神，其天人合一的精神状态鼓舞着笔者不断超越自我，在布满荆棘的道路上前进，但请恕我无法一一提及他们的名字，只能在心底祝福他们“扎西德勒”！

此外，中山大学人类学系麻国庆、张应强、刘昭瑞、郭立新、王建新、谭同学为本书的写作提出了宝贵意见。在最后修改阶段，又吸收了上海大学社会学系沈关宝教授、中南民族大学民族学与社会学学院田敏教授、中山大学人类学系陈志明教授与朱建刚教授以及历史系温春来教授提出的宝贵意见。对此，我由衷地表示感谢！

在本书交稿阶段，李亚锋、王晓、罗波曾帮助梳理文中的语病，笔者想借此机会感谢他们。最后，感谢中山大学出版社嵇春霞编辑对本书出版的鼎力支持，大到本书项目的申报，小到本书的文句润饰，无不渗透着她的汗水；倘若没有她的支持，本书的出版也许会遥遥无期。在此，笔者深深鞠躬以表达感谢！

叶远飘

2013 年 6 月